大聲林鵬

一個革命者的反思

周宗奇 著

Content

序章　幽靈叩門

這是一個悄然而偉大的壯舉！

夏征農先生主編的一九九九版《辭海》，鑒於「國際形勢變化很大、國內經濟體制轉變、科學技術突飛猛進，行政區劃有所變動，故大量政治、經濟、科技、地名等條目，作了新的解釋。」筆者以為，其中最為光輝耀眼的一筆，是對《共產黨宣言》這一條目的重新解釋。

此前版本是如何解釋這一條目的？全文如下：

《共產黨宣言》，著作名。馬克思、恩格斯為共產主義者同盟起草的綱領。寫於一八四七年十二月至一八四八年一月。編入《馬克思恩格斯全集》第四卷。《宣言》是科學共產主義的第一個綱領性文獻，它完整、系統而嚴密地闡述了馬克思主義的主要思想。《宣言》闡述了馬克思主義的世界觀，特別是它的階級鬥爭學說，揭示了資本主義社會的內在矛盾和發展規律，論證了資本主義滅亡和社會主義勝利的必然性。《宣言》論述了無產階級作為資本主義掘墓人的偉大歷史使命，指出只有無產階級才是代表著社會上絕大多數人利益的真正革命的階級，無產階級如果不同時使整個社會永遠擺脫任何剝削、壓迫以及階級劃分和階級鬥爭，就不能使自己從剝削它壓迫它的那個階級即資產階級下解放出來。《宣言》闡述了馬克思主義關於無產階級專政的思想，公開宣佈無產階級要用暴力推翻資產階級的統治而建立自己的統治，並運用這個武器去剝奪資產階級的一切生產資料，消滅私有制。《宣言》闡明了共產主義革命不僅要同傳統的所有制關係實行最徹底的決裂，而且要同傳統的觀念實行最徹底的決裂。《宣言》還闡明了共產黨的性質和任務，指出共產黨人是各國工人政黨中最堅決的、始終推動運動前進的部分，在同資產階級的鬥爭中始終代表整個運動的利益。《宣言》最後，莊嚴地發出了「全世界無產者，聯合起來！」的戰鬥號召。這部著作從它誕生時起就鼓舞和推動全世界無產階級爭取解放的鬥爭，成為無產階級最銳利的戰鬥武器。恩格斯指出，它是全部社會主義文獻中傳佈最廣和最帶國際性的著作，是世界各國千百萬工人共同的綱領。（《辭海》縮印本一九七九年版第一二四〇頁）

一九九九年版《辭海》銳意改革，大刀闊斧，一舉砍掉上述解釋七大要害。計有：

一、刪除、否定《宣言》是「完整、系統而嚴密地闡述了馬克思主義的主要思想。」

二、刪除《宣言》是「闡述了馬克思主義的世界觀」。

三、刪除、否定《宣言》「指出只有無產階級才是代表著社會上絕大多數人利益的真正革命的階級，無產階級如果不同時使整個社會永遠擺脫任何剝削、壓迫以及階級劃分和階級鬥爭，就不能使自己從剝削它壓迫它的那個階級即資產階級下解放出來。」

四、刪除、否定《宣言》是「公開宣佈無產階級要用暴力推翻資產階級的統治而建立自己的統治，並運用這個武器去剝奪資產階級的一切生產資料，消滅私有制。」

五、刪除、否定《宣言》是「闡明了共產主義革命不僅要同傳統的所有制關係實行最徹底的決裂，而且要同傳統的觀念實行最徹底的決裂。」

六、刪除、否定《宣言》是「指出共產黨人是各國工人政黨中最堅決的、始終推動前進的部分，在同資產階級的鬥爭中始終代表整個運動的利益。」

七、刪除、否定《宣言》「這部著作從它誕生時起就鼓舞和推動全世界無產階級爭取解放的鬥爭，成為無產階級最銳利的戰鬥武器。恩格斯指出，它是全部社會主義文獻中傳佈最廣和最帶國際性的著作，是世界各國千百萬工人共同的綱領。」

對《共產黨宣言》這一革命性的刪除與否定，好得很！既符合人類社會發展大趨勢，更符合中國改革開放以來的社會實際。實在是好得很！然而，對於一些頑固對抗改革開放國策的老左們，這可真要了他們的命。比如，就有那麼一個姓陳（姓得真好，陳陳相因——筆者）的左爺，如掘祖墳，如喪考妣，跳腳驚呼曰：「以上《共產黨宣言》被一九九九年版編者刪除、否定的七點，正是《宣言》的核心內容、科學社會主義的基本原則所在。經過這樣的刪除、否定，《共產黨宣言》還剩下什麼呢？真是既『閹割它的革命內容』又『磨滅它的革命鋒芒』，取消了它的基本原則。」（二〇〇九年《環球視野》）

這絕非陳姓左爺的個體發聲，乃同類項齊唱《東方紅》也。筆者在此倒想問問：《共產黨宣言》的「革命內容」是什麼？不就是「階級鬥爭」、「無產階級專政」、「消滅私有制」、「暴力革命」、「計劃經濟」……那一套嗎？它有什麼「革命鋒芒」？不就是無休止的「政治運動」，殘無人道的整人殺人，血腥的「世界革命」……那一套嗎？折騰了一百多年，讓全世界人民尤其是中國人民付出了慘重而沉痛的代價，莫非還想折騰下去嗎？就問這位陳左爺，你現在吃著改革菜系的營養大餐，喝著改革牌三十年陳釀好酒，坐著改革號的高檔私家車，揣著存款、股市、期貨的利息，你真還願意回到三十多年前那種貧窮地獄嗎？「我是瘋子我願意」，那你也得問問你的老婆孩子們是否都想當瘋子。

其實，索爾仁尼琴早就斷言，《共產黨宣言》所鼓吹的那一套共產主義理論，不過是「從西方刮來的一股黑風」。好，索氏是一個持不同政見者，所言也許偏激。那就聽一位「無產階級革命家」怎麼說。原蘇共總書記勃列日涅夫的侄女柳芭發表回憶錄，其中談到，勃列日涅夫當年曾對自己的弟弟說：「什麼共產主義，這都是哄哄老百姓聽的空話。」好，勃氏是一個修正主義分子，所言不足為訓。那就聽《共產黨宣言》的起草者之一、馬克思主義創始人之一的恩格斯怎麼說。一八九三年五月十一日，恩格斯七十三歲時對法國《費加羅報》記者發表談話，否定了年輕時設計的未來社會模式。

恩格斯說：「我們沒有最終目標。我們是不斷發展論者，我們不打算把什麼最終規律強加給人類。關於未來社會組織方面的詳細情況的預定看法嗎？您在我們這裏連它們的影子也找不到。」恩格斯晚年放棄了所謂「共產主義」的最高理想。書稿《導言》裏指出：沒有什麼「共產主義」大目標，這是一個被馬克思主義創始人早年提出來，晚年拋棄了的命題。《共產黨宣言》究竟算什麼東西？應該說已然是明白加清楚。但事實上在當代中國，絕大多數人卻依然被愚弄。所以，不認真搞清它的真面目，只怕中國的整個命運，尤其是改革開放的偉大意義，就說不清道不明。具體到本書要寫的對象林鵬先生，只怕他那「革命」的一生，尤其是他那獨特的極具標竿意義的的存在價值，也就說不清道不明。

筆者不才，下面便試著講一講《幽靈叩門》的故事。

「一個幽靈，共產主義的幽靈，在歐洲上空徘徊……」這是《共產黨宣言》的名句。馬老和恩老為什麼要把共產主義比作幽靈呢？在中國人的心目中，這幽靈可不是什麼好東西，那就是特瘆人的鬼魂呀，一會兒附在這個人身上又哭又笑，一會兒附在那個人身上又打又鬧，要是一時半會兒找不到撒潑對象，便半夜三更的遊來蕩去，一會兒是出沒無聲的白衣女子，一會兒是看不清面目的幽幽黑影……唬得人頭皮發麻，避之唯恐不及也。為此，我問過一位留學西洋的朋友，她回答說，在西方文化中，「幽靈」是個中性詞，沒有不吉祥、不吉利的精神內涵與外延。難怪人家馬老、恩老指明了說，共產主義幽靈在歐洲上空徘徊，原不想去嚇唬你們中國人的。

不過，二老想是那麼想，可實際情況卻糟糕得多，幽靈嘛，鬼魂嘛，誰能保證它只徘徊在歐洲，不往別的地界溜達溜達？事實上早就幽靈叩門，一路飄飄蕩蕩，越過俄羅斯大地，闖進我大中華的國門了。不是有一種流行的說法嘛：「十月革命一聲炮響，馬克思主義傳入中國。」這馬克思主義，就是那「共產主義幽靈」。

那麼，這「共產主義幽靈」具體說是個什麼東西呢？按照馬老和恩老的設想，是一個消除了階級的社會，一個生產力極大發展的社會，一個物質財富和精神財富極大豐富的社會，所有的生產資料歸全社會所有，生活資料歸個人所有（非共產共妻），產品各取所需，所有的人平等地享受社會經濟權利，人們不再將勞動做為謀生的手段，而勞動將成為人們的第一需要。這不進了天堂嗎？是的，在中國早就有個響亮的名字，就叫「共產主義天堂」。最最幸福的一點是，二老認定人類社會必然經歷五個不同的歷史階段，依次是：原始共產主義社會、奴隸制社會、封建主義社會、資本主義社會、共產主義社會。每一個歷史階段都有轉換期，都會由新生的社會形態去推翻原有的社會經濟秩序，取而代之。唯有他倆創造的這個共產主義社會即最後一個社會，是終極社會，是永遠的人間天堂，再不用誰來代替它，人類作了數千年的天堂夢就此成真，就像歌中所唱，「幸福到永遠」啦。

作夢是人之本性使然。作天堂夢是人類亙古以來對平等的精神追求。比如：中國人幾千年來就一直在作著「大同夢」。在西方，設置終極奮鬥目標是基督教的文化傳統，早期基督教思想家所創立的學說，相信耶穌基督降生後一千年，基督就要復活，就要在世界上建立天國，講究的是「按勞分配」、「按需取酬」。馬老和恩老的共產主義最終目標，正是從這裏衍化而來，是基督教天國理念的現代版。問題是，好夢我自作之，能否實現可由天不由人，正如人人都想長生不老龜鶴壽，可短短百年之後，對不起，老天爺都得取你性命，無一例外。然而儘管如此，人性的弱點卻死不更改，一旦有人編造出新的天堂夢，總有人深信不疑，苦苦踐行，不撞南牆不回頭。

還是回到幽靈叩門。

一九七五年，在山東省東營市廣饒縣劉集村發現了一九二〇年八月初版的《共產黨宣言》中譯本，平裝，長十八釐米，寬十二釐米，比現在的三十二開本略小一點。書面印有水紅色馬克思半身像，上端從右至左模印著「社會主義研究小叢書第一種」，上署「馬格斯、安格爾斯合著」，「陳望道譯」。全文用五號鉛字豎排，計五十六頁。封底印有「一千九百二十年八月出版」、「定價大洋一角」字樣，印刷及發行者是「社會主義研究社」。有意思的是，書名是《共黨產宣言》，而不是《共產黨宣言》。這個封面書名錯誤，顯然是排印或校對疏忽所造成的，因為，扉頁上豎排的書名清楚地印著「共產黨宣言」五個大字。有人斷定，正是因為發生和發現了這一版封面標題的行文詞序錯誤，又加新書售罄，故在九月間進行「再版」時糾正了錯誤。從現有已發現的各版本分析，一九二〇年八月版本，就是最早的《共產黨宣言》中譯版本。

這本《共產黨宣言》，經考證，當時由劉集村黨支部書記劉良才保存。這對那會兒一個普通的農村黨支部來說，委實難能可貴。支部書記劉良才經常在晚上召集黨員們，在他家的三間北屋裏，於煤油燈下學習這本經典著作。入冬農閒季節，黨支部還舉辦農民夜校，由劉良才或其他黨員向村民們宣講《共產黨宣言》。由於經常被翻閱，以至於在這本《共產黨宣言》的左下角，留下了明顯的指漬痕跡和破損。

這個事實令人驚歎，俄羅斯大地剛剛接納這個幽靈不足十年，它居然已經如此深入地徘徊在中國農村，徘徊在中國農民的大腦裏，由此可以想見，它在城市和知識份子中間的影響會有多大。有人說，「國際共產主義運動潮流，是十九、二十世紀最重要的世界性歷史潮流。」信不虛也。

不過，幽靈叩開中國大門的過程也很曲折，並非一帆風順。

一九一七年十月二十五日，以列寧為首的一批俄式共產主義幽靈，組織廣大農民、士兵，以殘酷的暴力革命，推翻了資產階級統治，成功建立起世界上第一個無產階級專政的社會主義國家。有人認為「這是人類歷史上最偉大的一次革命，是無產階級打碎舊世界、建立新世界的一次最偉大的創舉」，是「科學社會主義第一次從理論變為實踐」，是「國際共運」的第二次高潮。那第一次高潮呢，就是一八七一年的「巴黎公社革命」，血腥中第一次建立了具有無產階級專政性質的政權——巴黎公社，被馬老本人稱為無產階級專政的「偉大的嘗試，偉大的創舉」。

為了實現「世界革命」的大目標，列寧最早盯上中國的幾顆聰明大腦，是孫中山的，胡漢民的、汪精衛的、朱執信的等等，指望他們能帶領中國國民黨，在中國建立起紅色政權。孫中山是中國革命的先行者，雅號「孫大炮」，自一八九六年「倫敦蒙難」後，一躍而成為世界矚目的中國革命家。列寧是幹啥的，立馬把目光投向了他。早在一九一〇年二月的時候，俄國布爾什維克黨的合法報紙《星報》在彼得堡創刊時，就嗅到中國革命的氣息，開始系統報導中國情況。一九一一年，中華大地天翻地覆，《星報》則開闢了「中國革命」專欄，以《龍抬頭》為題大做宣傳，謳歌中國的新生。孫中山就任中華民國臨時大總統僅四天之後，即一九一二年一月五日，流亡中的列寧就在多瑙河之畔起草了《關於中國革命的決議》，「表示全心全意的同情」。而孫氏一派的重要領導人胡漢民、汪精衛、朱執信等，也熱烈呼應，頻繁撰文讚頌俄國人民為反對沙皇「無不斬木揭竿，風起雲湧的革命局面」，手舞足蹈表「極端之同情」，為之高呼萬歲，且自愧不如焉斯已矣」。看來雙方惺惺相惜，前景似乎大有好戲，然而，接下來的情形，卻讓列寧同志大跌眼鏡。

孫中山是何等人物，他的國外經歷遠比列寧要豐富得多，什麼樣的頭面人物和社會思潮沒見過？早在一九〇五年那會兒，他就造訪過第二國際的布魯賽爾總部，與國際社會黨執行局的主席王德威爾德、書記胡斯曼深入交談過呢。這洋人王與胡以及考茨基們，對「世界革命」是怎麼看？那可是與共產主義幽靈大唱反調，認為不能號召世界無產階級進行推翻資本主義的鬥爭，強烈反對使用暴力手段謀求社會改造與發展，主張「革新」資本主義制度，調和勞資矛盾，謀求社會和平發展。對此，孫中山持認同的態度。另外，孫中山還敏銳地看到一個事實，一九〇五年，俄羅斯政治生活也發生著巨大變化，沙皇尼古拉二世頒佈了《十月十七日宣言》，又稱「關於完善國家制度」的宣言，承諾給予人民不可動搖的言論、出版、宗教信仰等自由權利，推進普選權，確立國家杜馬的權力，保證選民真正監督政府。其固然以維持羅曼諾夫王朝統治為前提，但畢竟標誌著俄國憲政的提出與開端，和平改革道路的可行性。可列寧不吃這一套，他死抱著階級鬥爭、暴力革命、無產階級專政的《共產黨宣言》，反對任何改良主義道路，認為那是「遷延時日的、遲遲不前的、使人民機體中腐爛部分的消亡過程緩慢得引起萬般痛苦的道路」，必須走「迅速開刀、使無產階級受到的痛苦最少的道路」，即武裝起義流血革命，直接實行無產階級專政。由此不惜將一切持異議者打成「無產階級的叛徒」。

考察了世界大勢，孫中山自有主張。就在他卸任臨時大總統前夕的一九一二年三月三十一日，在南京同盟會成員的餞別會上發表了著名演講，題目是《民生主義與社會革命》。他認為：辛亥革命後中國的「民族民權革命成功之時，若不思患預防，其壓制手段恐怕比專制君主還要甚些」。他的「思患預防」，指的是不能等到資本家大量出現，才不得已「再殺人流血去爭」，「重罹其禍」，要預防用激烈手段進行暴力革命。通過流血和暴力完成社會革命，不是他的選擇，他開出的良方是實行「平均地權」，使中國農民問題在發展中逐漸解決，「若能將平均地權做到，則社會革命已成七八分了」。他認為，實施這個土地綱領的具體辦法是國家按地價收稅，「貴地收稅多，賤地收稅少。貴地必在繁盛之處，其地多為富人所有，多取之而不為虐。賤地必在窮鄉僻壤，多為窮人所有，故非輕取不可」。他追求的是社會公正，立足於土地資源不可再生，地價必漲，國家按地價收稅便可以積累財富用於發展生產，在建設過程中調節貧富差距。這樣「中國五十年後應造成數十上海」，「採用國家社會政策，使社會不受經濟階級壓迫之痛苦，而隨自然必至之趨勢，以為適宜之進步，所謂國利民福莫不適此」。孫中山堅決反對另外一條道路，即立即由國家沒收土地分配給農民的道路，「政治革命今已告成，余更擬發起一更巨之社會革命，此社會革命不用兵力，而用和平方法」。很明顯，這是要拒共產主義幽靈於國門之外。

三個多月後的一九一二年七月十二日，孫中山的這篇演講被譯為法語，發表在比利時的《人民報》上，三天後又被譯成俄文，刊登在布爾什維克的《涅瓦明星報》上。

列寧同志反應迅速、強烈而憤怒，就在當天同一報刊上發表了專評孫中山及其政治主張的《中國的民主主義和民粹主義》，對孫中山給予嚴厲批判。什麼「數十上海」？你姓孫的遠離俄國，卻提出了與俄國民粹主義者類似的主張，「從學理上來說，這個理論是小資產階級『社會主義者』反動分子的理論，認為在中國可以『防止』資本主義，認為中國既然落後，就比較容易實行『社會革命』等等，都是極其反動的空想。」至於中國的前途，列寧認為必須「批判孫中山的小資產階級空想和反動觀點」。由此開始一直到一九二七年國共分裂後，孫中山的三民主義從來就是「共產國際」嚴厲批判的對象，中國國民黨與共產主義幽靈的蜜月提前結束，從此成了陌路人。

於是，共產主義幽靈想真正徘徊於中華大地，不得不另謀出路，這才把目光一心轉向中國共產黨早期的那些聰明大腦，李大釗的，陳獨秀的，毛澤東的……下足了千辛萬苦的養育功夫，勝於父母哺育嬰兒。

上世紀八〇年代初，有個北京大學的教授名叫向青，居然膽大包天，捅破天機，說什麼中共之所以能呱呱而生，全憑「共產國際」的幫扶。這一觀點當即受到正統黨史研究權威的強橫狙擊。可是，隨著原蘇聯秘密檔案的不斷公開，真相再難掩蓋。二〇〇一年，有個日本學者持同樣的觀點，並且直接挑戰傳統的中共建黨史研究著作，其著作不但得以公開出版，而且還得到多數中國學者的好評。歷史性的進步誰能阻攔！

歷史真相是：中共自成立之日起，就宣佈加入「共產國際（即第三國際）」，為其下屬的一個支部，自願聽從「共產國際」的領導，按規定黨名為「中國共產黨——第三國際共產黨支部」，誓言是：「必須以全力擁護蘇維埃共和國，必須遵守第三國際的一切決議」。為此中共二大專門作過決議。

當然，這也是一種歷史的無奈：「共產國際」急需中共出手，而中共卻尚在襁褓之中，急需餵養長大。從現有的資料看，中共早年的大批幹部都是送到蘇聯去學習培養的；「共產國際」從一九二一年中共成立之初，到一九三〇年代，一直在中共派有自己的「保姆」；中共最初的黨綱、政綱等，都是按照「共產國際」的指示制定的；特別好笑的是，中共「六大」各項政策，中華蘇維埃共和國的各項政策法律，都是由莫斯科的蘇聯專家制定出來，直接譯成中文使用的；就連一九三〇年確定了「以農村為中心，發展武裝鬥爭」的戰略方針之後，莫斯科還專門派來蘇聯軍官，擔任紅軍的軍事總顧問，駐在上海租界，遙控指揮軍事行動，並派出層級較低的德國籍軍官，深入中央蘇區，直接負責落實上海軍事總顧問的軍事方針。最羞於啟齒的是，中共從出生起，就窮得沒錢花。要辦《新青年》，要開辦外國語學校和工人夜校，要派人四下裏活動，要不斷開會研究事情……在在都是用錢處，可這沒錢怎麼辦？那就只能是仔無錢，向爺討啦。根據陳獨秀在中共「二大」、「三大」的相關信件、報告和張國燾一九二九年的回憶可知，中共自正式成立之日起，就不得不全面接受「共產國際」提供的經費援助了。「共產國際」即根據中共中央提出的預算，按月提供固定的活動經費。仔花爺錢是多少？手頭有一份詳細準確資料，可惜太長，不便在此披露。但陳獨秀說得清楚，他於一九二三年六月在中共「三大」上講：「黨的經費，幾乎完全是我們從『共產國際』得到的」。

有趣的是，「十月革命」成功後，俄國共產主義幽靈的經濟極端困難，國內人民還處在嚴重凍餒之中，他們養活中共和其他仔黨的錢從何而來？哈，說來寒磣，原來是把從沙皇、貴族和地主資本家那裏剝奪來的金銀財寶（情急了還販賣毒品），偷運到歐洲黑市，倒賣成外幣使用。有當事人的資料回憶說：珠寶、鑽石這些東西體積比較小，信使們只需將其藏入皮鞋鞋掌和便鞋的後跟即可。「共產國際」的一份解秘檔案材料證實，當時「共產國際」經常用這種方式向境外發送經費。比如一九一九年八月十八日，「共產國際」執行委員會總務主任克林格爾在一封寫給俄共（布）中央書記Ｅ・Д・斯塔索娃的信中，回答為什麼「共產國際」各機關需要相當數量的皮革時指出：「我們需要皮子是為了做鞋掌用。我們要把貴重物品（主要是鑽石）藏到鞋掌裏。」（《共產國際與世界革命構思》，莫斯科，一九九八年版，第一五三頁），而鴉片則是用鉛紙和膠布包裹好，這樣就能密封住特殊氣味，往火車頭、電動機車廂、餐車或者客車車廂不易發現的地方一藏就可以了，這些東西運送到上海等地就可以換成高額現金。哇噻！打家劫舍，殺人越貨，巧取豪奪，倒賣外匯，走私毒品，發展幫派組織……用當下的說法，這不就是黑社會嘛？這不就是國際性恐怖組織嘛？我的天！

好了，且不管用什麼骯髒方式和手段，共產主義幽靈總算叩開國門，徘徊於古老的中華大地，連劉集村那樣的窮鄉僻壤都光顧到了。那麼接下來幹什麼，自然就是物色東方的羅勃斯庇爾和列寧、史達林，在血泊中建立中國式的「巴黎公社」和「蘇維埃」了。事實也正是如此。

從今天可以看到的大量資料得知，「共產國際」一直注意在中國黨內物色成熟、精明和有能力的最高領袖，在這方面花了大功夫。先是用陳獨秀這樣的高級知識份子，後是用向忠發這樣的工人大老粗，然後又挑了一手培養的留蘇學生來挑大樑，但個個不爭氣，沒誰是他們滿意的。一直到一九二七年初，終於相上了天才毛澤東。當時，「共產國際」正積極推動中國革命走向激進，恰好毛澤東發表了《湖南農民運動考察報告》，力挺「痞子運動」。「共產國際」主席布哈林讀到後如獲至寶，立將毛文刊發於「共產國際」的機關刊物以示推崇。

國共關係破裂之後，毛澤東不按中央部署進攻長沙，而是率「秋收起義」殘部「落草」井崗山。此事讓高層極度不滿，撤銷了他的政治局候補委員職務。但毛澤東卻由此開創了中共武裝割據的一片新天地，創立了中共最早的農村革命武裝。對此，「共產國際」也很快給予高度重視。對「朱毛紅軍」的發展密切長期跟蹤，連續在其機關報上予以公開報導。至此，「共產國際」業已心中有數，掂出毛澤東在紅軍、在根據地、在未來中國的重要作用了。所以，當那些不明爺心的高層笨蛋想把毛澤東從軍事領導崗位上趕下臺時，「共產國際」則明確發出警告，你們必須要「團結」好毛澤東，並充分發揮毛作用。接著，很快批准將毛澤東重新選入政治局，並在莫斯科公開譯製毛澤東文集，出版毛澤東的中文選集，發表毛澤東的個人傳記，並且在「共產國際」「七大」上，破天荒地把毛頭像和幾個著名的幽靈頭像一起，懸掛在會議大廳裏。這還不明白嗎？毛澤東應該成為中國的羅勃斯庇爾和列寧。

從此，馬老和恩老魔瓶中所放出來的共產主義幽靈，完成了徘徊於中華大地的「初級階段」——幽靈叩門成功。從此，中國的每一個政黨，每一個團體，每一個家庭，甚至每一個個人，都不得不受其影響，或哭或笑地與之周旋。

一九二八年，狼牙山下一家張姓男嬰問世，取名林鵬。連他也逃不過共產主義幽靈的附體之痛，一生為其所累，曲折起伏，酸甜苦辣，喜怒哀樂，血淚水火……終於掙脫時，已然傷痕累累，皓首老翁，撫著一部自己生命譜成的「正、反、合」詩章，喟然長歎，感慨萬千。

第一章 五歲的縱火者

在整個人類歷史上，一九二八年不算很有名。大事有：蔣介石第一次當上中華民國總統；共和黨人胡佛當上美國第三十一任總統；墨西哥總統奧夫雷貢遭了暗殺；勞倫斯寫成了《查泰萊夫人的情人》；墨索里尼寫成了《我的自傳》；反常的漲潮使泰晤士河大肆氾濫並決口；阿米莉亞・埃爾哈特成為有史以來第一位飛越大西洋的女性……共產主義幽靈方面：四月，朱德、陳毅率領南昌起義殘部和湘南農軍到達井岡山，與毛澤東領導的秋收起義部隊會師。會師後兩支部隊合編為當時最強大的一支工農武裝——工農革命軍第四軍（後改稱紅軍第四軍），朱德任軍長，毛澤東任軍委書記兼黨代表。毛澤東起草《政治問題和邊界黨的任務》決議，論證中國紅色政權存在和發展的規律，提出了「工農武裝割據」的思想。

要特別指出的是，中國歷史在這兒出現了一個非常吊詭也非常有趣的新格局。這個蔣總統得勢之後，一反孫中山先生「三民主義」的實質精神，要把國變成黨，把黨變成國，叫作「黨國」，要搞國民黨的一黨獨裁一黨專政。以共產主義幽靈為靈魂的中國共產黨一看，嘿，好小子，無產階級專政，也就是共產黨專政知道不，這可是我們的專利，我們的看家本領和奮鬥目標。怎麼的，你丫挺想學學？那也正好，給我們一個收拾你的藉口，我們不妨打起孫中山科學民主建國的大旗，號令天下，收取人心，於中得利，打倒你蔣家王朝以後再看洒家功夫。這一手著實厲害加高明，大約近三十年裏沒有幾個人看得出來，包括許多號稱社會精英的大知識份子，東西洋留過學或者正在留學的高級知識份子，都被忽悠得暈哉顛哉，不亦樂乎。大家如夢方醒是後來的事，那就後面再說。

本傳主林鵬先生就在這種十分吊詭的格局下悄然問世。

這是一九二八年二月十九日，農曆正月二十八日，閏二月。出生地：狼牙山下南管頭村（新近更名狼牙山鎮，為敘述統一，本書只說南管頭村——筆者），屬於河北省保定市易縣地界。

按中國的曆法推算，這一年是龍年。辰者，三月之卦，正群龍行雨之時，故辰屬龍，曰辰龍。凡生在這一年的男男女女，生肖一律為龍。辰龍是個好屬相，對它相傳下來的說法有：是一個理想主義者，追求十全十美，對人對己都十分嚴格；寬宏大量，富有生氣與力量，充滿渴望和幾乎是宗教性的熱情；喜歡承擔重要責任，喜歡大刀闊斧地、大張旗鼓地幹事情，且常常被美麗的幻想所迷惑；惱怒時相當固執、不理智並且很專橫，發作之後卻很能原諒人；必得有一份為之奮鬥的事業，一個要達到的目標，一個犯錯誤的機會；是一個敢說敢當的人，可以單槍匹馬地向任何權威進行挑戰與討伐；如果他誕生於暴風雨降臨的時辰，可能會走上一條充滿冒險性的生活道路，一生會歷盡艱險與磨難……

若按上述對屬龍者性格命運的演繹，林鵬先生出生的這一天，肯定是個大風雪天，不然他一生怎麼會……當然這一點已無從考證。不過有一段故事無須考證，這個屬龍者果然「常常被美麗的幻想所迷惑」，五歲娃娃就敢縱火，叫作「隔窗點燈」。他活到七十五歲時，對此有過記述，這裏照抄如下。

我的曾祖父名張旭，號張老化。我沒有見過他的面。我小時候，我的曾祖母，我們叫老太太，還在世。她是一個滿臉皺紋滿頭白髮亂蓬蓬的老太太，我有點怕見她。她晚年就住在上房（西屋）的北裏間。到了晚上，她要吃一個柿子，我奶奶就叫著我的小名，給老太太端一個柿子去。我就用一個小瓷碟子，裏面放一個柿子，給老太太端進去。天黑了，奶奶就讓我去給老太太點燈。我就用一根蔴杆在灶堂裏就火點著，進去把老太太窗臺上的油燈點著。當時的我大概也就是五歲吧，記不清了。我想，老太太的油燈就放在窗臺上，我見窗戶上有破的地方，心想，我從外面順窗戶的破洞，把點著的麻杆伸進去，就可以點燃裏面的燈，誰知油燈沒點著，我把窗戶點著了，火苗忽的升上房頂……火被撲滅以後，我奶奶嚇壞了，渾身在打哆嗦，我娘要打我，我奶奶不讓，說「還小呢！」

奶奶親孫子，放火燒了房也沒事，何況又沒有燒出太大的亂子，何況又不是故意的，何況「隔窗點燈」這點子多有創意，才多大一點的娃娃，要不特別聰明能想出來嗎？沒聽俗話說，「屬龍的，長大都是能行的」，再說咱這娃娃還占著一個「鵬」字，名叫張林鵬。這「鵬」可太有講究啦：古人莊子在他的《逍遙遊》中怎麼說來，「北冥有魚，其名為鯤。鯤之大，不知其幾千里也。化而為鳥，其名為鵬。鵬之背，不知其幾千里也。怒而飛，其翼若垂天之雲。」古印度神話「天龍八部」中的迦樓羅，則是中國大鵬鳥的異名同質，佛教傳入中國以後，被命名為大鵬金翅鳥，它的巨翅展開竟有三百三十六萬里，身光赫奕，各路天神誤認為它是火天而頂禮膜拜。另外你看看，猶太神話中的巨鳥「棲枝」、古埃及的「伯努」、阿拉伯的「安卡」、土耳其的「可克」、古希臘的「格利普」、俄羅斯的「諾加」、以及北歐生命樹上的智慧古禽等，全誇的是大鵬鳥，可見此鵬乃是全人類的吉祥鳥。

如此有來頭的名字，誰起的？請人起的？張老化假若活著看到四世同堂，給曾孫起名應該是他這位曾祖父的事，可他有沒有這麼高深的學問呢？後來他曾孫林鵬對人說，我老爺爺我沒見過。會不會是祖父張洛永起的？後來他孫子林鵬對人說，我爺爺有手藝，種著二十一畝地，生了三個兒子，也沒有太高的文化。那最後就看是不是父親張滿倉起的？後來他兒子林鵬對人說，三兄弟分家，我父親名下七畝，他務農之餘，是個續馬鞍子的手藝人，沒念過幾天書。不過，這個張滿倉雖然沒進過學堂，可也不是個一般農民，一般手藝人，屬於那種天生的鶴立雞群者。與張家有世誼的同村晚輩李慶宇認真告訴我說：「張滿倉續鞍子，在張家口和蔚州一帶很有名。」可見這是一位走南闖北、見多識廣、有過歷練敢於擔當的民間強人。她的孫女林曼是見過這位爺爺的，評價說：「我爺爺高個，身板挺直，走路有勁，來太原跟我們一起住時，那麼大年紀了，每天在城裏繞一大圈。他有手藝，做馬鞍子，挺精幹的一個老頭，比他兩個兒子都高、都英俊。」如此看來，張家在林鵬先生以前，幾代都是以農為本的自耕農，都是中國傳統社會的基礎人群，都是中國古老的農業文明的營造者和守望者，體現和傳承的都是勤勞、節儉、樸實、善良、誠信……的道德一脈。張滿倉走動江湖，多少改變點門風，添加一種胸懷天下、行俠仗義的古士子風骨，雖然他並不諳春秋之事。這些家門遺緒，都在林鵬先生身上有所體現並發揚光大。比起這個大傳承來，祖輩就算沒能親自起個帶「鵬」字的好名字，又算得了什麼呢。

深追起來，這南管頭張家還是很有老根的。有一種說法是：易縣南管頭張氏為張蒼之裔。張蒼可是位歷史名人，戰國末期曾在荀子的門下學習，與李斯、韓非等人是同門師兄弟。秦朝時曾經當過御史。劉邦起義，他歸順了劉邦，西漢王朝建立之後，先後擔任過代相、趙相等官職。因為他幫助劉邦清除燕王臧荼叛亂有功，被晉封為北平侯，食邑一千二百戶，以後又遷升為計相、主計。漢文帝時，灌嬰去世後接任丞相一職。那個寫出不朽之作《過秦論》的洛陽人賈誼，就是他的門生。

是史實嗎？筆者曾查閱相關資料，卻說張蒼乃河南省陽武縣（今原陽縣）人氏，現有張蒼墓和張蒼紀念堂為證。去問林鵬先生，看來他對此早就上心並作過專門考研。他說：

張姓有十四望。其中一望就是中山張氏，中山張氏就是張蒼的後代。中山在哪兒？就在保定西邊的完縣，現在的滿城縣。史載「蒼之後世居中山義封」，但義封這個地方找不到。我認為，完縣的張侯村就是漢時的義封。我們的老家世居張侯村，大約是在明代遷到南管頭，現在有十幾戶。

推測一下，情況是不是這樣子：張蒼祖籍河南陽武即原陽，做了北平侯以後，就落籍河北，成為張氏中山一望。問題的要點是，林鵬先生究竟是否張蒼之後，並不是最重要的，就算真是，兩千多年前的優良基因耗散到現在，還會有多大的遺傳優勢？但是，作為一個傳說中的家族偉人，一面高高飄揚的精神大旗，一個讓子孫後代無比榮光、無限嚮往、並極力效法的生命樣板，張蒼於張氏一脈，包括林鵬先生在內，那是太需要了，太重要了。誰能估算出少年林鵬從張蒼那兒汲取了多大的生長能量？心中裝著英雄，才可能成為英雄，這不就是古今中外無數英雄輩出的規律嗎？有道是，榜樣的力量是無窮的！

據此，有必要將易縣的其他歷史名人列舉出來，尤其是荊軻，他所釀製、提純出來的人文營養，肯定同樣滋補過少年林鵬。

荊軻身上的人文含量到底有多大？只須看看歷代都有誰歌頌過他，便可探知一二。司馬公的《刺客列傳》就不說了，單看詩詞。陶淵明有〈詠荊軻〉：「君子死知己，提劍出燕京。素驥鳴廣陌，慷慨送我行。雄髮指危冠，猛氣沖長纓。……」駱賓王有〈易水送別〉：「此地別燕丹，壯士髮衝冠。昔時人已歿，今日水猶寒。」柳河東也有〈詠荊軻〉：「微言激幽憤，怒目辭燕都。朔風動易水，揮爵前長驅。……按劍赫憑怒，風雷助號呼。……」王昌齡有〈雜興〉：「握中銅匕首，紛錙楚山鐵。義士頻報仇，殺人不曾缺。可悲燕丹事，……荊軻遂為血。」賈島有〈易水懷古〉：「荊卿重虛死，節烈書前史。我歎方寸心，誰論一時事。至今易水橋，寒風兮蕭蕭。易水流不盡，荊卿名不銷。」蘇東坡有〈和陶詠荊軻〉：「燕趙多奇士，此豈容天庭。亡秦只三戶，況我數十城。至今天下人，潛燕欲其成。廢書一太息，可見千古情。」梅堯臣有〈送正仲都官知睦州〉：「行行復壯壯，往往起悲歌。古來易水上，義士有荊軻。……我慚賤丈夫，豈異戴面儺。」龔自珍有〈己亥雜詩〉：「陶潛詩喜說荊卿，想見停雲發浩歌。吟到恩仇心事湧，江湖俠骨恐無多。」其餘尚有阮禹、左思、李賀、胡曾、李嶠、張耒、王安石、劉克莊、晁說之、高斯得……名單長得很呢。

其實，荊軻代表了一個社會精英群體，一種時代精神風貌，一種輝耀千古的人格楷模。你看看，「節俠」田光向燕太子丹推薦荊軻，為了示誠，揮劍自刎，「太子一語疑，先生甘自殘」；荊軻為了取信於秦再刺秦，得有一件吃勁的禮物，而樊於期將軍則二話不說，交出自己的腦袋，說你隨便拿去吧，「得復平竹仇，性命何足有」；荊軻就要仗劍遠行了，大家都身穿白衣，頭戴白帽前來送行，擊筑高歌，遂有了那一首盪氣迴腸的千古絕唱〈易水歌〉，歌曰：

風蕭蕭兮易水寒，
壯士一去兮不復還；
探虎穴兮入蛟宮，
仰天呼氣兮成白虹。

荊軻失手了，壯士去不歸，卻有高漸離繼承亡友遺志，以筑再擊秦始皇。真個是「四雄英烈風，精誠凌白虹。其事雖不就，簡牘光無窮」！……應該怎樣認定生發在易水河畔這種時代精神呢？顯然，這是一批具有政治價值觀和抱負的理想主義者，超越物慾，將個人價值的實現置於為自由正義的奮鬥之中，充滿道德勇氣與智慧，為了匡濟天下蒼生，不惜招致自身磨難傷亡，也要向強大的邪惡挑戰，「雖千萬人，吾往也！」論萬世不論一生，論順逆不論成敗，捨生取義，殺身成仁，古之節義，非此之謂乎？人們說，自古以來燕趙多慷慨悲歌之士，難道與這種深厚的人文土壤沒有關連嗎？回頭去總結林鵬先生的一生，真是充滿著「荊軻精神」，不信你就慢慢往下看。

筆者一直認為，某個地域產出英烈賢良人才，除了此地獨特優渥的人文環境之外，自然環境的壯麗美好，也絕對不容忽視，所謂天地宇宙之魂魄，山川日月之精華，鍾靈毓秀，天人合一，信不虛也。具體到林鵬先生的生身之地，真也是

「南管頭，南管頭，地界不大有來頭」呢。

南管頭就在狼牙山下，朝暉夕霞之中，仰頭便是一片燦爛。提起狼牙山，有人以為因了「狼牙山五壯士」而出名，其實早在戰國時期，「狼山競秀」便是燕國十景之一，有詩為證：「西郊山色鬱蒼茫，載酒曾過易水陽。壁聳青霄屏隱現，峰開紫電劍光芒。」

狼牙山由五坨三十六峰組成，主峰蓮花峰海拔一一〇五米，西北兩面峭壁千仞，登高遠眺，群峰林立，崢嶸險峻，狀似狼牙，澗峽雲霧飄渺，神奇莫測，風光綺麗，素有「北方小黃山」之稱。南管頭村就位於狼牙山之陽。林鵬先生成了學者以後考證說：

後來讀《水經注》，「徐水三源奇發，齊瀉一澗」。這「一澗」就是南管頭。南管頭村南的西坡頭，至今還叫「澗頭」。可見「一澗」就是南管頭。南管頭原本就叫「澗頭」，寫起來圖省事，寫作「間頭」。「間」與「官」草書相似，久而久之，以訛傳訛，將錯就錯，成了「官頭」，最後成了「管頭」。這種事情，一旦見諸公文，就變為既成事實，有沒有道理，倒在其次了。

南管頭不但居於狼山之陽，古徐水瀉澗之處，而且還守著一條著名的古道——五回道。《史記》中說，秦始皇十八年攻邯鄲滅趙，趙公子嘉自立為代王。代在蔚縣。過了六年，趙公子嘉積聚了點實力，要聯合燕國抗秦復國，帶領軍隊就是從五回道進入燕國。這一天，來在南管頭北邊不遠的畫貓兒，與秦將王翦遭遇，發生激戰，給後人留下個「亂營河」的怪名字。可憐趙公子嘉哪裏是悍將王翦的對手，轉眼間悲劇發生，胸襟未展身先死，就葬在這南管頭村邊，鄉人稱其「王子墳」。

南管頭畫貓兒這段五回古道特別出名，還有一個歷史大典故。公子嘉死在亂營河約六百多年後，又有一位大名人路經南管頭，他就是北魏太武帝拓跋燾。怎麼回事？得從容點說。

五回道的關鍵是五回嶺。《水經注》是這樣描述五回嶺的：徐「水西出廣昌縣東南大嶺下，世謂之廣昌嶺。嶺高四十餘里，二十里中，委折五回，方得達其上嶺，故嶺有五回之名。下望層山，盛若蟻蛭，實兼孤山之稱，亦峻竦也。」「委折五回」，這也就是五回道的來頭。可你北魏的都城在平城也就是今天的大同市，你拓拔燾跑來南管頭幹什麼？原來這位馬上皇帝也算一代雄主，開疆拓土，武功赫赫，幾乎把北中國都收入他家版圖。這一天高興了，就要去東邊視察視察，叫作東巡，返程中便走上這條五回道。怎麼走呢？即溯發源於五回嶺南坡的徐水而至五回嶺，翻越五回嶺，再循發源於五回嶺北坡的拒馬河支流下山，到浮圖峪以後，折而西行，就到了廣昌鎮。這一段路，就是五回道。在廣昌休整之後，西發靈丘，從靈丘越恒山回平城，這一段史稱「靈丘道」。所以太武帝延興元年從定州返回平城，就是先走五回道，再走靈丘道。走到南管頭時，出了點麻煩。畫貓兒這地段的山勢非常雄險，山環水繞，走著走著沒路了。喲嘿，這話怎麼說的，我拓跋燾面前能無路可行嗎？說著就勢在馬背上彎弓搭箭，向那攔路的山峰就是一箭，箭到處頑石為之大開，便閃出一條大道來。聽著跟寫小說似的，可那些隨從文武們則急忙附會，添枝加葉，澆油淋醋，立馬譜成吾皇功業而勒石立碑，紀久傳遠。現在已然成為國寶級的魏碑——東巡碑，就是這麼產生的。這事經《水經注》和《太平寰宇記》一記載，一流傳，一千五百多年下來，不知引多少名人大家競折腰。最幸運者莫過於林鵬先生，與這通《東巡碑》有著一段奇緣，堪稱千古佳話。後文書中還要專章講起。

一個小小村莊，能夠同時守著一座天下名山，一彎史載老河，一條通天古道，而且守著多少個歷史名人名物，這是多大的造化？住在這村裏的人，能不於這天地造化中得靈犀之利嗎？它要是不出人才真是愧對天地，它要是出了林鵬則一點兒不用大驚小怪。

回頭再說「隔窗點燈」。這個點子妙不妙？可以說太妙了，妙得足可與「圖窮匕首現」相媲美，秦始皇眼看著渴望已久的疆土就要到手，哪裏會想到要命的利器就在圖中，他做夢也不會想到的。荊卿事敗捐命那是天負英雄，火燎祖屋那是紙窗誤人，都不是玩火者的錯，相反，點子都是好點子，尤其那一股子勇氣，司馬公在世，一定會重評新寫也。

第二章　龍居版皇帝新衣

一九三七年七月七日「七七事變」爆發，中國全面抗戰開始。「西安事變」之後，被改編為國民革命軍八路軍的中國共產黨軍隊，於同年九月從陝北東渡黃河，開入山西、河北交界的五臺山地區。九月二十五日，八路軍主力一一五師取得平型關、十月十九日陽明堡大捷。十月，八路軍總司令部離開五臺山地區，一一五師副師長兼政治委員聶榮臻奉命留下建立抗日根據地，展開游擊戰。其麾下有楊成武的一個獨立團、一個騎兵營，另有兩個連及一批軍政幹部，約二千人。他們迅速佔領了晉西北、察南、冀東北多個縣城，十一月成立晉察冀軍區，一九三八年一月成立晉察冀邊區行政委員會。後發展為包括山西、河北、察哈爾、熱河、遼寧等省各一部的廣大地區，下轄一〇八縣，人口兩千五百餘萬，成為重要的抗日根據地之一。晉察冀邊區是我國新民主主義制度最早實施的地區之一。晉察冀邊區政府及軍區司令部設於太行山麓的阜平縣境內。

林鵬先生這年九歲，從此也成為晉察冀邊區一名紅色少年，全盤接受共產主義幽靈的教育培養。不過，誰也沒有料到，這是一個天生的叛逆少年。

筆者記得，小時候上《皇帝的新衣》這節課時，興味最濃啦，皇上穿著新衣服出出進進，誰都誇好，實際上是光著屁股啥也沒穿。這道風景真可笑死了！明擺著的事實，大人們為什麼就不敢說出來呢？長大了才明白，這叫「為尊者諱」。再一細琢磨，還是為自個兒諱，你在皇帝老兒面前說破真相，攪了局子，壞了大事，不取你小命就算便宜了你。唯有這等孩童赤子，天真無邪，口無遮攔，不諳挨整、丟官、離婚、坐牢、殺頭之事，一語道破天機，反而把大人們嚇個半死。這樣的風景兒看著可笑，想著心酸，其實可怕。然而從古至今上演不衰，代有經典。下面，就是現成一個現代版本。

西元一九四三年冬天，在河北省易縣龍居村晉察冀邊區師範學校的課堂上，劉老師正在講授馬克思列寧主義理論的基礎課程——人類社會發展的「五種社會形態」。說是：最早的人類社會叫作原始共產主義社會，它發生了，發展著，最後崩潰，讓一個叫作奴隸制社會的社會給徹底打倒並取而代之；這個奴隸制社會發生了，發展著，最後崩潰，讓一個叫作封建主義社會的社會給徹底打倒並取而代之；這個封建主義社會發生了，發展著，最後崩潰，讓一個叫作資本主義社會的社會徹底打倒並取而代之；這個資本主義社會發生了，發展著，最後崩潰，讓一個叫作共產主義社會的社會徹底打倒並取而代之。這個共產主義社會發生了，發展著，卻不崩潰，一直要到永遠永遠，人們都在那裏過著天堂般的日子……劉老師照本宣科，輕車熟路，正講得起興，忽聽下面有人喊報告，要求提個問題，就是南管頭村的張林鵬。

這個入學前剛得過一場大病，老喊頭疼的農家娃娃站起來問道：劉老師剛才講了，每一種社會形態都是從發生、發展到崩潰，這是規律。那怎麼共產主義社會就可以違背這個規律呢？它為什麼就不崩潰呢？——他個頭不高，眼睛不大卻瞪得大大的，純真無邪，沒有一丁點兒惡意。

劉老師渾身一哆嗦，震驚極了，怎麼能這樣問，怎麼敢這樣問，皇帝是光著大腚？他支支吾吾也不知說了幾句什麼，就宣佈下課。

這個問題太可怕了，涉及到革命的信仰、理想、人生觀、世界觀……傳出去怎麼得了？發展下去怎麼得了？於是在接下來的幾天裏，多位老師連續上大課，給全體學生大講共產主義事業和共產主義理想，一講就是兩個多小時。這還不放心，由校長親自上大課，重複經典如儀。還是不能很放心呀，於是再由專署的教育局長出面講課。後來古稀之年的林鵬回憶說：「他姓袁，是個有名的演說家，至少他想當演說家，他來給我們學校發表演說，嗚裏哇啦，直講了三個多鐘頭。」這就放心了嗎？「這還不算完，地委的宣傳部長，這個人我記得清楚，他叫白文志，也就這個題目給我們作報告。他報告時，地委和專署的機關幹部都來師範學校聽他的報告，在龍居村的一個打穀場上，坐了一大片人。」林鵬老先生回憶說。想像一下那種情景吧，隆冬天氣，北方農村的打穀場上，朔風吹過乾巴枯黃的樹枝嗚嗚作響，冰凍三尺的黃土地散發著沁人骨髓的陰寒，一個人口吐白氣聲嘶力竭，一群人如坐冰氈洗耳恭聽……這一切不為別的，只為說明我們皇帝並不是光屁股啊同志們！

有人看出來了，人家那小孩才多大？說出皇帝光腚那話兒純屬有口無心；可這個林鵬已經是十五歲的師範生了，不會這麼簡單吧？這裏是得說說清楚。

那個「隔窗點燈」的五歲男孩當然也在「發生了，發展著」，由懵懂期進入學齡期。農家子弟發蒙晚點，林鵬先生就算七歲上小學吧，當在一九三五年。這時的晉察冀邊區還沒有影兒，易縣地區的小學教材是什麼呢？筆者一直沒有採訪清楚，也是林鵬先生一直沒有說清楚。最近花城出版社出版了一本《修身老課本》，源於一九一二年民國通用的小學課本，非常珍貴。資中筠先生為此大發感慨，著文評價。

一百多年前的小學教材教什麼？十一條「編輯大意」說得明白：一、注重自由、平等之精神，守法合群之德義，以養成共和國民之人格。二、表彰中華固有之國粹特色，以啟發國民之愛國心。三、矯正舊有之弊俗，以增進國民之愛國心。四、詳言國體政體及一切政法常識，以普及參政之能力。五、提倡漢滿蒙回藏五族平等主義，以鞏固統一民國之基礎。六、注重博愛主義，推及待外人愛生物等事，以擴充國民之德量。七、注意體育及軍事上之知識，以發揮尚武之精神。八、注意國民生活上之知識技能，以養成獨立自營之能力。九、關於歷史地理科之材料，以有興趣者為主，與各科無重複之弊。十、選錄古今名人著作以養成文字之初基。十一、各種文體略備，使學生知其梗概。惟詔令奏議二類，非共和國所用，故不採。這個「編輯大意」指導下的教科書，在「五四運動」以後，肯定改成白話文了，但同樣肯定的是，它的基本宗旨取向，特別是公民教育還是一脈相承的。假如林鵬先生一入學便用的是這種教材，那不僅年齡比那個小孩大，其人文素質更不可同日而語了。問題是，實際情形也許未必如此。

「九一八事變」至晉察冀邊區建立這一段時間，華北已安放不下一張平靜的課桌了，整個鄉村的國民教育形勢可能已相當混亂。家裏又鬧分家，他的小學很可能沒怎麼上。他的正式教育應該開始於邊區的革命教育。對此，他有過一段記述：

我父親兄弟三個（張滿倉、張滿屯、張連科——筆者），一九三九年分的家，我家分了七畝地。分家後我就上了學（推算當在十一歲——筆者）。因為家裏窮，上高小是公費生，因為學習成績不錯，全縣才有兩個公費生，我是其中一個。一九四一年上了邊區學校，我生了一年病，再入學時遇上「精兵簡政」，把公費生資格取消了，要上學或者交錢或者交糧食。家裏啥也沒有呀，我急得哭。校長挺好，說要不去嶺東吧，我跟那兒的校長認識。嶺東是三中所在地，全名叫晉察冀邊區第三革命中學，實際上就是幹部培訓學校，實行的是供給制，入學就等於參加革命了。校長就領上我去了，報了名，簡單考了試就算錄取了。不久又是「精兵簡政」，三中取消，轉至二中。緊接著還是「精兵簡政」，二中也取消了，年歲大點的分配工作，小點的則轉入晉察冀邊區師範學校，培養小學老師。

也就是在轉入師範學校不久，他捅下了大漏子。按說他一早接受的就是革命教育，怎麼會提出那麼刁鑽古怪的問題呢？當時是怎麼想的呢？他是這樣回憶的：

那天聽白部長的報告，我有點精神不集中，因為他講的內容，都不外是堅定共產主義信念一類的，早已聽慣了的宣傳鼓動，所以我在同身邊的同學說話來著。後來在小組會上，我受到我的同學王清信的嚴厲批評。王清信是我最好的同學，那天跟我急了，他說：「這幾天，停止別的課，專聽大報告，你知道是為什麼嗎？就是因為你在課堂上提的那個操蛋問題。你說你提這種問題幹什麼？這不是沒事找事嗎？你提的操蛋問題，做大報告你倒不聽，這是給你做的報告，你不聽，精神不集中，還跟人說話，你怎麼搞的，你太不自覺了！」他發這麼大的火，我感到非常意外，可是我很快就清醒了，壞了，我惹了禍了。……我只好檢討，我極力表白，我提那個問題，也是偶然想到，沒有什麼想法，更不是什麼對共產主義沒有信心等等等等。

林鵬先生當時真的是「偶然想到，沒有什麼想法」嗎？那他為什麼不提別的問題呢？不從正面提問題呢？別的同學為什麼就提不出這個問題呢？就算是隨口一說，但潛意識裏可不會這麼簡單。

剛上邊區中學不久，張滿倉一高興，立馬給了兒子六塊錢。這叫邊區票，是晉察冀邊區自個兒的銀行印製發行的，一塊錢可以買到五斤多小米。可十三歲的兒子出手大方，轉眼用其中的五點二元買了一塊老厚的磚頭，一本厚得像磚頭一樣的書——《列寧主義概論》，博古翻譯，晉察冀邊區政府新華書店出版發行。內中收錄兩部文章：《關於列寧主義》和《列寧主義的幾個問題》。這是林鵬先生平生買的第一本書，說不定也是他們邊區師範學校學生買的第一本書，小娃娃扔了三十斤小米不要，捧著一本沒用的大磚頭看，這可不光是轟動校園，也成了當地一道難得的風景兒了。很難想像，這個從小有頭疼毛病的農家少年，一邊似懂非懂地啃著列寧，一邊就不會胡思亂想，冒出許多古怪問題，比如共產主義社會的崩潰？要知道，光這個「五種社會形態」，在三中時就聽講過，在二中時也聽講過，在邊區師範這是第三回聽講了，單調重複的刺激，能不誘發一個敏感少年的好奇心和質疑心嗎？而超常的好奇心和質疑心，往往就是一種叛逆性格的天賦才能。畫貓兒山洞裏那位狐仙能治好他古怪的頭疼病，就不能吹一口仙氣，讓他獨具異秉，專會製造古怪提問嗎？

真有一段帶傳奇色彩的童年經歷。林鵬先生小時候，不知為什麼總是愛頭疼。有一天，奶奶備好自家的小毛驢，騎上去並將十歲小孫兒安頓在身後驢屁股上，得得得，往北走。過了北管頭，就是那立過《東巡碑》的畫貓兒，然後來到河水拐彎處只有一家人的一個小莊子，叫姑嬤峪。姑嬤峪這家人姓石，老漢叫石老英，是遠近聞名的好廚師，十里八鄉誰家有紅白喜事，就請他去，大勺碰小勺，叮噹一響，這就成了個席面。他們去這天，石老漢不在家，家中只有他老伴兒。這老婆婆和張家奶奶似乎很熟識，見面說了一陣子話，就領著奶奶孫子出了門，順著西溝往山上爬，爬了好一陣子，就看見山坡右手那兒有一個小山洞。那老婆婆先自蹲下身往裏面爬，張奶奶拉著孫子也跟著往裏爬，這就爬進了一個小山洞。老婆婆劃著火柴，點著一個小油燈。看得出這山洞就像一個小團標房子一樣，一旁有一個石台，上面放著那小小的油燈，燈旁邊有一個小香爐，香爐後面什麼東西也沒有，既沒有神像，也沒有什麼牌位之類。這時，老婆婆點著三炷線香，恭恭敬敬把香插在小香爐裏，口中念念有詞，聽不清說的什麼，然後她磕頭。張奶奶拉著小孫子也跟著磕頭。磕完頭，又跪著聽她禱告。過了一陣，老婆婆把一點點香灰什麼的，用一小塊黃表紙包起來，鄭重地交給張奶奶，然後又磕頭，磕完頭就退出那山洞，然後下山。回到家裏，張奶奶用一碗涼水，把那香灰一沖，讓孫子喝下去。不知為什麼，小孫子的頭疼病從此好了。

林鵬先生對這段童年經歷記憶特深，多次對人說起，還多次專門去尋訪過這個神奇的狐仙洞，苦不可得，家人和村民們都絕口否認，畫貓兒那兒哪有什麼狐仙洞！但是，如今的老年林鵬，仍然堅信不疑，自己進過這個狐仙洞，不然頭疼病怎麼會好？

龍居風波的結局是：肇事者比其他同學晚一年加入中國共產黨，但他卻「因小得大」：第一，他認定，只要覺得自己做得對，絕對不能認錯做檢討，你只要是檢討，沒完沒了，害人害己。從此以後到如今，七十年過去了，歷經政治磨難無其數，但他確實再也沒有做過檢查。一九五五年關在部隊的「肅反隊」，戰友王奐寫出萬把字的檢查書，可他就是一個字不寫。一九七〇年，中央在石家莊給山西幾千名黨政幹部辦「學習班」，人人都寫檢查，就這個林鵬拒絕檢查，槍斃也不寫。在當代中國，一輩子不寫檢查書的人，不知能否找出第二名。第二，他認定，好好讀書是「惹禍根由」，可還是得好好讀書，「我後來對歷史對理論有說不出的強烈興趣，也是從這裏開始的」。就比如，要弄清「五種社會形態」中這個共產主義社會崩潰問題，他此後不知讀了古今中外多少書。下面聽聽他的記述，可能有點長，得耐心點。

後來我才發現，我們在革命中學裏學習的教材，是蘇聯教授叫作列昂節夫編著的一個小冊子，《社會發展簡史》。這個小冊子後來編在延安解放社的「幹部必讀」中。這一套「幹部必讀」到解放初期（五〇年代）還在不停地出版發行。這個小冊子完全是按《聯共黨史》第四章第二節編著的。《聯共黨史》是（上世紀）三〇年代中期出版的，莫斯科外文書籍出版局出版的中文本，《聯共（布）黨史教程》是一九三八年出版的。此後不久，列昂節夫的《社會發展簡史》的中文本也就出版了。

我們在根據地革命中學的學生，看不到正式的出版物，看到的只是油印的講義而已。多年以後，我在舊書攤上看到這套「幹部必讀」，以及其中的《社會發展簡史》，我真是激動不已，彷彿他鄉遇故知一般。

在中國的古典學說中，例如公羊學的「張三世」、「繼三統」的一套說法中，也能引出一種社會發展史觀來。比如南海聖人康有為就是服膺這一類陳舊的學說，並由此產生了他的變法理論。只是在變法失敗以後，他去日本，轉而到歐洲，周遊列國，接受了基督教的教義，以及傅立葉等包括馬克思在內的一些所謂理念，最終形成了他的《大同書》。這就是中國的烏托邦。這就是後來號稱「毛澤東思想」的一代人的共同的思想基礎。這無庸諱言。

這五種社會形態的社會發展史，比公羊學衍生出來的社會發展觀科學多了。這正像希特勒「一個主義，一個政黨，一個領袖」的一套，比帝王思想的「金口玉言」的一套更好掌握。所謂科學性不過就是實用性罷了。所以馬列主義在中國占了上風，在當時，也就是二戰前後，中國的馬列主義者比歐洲的馬列主義者多多了。

所謂五種社會形態，再加上社會達爾文主義，這就是完整的馬列主義的社會學和歷史學。這中間，原始共產社會雖不是什麼黃金時代，卻被稱作黃金時代，被說成公有制，而將來的，所鼓吹的所幻想的偉大共產主義社會，自然是真正的黃金時代。

在這兩個黃金時代之間，就是私有制的階級社會，據恩格斯講，「這只是人類歷史的一剎那」。所以人們普遍接受了這種觀點，成為一種普遍的不可抗拒的社會理念，並且是戰無不勝的社會潮流，人們便真情地高唱著「這是最後的鬥爭……」既然是最後一次了，再大的犧牲，都是值得的，餓死幾千萬人算什麼，就是把自己整死，就是無緣無故要殺自己的頭，也是值得的，也是心甘情願的……這就是我的，以及年紀比我大一些的這一代，或說兩代人的共同理想。不容置疑，這是一種偉大的理想。所以一九五八年赫魯雪夫說，再過幾年蘇聯就可以宣佈進入共產主義了。於是毛澤東就搶先來個跑步進入共產主義，「吃飯不要錢」。在那個年代，沒有一個人認為這是不正常的，就是彭德懷也只是認為過快，過熱，過了頭，等等，沒有人說這是幻想。這根本就是幻想啊！難道不是嗎？就算是偉大的幻想，依然是幻想，廣大人民的幻想，也是幻想。人民公社等三面紅旗的失敗，不僅是一種政策的失敗，而是一種幻想的破滅。我終於看清了，所謂共產主義，雖然只是一種理想，它也有發生、發展和崩潰的過程。它發生於一八四八年，於一九一七年發展壯大起來，並於一九九一年徹底崩潰。我這個年齡的革命者，無一不是深深地體驗了幻想破滅的痛苦啊。

正像中國古代的典籍《十三經》中，包涵著許多社會主義的偉大思想一樣，西方的古典學術中，例如基督教的教義中，也同樣包涵著許多社會主義的思想內容。所謂著名哲學包括馬列主義歷史哲學，不過就是基督教教義的世俗化而已。這就是關於人，愛人，尊重人，政治平等，財富平均，關注下層人，救援老弱孤獨者等等的思想……而這些社會主義的內容都是在私有制的前提下展開的。

在古代典籍中沒有公有制的內容，也從來沒有人把古代的例如「世界大同」，「天下為公」等等東西理解為公有制，理解為消滅私有財產。有關公有制的談論，多半只是存在於文人的想像之中，也就是存在於師友漫談和後世的咖啡館的辯論中。這就是「烏托邦」。把這種教義極度複雜化，或叫作科學化的真正的天才，這就是馬克思和恩格斯，他們都是黑格爾的學生，並且是達爾文和尼采的同學。

假若你看一個人，總是看不準他，你就轉而觀察他的朋友或同學，於是你就會覺得簡直就是一目了然。你發現的東西，總是令你驚詫不已，這就是十分齷齪而且非常黑暗的靈魂。我指的是黑格爾、達爾文和尼采。所以我一向就堅持所謂學術歸根結底是心術而已，把一種觀點和方法極度複雜化的是天才，同樣把一種觀點和方法極度簡單化的也是天才，這就是列寧和史達林。

看看史達林執筆的《聯共黨史》第四章第二節，標題是「辯證唯物主義和歷史唯物主義」吧，它是當時世界上最普及最流行的小冊子。多麼簡單明瞭，真是擲地有聲，沒有任何論述，都是不容置疑的結論，沒有任何論證，也用不著論證，鏗鏗鏘鏘，忽雷閃電，猶如十丈洪峰迎面而來，你躲閃不及，一下子就把你吞沒了，你永遠無法逃脫。……

我是一個笨人，我花了幾十年的功夫，才把別人一眼就能看穿的事情看透。我歎道：「天下大道多歧路，迷途知返時已暮。白首一言公無渡，公無渡，公無渡，枯魚過河泣誰訴。」

問題是，一直到今天，真正看出皇帝沒有穿衣服並且敢於喊出來的人，像林鵬先生這樣的人，多嗎？有多少？事實上在當今中國是少之又少，寥若晨星。君不見，頌聖聲中爭嘹亮：吾皇的新衣多麼美麗啊！

一八九五年三月六日，恩格斯在《〈法蘭西階級鬥爭〉導言》中對馬克思主義的整個理論體系進行了最後的反思和修正：「歷史表明我們也曾經錯了，我們當時所持的觀點只是一個幻想。歷史做的還要更多：它不僅消除了我們當時的迷誤，並且還完全改變了無產階級進行鬥爭的條件。一八四八年的鬥爭方法（指《共產黨宣言》中說的暴力革命——筆者），今天在一切方面都已經陳舊了，這一點是值得在這裏較仔細地加以研究的。歷史清楚地表明，當時歐洲大陸經濟發展的狀況還遠沒有成熟到可以剷除資本主義的程度……在一八四八年要以一次簡單的突襲來達到社會改造，是多麼不可能的事情。舊式的起義，在一八四八年以前到處都起決定作用的築壘的巷戰，現在大都陳舊了。如果說在國家之間進行戰爭的條件已經起了變化，那麼階級鬥爭的條件也同樣起了變化。實行突然襲擊的時代，由自覺的少數人帶領著不自覺的群眾實現革命的時代，已經過去了。……原來，在資產階級藉以組織其統治的國家機構中，也有許多東西是工人階級可能利用來對這些機構本身作鬥爭的。工人開始參加各邦議會、市鎮委員會以及工商仲裁法庭的選舉；他們開始同資產階級爭奪每一個由選舉產生的職位，只要在該職位換人時有足夠的工人票數參加表決。結果，資產階級和政府害怕工人政黨的合法活動更甚於害怕它的不合法活動，害怕選舉成就更甚於害怕起義成就。」（《馬克思恩格斯全集》第二十二卷第五九五、五九七、六〇三、六〇七頁）說完這些話不到五個月，一八九五年八月五日，他就去世了。

人之將死，其言也善。連皇帝自己都說，所謂的新衣服不過是「一個幻想」，可是，近半個世紀以後的《龍居版皇帝的新衣》，卻還引出這麼大一場風波，以至讓一個鄉村少年為此負重一生，不亦悲哉？魔鬼一旦從瓶子裏放出來，想再收回來就難了。

前不久，筆者專程趕赴易縣龍居村訪古，想找找那所師範學校舊址，以及在那裏發生過的老故事的當代傳說。說古哪裏就古了？不過才半個多世紀的光陰呀，結果你猜怎麼著，叫作乘興而來，掃興而歸。什麼都看不到了，連那個打麥場都找不見了，連當年轟動一時的「皇帝新衣事件」的一絲革命傳說都沒有了……看到的是深山小村的「長樂網吧」、「洗浴住宿停車」、「交費、手機卡」等五花八門的自製廣告牌子。倒是有位八十三歲的老大娘特熱情健談，說她見過南管頭那個念書娃，南管頭就那一個學生，個子不高，挺精神什麼的。可筆者掐指一算，她十八歲才嫁到龍居村，怎麼可能見到十五歲的張林鵬呢？放眼看去，只有青山蒼茫，澗水長流，天上是白雲悠悠……人間往事算什麼呢？

第三章　書生傷戰場

一九四五年二月四日，史達林、羅斯福、邱吉爾三巨頭在雅爾達舉行會議，發表《克里米亞聲明》，簽訂《雅爾達協定》，決定擊敗德國，共管德國；歐洲各國人民有權選擇自己的政府形式；蘇聯在歐戰結束兩三個月內對日宣戰，條件是維護蒙古現狀，南庫頁島歸還蘇聯，大連港國際化，蘇聯恢復租用旅順港，中蘇共同經營中長鐵路等。

同年七月七日，國民黨軍委會宣佈：八年抗戰中，共計斃傷及俘虜日軍兩百五十多萬，國軍陣亡官兵一百三十多萬，負傷一百七十多萬。中共宣佈殲滅日軍五十三萬，偽軍一百一十九萬，傷亡六十多萬。中國共計傷亡三百六十多萬官兵。

同年八月十四日，日本天皇宣佈無條件投降。

同年八月二十八日，應蔣介石之邀，毛澤東、周恩來等飛抵重慶，與蔣介石進行國共合作談判。四十三天後簽署《雙十協定》。國民黨政府不承認解放區，整編中共軍隊一事也無果而終，所以該協定不過一紙空文。

同年九月十九日，中共中央內定戰略方針：「向北發展，向南防禦」。

同年十一月九日，蔣介石在重慶召開軍事會議，計畫在半年內擊潰八路軍和新四軍主力。

八年抗戰剛剛結束，一場全面內戰又一觸即發。

青少年時期的林鵬先生，親歷了三場戰爭，習慣上稱為「抗日戰爭」、「解放戰爭」和「抗美援朝戰爭」。對一個人的一生來說，此為幸乎不幸乎？

不過嚴格說來，抗日戰爭結束時的一九四五年八月，林鵬先生並不是一名正式軍人，雖然說從十三歲進入供給制的邊區師範就算參加革命了。他因為「共產主義社會崩潰」風波，推後一年到一九四四年入黨，畢業，當教員，再當了區幹部——易縣第四區教育助理員，正式入伍時，日本人已經投降了。

據林先生回憶，他的入伍當兵，全因為魯易。魯易可不是延安「魯藝」，這是一個人，倒真是個藝術家，一位在「一分區」頗有名氣的劇作家。「一分區」是晉察冀邊區一個重要的組成部分，易縣就包括在它的轄區內。山西平型關大捷後，一一五師獨立團在團長楊成武率領下，在腰站消滅日軍三百人，連克七座縣城，在狼牙山下開闢了「一分區」。你說巧不巧，他的司令部就設在南管頭村。林先生說，「八路軍兩頓飯，每天下午四點鐘吃完飯，楊司令和副司令高鵬都要相跟著去北管頭政治部那兒，天黑再返回來。所以，我幾乎天天能看到人家，我是小孩，人家不認識我，我認識他。」其實，林鵬十歲那會兒，楊司令不過二十四歲。兩人那時雖然無緣相識，但後來卻有過一段特別的交往，回頭再說。

且說這「一分區」有個前線劇社，魯易就是這個劇社的副社長兼編劇。他可能早就注意到這個愛讀書、能寫作的少年區幹部（此時十七歲——筆者）了，跑來做動員，來我們劇社發展吧，區裏的教育助理員有什麼前途？只要你同意，別的不用你操心，等等。林鵬先生就應承了下來。很快，縣委組織部就來了調令，讓去部隊報到，具體日期是一九四五年十月七日。嘿，跟偉大的「十月革命」一個日子頭。不料剛穿上軍裝沒幾天，還未曾摸上文學創作的邊，根據國共「雙十協定」的精神，晉察冀邊區的部隊要縮減番號，前線劇社歸了冀察軍區，把文藝兵林鵬一下分到野戰軍，成了晉察冀野戰軍（也稱華北野戰軍）第六旅第十七團政治處的通訊幹事，時間是一九四六年四月八日，地點在懷來縣的西馬林。林鵬先生有一張「小八路照片」保存至今，就是這一天在西馬林拍攝的。

晉察冀野戰軍由四個縱隊組成。林鵬先生所在部隊屬於二縱。不久，二縱擴充成三個師，再加上兩個地方師，整編成一個軍，就是六十五軍，與六十三軍、六十四軍共同組成第十九兵團，司令員是楊得志、「政委」羅瑞卿。楊成武去了第二十兵團。後來要向大西北進軍，彭德懷向毛主席點名要第十九兵團，一打完太原戰役，就被等候在那裏的彭總帶走了。

這樣以來，作為六十五軍的一名老兵，林鵬先生在三年解放戰爭中，就輾轉於河北、山西、甘肅、寧夏、北京這一廣大地區，一直到後來開上朝鮮戰場。在經歷過的所有戰役戰鬥中，他雖然不是一線衝鋒戰士，但作為野戰部隊的基層宣傳幹部兼戰地記者，用他自己的話說，從來都置身於「步槍的有效射程之內」，與戰場官兵所處環境沒有什麼區別。正因如此，得以用書生的眼光，看慣了「一將功成萬骨枯」的血火慘烈。說什麼戰爭有正義與非正義之分，為正義之戰獻身無比榮光，可當一個個戰友們的鮮活生命瞬間消失時，尤其是在作無謂的犧牲時，不能不給一個天性多情、敏感多思的青年書生以極大的心靈震憾，給他以無盡的感傷與思索，戰爭是什麼？為什麼要訴諸戰爭？人類發展不能擺脫這些暴力方式嗎？有比這些寶貴生命更有價值的東西嗎？……這些思索是導致林鵬先生一生反戰反暴力的重要原因之一。

這一年，林鵬先生所在團奉命攻打徐水城。指揮員首先就沒有選擇好衝鋒路線，部隊被壓在一條大水渠後面無法展開，前面是一無遮蔽的開闊地，對面是敵人「潑水一樣掃射」的機關槍，兩次衝鋒均告失利，死傷慘重。此時指揮員就該親臨前線觀察地形，重新部署才對，可是沒有，有的只是死命令：「給我衝！」「再衝不上去，提頭來見！」團裏的通訊員順著水渠爬到二營營長跟前說，首長命令你們馬上發起衝鋒，再衝不上去，你提頭來見！二營營長低著頭說，回去報告團首長，就說我犧牲了。說完站起來，也就一秒鐘，他就被敵人的機槍子彈撂倒了。這時，營教導員爬過來，對通訊員說，你報告團首長，就說我也犧牲了。說罷剛一站起身子，立即也中彈身亡。這個通訊員嚇壞了，擠在水渠後面的戰士們也都嚇壞了。林鵬先生悲憤不已，大發感慨曰：「太卑鄙了！太可怕了！太惡劣了！」就算你是為工農大眾打天下的革命戰爭，能這樣瞎指揮麼？能這樣無視工農子弟兵的生命麼？

林鵬先生親筆記述了另外一場戰鬥，也許長了點，但錄之有益。

到了最後一次打徐水，是第三次打徐水，這只是圍點打援。圍是圍保定，打增援保定的敵人。羅曆戎帶領他的暫編第三軍，從石家莊出來去增援保定，走到定縣清風店，被我們包圍了。

我們從徐水城下出發，兩百五十里趕到清風店，主戰場在西南合。我們到達西南合西面兩里路一個小村，忘記它的名字了，當時已是傍晚。……兩百五十里路，一天一夜趕到，中間不休息，就像小跑一樣，到達前沿，連撒泡尿的功夫都不給，更不說吃飯、喝水，稍事休息了，又要馬上端刺刀衝鋒……古來沒有這麼用兵的。當時傳達說，敵人正在構築工事，所以要儘快突擊。他構築工事說明他走不了了，你著什麼急？石家莊幾乎已經是一座空城，無兵可派，保定的敵軍不敢出來，難道是怕有人增援清風店嗎？羅歷戎原本是我們部隊高級首長在黃埔軍校的同學，為什麼不可以身入重圍見他一面，動之以情，曉之以理，難道是怕死嗎？羅歷戎當時已身陷重圍，叫天不應叫地不靈的時候，還不敢同他見面嗎？三歲小孩都知道，我們有能力消滅他。然而，戰而勝之離著不戰而勝差遠了，簡直不可同日而語。死人太多了，遍地都是烈士的遺體，一眼望去，就像過去割麥子時的麥捆一樣，散落在平原上，那都是人民的子弟啊！

我們團，投入戰鬥前有兩千多人，一個參謀告訴我是兩千三百人。兩天戰鬥後撤下來，一個很小的場院都沒有站滿，不足五百人。這是一次勝仗，而且是大勝仗，消滅敵人一個軍，勝利以後的部隊應該是歡聲笑語，情緒高漲才對呀，可當我們離開戰場的時候，人人都低著頭，不啃氣，沒人說話，一句話也沒有啊！

多年以後，有一次，在北京，幾個參加過清風店戰鬥的老戰友，說起那場景，整個部隊都低著頭走路的情景，幾個人都落了淚。從來人們都是描寫戰鬥的輕鬆，勝利的喜悅，誰提到過勝利以後的深深的悲傷。……

是的，輝煌的勝利，有時是用愚蠢砌成，還要貼賠上無數人世間極有價值的東西。

新華社記者張帆寫過一篇報告文學，題目是《萬里征戰長城線》。它將來能否載入煌煌史冊，林鵬先生首先就有懷疑，因為他就是當事者之一，知道那段戰史一點兒也不值得鼓吹。

一九四八年底，林鵬先生所在部隊奉命先打八達嶺，同傅作義的主力頂牛，毫無結果，退下來，朝北退。剛退到雕鶚一帶，忽然一個命令下來，四天行軍六百里，直奔靈壽，說是要「保衛石家莊」，可是並沒有敵人進攻石家莊呀，後來才鬧清楚，是石友三的騎兵團從北京向南突進到保定，有人以為要進攻西柏坡，虛驚一場。部隊閒在靈壽沒事幹，只好又原路返回來。十二月，又是一個命令，急行軍打大同，奔襲四百里不能休息，刮著大風，下著大雪，懷安縣境內有一段紅土路，雪水一打成了黏土，戰士們鞋底結成一大砣，走不動，只好脫下鞋用刺刀砍，苦不堪言。好不容易到了聚樂堡，還沒睡上一小覺，又來了電報，大同不打了，原路返回打北平。一九四九年元月二日天還沒有亮，好不容易回到昌平，駐軍馬池口，一半戰士都病了，連個阿司匹林片都沒有，拿命硬頂著，幹部戰士講怪話，罵大街，士氣低落……。這能說成是萬里征戰長城線嗎？

在馬池口，林鵬先生也在劫難逃，大病一場。他這樣記述說：

一九四九年一月二日，在南口下車時，天已大亮。我看見我們部隊的人們都沒有正經顏色，都和土塊一樣。我想，這樣的部隊怎麼打仗？我們團的駐地是昌平縣馬池口村，在這裏所有人都病了。我也病了，發燒，頭疼，沒有藥，只有外科藥，沒有內科藥。有個戰友對我說：「林鵬，你已經在炕上翻過來倒過去哼哼了三天三夜啦，快起來吃點東西吧。」我那年虛歲二十二歲，沒有結婚，沒有子女拖累，我不怕死，其實死倒比較簡單……楊得志羅瑞卿都到昌平來了，給我們師的指戰員做戰鬥動員報告，慷慨激昂，可部隊的情況，他們也許知道，也許不知道，或不甚清楚。

當兵嘛，是苦。有些苦也許就該受，只是小兵們不明大局，瞎發牢騷罷了。不是有祛苦真言嗎，「苦不苦，想想紅軍兩萬五」。為了偉大的共產主義事業，紅軍爬雪山，過草地，吃草根樹皮，在所不惜。你們這點苦算什麼呀！林鵬先生一直沒有這種思路，也真奇怪。

林鵬先生居住太原已然半個多世紀了，每逢有紀念太原解放的集會，他概不參加，雖然誰也知道他是當年參加過解放太原的老革命。他說：「說起來是不喜歡拋頭露面，實際上是內心裏隱藏著一個深深的歷史觀點，我認為太原城就用不著打。」

攻打太原前，林鵬先生所在團駐紮在城南汾河邊上一個大村裏。四月二十四日，黎明前，他隨當時的五七九團一營指揮所運動到太原城下，任務是攻打大南門。太原的大南門，城門樓非常的高大雄偉，城門洞子都填實了，炸不開。沒辦法，天明後才命令小店方向的榴彈炮團集中火力，將城門東邊的一處城牆炸開個口子。他們就是從這個缺口處，爬上了太原城牆。

林鵬先生帶著幾個宣傳員作戰場鼓動，緊隨著尖刀連一連往上衝。進了城，從柴市巷、帽兒巷往北推進。團政治部主任姬長馥喊他說：「林鵬，你負責接收俘虜。」果然有大群大群的俘虜從北邊街道被押送過來。他就找了一座大院，把俘虜們安頓進去，說：「不要亂跑，先在這待一下，一會兒會有人送你們去俘虜營。」

這時候，有一個敵軍的青年軍官，擠過來向林鵬先生敬禮。俘虜兵們穿的都是黃色的破破爛爛的軍裝，這位軍官則穿著深綠色呢子軍裝，十分整潔，人也很精神。向林鵬先生報告說：「長官，我不是俘虜，不應該把我當俘虜。」

林鵬先生笑了，問：「那你是什麼？」

青年軍官說：「長官，我是信使。」

林鵬先生問；「什麼信使？」

青年軍官說：「我是太原守軍司令部的參謀人員，司令部長官派我出城去見徐向前司令。我帶有正式公文，給徐司令的信。」

林鵬先生問：「那你為什麼還在城裏？」

青年軍官說：「昨天晚上把信交給我，城門不能出。我要求守門的營長將我縋城，他說不敢，他要請示，等他請示完，你們的總攻已經開始了，我沒法出城。」說著把一封信交給他。

林鵬先生一看，確實是一封表示無條件投降的信，署名的司令官的名字忘了，但副司令是孫楚。因為古代有個孫楚，所以把他記住了。

正在這當兒，團長楊森和政委劉國輔走過來。

林鵬先生就把信交給他們看。他們一看大聲說：「晚了！」哈哈一笑就走掉了。

林鵬先生只好把信又交回青年軍官，說：「這封信已經不起作用了，但是，它對你很重要。你帶著這封信，到俘虜營說明情況，它可以證明你的身份。」

林鵬先生望著楊森們的背影，不禁心生感慨：晚了，這話沒錯，對於勝利者來說，這輕鬆得意的哈哈一笑也理所當然。可將來的歷史學家們可能會說，不是信使晚了，是你們總攻得太早了，有機會不戰而屈人之兵，免去一場生靈塗炭之災，不更是兵家上策嗎？

當天下午三點鐘，林鵬先生跟隨姬長馥又從那城牆缺口出城，到了楊家堡。路上姬主任按捺不住勝利者的喜悅：「這下全華北都解放了！」他絲毫沒有覺察出身邊這位書生軍人的滿腹憂思，所以當林鵬先生說「將來歷史家怎麼寫這段歷史，還不知道」時，姬主任豪情萬丈地說：「管歷史幹什麼？咱們只管打仗！」

林鵬先生只好苦笑：是呀，他說得對，軍人嘛，只管服從命令打好仗，拼它個拜將封侯，或者說得神聖點，為了共產主義天堂早日實現，別的管他什麼古城血光閃爍，玉石俱焚。許多年後林鵬先生想到這件事，心裏就會說：姬主任，你又說對了，你總是對，要不你怎麼能當上軍政委呢，而我林鵬總是錯，所以永遠上不去。

三年解放戰爭，書生林鵬傷戰場，就是在這麼一種不諳戰爭，反感戰爭，憂思戰爭的情緒中度過的。沒有過一點亮色嗎？有，這就是北京和平解放。他說：

我總算沒有失望，總算有了一個和平解放的地方——北京。二月末，東北野戰軍政治部招待我們團的營以上幹部參觀北京。北京是個有文化的地方，給我的印象極好。人們有禮貌，商鋪講信譽，飯館裏的飯菜，又好吃，又不貴……

然而，林鵬先生當時不會知道，就是這麼一點讓他沒有失望的亮色，北京城的和平解放，也是一個靈魂被戰爭扭曲的結果。

一九四六年六月底，國共全面內戰不可遏止地爆發後，毛澤東給北線的晉察冀軍區制定了一個「三路四城」計畫，即奪取平漢、正太、同蒲三條鐵路線與保定、石家莊、太原、大同四個城市。

晉察冀軍區司令員聶榮臻與晉綏軍區司令賀龍是執行這一任務的兩員大將。為完成此任務，他們決定在晉北戰役後進攻大同，並調集兩個戰區全部主力共五十個團十餘萬人，與當面之敵——傅作義部約七萬餘人的「國軍」一決雌雄。如此規模的大兵團作戰，在中共戰史上也尚屬首次。但聶榮臻、賀龍這兩位後來的元帥，在這一戰中出現兩次關鍵性指揮錯誤，導致戰役失敗，不僅大同未攻下，集寧又失守，張家口處於傅作義部兩面夾擊之中。傅作義則再次顯示了「涿州名將」的風采，採取圍魏救趙之計，攻集寧，打增援，最終解除了大同之圍。這樣，晉察冀邊區形勢由此急劇惡化，西北野戰軍在戰略上極為被動，蔣介石的頭號嫡系胡宗南部，不久得以毫無後顧之憂地進兵延安，使中共中央和毛澤東陷入險境。

戰後，傅作義給毛澤東發了一封公開電，經國民黨中央社轉發後，全國周知。電文如下：

延安毛澤東先生：溯自去年日本投降，你們大舉進攻綏包，放出內戰第一槍。愚魯如我者，當時還以為這是你們一時的或一部份的衝動，決不會成為你們黨的政策，故曾於十一月二十四日致電先生，作坦白懇切的呼籲。但一年來的慘痛事實，竟證明這是你們經過長期準備的計畫，並不是一個偶然的錯誤，因而和平商談永無結果，而全面戰事乃日益擴大。最近由於你們背棄諾言，圍攻大同，政府以和平解決的努力、均告絕望之後，本戰區國軍才迫不得已採取行動，救援大同。但這是悲痛的，並不是快意的，其目的僅僅在於解救大同之圍，解救大同二萬軍民。

然你們相信武力萬能，調集了十七個旅，五十一個團之眾，企圖在集寧殲滅國軍，城郊野戰和慘烈巷戰，繼續達四晝夜，最後你們終於潰敗了。當你們潰退的前一天，延安廣播且已宣佈本戰區國軍被你們完全包圍，完全擊潰，完全殲滅，但次日的事實，立刻給了一個無情的證明，證明被包圍被擊潰被殲滅的不是國軍，而是你們自誇所謂參加二萬五千里長征的賀龍所部、聶榮臻所部，以及張宗遜、陳正湘、姚哲等的全部主力。

我不相信這是一軍事上的勝利，因為誠如你們所說，本戰區國軍武器最劣，人數最少，戰力最弱，而好戰心理更不如你們，雖然失敗，似乎是應該的。但我們沒有失敗，失敗的卻是你們，所以這不是一個軍事上的勝利，而必須稱之為人民意志上的勝利。在這次戰役中，你們擺在戰場的屍體，至少在二萬人以上，我們流著眼淚，已經將他們掩埋了。你們在潰退途中，因恐怖國軍追擊，竟至拼命奔逃，口鼻冒血，倒身路旁者比比皆是。這是一幅如何悲慘的畫面！我不禁要問是誰殺死了他們？

我按住心口問我自己，如果作戰是為了我個人的私欲，或一個人的私利，那麼是我殺了他們，我是一個最大的罪人，我應該遭受天譴。如果他們是在你的錯誤指導之下逞兵猖亂禍國害民，那就是你殺死了他們，在夜闌人靜時，你應受到責備，受到全國人民的懲罰。

傅作義也夠絕，戰役大勝，還要口誅筆伐。據說，毛澤東看後，說了八個字：「不報此仇，誓不為人。」朱德則建議將此電文分發解放軍全體將士，說「請將不如激將」。

可是，誰能料到，短短三年之後，林彪率部入關，逼得電文作者走投無路，最終不得不「和平起義」。據說傅作義見到勝者王侯毛澤東時，俯首連稱：「我有罪，我有罪。」

人是萬物之靈。戰爭是人製造的，也是由人在進行的，讓林鵬先生心靈最受震憾、最感憂傷的也是人，雖然上層戰爭人比如傅作義們無緣得及，但他身邊那些下層戰爭人，他的戰友們，足以令他思接千古，心潮難平。

比如倒楣蛋馬維。那天跟隨尖刀連要衝進太原城時，林鵬先生不是帶著幾個宣傳員嗎？馬維就是其中一個。他當年多大年紀，何方人氏，家境如何……林鵬先生沒說過，不過肯定是個樸實的熱血青年，年齡不會比當時二十一歲的林先生大，估計還是個大男孩吧？我方轟城的炮火還沒有停，就命令衝鋒。馬維隨著尖刀連的戰士沿著城牆缺口往上衝，忽然一顆炮彈在身邊爆炸（林鵬先生一直懷疑是自家的炮彈），氣浪將馬維震昏，掀翻，一直滾到城下。救護隊把人事不醒的馬維抬上擔架，送到綁紮所搶救，經過醫生檢查，渾身上下沒有一點傷，就是被震昏了。大家都為馬維感到慶幸。結果怎麼著，幸運者就是不幸者，開除黨籍，從排級幹部降為普通戰士。那位團政治部主任姬長馥堅持認為必須嚴厲處分，重傷不哼哼，輕傷不下火線，這是我們革命戰士的本色，你一點傷都沒有，你滾下城來幹什麼？這就是臨陣脫逃，不槍斃你算你小子逮便宜。林鵬先生震驚不已，怎麼可以這樣？沒看過西蒙諾夫的《日日夜夜》嗎？那裏面就有個蘇軍士兵跟馬維的遭遇一樣，被炮彈氣浪震暈，並沒有給處分呀，為什麼要這樣對待馬維？作為馬維的上級，林鵬先生找姬主任說情，但姬主任沒看過《日日夜夜》，西蒙諾夫又不是我上級首長，嚴厲處分沒商量。馬維的一生由此毀掉，後來在包頭市當了工人，活得沒個人樣。許多年後，林鵬先生在火車上偶遇馬維，馬維將心中的委屈和怨恨訴說了一路。後來林鵬先生非常傷感地對人說：「我什麼時候想起馬維來，總覺得對不住他。」

再比如以世界革命為已任的張世祿。林鵬先生在師部當宣傳幹事時，有個保衛幹事張世祿，兩人從小就是好朋友。但共產主義幽靈特別眷顧張世祿，使他胸懷世界革命，說話辦事多會也驚得林鵬先生一楞一楞的。有一天他說：「林鵬，我不管你，我的祖國是蘇聯。」

林鵬先生一楞，心想，你又沒有去過蘇聯，那兒是什麼樣兒，你一點都不知道，怎麼就成了你的祖國呢？於是問道：「那你為什麼參加八路軍？」

張世祿說：「為了打日本。」

林鵬先生說：「為什麼打日本？」

張世祿說：「為了保衛蘇聯。」他是有依據的：列寧說過「工人無祖國」；史達林說過「全世界工人的祖國是蘇聯」；《國際歌》裏唱著「英特納雄耐爾就一定要實現」，「英特納雄耐爾」那是啥？就是共產主義社會呀。張世祿是為這個而奮鬥。這讓當時的林鵬先生極為欽佩。

延安整風以後，王實味的事也傳到了晉察冀邊區。林鵬先生一時搞不明白，就去問張世祿：「王實味的反動思想主要是什麼？」

張世祿說：「天下老鴉一般黑。」「國民黨一團糟，專制獨裁，壓制民主，說它黑，那是真黑。可王實味說共產黨和國民黨一樣，都黑，天下老鴉一般黑，這就荒謬絕倫，反動透頂了。」

林鵬先生後來說，我當時聽了，對王實味很氣憤，要我發言批判王實味的話，我也許比張世祿還要激烈。

張世祿比林鵬先生大一歲，又如此富有革命覺悟，這讓林鵬先生對他敬如兄長，「許多事我都是聽他的」。林鵬先生的科長非常壞，他氣得去找張世祿訴委屈。張世祿則教訓他說：「不要有意見……不要對自己的頂頭上司有意見，這可不好。」於是林鵬先生就再也不講科長的事了。林鵬先生好奇地想搞清「AB團」是怎麼回事，張世祿告他說「不該知道的就不要打聽」，林鵬先生很聽話，就此再也不提「AB團」。有一陣子，兩人好長時間沒見面，張世祿就捎來一封信批評說：「聽說你行軍路上休息時，還拿本書看，你看那麼多書幹什麼？你有點呆氣。」有時候碰了面，張世祿或者說：「破參謀爛幹事，你還沒幹夠？林鵬，快要求下連隊，當指導員去，搞政工，這才是你的前途。」或者說：「有人反映，說你很驕傲。你別管誰說的，有沒有？有，承認了就改。我們革命不是為自己，是為了解放全人類。」當了營副教導員的張世祿，在一次戰鬥中負了傷。林鵬先生很著急，收到張世祿的一封信，信上這樣說「我肩部中了一槍，只能算個輕傷，當時我倒在地上，救護隊的人硬把我按到擔架裏，把我抬到綁紮所，我大發雷霆，輕傷怎麼能下火線！我又跑回去，同部隊一起越過了六盤山。」

讀書越來越多的林鵬先生，開始思考他的這位兄長般的老戰友，後來他說：「他的理想或說他的抱負非常偉大，世界革命，解放全人類……我後來曾多次思考他，他有點像在他以前二十年的托洛斯基，和在他以後十年的戈瓦拉他們。我說有點像，也只是有點像而已。他是徐水人……山裏的孩子，說好聽點是樸實，說不好聽點是愚笨。」

朝鮮戰場「五次戰役」後的一天，張世祿突然出現在林鵬先生面前，極為神聖而莊嚴地說：「林鵬，我被派到南朝鮮去，開展地下武裝鬥爭。誰我也不見，就只同你見個面，道個別。此次任務，任何人都不知道。為了我的安全，你也不要告訴任何人。」

林鵬先生聽愣了：「能通信嗎？」

張世祿說：「不准。」

林鵬先生說：「有什麼事交代我辦嗎？」

張世祿說：「沒有。」說罷起身就走。

林鵬先生後來記述說：

「我送他一直送出一里多，送到山口外的路上。我一直佇立在那裏，看他遠去的背影，看著他回頭向我揮手的樣子。我想，也許今生今世再也見不著了。我非常難過。這次送別的情形，後來多次回想起來，多次難過，可以說是到老未能釋懷。……五十年過去了，再也沒有人同我談起張世祿的下落，我也不去打聽。我想，他也許早就犧牲了。有時候就想起他堅定的語言：『別惦記我，我死不了！』倘若他還活著，他能回到國內來，他一定會找我的，但是他沒有來。曾經傳達過一條『最高指示』，毛主席有這麼一句話，『哪裏的黃土不埋人』。據說這就是對外派人員的講話。是啊，哪裏的黃土不埋人？只是張世祿被埋到哪裏去了？我怎麼才能在張世祿的墳前默哀一次呢？……軍裏編了軍史，師裏編了師史，關於張世祿，連一個字都沒有。」

是的，那樣一個胸懷世界革命，一心要解放全人類，無比忠誠又無比憨厚的張世祿哪裏去了？別說軍史、師史裏沒有他的名字，好像革命隊伍裏從來就沒有這麼一個人似的。要不是他萬幸地存活在林鵬先生的思念裏，今天的人誰知道張世祿！

再比如音樂天才馬義之。林鵬先生在十七團政治處當通訊幹事時，馬義之是教育幹事。他比林鵬先生大十多歲，事事處處都以老大哥的姿態關照林鵬先生。

馬義之是徐水人，家中頗有田產，算個不大不小的財主兒。人長得帥氣，面皮白嫩，頭髮黑，眼睛亮，聰明絕頂，善於談吐，善於歌唱，善於各種樂器，「有眼的就會吹，有弦的就會拉」，而且唱戲扮旦角，音色亮，唱腔美，最拿手的是《大登殿》，人稱「一口兒紅」。所以林鵬先生評價說他是「音樂天才」。他為了參加革命，釀成一齣天大悲劇。鄰村有個財主女兒看上了他，非他不嫁，得了相思病，弄到奄奄一息，眼看就快不行了。這事傳到馬家，一打聽這姑娘模樣兒也好，人性兒也好，還念過幾天書，這就把婚事定了。接著就成親，新婚燕爾，小倆口如膠似漆的感情挺好。不料剛沒幾天，發生了盧溝橋事變，日本人打進來了。這馬義之早就皈依了共產主義幽靈，一心要參加共產黨打日本，毅然決然入伍走了，而且越走越遠，一走三個月不回來。這美麗的小媳婦偏又是個特別癡情的主兒，日日夜夜盼郎歸，又為郎君的冷暖安危操心勞神，又病倒了，茶飯不思，病體一天比一天沉重，很快就香消玉殞，魂歸太虛。等馬義之一年後回來探親時，墳上青草已沒膝了。馬義之哭罷亡妻，想一想還是革命事大，趕緊歸隊為要。

這一段辛酸姻緣，卻讓林鵬先生大動情懷，他力主應該追認這位殉情女子為革命烈士，理由是，她和前線戰鬥犧牲的烈士一樣，都是為抗日獻出了自己的生命。她一生中最嚮往的，最最想得到的，並且已經得到的，就是她的愛情，可為了打日本，她犧牲了自己的愛情，連同自己年輕美麗的生命，她不是烈士是什麼？當然一個通訊幹事的建言有多大分量？不笑話你書呆子氣就不錯了。不過，林鵬先生卻為此添了心事，他說：「這事太感人了，它使我多年來一而再，再而三地想起，簡直是無法釋懷。」

有一次行軍中，嚮導跑了，部隊只好停下，派人去找個嚮導。在月色濛濛之下，山間小路上，躺的坐的全是戰士。有個戰士說，現在有人吹吹簫就好了。另一個就調侃，張良會吹簫，可他今天沒來。宣傳隊裏有人帶著京胡，就有戰士說，拉一段吧，歡迎啦。這個宣傳員取出京胡，卻捧給馬義之說，馬幹事，你給拉一段吧，讓我也學一學。這馬義之也不客氣，調好弦兒就拉了一段《霸王別姬》中虞姬舞劍的《夜深沉》。據林鵬先生講：「那胡琴的聲音真叫響亮，真叫脆生，曲子也非常的低迴婉轉，迭宕有致，你能想像到虞姬那悲壯深情的劍舞。人們都沉醉了，整個山野，濛濛月色，月色濛濛，也都沉醉了……也許此時，馬義之和林鵬先生都想到了那為抗日戰士而捐命的馬家媳婦吧。

可就在此時，團政委劉克寬發了話：「誰在拉胡琴？」

警衛員接著喊：「二〇二問，誰在拉胡琴？」

馬義之站起來說：「報告，是我。」

劉政委說：「夜間行軍，應該肅靜！」

馬義之說：「是，我錯了。」

劉政委說：「以後注意。」

馬義之說：「是，我一定注意。」

後來林鵬先生說：「我就在跟前，在馬義之跟前，距離劉政委也不遠，不出十步，我的感受最深了……濛濛月色，月色濛濛，令我終生難忘。」

寫到這裏，我忽然發出奇想，假如林鵬先生不是出生在晉察冀邊區的狼牙山下，接受的不是「共產主義幽靈」的教育，而是生長在別的地方，依他的天賦才華，考上北京大學中文系當不成問題。那麼他準可以成為作家、藝術家、學者、教授，絕不會陷身在天性不喜歡的革命與戰爭中活受罪。可反過來又一想，他要沒有這些活生生的，震憾並折磨心靈的戰火血淚經歷，他又會成為怎樣的一個林鵬呢？

第四章　軍中才子的早期困惑

土地問題，歷來是中國社會治亂難題。解決好土地問題，從來都是當政者的頭疼事。前文提到，孫中山開出的良方是實行「平均地權」，用「和平方法」使中國農民問題在發展中逐漸解決，堅決反對由國家沒收土地分配給農民的道路。然而，共產主義幽靈附體的中國共產黨卻堅信階級鬥爭和暴力革命，認為要想儘快打垮國民黨，推翻蔣家王朝，奪取全國政權，必須從農村弄起，取得廣大窮人的擁護。那麼，什麼法子最速效？莫過於打倒財主，把他們的土地財產分給窮人。因此，遠在紅軍時期，就提出了「打土豪，分田地」的口號，在「紅區」內實行「土地改革」。抗日戰爭時期，國共合作，暫時改為「減租減息」。一九四五年日本投降後，國共內鬥又成為主要矛盾，面對蔣介石的大舉進攻，解放區得招兵籌糧應戰，便又開始「打土豪，分田地」，從一九四六年到一九四八年，開展了轟轟烈烈的「土地改革運動」。著名作家劉紹棠在《我是劉紹棠》一書裏寫道：「一九四七年的土改運動，打、砸、搶、抄、抓、殺十分暴烈，我的家鄉稱當年的土改為『流血鬥爭』」。

中國農村的財主和窮人怎麼分？也是個土地問題。不管窮富，農民都視土地為根本財富，它不怕匪搶，不怕賊偷，大水沖不走，大火燒不掉，年年增值，死後傳給子孫，代代不受窮。所以，沒錢就苦巴苦掙、省吃儉用地攢，一有錢就買地，買多了就熬成了財主，也就是共產黨「欽封」的地主和富農。當然，這買地錢的來源多種多樣，苦巴苦掙、省吃儉用只是其中一種，另外，比如繼承、經商、做官、暴富……都可來錢。季羨林先生說，他家就因為在上海打工的叔叔，用僅有的一元錢買了彩票，中了特等獎，於是，立馬由窮人變為財主。這財主和窮人不是固定的，「風水輪流轉，明年到你家」。出了敗家子，做生意賠了本，做官的犯了事，天災人禍……都可以讓財主再變成窮人，窮人再變成財主。所以，從本質上說，他們的分別只在有無土地財產，其實都還是農民而已，就道德層次而言，流氓無產者比不法財主好不到哪兒去。共產黨號稱精通辯證唯物主義和歷史唯物主義，卻連這點轉化的辯證道理都不懂，認定有產者就是敵人，無產者就是依靠對象，實在是一種先天性愚蠢。靠這種德性要解決中國的土地問題，只能是製造劉作家說的那種「流血鬥爭」。歷史事實正是如此，我們不妨就以林鵬先生所在的晉察冀邊區的「土改」為例。

一九四六年五月四日，中共中央發出《關於土地問題的指示》（即《五四指示》）。它本身就是一道暴力解決土地問題的動員令，在晉察冀邊區和各大解放區同時生效。但是轉眼就宣佈《五四指示》已然落後於形勢。說這話的就是後來死得很慘的國家主席劉少奇，他在當時一系列批示和講話中，反覆強調「一切由貧雇農說了算」的極端觀點，他批評晉察冀貫徹《五四指示》不深入，土改不徹底，右了，農民沒有真正翻身，要對土改運動複查，糾正右的錯誤。於是，晉察冀立即學習劉少奇表揚的榜樣——薄一波主政的晉冀魯豫，開展「土改複查」，「一切由貧雇農說了算」，就是讓地主們「掃地出門，淨身出戶」，把全家老小全部趕出家門，不許攜帶任何衣物，住在破廟或破房裏討飯吃。異常激烈的內戰，中共急需借用農民之力，毛澤東於七月下旬，在陝北召開的一次中央會議上，提出徹底平分土地的口號。這使「土改」再進高潮，就不僅僅是「掃地出門，淨身出戶」的事了，要將地主富農活活打死。貧農團設置刑訊室，施用各種酷刑，吊打，壓杠，夾手指，灌辣椒水，插鋼針，烙鐵烙，有的竟把婦女全身扒得精光，當場肆意侮辱，然後大會批鬥，遊街示眾，最後處死。殺人的方法非常野蠻殘酷：亂棍打死，開膛破肚，砸核桃（石頭砸爛腦袋），塞冰窟（把人捆住手腳塞入冰窟），「凍豆腐」（把人脫光淋上水在雪地裏凍死），活埋，吊死，「掌天燈」（在人身體上挖洞，放入油和燈芯點燃，把人慢慢的燒死），等等等等。他們殺紅了眼，甚至把許多對抗日做出過重大貢獻的開明士紳和知識份子都殺掉或逼得自殺，把參加革命多年的地富子弟，正在為共產主義事業敬獻忠誠的幹部戰士，也要拉回去打死。這一種殘暴與血腥，足可使任何有良知者陷入震驚和沉思。林鵬先生怎能例外？

在邊區師範學校時，林鵬先生已然小有名氣，不僅因為用三十斤小米換一本書，還捅了個共產主義崩潰的大漏子，更在於他學業不錯，作文寫得好，書看得多，學問大，而且字也寫得漂亮，用李慶宇的話講，那叫硬筆書法好。不然的話，學生多了，魯易副社長為什麼偏要拉林鵬先生入伍呢。參軍後，不管是在十七團當通訊幹事，還是在十二團當通訊幹事，還是到師部當了宣傳幹事，都是出色人物。他的老戰友逯鼎藝回憶說：「那一年解放平涼、蘭州，進軍寧夏，駐防永寧，師政治部駐在馬鴻逵四姨太的宅子裏。政治部給我們宣傳隊開講『社會發展史』。講課的有三位教員，一個姓盧，一個姓馬，一個就是林鵬。就屬林鵬講得好，又有實踐又有理論，生動活潑，不像別人那麼枯燥乏味。那時，他在師政治部宣傳科，辦了個《連隊生活》，油印的，辦得相當不錯，傳到朱老總那兒，還得到肯定和表揚呢。我就開始給他們投稿，發了幾篇，他寫信鼓勵我，我們就是這麼認識的。」

讓林鵬在軍中出名的還有一件事。當時一九四師的首長都是從狼牙山地區打鬼子打出來的，要整理功臣烈士事蹟，全找林鵬寫，別人誰寫他們也不滿意，這一寫可就寫出名氣來了。加之他讀書也出名，「幹部必讀」的那一大摞馬恩列斯著作，有人說全軍就林鵬一個人通讀過。林鵬先生後來回憶說，光《反杜林論》，他就讀過六種版本；《資本論》也下過大功夫。你想想，那個張世祿能急得專門寫信批評他「聽說你行軍路上休息時還拿本書看，你看那麼多書幹什麼？你有點呆氣！」可見名聲傳得不小。買書更出名，每到一地，有空就先上書店、逛書攤，見書就買，每月的津貼費幾乎全花在買書上了。還有個特別處，看書必作批註，必寫心得筆記，看完必將此書歸類編號。就歸類編號這一招，日後為他帶來一次改變人生命運的大造化，我們後面再說。

林鵬先生二十浪當歲就才名鵲起，成為公認的一名軍中才子，前途不可限量。可就在此時，晉察冀邊區的「土改複查」狂潮波及部隊，要開展一場轟轟烈烈的「三查」運動——查出身、查歷史、查思想。這一「三查」，林鵬先生華蓋照命，雪上加霜。

雪上加霜什麼意思？原來早在一九四三年，延安的「搶救失足者」黑風刮到晉察冀邊區，就是「抓國特」——抓國民黨特務。南管頭村連國民黨的組織都沒有，卻一下抓出二十多個「國特」，其中就有林鵬先生的父親張滿倉。這一場六月雪把林鵬先生害得夠嗆。怎麼回事呢？南管頭有個能人李桐剛，富家子弟，早年在外求學，後來經商，抗日戰爭爆發後回到村裏。楊成武的部隊有個「鋤奸部」，也叫二〇四情報部，不知怎麼看上了李桐剛，讓他經手軍需品生意。他就四處跑保定、北京、天津等地，為八路軍購買各類物資特別是藥品。這就有個運輸問題，便讓村裏一些鄉友搭幫賺錢，也是一番好意。這跑運輸的人中就有張滿倉。那時，有一種很緊俏的軍用品——電子管，想讓李桐剛給部隊搞到。這就得說到英國人林麥克，此人原是燕京大學教授，與白求恩是好朋友，娶的老婆是中國人，山西臨縣女子，他的學生。珍珠港事件發生後，林麥克決心參加中國抗日戰爭，就和妻子開車投奔門頭溝平西解放區。蕭克的部隊以為他們是日本人的探子，抓起來審查，才知道這位燕大教授是著名的電子管專家。延安聞訊讓送過去，但晉察冀這邊動了私心，留著不給，讓林教授幫忙造電子管，教戰士學收發報技術，當成了一個大寶貝。晉察冀野戰軍每個營都有收發報機，很能打仗，就跟林麥克的電子技術有極大關係。李桐剛搞到的電子管，來路也就在這裏。後來，有人懷疑李桐剛是國民黨特務，想抓起來審查時，他卻跑到敵佔區去了。這就苦了南管頭那些與他有牽連的張滿倉們，一個個先被扣上「國特」帽子再說。父親成了「國特」，林鵬先生能有好嗎？如今這「三查」一查，又查出個漏劃「地主」，真叫個雪上加霜。

其實，這個「地主」不是查出來的，要認真查的話，連原來的中農都夠不上，得是個貧農。有一次會上，林鵬先生講了自家情況，四口人七畝地幾間破房，別無恆產。團長、政委跟他就在一個小組，聽完說你家該劃貧農，原定中農都高了。那麼，這個「地主」從何而來？說來可氣可笑又可憐。南管頭村還有個張慶元，當時和林鵬先生同一個團當兵，是組織幹事。平時他對當宣傳幹事的林鵬先生很好，很關照。可現在運動來了，他得先顧自己個兒。他家是個富農也很勉強，為了表現革命性，他跳上臺要檢舉揭發，硬給自己家升級為「地主」，並說：林鵬家也是地主！那當口誰會為你去認真調查？說地主就地主啦。又是「國特」，又是「地主」，這就給你進了檔案了。林鵬先生後來說，對我的影響可大啦！大到什麼程度？他沒有細說，可也能想見，無非是不可提拔啦，不可重用啦……沒讓村裏人把你拉回去「砸了核桃」就不錯啦。

其實，對林鵬影響最大的並不是這個，而是對一顆年輕、純潔、敏感、追求光明與進步的心靈的傷害，一種一旦造成創傷便終生難以癒合的精神傷害。深受心靈傷害的林鵬先生困惑不解：我真讀了，不，認真鑽研了馬克思列寧主義，我就在它指導的偉大革命進程之中，為它所勾畫出的理想而奮鬥，怎麼一接觸到實際，事情就會是另外一種情形呢？難道在進入共產主義天堂之前，就得如此殘酷地整人、殺人，包括整自己人、殺自己人嗎？這究竟是怎麼一回事呢？……

那時候，晉察冀和陝北、晉綏、山東、東北等各大解放區都相對獨立而封閉，「土改複查」的情況只能通過上層渠道交流，像林鵬先生這樣的基層官兵無緣詳知，頂多只有點民間傳聞而已。他所遭遇的這點傷害，在整個晉察冀邊區和別的根據地，說起來真不算什麼。比如，根據青年作家魯順民的社會調查，在一九四七年山西興縣的土改複查中，「鬥牛大會」一事，異常慘烈，亙古未見。受害者牛友蘭，家住山西興縣蔡家崖鎮，其家族乃累代書香門第，子侄輩僅在太原、北京等地就讀大學的就有十五六人。他本人就出身於京師大學堂，一生致力於在家鄉興辦新式教育，培育新人無數。最難得的是，一九三七年抗日軍興，八路軍開赴興縣開闢抗日根據地，物資供給十分困難，牛友蘭出資提供了一個團的裝備，並主動將自家的院落出讓，做了八路軍司令部，同時捐資兩萬三千元（銀元），興辦興縣農業銀行。再籌資金一萬多元（銀元），開辦產銷合作社，生產毛巾、襪子、裹腿等，供應部隊。一九四二年五月，牛友蘭擔任團長，帶領晉西北士紳參觀團赴延安學習，受到毛澤東的接見和熱情款待，延安《解放日報》對其人其事作了專題報導，給予高度評價。同年十月，他當選為晉西北臨時參議會參議員。可是，就這麼一個有大恩於共產黨的紅色士紳，在一九四七年土改複查中卻備受折磨、侮辱和摧殘。

九月二十六日，在蔡家崖召開「鬥牛大會」。這是規模很大的聯村鬥爭，周圍幾個村子人都來了。上午九點多，晉綏分局書記李井泉到達現場，巡視大會準備情況。大會開始之前，特別訓練的貧雇農骨幹力量，集中在一孔窯洞裏接受戰前鼓動。牛蔭冠也被喊來參加鬥爭大會，他是牛友蘭的親生兒子，畢業於清華大學，時任晉綏邊區臨時參議會副議長兼晉綏邊區貿易局局長。李井泉嚴肅地對牛蔭冠說：「你要和牛友蘭劃清界限！」他巡視完之後就離開了會場，他的夫人和秘書留了下來，坐鎮主席臺，監督大會進行情況。主持大會的是晉綏分局宣傳部長周文，還有興縣專區行署書記馬林。馬林是晉綏本地人（保德人），對牛友蘭先生的歷史相當清楚，對「鬥牛」行動有很大的抵觸情緒。但分局書記的夫人和秘書都在會場，只得違心辦事。

很快，六十三歲的老人牛友蘭帶著手銬腳鐐，和一群陪鬥的地主、富農以及一些「壞幹部」跪在會場前面。事先安排好的「積極分子」們一個個登臺控訴牛友蘭的「罪惡」。鬥爭到高潮，有幾個「積極分子」衝上前去，將牛友蘭按倒在地，把一根鐵絲穿過牛友蘭的鼻孔，然後吆喝說：「牛蔭冠，過來，牽著老牛遊街！」牛蔭冠只好接過鐵絲，拉著父親遊街。鼻翼下的骨頭相當薄，也相當脆，不一會就被拉斷了，鮮血直流，三天後老人就絕食而死……一個毀家紓難、救助中共的鄉村士紳，換取的卻是這種慘無人道的迫害。像牛友蘭這樣的事件，在各大解放區的「土改複查」中，都多有發生。

試想，林鵬先生當年如果能夠知道全面情況，他生發的會僅僅是一點困惑嗎？就在前不久，筆者與《山西文學》主編魯順民（就是前面提到的那位青年作家——筆者）去拜訪林鵬先生。當林鵬先生知道魯主編寫過一部反映晉綏土改的專著，並聽他講完相關內容後，當年的軍中才子，如今的八十老翁，感慨莫名，悲憤難抑，立即索要魯著，說他要好好看看，好好看看……

第五章 思想老虎

自十九世紀末開始，由於大清國推行李鴻章為其制定的「均勢政治」方略，俄、美、英、日等國紛紛染指，在朝鮮半島展開激烈爭奪。這裏成為世界大國激烈搏弈的場所，從此以後，朝鮮問題國際化，進入世界舞臺，涉及國際政治的方方面面。對此，有朝鮮學者說得形象又辛酸：我們國家不過是「大鯨搏殺中的一隻小蝦」而已。

第二次世界大戰行將結束時，開過什麼開羅會議、雅爾達會議等，原說將朝鮮半島由美英蘇中四國「託管」，「使朝鮮在適當的時候獲得自由和獨立」。還沒等這種強盜屁話見分曉，蘇軍於一九四五年八月九日進入北朝鮮，扶起個金日成的朝鮮民主主義人民共和國。史達林喝喊道，從此「兩種社會制度將進行一番你死我活的較量」；同年九月八日，美軍在南朝鮮登陸，扶起個李承晚的大韓民國政府，西方頭目在富爾頓也嗆聲挑戰道，「共產黨，即第五縱隊到處構成基督教文明日益嚴重的挑戰和危險」。於是冷戰拉開序幕，四國「託管」變成了兩強瓜分，世界分成以美蘇為首的資本主義和社會主義兩大陣營，原有的國家利益衝突頓時蒙上一層濃濃的意識形態色彩。朝鮮半島遂變成兩大陣營公開廝殺的第一個戰場。

毛澤東的新中國旗幟鮮明，宣佈「一邊倒」，倒在以「共產主義幽靈」為旗幟的社會主義陣營。毛澤東認定，在當時的國際政治背景下，中美較量不可避免，如果是軍事較量的話，不外乎三條戰線——朝鮮半島、臺灣海峽、印度支那。比較而言，以朝鮮半島最為有利：其一，中朝之間有一千多公里的陸上邊界，交通運輸條件較好；其二，東北重工業基礎好，後勤供應有保障；其三，靠近蘇聯，便於取得援助，中蘇之間簽有互助條約，在東北還駐有未撤走的蘇軍。所以毛澤東毫不遲疑地宣稱「應當參戰，必須參戰，參戰利益極大，不參戰損失極大」（齊德學《關於抗美援朝戰爭中的幾個問題》，載《中共黨史研究》一九九八年第一期第七十八頁）。這麼痛快的話，當年連史達林和杜魯門聽了都有點不敢相信自己的耳朵，心裏直犯嘀咕：你們國家一連搞了二十二年武裝衝突，死人以百萬計，仗打到現在還沒有完全停下，真不要命啦？可他們哪裏知道，密司毛用兵朝鮮戰場，其實還另有雄圖大略。他堅信自己領導中國革命成功的經驗，對整個世界共產主義運動具有「示範作用」和「普世意義」。還在朝鮮戰爭爆發前，老人家去莫斯科溜達時，就曾給總頭目史達林遞過一份備忘錄，要以中國經驗推進世界革命，至少先推進亞洲各國人民的偉大解放事業，具體講就是朝鮮半島、臺灣海峽和印度支那三條戰線運作，志在全球目標，「世界革命」嘛！為此，密司毛根本不在乎流血犧牲，死幾個人算得了什麼，幾十萬，幾百萬，幾千萬，就算幾個億，那有什麼了不起？「為有犧牲多壯志」嘛！正因為如此，他對中國人民志願軍寄託著天大的期望，從前你們那個十字軍東征怎麼樣？不過是小兒科，且看看我們毛家軍怎樣拯救全世界、改造全世界吧！

這場戰爭，雙方投入兵力一共三百萬之眾。美國投入全部陸軍的三分之一，空軍的五分之一，海軍的二分之一。聯合國軍死傷俘一百零九萬人，其中美軍三十九萬多。消耗各種物資七千三百萬噸，戰費八百三十億美元，僅次於二戰耗費。中國，死傷三十六萬人，消耗各種物資五百六十萬噸，戰費六十二億人民幣。中國兵員在朝戰中到底死傷多少？迄無定論，但多數史家認為至少在一百萬至一百五十萬人之間。

就是這樣一場充滿政治陰謀的戰爭，無情地改變了林鵬先生的個人命運。這是一種毀滅與新生共生的改變。

西元一九五〇年，林鵬先生藏起自己小小不言的困惑，隨大軍「雄糾糾，氣昂昂，跨過鴨綠江」，奔赴抗美援朝戰場。這段歷史細節，他的老戰友兼老朋友逯鼎藝先生有過記載。

> 一九五〇年國慶日以後，我們行軍二十多天到達西安，待了一個星期，再坐火車到了山東滕縣，準備出國入朝作戰。要做三件事：一是傳達出國作戰通知，接受培訓；二是更新武器裝備；三是大吃大喝十天。這一頓大吃大

喝，連餃子都沒有人想動了。然後，部隊開到了遼寧。由五七八團楊團長給我們介紹朝鮮情況。說是我們六七個師才能對付人家一個師，所以不能輕敵；說是朝鮮的政治形勢很複雜，特務多，三黨合作，如今就留下個勞動黨，所以要保密；說是朝鮮老百姓特別窮，生活很困難，所以不能擾民要愛民。最後，師政委史進前講話，主要強調愛民問題。本來要出發了，可是需要的五十名聯絡員一下配備不齊，多等了幾天，於大年三十出的發，下著大雪，大得五步之外就看不見人。我們每個人的負重太大：一年的被服，就是一條棉被、一件棉大衣、一方油漆雨布（有三四斤重）；一周的口糧，就是四斤炒麵、三斤大米、半斤鹹菜；我們宣傳隊不帶槍和子彈，但有樂器和四個手榴彈；另外還有一把小鐵鍬，一個挎包和一個水壺，總共有幾十斤重吧。連以上幹部的行李，是由通訊員擔著。

林鵬先生早在這年的六月份，已由師部調至軍部，在六五軍的軍報當編輯了，按這時的級別待遇，估計就不受逯鼎藝他們的負重之苦吧。他的「國特」之累，「地主」之累，還有自己的內心困惑，在抗美援朝的滾滾大潮面前，似乎就不算什麼了；再說，周圍全是狼牙山出身的老戰友，誰不清楚個林鵬呀，那一支筆一肚子學問真叫大夥佩服；國家正在用人之際，把林鵬放在師裏有點屈才，乾脆就調到軍裏吧。入朝不到一個月，又提拔為軍報主編，時年二十三歲。

逯鼎藝說，我一生最佩服的就是林鵬，是我的朋友，更是我的老師。那真不簡單，報導我們十九兵團一九三師入朝的第一場大勝仗，就是林主編親自寫的，我可記得一清二楚，題目叫作《攻佔彌陀寺》，軍報發表不久，《人民日報》很快就轉載了，文章署名四個人，什麼于強、趙洪的，可我清楚，主筆非林鵬莫屬。

逯鼎藝如數家珍：一九五三年三月五日，那邊史達林剛逝世，三月七日，我們這邊六十五軍軍報上就發表了長篇悼念文章，《志願軍報》馬上轉載。這可不是簡簡單單、一般化的悼念，把史達林的生平事蹟、豐功偉績等等說了個詳細透徹，一看就是大手筆，大學問。誰寫的？我們林鵬！這些東西平時就裝在他腦子裏，現成的，倒出來就是，所以一夜成篇。這樣的文章，其他各軍一篇也沒看見。還有一篇了不起的大文章：一九五三年五月，停戰雙方要在板門店簽訂「和平協議」，國內外擁去了多少大小記者呀，可誰寫出了像樣的東西？就林鵬同志大筆一揮，得，《美帝國主義虐待中國戰俘紀實》，《志願軍報》全文發表，國內各大報刊紛紛轉載，那真叫個轟動……

在朝鮮前線，林鵬先生還遇上一件得意事，認識了大作家巴金先生。大作家來朝鮮前線體驗生活，巧不巧，正好就來到開城松嶽山下的來鳳莊，這裏是六十五軍軍部所在地，他的住處與報社相距甚近，有事沒事就過來找年輕編輯們說話。誰又能與大作家接上話茬深入談呢？唯有林鵬。一來二去，八個月過去，他倆倒有了忘年交情。巴金顯然對這位年輕軍報主編極有好印象，遂將自己隨身愛書相贈，是一本汝龍翻譯的《復活》，並特別簽上了自己的名字，以示鄭重。這一段戰地交情還有後續，那是十幾年以後在昔陽的事情了，到時候咱們再說。

軍中才子林鵬先生，在朝鮮前線再放異彩，文名大著，還有一個活見證，就是他的軍報同事耿素墨女士。耿女士的丈夫李旭閣將軍，也是林鵬先生的戰友，官至「二炮」司令。按說她貴為將軍夫人，那也見過大世面，閱人多矣，可一聽說筆者為採訪林鵬而來，依然激動不已，興奮得不像個望八老人，提醒我欣賞她客廳中最顯眼的書法掛件，一幅林鵬先生為她書寫的草書墨寶，並與筆者在它前面合影留念。又翻騰出已然老舊的日記本《朝鮮生活》，硬皮，紫紅色封面，第一頁上題詩一首：「生命誠可貴，愛情價更高。為了黨事業，白頭偕到老。」她深情地說：「這是我和老李結婚時，林鵬為我們題寫的詩。」接著娓娓而談題詩者：早聽說他在一九三師時，筆頭子就很硬很有名，我跟他成了同事後，見他個子不高，一副老成模樣，像個老大哥，我叫他老林。人是非常聰明，非常好學，非常敏銳，非常坦誠，非常正直，文章寫得非常好，悼念史達林那篇文章，上級連一個標點符號都沒有動……

或者真是天妒英才，就在年輕的軍報主編大展拳腳、春風得意之際，一場無妄之災撲頂而來，讓林鵬先生的一生命運，從此發生了根本性的轉折。

這還得從一件舊事說起。入朝前的一九五〇年秋天，六五軍召開過一次黨代會。會議上，時任一九三師政委的史進前做大會發言，尖銳批評了軍政治部的工作作風，說存在有「三好」現象：好打撲克、好玩、好看戲。軍政治部主任陳宜貴是個老紅軍出身，資格老，來路大，讓晉察冀出身的這麼一個小字輩當場批評，這面子可丟大啦。惱恨之餘，心下思忖，你史進前遠離軍部，我們這三好不三好，你怎麼知道？分明有人給你通風報信，你方能收集炮彈炸我不是？這我可要動動心思，這軍部的探子是哪一個，找出來我可饒不了他！

且說林鵬先生調入軍報已然兩三個月，有件事常掛於心。去年打下太原時，團裏繳獲的小手槍堆積如山，就在楊家堡一處院子裏。有位姓魏的營長找林鵬先生問，你啥也懂，你說哪種手槍最好，我想換一把。林鵬先生說，槍牌擼子德國貨，最好。於是魏營長換了一把。林鵬先生也把自己佩帶的左輪換成了槍牌擼子。如今已離開作戰部隊，來在軍部工作，按紀律應該把佩槍交回去。於是，他就抽個空子，回到團裏去還槍。他哪裏會想到，這趟回老部隊的事兒，就讓陳宜貴起了疑心。好啊你個林鵬，史進前待你不薄，你們關係一向不錯，看來必定是你回去通風報信，在史進前跟前胡說八道，提供了羞辱我老紅軍的炮彈。其實，這位老紅軍真搞錯了，軍部確實有人給史進前說過「三好」現象，此人名叫趙葆華，也是林鵬先生的老戰友、好朋友，但絕對不是林鵬先生，他還槍期間，連史進前的面都沒有見到。一場誤會就這樣產生並醞釀著報復風波。

耿素墨女士對筆者講，林鵬要說缺點就是傲氣十足，是那種骨子裏冒出來的傲氣，再就是自由散漫，不修邊幅，甚至有時顯得吊兒郎當，無組織無紀律，特別是抗上，不虛心接受批評。有次我代表組織找他談話，他倒把我教訓了半天……毛病也很明顯。陳宜貴正是抓住這根小辮子作大文章，要好好發洩一下胸中惡氣了。他在軍部大會上公開點名批評林鵬，說他個人英雄主義，自由主義，目無組織紀律，誣衊上級領導……。猶覺不解氣，就在晚點名以後，把「犯上者」林鵬傳到面前，點題亮底，圖窮匕首現，再加訓斥。可他始料未及的情形發生了，眼前這個小小書生莫非吃了豹子膽，不但不點頭哈腰，唯唯諾諾，趕緊認錯求饒，居然當場頂牛，死不認帳，出言強硬，全不把我這個老紅軍當一回事！這還了得？軍前抗命，看我不整死你！

也是林鵬先生合該倒楣，可巧「三反」運動正好轉入「打虎」階段，讓陳宜貴借機行事，整出一個全國唯一的「思想老虎」來。

關於「三反」運動，理應作一詳細說明，因為建國以後，利用政治運動取代國家法律，它的開創意義和示範意義極大。「三反」運動正式開始於一九五一年十二月一日，以中共中央下發《關於實行精兵簡政，增產節約，反對貪污，反對浪費和反對官僚主義的決定》為標誌。但起根發苗要早，始作俑者是當時的東北局書記高崗，他在這年八月三十一日給東北局黨員幹部做報告，第一次提出「反貪污、反浪費、反官僚主義」的「三反概念」。這一招正中毛澤東下懷，他立即向其他各大局轉發高的報告，並親擬電報說：「茲將高崗同志於本年十一月一日所作關於開展增產節約運動，進一步深入反貪污、反浪費、反官僚主義鬥爭的報告一件發給你們，中央認為這個報告是正確的。請你們重視這個報告中所述的各項經驗，在此次全國規模的增產節約運動中進行堅決的反貪污、反浪費、反官僚主義的鬥爭。」他後來多次強調說：「三反不反，黨就會變質。從二中全會算起，如十年內不進行三反，共產黨就會變成國民黨。」「有些共產黨員比國民黨全黨全國壞。」「全國可能要槍斃一萬至幾萬貪污犯才能解決問題。」……毛澤東親自抓「三反」運動，於一九五二年元月中旬進入「打虎」階段。給「大老虎」定出六條標準：一、個人貪污一億元人民幣（指舊幣。一九五五年三月一日發行新幣，一元等於舊幣一萬元——筆者）以上者；二、貪污不滿一億元但對國家經濟造成很大損失者；三、滿一億元以上的集體貪污的組織者；四、貪污五百萬元以上且性質嚴重，如克扣救濟糧，侵吞抗美援朝款者；五、坐探分子與私商勾結盜竊經濟情報或利用職務自肥，使國家損失在一億元以上者；六、全國解放時隱瞞各級國家財產或官僚資本未報，價值在一億元以上者。毛澤東指示說：「搜尋大老虎，窮追務獲。」「每個省、每個城市及大軍區單位，都有一百隻至幾百隻『大老虎』，如捉不到，就是打了敗仗。」毛澤東要求：從中央到地方，各級領導都要親自抓「三反」運動，各單位主要負責人自報公議，訂出打虎指標，限期具報。如果哪位負責人說本單位沒有「老虎」，就得簽字具結，作出保證。毛澤東還向全國黨政軍黨委發出《關於限期向中央報告「打虎」預算和縣區鄉開展「三反」運動的電報》。如此以來，「三反」運動可真就轟轟烈烈燒起來啦！全國大小單位都建立起「打虎隊」，中華大地一片「打虎」聲，比起當年蔣經國在上海的「打虎」行動，哪要大到不知凡幾。具體的打虎情況，我們就以林鵬先生所在的十九兵團為例。

十九兵團黨委在送呈的報告中寫道：「一般財經管理幹部中，有些單位暴露了百分之八十以上的人貪污，有的單位甚至達到百分之百。」這樣的估計顯然荒唐。但毛澤東對此不但不懷疑，還明確批示道：「這種認識是合乎事實的。」「凡對清出一批中小貪污分子就認為已經滿足已經勝利的人，必須加以批判。已收場者必須重來，一個月不足，再加一個月。兩個月不足，再加一個月。」有這樣的最高指示，就會有最驚人的打虎紀錄。華北軍區五天捉到兩百八十八隻「老虎」，其中「大老虎」十二隻，「中老虎」（五千萬元以上）十八隻，「小老虎」（五千萬元以下）兩百五十八隻。據林鵬先生回憶，他們六十五軍有個連隊，就抓到各類「老虎」八十多個。在他寫的一篇文章《康八里章》中，還記錄了一個荒唐得令人匪夷所思的「三反」典型，有必要在此一述。

有位抗日英雄，解放後轉業當了省百貨公司的經理。「三反」時，出了劉青山、張子善兩隻欽定處決的「大老虎」之後，處處跟風而上。這位經理看了批判劉、張的材料，上面說他們生活糜爛，蚊帳都是絲織品，跌怪話道：「一個絲織品的蚊帳才幾個錢，咱們櫃檯上擺的多了，還不如中央首長的一條煙錢呢。」有人把這話給彙報上去了，抓「三反」的吳副省長大怒：「思想反動透頂，為了防止反動思想擴散，立刻把他關起來！」這就把這位經理給關起來了。

省委書記跑來蹲點，說：「河北抓了典型，劉青山、張子善。毛主席已經批了槍斃。我們也不能落後，我們也要抓典型，培養典型，揪出我們的大老虎來，而且要多揪，揪他個千兒八百的……。」一把手定了調，吳副省長就執行，說：

「要說百貨公司沒有大老虎，我就不信！」跟著就把經理及其以下的十六名正副科長一把抓，全隔離起來猛攻。開始是談話式的審問，或者是審問式的談話，接下來就「不是請客吃飯」了，叫你吃「炒豆子」，就是打虎隊員圍成一圈，把準老虎們推搡過去，再推搡過來，不間斷地推打，直到被打倒在地，再用最後一招逼供，就是使腳猛踢，逼你承認是大老虎。一位老漢不想讓科長兒子活受罪，跑去勸他說：「好兒子，現在是什麼時候，你還看不清嗎？毛主席要你說什麼，你就得說什麼，毛主席要你的腦袋，你敢不給嗎？毛主席要你承認貪污，你就承認了吧，他老人家讓你承認多少，你就承認多少吧。」經理當然受罪更大，看看頂不住，和科長們一樣，全認帳了。結果百貨公司「戰果輝煌」，公佈的「貪污清單」是：「白布一百匹，合洋若干；青布一百匹，合洋若干；男服裝兩百套，合洋若干；女服裝兩百套，合洋若干；馬蹄錶一百五十個，合洋若干；熨斗兩百把，合洋若干；皮大衣一百五十領，合洋若干；棉皮鞋兩百雙，合洋若干；大羅馬錶一百塊，合洋若干；暖水瓶三百只，合洋若干……」對此，吳副省長並不很滿足，說：「不怕面兒大，廣種薄收，撒大網，撒密網，泥鰍、蝦米，一個也不要讓他們漏網。」為了進一步擴大戰果，他決定辦一個「特大老虎贓物展覽」，其展品名目繁多，品種齊全，可以說所有百貨公司的商品，展覽會上都有。百貨商店裏沒有的，展覽會上也有，比如金條、金元寶、銀元、銀元寶等等，這都是吳副省長親筆簽字批准從銀行金庫借來的。這不是公然造假嗎？別驚奇，後面還有更離譜的事。

大老虎們有了，贓物展覽會也辦了，下來就是「萬人公審大會」。組織得好，軍區派出獨立師擔任警衛，全副武裝的戰士們站滿會場周圍。首先是吳副省長講話，然後審判開始，將經理為首的一百五十名大老虎押上來，每隻大老虎由兩名打虎隊員反擰著胳膊，排開在主席臺前，面朝主席臺，背對大會場，接受莊嚴審判。最後宣判如儀。給最大老虎經理的判決是：「經過省高級人民法院裁決，並經省委批准，對特大貪污犯××判決如下：原任省百貨公司經理兼黨委書記××，三年來共計貪污人民幣一千零五十三億元，罪惡累累，鐵證如山，判處死刑，立即執行。」奇怪的是，人們一直沒有看見這個死刑犯，此時他在哪兒呢？他正坐在省委三樓會議室呢。省委書記親手為他砌好茶，坐在對面開口了：「××同志，省委對你是瞭解的，你是個好同志，對黨一貫忠實。你沒有任何問題，這是省委常委一致的看法。請你放心，省委已經作出決定，堅決保你過關。希望你要堅決支持和服從省委的決定，把黨性拿出來，堅貞不二。雖然對外公開判處死刑，這是群眾運動，不如此不能向群眾交帳，不能向黨中央和毛主席交帳，這是表面文章，希望你能充分理解。省委決定，你今天就離開省城，到一個小縣城去住些日子，帶上老婆孩子，黨籍保留，工資照發，住在縣招待所，不要多見人。你同意嗎？」

這就不僅是離奇與荒唐了，簡直是可怕與可悲！原本是執政黨開國第一場針對自身的反腐倡廉之舉，卻由於馬列主義者只信奉鬥爭哲學，「與人鬥，其樂無窮」嘛！沒有政權時就搞巴黎公社，十月革命，秋收起義，土地改革之類，有了政權則天性使然，積習難改，以黨代國，以黨代法，搞政治運動，搞領袖獨裁，搞群眾專政……結果背離國家法律體系，人治人禍，完全走向了反面，走向了極端，走向了反動。想一想，後來的無數次人禍，「肅反」、「反右」、「反右傾」、「三面紅旗」、「四清」……一直到登峰造極的「文化大革命」，不都是「三反」的某種重演和擴大化嗎？

回頭還說林鵬先生的事。「三反」運動中，全國判重刑的「經濟老虎」多達一萬零六十人，其中執行死刑的四十二人。「思想老虎」很稀奇，全國只捉到一名，就是林鵬。一個軍報主編，成天與稿子打交道，跟錢財經濟不沾邊，那當然是怎麼也弄不成經濟大老虎。別急，欲加之罪，何患無詞，方塊字奧妙無窮，安上一頂「思想老虎」的帽子如何？你林鵬不是有思想嗎？正合適。後來筆者晚輩一直在琢磨，覺得「思想老虎」這頂帽子，對林鵬先生來說，真也是再貼切不過，再生動傳神不過，一個老紅軍大老粗，能想出如此美妙的名堂實屬不易。筆者曾開玩笑地說：「林先生，就為賜你這副頂戴花翎，你得感謝人家老紅軍才對啊。」如今開玩笑輕鬆，可那時事態嚴重，氣氛可怕得很。這一天，軍政治部主任陳宜貴同志親自主持第一次批林大會，就在名字特別好聽的松嶺山下來鳳莊，軍部全體人員參加，批林鵬！批什麼？林鵬先生後來說，批我的「資產階級思想，主要是個人英雄主義，驕傲自大，瞧不起人等等」思想問題，最後定為「思想老虎」，「不經支部討論，不經組織和紀檢部門研究決定，由軍黨委直接對我下了個處分決定：行政撤職，降為新戰士，留黨察看兩年。」好傢伙，這幾乎就叫一擼到底，連個老兵資格都不給，新戰士！就差開除黨籍、軍籍，叫你捲舖蓋回家了。這麼嚴重而荒唐的後果，林鵬先生始料未及，周圍的戰友們更是駭怪異常，什麼叫「思想老虎」？開天闢地、空前絕後、拍案稱奇啊！這是明擺著欺負人、整人啊！連軍政治部的人都覺得太離譜了，公開漫罵陳宜貴，有些話罵得很難聽，為林鵬先生抱打不平。但是，傷害已然造成，對一顆年輕、敏感、正直、自尊的心靈來說，丟掉職務待遇，甚至從中灶趕進大灶去吃飯，尚可接受，唯有人格無端遭受踐踏，令人五內俱焚，實難消磨。那一種精神折磨，絕對火烙金燙，刻骨銘心，終生難忘。對此，林鵬先生一直到老，有過無數次的泣血回憶與訴說：「說我是『思想老虎』，這本身就非常荒唐，這是一個老紅軍在欺侮一個抗日時期參加革命的人，這很典型。我真想去上級告他去。」「新戰士待遇，每月六元錢，連吸煙都不夠。」「我開始頭疼，這回是偏頭疼，疼的很厲害，前線連個止疼片也沒有，就這麼忍著……」

危難時刻，讓林鵬先生心靈創傷得到慰籍的人很多，老首長、老戰友、老朋友們，但最主要的是兩個人，兩位美麗的女性，首先是他的母親。林鵬先生動情地寫道：「一天夜裏，我忽然夢見了我母親的笑容，這一下子就把我驚醒了。我的母親去世已經十個年頭，這熟悉的笑容出現在夢中，給我震動不小。這是天命嗎？是天意嗎？是母親的在天之靈正在昭示我什麼嗎？……我不迷信，但是，這是事實。這使我想起，我們鄉間有句俗話，『只有享不了的福，沒有受不了的罪』。我想我能熬過去。」

一個人，不管他醒事早醒事晚，都會有第一個記憶。林鵬先生的第一個記憶，就是母親的笑容。他在一篇文章中記述道：「正房是西屋，破破爛爛，因為被日本鬼子燒過，後來幾次翻蓋，型制甚至尺寸，早已經不是原來的樣子了，但是屋前那個臺階還在，是一個五級的臺階。我很小的時候，大約兩三歲吧，我在這臺階上玩，玩著玩著就滾下去了，一直滾到院裏。我坐在地上向上一看，看見正在燒火做飯的母親，正在望著我笑。我想哭，可是看見母親的親切的笑容，我就不哭了。這是我平生的第一個記憶。」試想一下，這樣一個母愛充盈的親切笑容，居然在二十多年後，一個異國他鄉無限悲痛的夜晚，再次清醒逼真地出現於夢中，確乎十分神奇，覺得這是一種母親的昭示，太正常不過了。

林鵬的母親姓劉。滿城縣南寨子劉家，也是有點說道的。早先不是有過一個著名的「高蠡暴動」？文革時期還有過一個「六十一個叛徒」大案？這裏頭都有個不小的人物劉秀峰，就是南寨子劉氏子弟，也算林鵬先生一位舅舅。要說起這「六十一個叛徒」一案，還真由這劉秀峰引出，因為這六十一個人的「共黨名單」，就是國民黨員警從他家搜出來的，紅衛兵則改稱其為「叛徒名單」。故事還挺曲折，筆者聽林鵬先生講過，大致如下：劉秀峰在天津從事地下工作的時候，天津地下黨的書記叛變了。北方局請示中央之後決定除掉此人。黑市買回一把駁殼槍，一幫書生沒人會使喚，就從張家口雇來一個土匪殺手，埋伏在一座橋下伺機行事。可惜這黑道殺手功夫欠佳，一槍沒把叛徒打死，反把大群的員警召來了。員警沒能抓住殺手，趕緊先把傷者送往醫院，可也沒能搶救過來。叛徒臨死前對他老婆和員警說，我是被共產黨暗殺的，說罷就死了。員警就問這老婆，你認識這些共產黨嗎？這女人說，他們都是單線聯繫，我沒有見過幾個。於是，員警就來了個笨人笨辦法，每天用車拉上這女人滿大街轉，海底或許能撈根針。嗨，還真巧了，這天在大街上正好碰上劉秀峰，這女人大喊，他去過我家！劉秀峰是聯絡員，可不就是常去她家嘛。抓住劉秀峰，帶人去他家一搜，從牆縫裏就摳出了「共黨名單」，上列六十一名，薄一波、劉格平，王玉堂……一個也沒躲過大搜捕，全關進北京草嵐子監獄。這是一九三四年的事。這批人物很重要，第三國際給中共中央發來文件，指示要把這批幹部保全下來，文件簽名赫赫然是約瑟夫・史達林。兩年後的一九三六年，國共兩黨的關係改善了，但要放出這批人，國民黨的條件是，你們怎麼也得發個退黨聲明吧。發表這個聲明，中共中央倒同意了，可這六十一個人內部吵翻了，比如有個劉格平死也不幹，堅持坐牢到底。其他人最後都聽了黨的話，發了退黨聲明，出獄後則全部奔赴延安，成了「七大代表」，有的還選成中央委員。可笑劉格平沒發聲明，把牢底終於坐穿，卻什麼也沒得到，你不服從組織安排呀。就是這個劉格平，文革中在山西還有故事，且多少與林鵬先生有關連，後文書中再說。

還說劉秀峰。他作為「高蠡暴動」的領導人之一，事敗後無處躲藏，便去投奔林鵬先生母家。母家共有六男二女，林鵬母親是最小的女兒。早些年，不知何因，他們一家子遷出南寨子，搬進深山一座大山溝，叫底兒溝，就他們這一戶人家。這也是劉秀峰投奔這一文本家的原因，深山老林好藏身呀。後來「文革」中，林鵬先生帶著子女來此避難時，舅媽們還給他指認劉秀峰當年藏身的山洞，怎麼樣送飯，怎麼樣轉移山洞什麼的。至於林鵬先生為何避難於此，也是後話。

也許正是母親笑容的昭示應驗了，「思想老虎」這齣苦戲有了一個戲劇性很強的光明尾巴。二十七年後的一九七九年，六十五軍忽然給林鵬先生發來「平反通知」，說當初一切都搞錯了，是個大冤案，予以徹底平反，那時你是團級待遇，現在給恢復為行政十四級，云云。不過，這個待遇一時難以落實，省裏有人壓著不給辦，這就是另外一個故事了，後面會講述。

有意思的不在於這個平反通知，而在於那個造冤案的陳宜貴。「三中全會」以後，這位老革命忽然良心發現，說自己一生沒有整錯過人，要有，就林鵬一個，確因自己心胸狹窄，主觀武斷，打擊報復，把他打成了思想老虎，這是非常錯誤的，希望能為林鵬同志徹底平反昭雪，不然我死不瞑目。他把這些意思訴諸文字，於一九七九年二月，把報告呈送給軍黨委。這才有了軍內的「平反通知」。

人一旦良心發現也了不得。陳宜貴將軍還決心要當面給林鵬先生賠情道歉，他讓人轉告林鵬先生，只要一來北京，務必讓他知道，最好能上他家去一趟。林鵬先生撫摸傷疤猶記痛，心裏哪情願去找他。一次到了北京，陳宜貴不知怎麼就知道了，派他一名姓唐的警衛員摸上住處，說首長請你過去，他要給你當面道歉。林鵬先生拒絕了。但陳宜貴不歇心，一連三次派人來請。可倔巴林鵬就是不去，他讓來人捎上這樣幾句話：「請你轉告陳主任，就說林鵬從此再不會罵他就是了，不去是為他考慮，我脾氣不好，見面萬一說不好傷了他，八十多歲的老人了何苦遭罪。」

「思想老虎」這起冤案到此真相大白，塵埃落定，但這種殘酷的政治迫害的後遺症能消解淨盡嗎？傷疤就是傷疤，只能結痂，痕跡永存，終成心疤。陳宜貴們哪會懂得這個道理？所以反覆整人，反覆平反，我們這就叫「仁至義盡」，你還要怎麼著！中國當代文字獄層出不窮，愈演愈烈，這就是深層內在原因之一。

陳宜貴還有一點想不到，自己一手打造的「思想老虎」居然弄假成真，日後變成了一隻真的思想老虎，而且再也無法為他「平反」啦。

哈，思想老虎！

第六章 不琢之愛

一八七〇年八月二十九日，李鴻章出任大清國直隸總督，十一月十二日，兼任北洋通商大臣，駐節天津，全權負責對朝鮮和日本兩國事務，成為對朝、對日政策的「總設計師」，歷時長達四分之一世紀（一八七〇～一八九四）。

在李鴻章眼中，朝鮮和日本是他在外交和戰略上最為關切的地區，其對外方略，大致分為三個階段：一八七〇年至一八七四年，全力遏制日本與西方合作；一八七五年至一八七九年，探求新的戰略方針；一八八〇年至一八九四年，推行「均勢政治」方略。所謂「均勢政治」方略，簡單說就是努力促成朝鮮與美、英、德等西方大國簽訂相關條約，制約日本。在他的斡旋下，朝鮮國於一八八二年分別簽訂了朝美、朝英、朝德等雙邊條約，頗見成效。然而好壞相依，長短互連，始料不及的是，從此弄得朝鮮半島成為列強爭奪拼搶的世界舞臺，終於釀成前文書中所說的朝鮮戰爭。李鴻章落了個「成也蕭何，敗也蕭何」，功過是非怎說？

合肥李氏幾百年綿延不絕，已是天下望族，以李鴻章成名達到空前繁盛。這背後不能沒有一種文化底蘊的積澱凝聚，一種傳統精神紐帶的貫通連接，一種孔孟之道滲透家族血脈的薪火相傳，一種自尊自強自信自愛的道德支撐……

前文書中，提到過兩個細節：一個，林鵬先生早年時買到書以後，有個給它們分類編號的習慣，就這一點，讓一位軍中女孩怦然心動，頓生愛慕；一個，他慘遭報復，深受傷害，跌入人生低谷，除了夢中母親的笑容給他以莫大的慰藉與開導外，還有一位年輕而美麗的女性，如天使飛來，用一種傳奇般的真情關愛著他。

其實，這兩位女子是同一個人，芳名李忠葆。

前推半個多世紀，在炮火連天、生死難卜的朝鮮戰場上，發生過一樁很難載入戰史的另類故事。春天裏的一天，在開城前線一九五師師部，楊政委跟自己屬下宣傳隊的小姑娘李忠葆談話，內容很簡單，要把十九歲的姑娘「介紹」給一位大首長作配偶。此前，他已把三個這樣的小姑娘給「介紹」出去了，配偶都是一水的大首長、老紅軍、老革命，沒有一個丫頭不服從組織分配的。「小李子，怎麼樣？」

令首長意想不到的情況發生了：這位名叫李忠葆的安徽合肥小姑娘，紅著臉但很堅定地宣佈說：「首長，我有男朋友了。」

楊政委大跌眼鏡：「什麼，你有男朋友了？你竟敢無視軍紀，私自談戀愛？說，他是誰？」

李忠葆說：「林鵬，軍報的林鵬。」

楊政委：「啊，林鵬？你知道不知道，他已經犯了嚴重錯誤，打成『思想老虎』，撤銷軍報主編職務，一擼到底，如今就是一個吃大灶的新兵蛋子，如今再加上非法戀愛這一條，他這輩子算完了！你可要好好考慮清楚。」

到最後，一直沒能考慮清楚的不是李忠葆，而是這位楊政委：怎麼回事，革命的分配原則不靈了？軍中紀律不管用了？高幹夫人的榮華富貴不值錢了？……他怎麼也想不通，跑去找新來不久的軍政治部主任陳亞夫，一來求解惑，二來要求嚴懲，嚴懲這一對非法戀愛者。不料此陳非彼陳，陳亞夫不但不像陳宜貴那樣喜歡整人，還特別讚賞這位勇敢求愛的小姑娘，「她愛上林鵬啦？說明她很有眼光呀，好得很，我同意。」一句話，造就了一樁蕩氣迴腸、可歌可泣的好姻緣。

晚年的林鵬先生回憶道：「就在我受到處分後，忽然收到一封信，沒有署名，說一些鼓勵的話，你什麼都別怕，走自己的路，要相信自己什麼的。我沒有回信。後來又來了一封，我就回了一封，也沒有署名，那時不敢署名，一旦查出來是非法戀愛，要受大處分的。陳亞夫的秘書于謙是我的好朋友，他把陳主任的表態告訴了我，才知道是李忠葆，我們之前是見過一面的。在我情緒最低落的時候，簡直活不下去的時候，找到了最理想的妻子，我覺得值。然而這一切，都是陳亞夫給的。後來聽說陳亞夫去世的消息，我落了淚，我妻子也落了淚。人心都是肉長的，受恩於人，不敢有忘。」

半個多世紀以後，西元二〇〇六年八月，已是白髮奶奶的李忠葆也撰寫專文，回憶了這段少女情懷。

在前線時，只要有一點時間，那怕是行軍路上休息，我也抓緊看點什麼書的，算是學習吧，不是裝腔作勢，是真的想學點文化知識……有一次，在趙弘同志那裏看到一本《高爾基論寫作》，高興極了！便借來看。書皮左上角有林鵬的簽名，還編了「藝理之×」，很好奇，說明他的藝術理論方面的書籍還不止一本，不然怎麼還編上號呢？看完這本書還給趙弘同志以後，便還想看這類的書，因此對林鵬同志有了印象，在同志們談話時就留意起對他的反映來，如「林鵬是軍宣傳處的幹事」，「和趙弘關係好」，「喜歡讀書，是軍裏的秀才」……如此等等。

師宣傳科幹事謝江同志要去軍政治部辦事，正巧我沒任務，便自報奮勇地要和他一起去軍報社。當時我知道謝江是華大來的，和耿素墨同志是華大同學。我早就認識耿大姐，雖然沒在一起共過事，但是知道她是北京來的大學生，我很佩服文化程度高的同志，所以很喜歡她。耿大姐白淨的臉龐，胖胖的，很好看，說起話來和藹可親，溫文爾雅沒架子，好接近。她也隨部隊過了鴨綠江，入朝了，在軍報社工作，搞戰地文字宣傳，就去看看她吧。

一進他們辦公室的小院，耿大姐笑嘻嘻地從屋裏迎了出來，「你們來了，快進屋坐。」隨後她朝旁邊屋裏喊道：「林鵬同志，來客人了。」這時，林鵬同志從屋裏出來和我們打招呼。

「林鵬，把你的糖拿出來招待客人吧。」耿大姐說著，便和謝江走進正屋辦公室去了。我只好隨林鵬同志走進了他的屋裏。他剛從國內治牙病回到前線，想必是帶回了糖果，已經請大家吃過了，耿大姐知道他那還有糖，才這麼提醒的。若按照林鵬的性格和習慣，他一時不會想起的。這時，他拿出個手絹包，打開來，裏面是幾塊小人酥糖，便請我吃。

這是第一次接觸。我們隨便談了些看書的事，當時，我只想再借幾本書看。沒記住借了沒有。不一會，謝江同志辦完事情，我們便回師部了。從那以後，我和林鵬開始經常通信。在前線是不允許談戀愛的。我們就只談工作學習上的事。……幾十年後，想起這事，有些巧合。我對耿大姐說：「那次去報社，好像是你有意讓我和林鵬認識，卻無意中當了介紹人。」她只是笑。

關於這段充滿風險的戰地戀情，見證人耿素墨女士也有文字記載。這裏，得把這位耿女士再作介紹。一九四九年初春時節，她正在中國大學（人民大學前身）法律系讀二年級。革命熱情如春情，就和一批同學離開北京，跑到正定，進了吳玉章辦的華北大學。入學才個把月，解放軍要打太原，十九兵團就跑來華北大學招兵。青年學生踴躍報名，從一百六十名中挑選了一百三十名，耿素墨喜列其間。這是四月間的事。六月，部隊就開到了山西祁縣，分配她上六十五軍報社（當時叫前進報社），抄了兩個月稿子，改而搞通聯，一直到林鵬先生來到報社，還是幹這個。她記得那是在寧夏銀川的時候，林鵬先生從一九三師調來軍報，成了同事，成了朋友，接著一起開上朝鮮戰場，並結識了小妹妹戰友李忠葆。西元二〇〇八年八月，當林夫人李忠葆因病謝世一周年之後，這位碩果僅存的六十五軍入朝女兵這樣回憶往事：

躺在床上，想起從戰場上回來的戰友，棣華、舜天、羅蘋、忠葆都走了，心中十分悲痛。……在硝煙彌漫的戰場，忠葆被分到了師宣傳隊。……

我和忠葆是一九五二年見面的，當時我和林鵬在軍報社工作。一次，華大的同學悄悄告訴我，一九五師宣傳隊有個小姑娘愛上了林鵬，死追不放。我心想，這姑娘有眼力，可膽子也夠大的，按當時的條件，他們不能談戀愛呀。沒過多久，她說要見報社的耿大姐，真的就和謝江一起到報社來了，醉翁之意不在酒呀……

我曾問過她，你怎麼知道林鵬的？她說：我喜歡看書，對文學有興趣，一次借到《高爾基論寫作》這本書我可高興啦，如獲至寶……聽人說過林鵬是軍裏的秀才，名不虛傳，真是個讀書人！就產生了對林鵬的仰慕，之後就一本書一本書地借著看。為了見到林鵬，她等了很久很久，報社的見面是一見鍾情，一錘定音。忠葆想得天真，為了愛林鵬，她什麼也不怕，跟定了！……

這真是有點瘋狂的愛情，愛情的瘋狂！

如今的年輕人也瘋狂戀愛，然而怎能掂得出這「瘋狂」二字了得？

我們整個中國在二十世紀五〇年代初，誰是最可愛的人？中國人民志願軍！這靈感一經某紅色作家唱出，當下成為時代最強音，成為一代懷春少女擇偶的最佳婿選，但能嫁得個「抗美援朝、保家衛國」的兵哥哥，尤其能嫁一個志願軍高級軍官，不光證明自己長得最漂亮，更證明她政治可靠、思想進步，最有價值，其換取的政治效益加經濟效益之豐厚，一如當今嫁給金大官銀大款。

然而，李忠葆偏不，她要堅持她的「愛情價更高」。不愛最可愛的人，卻偏偏愛上一個讓革命嚴懲的異類林鵬。人們不禁要問：你一個身單影隻的小女子哪來這麼大的膽子？你這點不入俗流的精神追求，感情至上的非凡天性，不計後果的叛逆精神……都有何憑藉、從何而來呀姑娘？

你別說，這個李忠葆自是有點來頭。

前面提到的李鴻章，是李忠葆的祖上人物。李忠葆是李鴻章的本家侄孫女。他們是合肥大李家一脈相傳的前人與後人。作為合肥李的一支，李忠葆這一脈的堂號叫垂玉堂。曾祖父李道珩做過大清大名府經歷，育有三子。長子早夭；次子李乃堂，字少庵，也就是李忠葆的祖父；三子以字行，曰李少白。

祖父少庵早年追隨李鴻章做事，在淮軍王占元部理過文案，後出任河南輝縣知縣，再轉北洋政府任職，落戶天津。他育有三子一女：長子李廣釗，與周恩來是南開中學同班同學，留美回國後，曾任《思潮》主編，是新中國外交部第一任司長之一，後來與荷蘭人合資開發秦皇島，調入滙豐銀行任職，退在政協以終；二子李廣元；三子李廣淇，也就是李忠葆的父親，畢業於南開大學經濟系，娶武清才女荊煦芬為妻。就是忠葆的母親，有才到什麼程度，老年時尚能熟背《左傳》不差。李忠葆是長女，以下有弟妹五人曰忠柏、忠玉、忠誠、忠林、忠驊，加上堂兄妹，這忠字輩有十四位之多，大都受過高等教育，學有所成，多在海內外從事文化藝術、醫療衛生等領域的職業，有的是業內著名人士。

再說少白公。這位李忠葆的叔祖，大排行九，故人稱「九爺」，是個了不起的人物。如果說詹天佑以張北鐵路出名，功在首位，那麼在修築隴海鐵路中，總工程師李少白至少是功不可沒。他膝下無子，早年把忠葆父親李廣淇過繼了去，接在西安的李公館一起生活。一直到臨解放前的一九四六年，李廣淇因故要回天津找大哥李廣釗，便將長女李忠葆送去蘭州外公家。這位荊外公也不是一般人，時任蘭州中國銀行襄理，有能力讓外孫女去上最好的中學讀書。最後，深受地下黨員表姑夫的革命啟蒙，十五歲的李忠葆毅然投身轟轟隆隆的紅色風暴，當了一名解放軍。

以上種種，也許就是年輕姑娘李忠葆的家族憑藉、遺傳憑藉和文化憑藉，單薄是單薄了點，但作用是一定起到了的。

李忠葆這種激情噴發、叛逆使性的個性張揚，是大有「前科」的。當毛主席的解放大軍打下蘭州以後，中學生李忠葆不顧一切地投筆從戎，成為這架巨無霸的紅色機器的一個螺絲釘。參加革命，這在那個年代是潮流使然。革命，革命！左派，左派！在整個二十世紀前半葉，那是全世界範圍內掀起的一場紅色風暴，是當時最時興、最流行的燙金政治名片。且不說列寧史達林的蘇聯和毛澤東的中國，就說二戰後到上世紀五〇年代中期這一段的歐洲，那也是沸反盈天。對處於漩渦中心的「左巴黎」，林鵬先生描述得精彩、簡練、深刻：

二戰勝利以後，莫斯科是個發號施令的麥克風，而巴黎就成了責無旁貸的傳聲筒，或說擴音器。當時的巴黎，可以說滿街都是社會主義者、馬克思主義者，在咖啡館裏熱烈辯論著資本主義和社會主義的優劣問題，言詞激烈，滔滔不絕，寸步不讓，你死我活。以著名作家薩特為首，極力為蘇聯辯護，說革命就要流血，革命就是暴力，「革命天然具有恐怖的權力」！他們去蘇聯參觀，回來把蘇聯描寫成天堂，說「血腥的天堂，依然是天堂」！著名作家梅洛龐蒂自稱是「史達林主義者」，一九四八年出版了《人道主義的恐怖》一書，聲言蘇聯並不諱言使用暴力，同西方帝國主義相比，「史達林主義更可人意些」。巴黎人不惜使用各種激烈的言詞，歌頌革命的暴力，歌頌正義的恐怖……

在這場風靡全球的紅色風暴裏，無數具有世界聲譽的作家藝術家都熱血沸騰，爭先恐後地投身革命，參加共產黨、工人黨等左派組織，為神話一般的共產主義天堂甘願供上靈與肉。那麼，涉世未深的青春少女李忠葆，背著遠在天津的父母，更背著近在身邊的外公外婆，一轉身就跟著毛主席共產黨去幹革命，這和當時無數熱血青年的選擇沒有多大區別。區別僅僅在於：當別人愚昧地交出一切時，李忠葆還保留著一點點清醒，始終堅守著內心深處一方芳草地，那裏剛長出自由和愛情的小花骨朵兒。或者反過來說，當革命雕刀正要無情地毀玉如瓦時，這塊天然美玉大叫起來：不，我用不著你們琢磨！因為「王乃使玉人理其璞，而得寶焉。」（《韓非子・和氏》）我李忠葆可不想變成王手中一件把玩的物什！「玉不琢，不成器。」那得看你要把玉琢成什麼器，若要琢成兵器、兇器、把玩器之類，對不起，那就寧可「不琢」！

《詩經・衛風・淇奧》：「瞻彼淇奧，綠竹猗猗。有匪君子，如切如磋，如琢如磨。……」關於這首《淇奧》，《毛詩序》認為是讚頌武公的，也就是春秋衛國的武和，此人曾經做過周平王的卿士，九十歲了依然謹慎好學，待人寬容，聽得進不同意見。故而衛人作詩歌頌他。後人譯釋「有匪君子，如切如磋，如琢如磨」，多說是這位君子很文雅，學問精湛經切磋，品德良善經琢磨，說是表現了武公後天修身養性之美。筆者對《詩經》各篇少有研究，這裏想曲解一回，在淇水河灣裏，生長著茂盛美麗的竹林，顯然不是人工栽植的園林之竹。以它起興比武和，你能理解為是在歌頌他的後天才德？我看不對路。那是強調這位武和的本性，就像水邊一片野竹林，有一種天賦之美，如切如磋，如琢如磨，好像琢磨過似的，其實人家根本就用不著後天瞎忙活，人家就「不琢」！

不琢，不琢，李忠葆也！

西元二〇〇八年十月十七日下午。天津。

李忠玉女士用一種十分讚賞的口吻對筆者說：「我姐夫給我姐治過一方印曰『不琢』，我記得清。」

她姐夫就是林鵬先生。據我所知，林先生一生為夫人李忠葆治印絕不止這麼一方，但「不琢」之印，我是第一次聽說，而且在《蒙齋印話》中尋它不見，莫非深藏在治印者心裏？

好像書畫家大多喜好治印，一如當官的往往擅長納賄。

林鵬先生也喜好治印，有他的《蒙齋印話》為證。上錄他歷年所刻印章一五九方，應是他自覺滿意之代表作吧。可惜我絕大多數看不懂：先是那些篆字我認不好，如果沒有目錄上對應的印刷體，大約一方也認不全；再就是那些印文挺有學問，我也大多解不得。有心去打問，卻怕丟面子，比如你看不懂別人的文章，你算什麼作家？也好，那就自己瞎矇吧，想怎麼矇就怎麼矇，自由空間大，也正合了我的心性。於是就有了以上的「不琢」之解，天然美好的李忠葆，天然美好的不琢之愛。

許多人說，絕世之戀和美滿婚姻只存在於傳說與想像之中。不對！現實生活中就有，我們眼前就有，林鵬先生與李忠葆的相識相戀，恩愛一生，性命相許，便是活脫脫的一例。

李忠葆氣質高貴，才貌雙全，能文善畫，一筆好字柔中帶剛，頗有大丈夫派頭。但她杜絕豪門之寵，放棄自我發展，無怨無悔地投身於林鵬懷抱，在患難中開始了平凡而漫長的夫妻生活。她從一九五四年元旦與林鵬先生結婚，到二〇〇七年八月逝世，五十三年漫漫人生路，一秉初衷，艱難廝守，相夫教子，含辛茹苦，忍辱負重，遮風擋雨，頂天立地，始終與一生多災多難的丈夫相濡以沫，風雨同行，甘苦與共，忠貞不二。她留給這個世界的最後一句話是：「林鵬是我一生的金不換！」她的臨終遺願是：「葬我於他們張家的祖墳！」

耿素墨女士為筆者回憶逝者說：「一九九四年，我去太原出差，在林鵬家住了一晚。多少年沒能見面了，忠葆跟我躺在床上，一氣談了六個鐘頭，幾乎一夜沒睡，說來說去，總離不了她的林鵬。雖然口中抱怨著，我跟他一輩子，從來沒有輕鬆過，他就沒有一次運動能躲過去，在家就是看書寫文章，累了就窩在那裏睡覺……氣死我了。可我聽得出來，實際上她一點不生氣，是在誇他的林鵬呢。」

說到與老戰友的臨終相聚，耿女士立即紅了眼圈：「看到當年那麼美麗、勇敢、堅韌、有靈氣的忠葆病成這個樣子，我忽然覺得林鵬太對不起她了，大男子主義！忠葆都這樣了，你還在太原忙什麼《咸陽宮》的線裝版！我說我馬上給他打電話，把他叫來。忠葆不讓，還是替林鵬說話，他剛回去沒幾天，有正經事，是我催他走的。我逗她說，你這輩子跟上他擔驚受怕，吃苦遭罪，就一點不後悔？忠葆一笑說，大姐，林鵬是我這輩子的金不換！……」

關於「金不換」的說法，忠葆妹妹忠玉也同樣告訴過筆者。她說：「我姐臨死前對我說，她離了林鵬就不行，崇拜他，佩服他，耿直，好學，有才……我在他面前永遠富有少女情懷。我這輩子對任何問題的看法，都是從林鵬那兒來的，都證明是正確的。我再生林鵬的氣，一看他熬夜寫的文章就沒氣了。我跟上他這一輩子是活得不輕鬆，很累，很累，很累，他就像個頑皮的孩子，我得時時為他操心，哈，我這輩子就培養了個林鵬，我很知足了。……有一陣子，我姐夫回了太原。我姐病中想的不行，念叨一陣，哭一陣，盼他來北京。我就悄悄給我姐夫打電話，說你快點給我姐打個電話吧，她又哭了。我姐夫的電話來了，我姐又訓他。我說你不是想他嗎，怎麼又訓他？我姐笑了，說，我就是想訓他。我又說，你這輩子跟上我姐夫感到特幸福吧？我姐又笑了，說，他就是個金不換！」

對於李忠葆，知妻莫若夫，當然還是林鵬先生最知心。他心雄天下，壯懷激烈，卻也兒女情長，柔腸百結。有時感情脆弱得像小孩子。有一次長談，關於妻子說了下面一大段話。

我下鄉那會兒，她一個人帶著三個孩子，一月就那五十元錢工資，也真難為她了。可她不在乎這個，她說，你每天得給我寫一封信回來。我笑了，說這怎麼可能。她說，那就一星期一封吧，但不能短了，越長越好，我掂著沉甸甸的才行。那會兒她都三十多歲了，還這樣。我就給她寫了不少的信，把我在農村看到的情況，我發表的意見，都寫給她。其中有封信說，中國人民受苦受罪，就是三塊破尿布害的。我指的當然是「總路線、大躍進、人民公社」。她把我的每封信都釘起來，厚厚的三大本，整整齊齊的，碼起來一大摞。壞了，後來「文革」抄家時，連同其他資料全被抄走了。我問她，有那三塊破尿布嗎？她說都在裏面。我心想這可壞了，就憑這一條，準得槍斃了我。結果沒事，可能我信中沒有明說這三塊尿布是什麼，他們沒看出來。他們列出我的罪狀是罵郭沫若，罵周揚，稱讚黑幫作家趙樹理等。這就是信的故事。

在女兒林曼眼中，父母親的愛情讓她感動不已。她說：「他們恩愛一輩子，志趣相投啊。別以為我爸就知道看書寫文章，他可會洗毛衣呢，我家的貴重衣服都歸我爸洗；還會做飯，尤其烙餅烙得好；其實他很會疼我媽，可細心啦。當然，要說對家庭的付出，我媽媽更辛苦。說她辛苦，最主要還在對我爸的感情上，她一生為感情所累，感情太專一了真累。我懂事後就勸我媽媽，你要『我』字當頭，不要老以我爸為中心、為轉移。可她根本做不到。有一次，老倆口發生了一點小磕碰，我們乘機勸她住在了另一所房子裏。嘿，才一眨眼功夫，她又打電話給我爸，說做下什麼好飯了，快過來吃吧；又說這附近有家什麼飯館，飯菜有特色，快過來吃一次吧。我爸這就打的過去，就像啥事也沒有發生過。」

林曼接著講：「一九九五年，我媽媽檢查出患了癌症，我爸難過死了，常常坐在那兒發呆。手術做得很成功，我媽媽身體恢復得很好。我爸這才緩過神來。九年後的二〇〇四年，病灶復發，去北京三〇一醫院動了第二次手術。我爸本不迷信，可他聽別人說，明年是我媽媽的本命年，是個坎兒，就又心事重重起來。我媽媽動完手術，就住進我二哥在北京的蘭堡宅子裏休養，一住就是兩年。我爸哪裏受得了，他們就沒有這麼長時間分別過，便將要讀要用的書全拉進北京，日夜守著我媽媽。後來為出一本書回太原待了才一個月多點，我媽媽又受不了了，又想讓我爸趕快回北京。我媽媽去世以後，別提我爸多痛苦了。」

林鵬先生的喪妻之痛，還有一個人體察得真切，這就是李和平先生，他是當下南管頭村最有學問最有頭腦的讀書人，是深受林鵬先生器重的鄉村書生。為了讓大家知道他與林家的關係，筆者寫過一篇小博文，不妨轉在此處一閱。篇名是《當代鄉村書生李和平》，全文如下：

> 古代書生極少數擠在官場，大多數散在鄉村。而今書生大多數擠在官＋商場，真正的鄉村書生寥若晨星了。
>
> 幾年前，我追蹤傳主林鵬老先生，來到他的老家村裏——河北省易縣狼牙山鎮（就是出了「狼牙山五壯士」那地方）。眼前一亮，就看見了一顆晨星李和平。他高高瘦瘦但很結實，眼睛不大但目光透亮，言語不多但字字真誠。高中畢業後回村務農至今，不當村幹部（現在為競選村級幹部十品官，拼殺也極為慘烈，不亞於上流官海。順便講個真笑話：一位村官候選人宣佈，大家投我一票，我保證每年人均收入增加兩千元，而且明年的兩千元馬上就兑現。他在前面車上一路吼喊宣傳，不料他的父母雙親也沒消停，緊跟在後頭，敲著銅鑼一路呼籲道：父老鄉親們

啊，你們千萬別聽他胡說，他連我們都不管啊！……）,不下海經商，守著自己的莊稼和果園一年又一年，有空便讀書，尤其是古代經典大書。讀不懂了，有疑問了，書不夠讀了，就找同村的忘年交師友林鵬先生；林先生能回到村裏最好，實在等不及了就一路奔波從保定來太原，當面討教個夠，臨走帶上林先生送他的一批書，再沉也要背回去。——這就是當代鄉村書生李和平的日常生活，這就是當代鄉村書生李和平！

我在狼牙山鎮住了不多幾天，見天都是他陪著，也就成了好朋友，只是相見恨晚。我動員他既要多讀，更要多寫，多寫才能盤活所學，貫通精髓；動員他快用電腦，開闊視野，擁抱世界……他都付諸實行了，置辦了電腦，開了博客，發出了開博宣言，一個默默無聞的鄉村書生要開始譜寫嶄新非凡的一頁歷史了！

這就是李和平。

李和平講述道：

二〇〇六年十二月，我專程去北京看望病中的李師母。從前只要我一去他們家，李師母就會親手給我做飯，邊吃邊聊國家大事，或者讀書心得等等。如今躺在那裏不能動，我傷心得落淚。她一再表示說，死了要回你們南管頭，要進張家祖墳，到時候你要幫忙接我回去啊。我只能流著淚點頭。

二〇〇七年八月二十四日下午兩點半，我正在忙本家一位嬸子的喪事，忽然接到林鴻叔（林鴻是林鵬先生胞弟，他的故事在後面）的電話，說李師母去世了。我放下電話就動身，搭一輛中巴進北京。四點動身，八點多不到九點趕到蘭堡家裏，十點穿好壽衣，十一點往易縣返，第二天凌晨四點回到南管頭，隔了一天，二十六號下葬於北台張家祖墳，葬禮完全按照農村風俗完成。我在心裏默默祝禱：師母，您的遺願終於實現了！您老人家就在北台靜靜安息吧！

林鵬老師整個精神幾乎崩潰了，這兩三天裏不吃不喝不睡不說，迷迷瞪瞪的老是發呆，誰的話也聽不進去，也許就根本沒有聽見誰在說話……我是又心痛又擔心啊！

二〇〇八年秋天，聽說林鵬先生還守在南管頭，守在林夫人身邊，筆者趕過去住了幾天。其間，在李和平先生的陪同下，去北台墓地祭拜了仙逝者。南管頭的張家祖墳，變換過好幾個地方，最早在松樹溝，再到沙地，再到旱池塘，再到如今的北台墓地。狼山下，徐水邊，青山不老，綠水長流，張家祖墳不似靈魂歸處，倒像是養育新生命的綠色搖籃。我彷彿聽見一位合肥女孩兒在悄聲私語曰：我的金不換，讓我安靜地歇會兒吧，然後陪你再離開這兒，我們一起要做的事還多著呢……

這次在南管頭，我有幸看到林鵬先生為亡妻寫的一篇《李夫人傳》祭文。全文如下。

夫人姓李氏，名忠葆。合肥李氏之諸孫女也。一九三三年舊曆八月十一日生於天津，二〇〇七年舊曆七月十二日逝於北京，享年七十有五。父親李廣淇隨其九叔李少白在隴海鐵路供職，後病歸於天津。夫人隨外公就讀於蘭州中學，一九四九年八月蘭州解放。夫人參加解放軍，在一九五師宣傳隊任宣傳員。隨軍進軍寧夏，第二年入朝作戰。在戰壕中作宣傳鼓動，獲軍功章一枚，為此天津市柳州路二十三號門前懸掛著「人民功臣」光榮牌。部隊一九五三年秋回國，同林鵬結婚（林鵬原名張德臣，河北易縣南管頭人）。夫人時任六十五軍政治部直工科幹事。一九五八年隨林鵬一起轉業山西，夫人在太原市科委任幹事，後在太原日報任編輯。一九七〇年隨夫攜子至霍縣插隊落戶。一九七三年調回，在山西省經委計畫處工作，一九九三年離休。

夫人生二男一女，長子林原，次子林明，女林曼。有二孫、二孫女、一外孫、一外孫女。夫人遺體遵囑葬於狼牙山鎮南管頭張氏祖墳。今以夫人平日積蓄購縮版影印之四庫全書一部，存南管頭宅中，以光傳統，以利後學，此夫人之遺澤也。林鵬記並書。

林鵬先生說：「我還想重寫一下。」

【附記】

之一：

筆者按：這是李忠葆女士的一篇遺作，題為《打開塵封的記憶》。她在完稿後的二〇〇六年八月，直接交在北京老戰友、老朋友耿素墨女士手上，連林鵬先生都沒見到，也許是她們事先約好的吧。第二年八月，她便駕鶴仙逝了。莫非她早有天示預感，方才認真寫出這篇回憶錄？果真如此，它是一聲生命絕響，多麼珍貴而難得啊！限於篇幅，只能忍痛有所刪節，錄存於此，以誌永遠（文中小標題是原有的）。

半個多世紀前的經歷，有些已經淡忘，而有些卻深深地留在記憶中。那是戰爭的年代，也是自己的青春旺季。經過的艱難困苦，都已成了過去，偶爾想起仍然親切無比，難以忘懷。戰爭是殘酷的。經過戰爭的磨練和考驗，它成就了我們自身，使人生變得豐富多彩，使思想更加堅強。幾十年來，這種寶貴的精神財富，激勵著自己，樂觀地工作，樂觀地生活，卻很少想到要去為自己謀取什麼利益，直至古稀之年，仍純真無邪，保有一顆不老的心。這是多麼難能可貴啊！

參加抗美援朝的行列

一九五〇年秋季，正當瓜果成熟的季節，栽種的水稻也將收割。全國掀起「抗美援朝」的熱潮。新中國剛剛成立不久，為了保家衛國，人人都想盡一份心，出一把力，犧牲生命在所不惜。

我們都很年輕，有一股熱血在胸中湧動，要求到前方去，到祖國最需要的地方去，貢獻我們青春的力量。我和蘇美華、楊彬積極要求上前線。經過領導批准，同意我們三個女同志的請求，隨即奔赴國防前線。當行至鴨綠江邊時，首長對我們又再次提出，最好不要過江去了，前方太危險，到處是飛機、大炮，隨時有犧牲的可能。請戰的激情已經達到極致，一發不可收拾，怎麼能不去了呢？三個人又苦苦請求，表示：什麼苦都能吃，什麼累也能受，飛機大炮別人都不怕，我們也不怕。戰場需要女同志，我們可以搞戰地鼓動，可以救護傷病員……總之我們不會拖累大家的，我們是有用的！

政治部張益三主任對我說：你瘦的像蔴杆，在戰場上能頂得住嗎？他話語間好像可以批准蘇大姐和楊彬，似乎我不行。這時我急得哭起來，激動地說：我能行！我能行！批准我吧！就這樣，我們三個女同志被批准第一批隨部隊過鴨綠江了。真是萬分高興。

第二天，傍晚時分，太陽的餘輝照在遠處被炸毀的鴨綠江大橋上，它靜靜地橫跨在江面上。我們部隊的工兵，早在離它較遠的水面上，架起了一座浮橋，是由許多船隻相連在一起，加以固定，上面再鋪一層厚厚的木板，既平穩又牢固。我們部隊就這樣急忽忽地越過了鴨綠江，踏上朝鮮的土地，心才算踏實下來。

都知道女同志愛哭。我也不例外，除愛哭還愛臉紅。平時很少和別人開玩笑，不知哪句話觸動了神經，便會紅脖子脹臉的。為了入朝參加戰鬥，可是哭了好幾次，只怕被留下來。現在想起來，很有意思，我們積極保家衛國本是好事，卻常常哭著去請求，用哭來表示自己的決心。

……

我們經過的地方，有時看見樓倒屋塌，在一片瓦礫中，偶爾升起一縷炊煙。這是朝鮮老百姓在廢墟中搭起的臨時窩棚，在燒火做飯。他們在戰爭中受著煎熬，沒有逃走，仍在緊緊地守著自己的家園。看到這些，不由得產生一種同情和敬重的心情。他們真夠堅強的！

……

我們過江時都換了新的服裝。連排幹部是馬褲毛短靴，營以上幹部是馬褲黄高筒皮靴，穿起來都氣派得很。我們穿的是短皮毛鞋，由於寒冷，也就忘記了它們的份量。現在想起來，那是很重的靴子啊！更何況每個人還有背包、雨布、挎包、飯碗、水壺、小鐵鍬、兩顆手榴彈，外加一個長長的乾糧袋。這個乾糧袋繞過脖子跨到腰間，有時盛小米，有時裝炒麵，只比連隊戰士少了槍支彈藥……算來總有幾十斤重。天寒地凍。大雪過後的公路，白天雪化了，夜間又凍上，戰士們管它叫水晶路，走起來一步一滑，常有人摔跟頭，艱難之極。但沒有人叫苦叫累。我看見蘇大姐、陳彬都是泰然自若地迎接困難。我很佩服她們，向她們學習。

舞蹈培訓班

朝鮮人是個能歌善舞的民族，不說專業人員了，普通老百姓也都擅長歌舞。時常看到田間地頭插秧幹活的老人們，休息時，就會在田梗上舞起來，嘴裏唱著，搖著頭，用插在帽子上的一根小棍，綁上布條不停地擺動著，唱起古老的民歌，那麼陶醉。這時，他們忘了敵人的飛機在搔擾，民族在受難，忘懷一切……我們志願軍的幹部戰士只會扭東北大秧歌，於是決定由軍文工團負責組織一個短期舞蹈訓練班，抽調各師文工團的同志來學習。我和蘇美華、王志鵬等人參加了。

課堂和練功場選在村邊一個有樹林的小山坡上，自己動手開出了一塊平地，在場地四周栽上齊腰高的樹樁，橫著再捆上長長的木棍，一個小小的練功場就建成了。高高的栗子樹枝葉茂盛，可以遮陽，還是個很好的天然隱蔽所。學員有二十多名吧，由朝鮮兩位四級舞蹈家擔任教練，軍文工團創作組的趙弘當翻譯。他是東北人，小時候學過日語，他與教練是通過日語溝通的，再將意思轉告我們。在這個學習班裏，我們學會了舞蹈的基本動作，還學會了跳朝鮮舞、俄羅斯舞、烏克蘭舞等，都還學會了交誼舞。板門店談判期間，有時會安排一個短小的晚會，不管工作多麼忙，也要放下來，應付這場國際性的小小交誼舞會。

學習結束時，我們做了彙報演出。女同志跳了朝鮮的手絹舞。從朝鮮老鄉那裏借來的豔麗衣裙，穿起來，頓時變成了漂亮的朝鮮姑娘，一改著戎裝的女兵形象，扭起來著實美麗大方啊！我和吳征遠兩人個子略高些，便打頭領隊，從舞臺左右兩邊登場，每人揮舞著一條絲綢方巾，踩著朝鮮舞蹈的律動，緩緩上場。吳征遠微笑著，含情脈脈地在舞著，表演得很到位。她是從北京中國戲劇學院來的。我看著她優美的動作，不由得也笑起來，頓然使舞臺活躍起來。事後一想，我的笑帶著傻氣，動作也很僵硬，似乎命運註定我不會是未來的舞蹈家啦。

在舞蹈班時，天氣熱，沒有條件洗澡。一天下午，朝鮮女教練帶我們到村子外的河邊去玩，忽然提出下河裏去洗澡。半個世紀前，中國女人都還很封建，不習慣，不好意思，哪有光天化日之下跳到河裏去洗澡的？便扭扭捏捏不願去。這時，女教練很勇敢地脫下衣服，帶頭下到河裏去了，並且對我們喊著，作著手勢，意思是：這河水多好啊，快下來吧！這裏沒有男同志，不要怕呀……

女教練開朗大方，顯得非常可愛。兩邊河岸上長滿茂盛的叢林，河水從山角下緩緩流過，清澈見底。她在河中揚起水花，濺滿身上，真像一朵出水芙蓉呀。看著她悠然自得的樣子，我們也放鬆多了，一個個地跳入河裏，嘻嘻哈哈地洗了個痛快澡。

敵機在遠處巡視著，找尋目標。我們在這裏很隱蔽，很安全。這是第一次在朝鮮的河裏洗澡，也是最後一次。真是空前絕後的一次享受啊！現在回想起來，那朝鮮的山，朝鮮的水，多美呀，如果沒有戰爭該多好呀！

在前線坑道演出

從軍裏回到師文工隊，便投入到緊張的排練中，準備到前沿陣地的坑道內，去為戰士們演出。當時，在前線的女同志比較少，獨唱的任務便落在我身上。我經常要唱歌，可嗓音並不好，只是還能掌握住音調，不至於跑調、變調。經常唱的有《二郎山》、《王大媽要和平》、《繡金匾》等歌曲，還要參加打腰鼓、打霸王鞭等節目。那時提出文藝工作者要一專多能，可是我沒有專長，樂器一樣也不會，樣樣都不行，樣樣也得幹，反正是要完成演出任務。後來看電影《英雄兒女》，覺得特別親切、真實，就是當年我們在坑道裏給戰士們演出的情景。再後來，看到張振川司令員寫的回憶錄中有一段介紹，《英雄兒女》的原型就是在我軍收集採訪的，並且以九十四師小痕姐妹的身世編輯的，有生活，真實感人……

改行當參謀

一九五二年秋天，我們從前線演出回來不久，政治部首長找我和蘇美華談話，要調我們倆人到師司令部工作，楊彬調師宣傳科任幹事。有一天，我見到了我們的調令：調蘇美華任師司令部軍務科見習參謀，李忠葆任炮兵主任辦公室炮兵見習參謀。……很快我們就報到了。

我到了新的工作崗位，一切從頭起。我到炮辦室沒幾天，一位老參謀要調走，便把他的一把小手槍「鴨嘴登」交給了我。這是一把老式的手槍，小巧靈秀，還有幾發子彈。我把它別在腰間，也很高興，這和政治部的幹事不一樣，他們很少有槍，而當參謀就要配槍。不久，我們又配上了五一式手槍，國產的，太原造。我便將那個秀氣的「鴨嘴登」上交了，還真有點捨不得呢。

軍裏組織了一次炮兵指揮訓練班，學員是團參謀長、營連排長和各機關的參謀。我被抽調去學習，是唯一的炮兵參謀，比較突出。學習班設在開城來鳳莊。一個多月的學習期限，我認真地學習這門新功課。老師經常考試，幸好，我雖是新手，但考試分數還總是比較高。炮兵學是一門很深的學問，除去諸多的術語外，還有彈道的行程和距離的計算等等。在此有幸第一次看見了蘇製卡秋莎大炮，正在軍裏演習，大開了眼界。

吃炒麵和挖野菜

在前線，炒麵是最方便的食品，隨時都可以拿來吃。行軍時，部隊離不開炒麵，肚子餓了，就從乾糧袋裏倒出一把炒麵吃。方便是方便，就是不好吃。遇到大雪天，可以抓一把雪就著炒麵吃，沒有雪了，就喝一口水，吃一口炒麵，不然乾得咽不下去。吃炒麵時不能說話，更不能開玩笑，稍一不注意，就會像噴氣式飛機一樣，從嘴裏噴出來一股白氣，惹得大家笑起來。如果炒麵和上白糖還是很好吃的。當時營級以上幹部才配發白糖，我們普通戰士就沒有白糖。後方供給的炒麵，據說營養十分豐富，裏面有大麥、小麥、玉米麵、大棗、黄豆等十多種原料，經過加工炒熟後，還有一股香味呢。開始吃時覺得還挺好吃，吃多了，就不想吃了。

停戰後，炒麵吃不完。有一次，炊事班長用炒麵給蒸了一頓饅頭，啊，真難吃呀！但誰也不吭聲，同志們都不叫苦，也不講怪話，這是在前線，這是一種責任感，一種鍛煉啊！

在朝鮮戰場上，部隊很少吃到蔬菜，多是黄豆、花生米和雞蛋粉等。為了躲避敵人的空襲，多是夜間行軍，白天休息，特別是戰役開始前夕，沒有固定的宿營地，沒有辦法自己種菜吃。天一亮，我們就到山坡上，找合適的地方挖個掩體，上面用樹枝樹葉做些偽裝，就在裏面睡覺。睡醒了也不能滿山溜達，只能在掩體裏工作、看書、開會等。

有一次，我看敵機沒有來，便溜出防空洞，一個人跑去找野菜。荒蕪的田地裏沒有莊稼，倒是長滿了雜草和野菜。有同志告訴我，一種叫作苦苣菜的，長長的葉子，葉莖裏有白汁，味苦，可以吃。呀，我認識了苦苣菜，地裏還真不少，我便挖了一大把苦苣菜，用喝水缸子燒開水，將它們煮熟了拌點鹽，和大家一起吃。口感還真好啊！直到現在，每到春天，在早市地攤上還能見到苦苣菜，有一種說不出來的親切感。記得以前有詩人歌頌過野菜：「誰說野菜苦，我說野菜香，野菜生在荒嶺上……」

之二：

耿素墨女士文章：《懷念忠葆戰友》

忠葆離開我們轉眼一年了。去年，我生病住院，忠葆走後十幾天了，林鵬才告訴我。躺在病床上，想起從戰場上回來的戰友，棣芬、舜天、羅蘋、忠葆……都走了，心中十分悲痛。

一九五〇年，當戰火燒到鴨綠江邊時，十九歲的忠葆報名參加了解放軍，決心到前線去，像戰士一樣。一九五一年初，部隊整裝待發。當時朝鮮戰場的條件十分艱苦，被批准入朝的女同志極少。忠葆為了隨軍入朝，不知抹了多少次眼淚。後來她告訴我，哭還是有用的。哭了幾次，忠葆終於雄赳赳、氣昂昂地跨過了鴨綠江。

在硝煙彌漫的戰場，忠葆被分到師宣傳隊。先是接受了舞蹈班的訓練，從基本動作開始，每天練功，練得很苦。但忠葆有靈氣，學什麼像什麼，很快就學會了朝鮮舞、俄羅斯舞、烏克蘭舞和交誼舞。師宣傳隊女同志少，她們個個是一專多能，常常深入前線坑道又唱又跳，鼓舞了士氣，活躍了戰地生活，深受部隊的歡迎。

因為她酷愛學習，不斷充實自己，後來又被選送到炮兵指揮訓練班學習。這比學舞蹈可難多了，要在很短的時間學會看軍用地圖，迅速紀錄前線來的專業電話，並向首長及時正確彙報，還要熟悉一些武器性能、操作方法之類，壓力很大。但是這些居然沒有難倒她，因為她有夢想，要為自己的夢想不懈努力，終於當上了全軍唯一一名女炮兵參謀。

我和忠葆是一九五二年在朝鮮見面的……忠葆想得天真，為了愛林鵬，她什麼也不怕，跟定了。（這一大段文字，本章前邊已經引用過了，故此從略——筆者）

一九五三年，部隊回國後，我離開了軍報，調到軍營建辦公室工作，我和忠葆就很少見面了。一九五四年，我轉業到北京工作，就再也沒見過她。一九六九年，一次毛舜天來看我，才知道林鵬和忠葆轉業到了山西太原。一九九四年，偶然的一次機會，柯雲路愛人羅雪柯約我去太原參加一項活動。我欣然從命，想借機找林鵬和忠葆敘敘舊。

到太原的第二天，在他們住的府東街胡同口，我們見面了。我和忠葆兩人緊緊擁抱在一起，竟然沒說出一句話來。時間過得真快呀，轉眼四十年過去了。林鵬和忠葆熱情地帶著我去參觀晉祠、杏花村汾酒廠……晚間回到家中，我和忠葆睡在一張床上，想說的話太多了，真不知從哪兒說起。

我知道她和林鵬轉業到地方以後，又一次經歷了嚴酷的考驗，日子過得很苦。回憶到這一段歲月，忠葆卻是異常的平靜。她說：那些年沒完沒了的政治運動，老林一次也沒能逃脫，有時是停職反省，有時是關在小黑屋子裏，一關就是幾年。誰能幫得了他？只有幾十年和他患難與共、風雨同舟的妻子，堅定地和他一起過著辛酸的日子。我這才瞭解到，忠葆靠著幾十元的工資，帶著三個孩子，一邊不誤工作，一邊不時得提籃送飯給老林，是戰場上養成的為祖國、為人民甘願犧牲的精神，讓她勇敢地面對這一切。忠葆說：我不害怕，也不悲觀，心裏總是在想，日子會好起來的！她說得對，這不一切都過去了？看看林鵬滿屋子的書，出版的自己的各種書，那些漂亮的書法作品……忠葆笑得多麼天真、可愛。我覺得忠葆在經歷了諸多磨難之後，有了更豐富的人生體驗，生活充滿了活力和光彩，是她一生中最美麗動人的影像。

從這次相聚之後，我們又在北京見過一次面，平常就通過電話聊聊天，每逢新年、春節，忠葆總要寄來賀卡，寫下她真摯的問候和祝福。我知道她動過婦科手術，但術後幾年都很好，漸漸地也就忘了這件事。二〇〇六年，忠葆在電話上告我她來北京了。我高興極了，立即去看她。兒媳為他們買下的蘭堡公寓，室內外環境都相當好。林鵬和忠葆幾十年中度過了多次風浪、難關，確實也該有個安定的住處，過上一段安靜的生活。我為他們感到幸福和欣慰。但談話之間，忠葆說她又開了一次刀，病情有反覆。我的心上壓上了一塊石頭。忠葆得的是絕症，反反覆覆已經到了癌症晚期，沒有別的辦法，只能讓她減少痛苦，延長生命。我把鶴崗市的汪淑芬中醫請到北京，為忠葆醫病。在治療的兩個月中，我一直陪在忠葆身邊，汪大夫為她治病，我在一邊且唱且舞，讓她高興。我知道，忠葆心裏一直是有夢想的，她表現得那麼堅強，沒有掉過一滴淚，沒有過一聲歎息，倒是我每次離開她回家的路上，都忍不住淚流滿面，我不知道她哪一天就走了……

一次，她打來電話說：老耿，我想讓你給老林打個電話，勸他早點回來，他在為出書的事忙活，還不知道哪一天能幹完。我知道，忠葆的病又加重了，她心中只有一個希望，就是要和老林在一起。林鵬回來了，忠葆依然是笑聲朗朗，哪裏像個病危的人哪！老林告訴我，到了臨終時分，忠葆還是拉著愛人的手，艱難地訴說著往事，平靜地閉上了眼睛。忠葆留下了讓人們忘不掉的忠貞的愛情！（耿素墨於二〇〇八年八月於北京）

第七章　星光閃爍

一九四六年春天的一天，林鵬先生去華北大學看望老戰友，地點是張家口市。在那裏他有幸見到蕭三先生。在青年林鵬心目中，能見到這位毛澤東的同學，一起創辦《新民學會》，加入蘇共並擔任過蘇聯作家協會黨委委員，主編過《世界革命文學》中文版，現任華北文協主席並主編多種雜誌的人物，這樣的機會可不多。當面聆教之後，又寫信給人家，專門請教「個性就是黨性」的問題。這個命題是周揚做報告時的主題觀點。對此，多思的林鵬先生一直想不通，有疑惑，就求教於大作家蕭三。這位蕭老先生還真夠意思，立馬給青年林鵬回了一封信，據林鵬先生後來回憶：「蕭三很負責，詳細回答我的問題，寫滿了三張信紙。」惹得老戰友張學義直說怪話：「哈哈你個林鵬，你這是舔屁股也揀大的舔是不是。」蕭三是怎樣回答這個問題的？林鵬先生沒有說過，那封信後來也丟失了，無從考察。不過依據當時的政治環境和人文氣候，蕭三不會講得透徹。筆者現在抖膽試答，肯定比蕭三嚇人。周揚說「個性就是黨性」，也對也錯：從共產主義幽靈的角度說，其全部魔力正是以所謂黨性、革命性的名義施威施暴施虐，好的很，對的很；可是從人類發展正道說，什麼黨性，它就是反人性、反人道、反人類，豈止是錯，簡直反動透頂！難道事實不是這樣嗎？大到巴黎公社的紅色血腥，古拉格群島的革命暴虐，土改複查中的濫殺無辜，興縣兒子牽牛般牽著父親鼻子的「鬥牛大會」，近到把一個正在效忠自己的青年林鵬打成「思想老虎」，哪一條罪惡不是以黨性的名義幹出？難道這算是人的天生個性嗎？不！正是共產主義幽靈在扼殺個性，戕害人類，把世界拖回到歐洲中世紀的愚昧與黑暗之中。

然而，歷史不容倒退，正如暗夜不掩星月。即便在朝鮮戰場那樣絕對壓制人性的空間裏，不是也有星光閃爍的陳亞夫嗎？成全林鵬先生與李忠葆愛情那一刻，陳亞夫的身份是軍政治部主任嗎？絕不是，那是一個反黨性的偉大個性！後來事情的發展更說明了這一點。

一九五三年十月，林鵬先生隨部隊返國，轉過年元旦結婚不久，就因為患肺結核住進醫院。此時，身心俱遭重創的林鵬先生決定轉業，離開軍隊這個封閉、保守、專制、渾濁的傷心之地。他說：「我決心轉業。一九五五年春，我回到軍政治部，把手槍一支和子彈十八發交給沙原，我說，我要轉業了。那時候轉業是從醫院走，去廊坊轉業團的車票都發給我了。」情況卻又發生了意外，陳亞夫忽然出現在林鵬先生的病房：「我來看看你，聽說你要轉業？」

林鵬先生說：「是的，車票都發了。」

陳亞夫說：「不，不轉業，回政治部工作，我讓張純給你準備房子。」

林鵬清楚，陳亞夫是真心挽留。他又想起一段往事：那是在他受到處分半年後，陳亞夫接替陳宜貴任軍政治部主任，上任伊始，首先找他談話，問他：「你究竟犯了什麼錯誤，受這麼大處分？」他說了事情的原委。陳亞夫馬上提出給他撤銷行政處分，重新定級。相關部門討論定排級，陳亞夫批下來是副連。他入伍前是區教育助理員，徵召入伍時定為正連，十三年後卻成了副連。但他明白，這是從新戰士提到副連，連翻好幾個跟斗了，沒有陳亞夫連想都不敢想。軍裏上下都清楚，陳亞夫愛才，愛的就是林鵬。回想到這裏，林鵬先生只好收回轉業打算，繼續軍旅生涯。然而，連陳亞夫也沒有料到的是，他的一番好意，竟將林鵬先生推入一場新的災難。

《紅樓夢》第七十一回，「嫌隙人有心生嫌隙，鴛鴦女無意遇鴛鴦」，說那老太太房裏的大丫頭鴛鴦，無意間撞見司棋與一男子花園野合，「自己反羞得面紅耳赤」的。而司棋則苦求，哭著說「我們的性命，都在姐姐身上」如何如何。這種事，可真是天下最不應該碰到的事啦。林鵬先生好晦氣，偏偏就遇上了這種事。時任軍政治部幹部處長的申某，說來也是林鵬先生的老戰友，一九四六年春天就在一起共事了，可壞就壞在一起共事。有一天，林鵬先生因事去找他，卻正好撞見他與一女子行那苟且之事，場面非常難堪。這種尷尬事，歷來只有兩種惡果：撞見者心術不正，以此要脅被撞見者，索取無度，害人到底；被撞見者心術不正，一想「我們的性命，都在姐姐身上」，為保己先害人，不將撞見者置於死地，不能去除心頭之患。二者必居其一。可巧，這位申某可不是善良的司棋和那位「姑舅兄弟」，而是一個心腸歹毒的被撞見者。申某憑藉自己幹部處長的權勢，不等林鵬先生在政治部站穩腳跟，立馬重拳出擊，直取對方要害，向上彙報說：林鵬隱瞞地主成份，欺騙組織，應該定為「階級異己分子」，開除黨籍。隨即展示可靠的證明材料。原來他早有預謀，派出一個叫王柏林的手下，前往南管頭秘密行事。王柏林收買了村中地痞李某，在預先寫好的調查材料上簽字蓋章，造出「鐵證如山」。於是，人證物證俱全，看你林鵬往哪兒跑！這時候，肅反運動正在全國轟轟烈烈進行中，連六十五軍都設有肅反隊，這就是你林鵬的好去處了。一九五六年七月，林鵬先生正式關進肅反隊。

「肅反」一詞，怕是只有在共產主義幽靈的詞典中才能見到，為後世子孫查詢計，這裏一定得作簡要記載。

正如中國的共產思潮來自蘇聯，注意，是原蘇聯，「肅反」嘛，也就自然來源於那裏。

最早的「肅反」發生在原蘇聯上世紀三〇年代，也稱作「大清洗」。肅反運動從一九三四年底開始，到第二次世界大戰爆發前結束，分前期、中期和後期。它的導火線是基洛夫被暗殺事件。從一九三四年十二月一日起至一九三五年，大肅反的對象還僅僅是「謀殺基洛夫的兇手」，被清洗的「謀殺基洛夫的兇手」，據有關資料透露達五十多萬人。這是第一階段。一九三六年是第二階段。在這一階段，最出名的事件是第一次「莫斯科審判」。大肅反運動中，曾在莫斯科進行過三次審判，受審的主要角色都是黨和政府原領導人。這三次審判被後人稱為「莫斯科審判」。第一次莫斯科審判有十六名被告。一九三六年八月十九日至二十四日，在莫斯科對十六名被告進行了公開審訊，這十六名被告中有季諾維也夫和加米涅夫等，罪名是組織「托洛茨基——季諾維也夫恐怖中心」，陰謀暗殺以史達林為首的黨和國家領導人，基洛夫就是他們策劃暗殺的。所有被告拒不承認有罪，結果，被告十六人被判死刑並被立即槍決。一九三七年初至一九三八年底，是蘇聯大肅反運動最黑暗的時期。一九三七年一月進行了第二次「莫斯科審判。」第二次「莫斯科審判」名稱是「反蘇托派中心案件」，被告是E.L.皮達科夫、K.S.拉狄克等十七人，其中十五人被槍決。一九三八年三月開始第三次「莫斯科審訊」，被告是以布哈林、李可夫為首的二十三人，名稱是「右派和托派反蘇聯盟」案件，結果，布哈林、李可夫等二十人被處死刑，雅戈達也在其中。據統計：①領導十月革命的二十九名中央委員和候補委員中，有十五人被處決；②列寧建立的第一屆政府（人民委員會）共十五人，其中有八人被處決或死於獄中，一人（托洛茨基）在國外被暗殺，四人在大肅反開始前就已經病故，一人下落不明，唯一活下來的只是史達林一人。③黨的「第十七次全國代表大會」（一九三四年）選出的七十一名中央委員中，除了基洛夫被暗殺外，只有十九人活下來，其餘均被處決或自殺。受難最多的還是那些普普通通的人民，遭到形式多樣的清洗，許多人被送進集中營。僅在貝利亞上臺之前，就已有約七百萬至八百萬人被捕，其中約有一百萬人被處死，其他進了集中營。「大清洗」究竟製造了多少冤案、殺害了多少無辜者？至今沒有一個確切的統計數字，但作為一場政治性鎮壓運動，其規模之大、涉及面之廣、危害之深，在歷史上堪稱空前，它是史達林領導蘇聯時期最黑暗的一頁。

蘇共如此，中共呢？同奉一個幽靈，自必一脈相通。「肅反」與中共如影隨形，一直到毛澤東時代，達到巔峰狀態。至建國前最著名的「肅反」計有：張國燾的「白雀園大肅反」，連徐向前的愛妻也被肅了反；夏曦的「湘鄂西蘇區肅反」，殺害千餘名高級將領；朱理治、戴季英等的陝北「肅反」；毛澤東的延安「肅反」等等。上世紀八〇年代末和九〇年代初，中共中央軍委經過兩次審議，確認了三十六位無產階級革命軍事家的名單。其中有紅軍時代的高級指揮員許繼慎、蔡申熙、段德昌、曾中生等多人，都是在「肅反」中「被錯殺」的。有人這樣解釋「被錯殺」的現象，說：「這主要發生在民主革命階段各根據地程度不同的左傾『肅反』運動中。當時在蘇聯影響下，外有與國民黨的嚴酷軍事鬥爭，內有根據地內部除奸反特的特殊背景，由於中國革命處於千百年來小農意識嚴重包圍的農村環境，革命隊伍裏存在著懷疑和防範知識份子的心理以及黨內鬥爭的殘酷性等，這都形成了『肅反』運動擴大化的趨向，從而使中國革命遭受了重大損

失。」(《共產國際與朱毛紅軍》,中央文獻出版社二〇〇六年版)

在這本書中,還強調了「肅反」的「外部背景」:「很長一段時間,中國革命受蘇聯共產國際總部及史達林的直接領導和遙控,而蘇聯共產黨已從一九二九年開始在黨內開展了反對布哈林的所謂『右傾機會主義』的鬥爭,並在黨內大搞所謂『清黨』和『肅反』運動。其時共產國際執委會也對中共發出指示:要求中共堅決反對『改組派』,並在黨內開展『肅反鬥爭』。隨即,在蘇聯學習期間結成了宗派並以中國革命『蘇聯化』為思想路線的王明等左傾中共領導積極回應『肅反』號召,在中共黨內也開始了以『殘酷鬥爭、無情打擊』為主要手段的黨內鬥爭,隨即在各革命根據地相繼開始了各種名目的『肅反』運動,如反對『AB團』、『改組派』、『第三黨』、『托陳派』等。共產國際執委會遠東局曾指示說:『紅軍應該注意托洛茨基分子和陳獨秀分子的新策略,實質上他們給自己提出的任務同蔣介石及其代理人AB團分子和改組派是一樣的(分化瓦解紅軍),應該堅決斷然地制止這類反革命企圖。』」

中共的肅反同樣殘酷又血腥。不妨以肅清所謂「AB團」為例。「AB團」原是國民黨於一九二六年在南昌成立的「以篡奪江西國民黨省黨部大權為目的」的組織,所以取名「AB」,是英文Anti Bolshevik(即反布爾什維克)的縮寫。它在一九二七年已被摧毀,其成員也早已作鳥獸散,根本無從打入共產黨內部,因此它是被附會而成的。紅色「割據」在江西首先形成後,面對國民黨的「圍剿」,有人建議「清除蘇區的一切反革命組織」,隨口就提到了「AB團」,而且認為它「組織活動很巧妙」,「該組織的組成人員——除富農外——是留在蘇維埃政權任職的前國民黨官吏」。中共江西省委還在決議中估計其人數有十萬之巨,「他們似乎全都混在我們的隊伍裏,當時我們在這個地區共有黨員三十萬」,這也就是說「AB團」的人數是全部黨員人數的三分之一了。由此帶來了一場讓人痛心的「肅反」擴大化。時任紅四方面軍總指揮的徐向前在回憶中悲痛地說:「將近三個月的『肅反』,肅掉了二千五百名以上的紅軍指戰員,十之六七的團以上幹部被逮捕、殺害。」

如此可怕的「肅反」手段，毛澤東運用起來絕對是後來居上。一九四三年四月三日，中共中央發佈《關於繼續開展整風運動的決定》，延安整風運動開始轉入審幹肅反階段。決定在整頓黨的作風的同時，進行一次普遍的審查幹部的運動。現在的學者認為：這個決定對於國民黨特務分子的滲入作了過於嚴重的估計。《決定》認為：「自抗日民族統一戰線成立與我黨大量發展黨員以來，日寇與國民黨大規模地施行其特務政策，我黨各地黨政軍民學機關中，已被他們打入大批內奸分子，其方法非常巧妙，其數量足以驚人。」一九日至十二日，延安召開有兩萬多人參加的中央直屬單位大會，動員反特鬥爭。《決定》的發佈和反特鬥爭大會的召開表明，原來在延安少數機關學校開展的審查幹部工作，已經變成各個機關、學校、部隊的群眾性反特鬥爭。延安的毛式「肅反」嚴重擴大化，且流毒甚廣，貽害於建國之後，這就是將林鵬先生也兜了進去的一九五五年「肅反」。

一九五五年的肅反：一九五五年七月一日，中共中央發出《關於開展鬥爭肅清暗藏的反革命分子的指示》，全國各地先後開展了肅清一切暗藏的反革命集團的鬥爭。同年八月二十五日，中共中央又發出《關於徹底肅清暗藏反革命分子的指示》，要求在全國範圍內，按照中央「七一」指示規定，進一步開展肅清一切暗藏反革命分子的運動。根據中共中央指示精神，十九兵團各單位從一九五五年八月上旬起，開展了群眾性的肅反運動。參加這次肅反運動的總人數為九萬八千一百二十人，共批鬥七百九十四人，從中查出反革命分子三百三十九人，變節分子六人，階級異己分子七十四人，壞分子六十三人，政治騙子一人，逃亡地主兩人，共計四百八十五人。另外有五千六百四十二人主動坦白交待了個人問題，共寫檢舉揭發材料兩萬兩千零七十六份。根據中央「大部不捉，一個不殺」的方針，在運動中共捕判五十五人，判處管制、收容教養五十人，行政處分九十八人，免予處分八十三人。對於不夠捕判的分子，兵團於一九五六年三月成立勞動教養隊，將其集中進行審查，先後集中審查一百二十八人。有意思的是，轉眼間又反回頭來，根據中共中央「有反必肅，有錯必糾」的精神，兵團黨委於一九五七年八月發出了《關於肅反善後工作的指示》，對錯鬥、錯捕的好人，做了甄別平反工作。

那麼，林鵬先生在這場又沒能躲過去的「肅反」中境況如何呢？說起來也算有趣呢。也就是在肅反隊，他與另一名戰友成為難友，就是前文書中提到過的，寫出萬言認罪書的王奐先生。這位山東王奐，此後與林鵬先生都轉業到山西太原，一對患難之交的朋友，還打過幾十年酸酸甜甜的頗有內涵的交道呢。他是山東荷澤人，比林鵬先生大三歲，自詡十歲入黨，是當地的小游擊隊員。一次戰鬥中全隊覆滅，他這個文化教員卻意外生還，回家娶了媳婦，新娘子很漂亮，他就不打算外出了，想上學學畫畫。不料游擊大隊長找上門來，他只好又參加革命。但歸隊不久就開了小差，不敢待在家裏，遠走包頭，投奔姥姥家。姥爺是個小帳房先生，也無力供他上學和學畫，便介紹他去北平城找自己一個老朋友。此人正在日偽政權做事，就拉他在一個後勤部門當文書。怪的是，他卻與北平城的地下黨接上關係，奉命在日偽機關收集情報，其間還被秘密送到晉察冀邊區受訓。抗戰勝利前夕，調回晉察冀邊區戰線劇社，與剛入伍不久的林鵬先生相識。其後，劇社劃歸別家，他被分配到十六團當文化幹事。林鵬先生去十七團當文化幹事。一九四七年，雙雙又被調入一九三師師部，不久再雙雙入朝，雙雙返國，雙雙進入肅反隊。他的罪名是，個人歷史有問題。

且說王奐猛寫檢查，而林鵬卻態度惡劣。他在批鬥會上大呼小叫：「南管頭必須是有一塊地，那怕只有一畝，是林鵬家的，出租過一年，租給誰了……有這樣的材料，我就承認我是地主成份。」此事終於驚動了陳亞夫，他在部務會上明確表態說：「我認識林鵬的父親，是個趕牲口的，地主還趕牲口？」複查的結果，帶回了南管頭黨支部的正式證明材料，林鵬家是中農，這才不了了之，走出關了半年多的肅反隊，安排去大同工農骨幹訓練大隊政治處當幹事。這時要編寫《解放軍三十年大徵文》和《志願軍英雄傳》，陳亞夫下令說，把林鵬給我調回來。可就在這時候，陳亞夫開始自身難保了，新來的軍長又是老紅軍，一來就盯上陳亞夫。林鵬先生說，「彷彿是專門派來欺負陳亞夫的」。事情轉變到這一步，林鵬先生徹底絕望，堅決要求轉業，連著四次打報告，最後一次直接打給總政幹部部，批回來說「准予轉業」。住在招待所等待轉業這一段，林鵬先生心情好轉，寫了一部長篇小說《蓮花池》。然而，正當他與解放軍文藝聯繫出版的時候，又一場新厄運接踵而至。

關於這一場新的政治災難，林鵬先生於二〇〇五年三月寫過一篇專門文章，題目是《感受陽謀》，包括《領導者》在內的多家報刊都登載、轉載過，非常有必要在此全文披露。

自一九五七年後，我被人稱作「漏網右派」，蓋有年矣。因而我對所謂陽謀，感覺頗深，並且思忖再三，當此反右五十周年之際，可以談談我的感受了。

新中國成立以後，年年都搞政治運動，只有一九五六年這一年比較太平。年初提出向科學文化大進軍的口號，提出大辦教育，培養人才，並且提出「百花齊放、百家爭鳴」的方針，郭沫若寫了一百首詩，讚美一百種花，象徵百花齊放。這看上去就如同兒戲一般，令人忍俊不禁。不過雖然如此，人們心中想的還是，黨中央或許真的是允許人們說話了。郭沫若怎麼能懂得這些呢？

九月，中共八大召開。這是中共有史以來開得最完滿的一次代表大會，世界多國共產黨都派出了高規格的代表團，趕來北京參加中國黨的盛事。記得西班牙的共產黨領袖，有名的伊巴露麗也來參加了。大會確定了中國今後將以經濟建設為主的總路線，也就是所謂「主體與兩翼」……同時受年初蘇共二十大的影響，提出反對個人崇拜，並在新黨章中刪除了「毛澤東思想」的字樣，這一切都是符合民心民意的。我想起《尚書》的句子：「天視自我民視，天聽自我民聽」，「民之所欲，天必從之」。我自一九五二年「三反」中以「思想老虎」罪名一擼到底之後，情緒不免低沉，但是看了八大公報，依然感到歡欣鼓舞，心想也許黨會好起來。

毛澤東對八大很不滿意，認為劉、鄧們聽命於赫魯雪夫，主要指黨章中刪掉了「毛澤東思想」，並且提出反對個人崇拜，是搗了他的鬼。他逢人便說：「我這人從來不怕鬼！」文化人們聽見風就是雨，給個針就當棒棰：出版社編輯出版了《不怕鬼的故事》，出版了《打鬼傳》。史家們考證《打鬼傳》的作者究竟是誰，梨園界演起了鬼戲，最著名的是北昆劇院新編了《李慧娘》，並且有人發表文章，讚美鬼戲，提出「有鬼無害論」。要說起來，中國人是很聽話的，真是太聽話了，只是不會聽。

俗話說：會說的，不如會聽的。中國很可憐，沒有會聽的人。有人說八大後毛澤東悶悶不樂三個月，也有人說毛蒙頭大睡三個月。到一九五六年十二月二十六日他的生日這一天，他忽然要去當時正開著的最高國務會議上去講話，中央機關中層以上幹部都去聆聽。根據錄音整理的這次《講話》，迅速向全黨幹部進行了傳達。我聽了傳達，感到十二分的重要，並且照抄一份。我後來反覆看，反覆想，認為這是對八大的瘋狂攻擊。黨的最高權力機關是黨的代表大會，作為一黨之主席，在代表大會之後瘋狂攻擊代表大會，這是真正的反黨。真正的反黨卻沒人敢說……劉白羽曾寫文章，說：「反對黨的小組長就是反黨」，有人公然反對黨的代表大會，他卻視而不見。

這次《講話》中，毛澤東說到中國人，他說：「中國人一是窮二是蠢。」後來正式發表時改為「一窮二白」，簡直不知所云。無奈之下毛澤東又做了一番解釋，說：「窮是窮則思變，白是一張白紙，可以畫出最美麗的圖畫」。白字的涵義甚廣，白癡也是白，白板也是白，白麼兒不懂是白，豈止白紙哉。要說最美麗的什麼，談不到，一張白紙，距離最美麗的圖畫不啻十萬八千里。又說階級鬥爭正在一天天加劇，「殺父之仇，殺子之仇，流沙河，草木篇」。我趕緊找來流沙河的《草木篇》，看了好幾遍，並不見什麼殺父之仇，殺子之仇。我真服了！我服了！毛又說：「個人迷信是不好的，個人崇拜是必要的。達賴喇嘛拉的屎藏民都吃掉，沒有崇拜行嗎？」狐狸尾巴終於露了出來，這證明此番言論完全是針對八大……

毛澤東的這些粗暴的言論，並沒有什麼新東西。在此以前，凡主張建立個人權威的人，都是這麼說話的，不奇怪。它源於希特勒的「一個主義，一個黨，一個領袖」的濫調。二十世紀二十年代和三十年代，列寧、托洛斯基、史達林，都是這種腔調，毛澤東很自然的接受了這些東西，按說也是無可厚非的。但是在二戰勝利十年之後，在蘇共二十大之後，再這麼說話說很不合適了，很讓人感到刺耳了。

毛澤東畢生所導演的最成功的群眾運動，就是持續三年的延安整風運動了。於是在一九五七年春天，他又祭起了「整風」的大旗。他多次在中南海召集黨外知名人士、作家、教授、文藝工作者以及民主黨派的頭面人物座談，誠心誠意地請求大家盡情鳴放，幫助共產黨整風。「知無不言，言無不盡，言者無罪，聞者足戒」。當時嘴邊上的話，就是什麼主觀主義、官僚主義、宗派主義等等，這些是當時社會上一般人士和一般幹部們極為反感的作風問題。例如前兩年的胡風以及他所極力反對的就是他認為的宗派主義這些壞作風。然而在毛澤東的心目中並不是這些群眾反感的東西。只要仔細看了他《在宣傳工作會議上的講話》，就可以發現，他的提法是教條主義和修正主義。看上去他是在說理論工作和宣傳工作上既反「左」也反右，其實不然，他還是在反對聽信赫魯雪夫。赫魯雪夫是修正主義，你聽命於他，你既是教條主義，又是修正主義。毛認為，中共中央以劉、鄧為首的許多人，都是聽命於赫魯雪夫的。就這樣，在一九五七年的春天，一個針對中央的幫助黨整風的「鳴放」運動就轟轟烈烈地發動起來了。毛澤東企圖造成一種群眾運動的巨大壓力，把聽命於赫魯雪夫的劉、鄧們一古腦打倒，從而推翻八大的一切決議。但是與此同時，毛在參加一九五七年莫斯科國際共產黨會議前後，表面上還在對劉、鄧等中央領導同志們講，「目前，我們還是要支持赫魯雪夫。」他的話迷惑了很多人。後來有一張畫表現了這種情境，三個進了監獄的人，第一個說，我是因為反對赫魯雪夫。第二個說，我是因為擁護赫魯雪夫。第三個說，我就是赫魯雪夫。想來可笑之極，也就是在中國，能出現這麼多又聽話，又不會聽話的人……

群眾運動一旦發動起來，說長道短，扯東拉西，就沒有準頭了。它未必能夠完全按照毛澤東設定的目標前進……延安整風是黨內整風，比較好掌握；現在的「鳴放」是發動黨外人士和民主黨派批評共產黨，相比之下不好掌握。凡是遇到問題，人們就要問個為什麼，比如官僚主義，為什麼到處都是官僚主義……等等，要尋根究底，這是很自然的。於是就出現了必然現象，民主黨派的頭頭們竟敢放言「要給老和尚提點意見」了，這就犯了毛主席的忌諱，你可以管共產黨，不可以管毛主席……這在毛澤東看來，就是把矛頭對準了他。過去井岡山的「國中之國」的那一幕，絕對不適合延安的邊區政府。同樣道理，延安的小朝廷的那一套也不適合北京的大一統的王朝，也遇到了反抗，不過是比較溫和的抗爭罷了。出了反謂「章羅聯盟」。於是便有《事情正在發生變化》的毛澤東的文稿從中南海傳出，送到人民日報鄧拓那裏。鄧拓曾經多次參加毛親自召集的座談會，毛帶頭「鳴放」，說了許多過頭話……鄧拓真是一介書生啊！他怎麼能想到，除了陰謀一詞外還有一個叫「陽謀」呢！有人罵毛搞陰謀，毛詭辯說：「我這不是陰謀，我這是陽謀」。反右以後不久有個哲學家站出來解釋什麼叫「陽謀」，他說，發現矛盾，利用矛盾，解決矛盾就是「陽謀」。（見龐樸《薊門散思》）既然有陽謀的實踐也就有陽謀的理論。

運動初期，最感難堪的是總書記鄧小平，他不知道毛澤東的葫蘆裏賣的什麼藥，看上去好像是要將矛頭指向書記處……後來他發現「事情有了變化」。他一下子跳出來，大喊：「這是引蛇出洞！」他大打出手，殺伐知識份子不遺餘力，並且給各地各系統下達指標，不完成指標就唯領導人是問。一個人一生中能有幾回這麼痛快的事情。所以到他死，他都堅信反右是正確的必要的及時的，只是擴大化了。事情終於有了變化，這對他個人來說是及時的，非常必要的，至於正確，談不到。

右派分子改正下來，有人說共一百萬，有人說五十萬，以五十萬而論，只有五個人沒有改正，其正確性只有十萬分之一，這算不得什麼正確。拖了二十年不予平反，最後沒辦法了，只說改正，改正錯誤，改正誰的錯誤？是要改正毛的錯誤，改正他作法自斃的錯誤吧？又不說。許多右派沒有改正前就辭世了，他們的血肉化為泥土，他們的白骨拋向荒山，他們是不會說什麼了。但是，他們不只是一個數字，他們上有老，下有小，他們的子孫生下來就頭頂著「右派崽子」的帽子，受盡了侮辱、壓迫和歧視，就連錢偉長的兒女們都不准上大學……他們就是再沒有記性，他們也不會忘記自己的苦難。一個輕描淡寫的「擴大化了」就能蒙混過去？

我在一九五二年朝鮮前線受處分以後，夾著尾巴做人，自己感到在軍隊待不下去了，曾四次打報告要求轉業，後來被批准，「反右」時我正住在六十五軍招待所等待轉業。「鳴放」的會我從未參加，自以為沒有我的事。

後來有一天晚上，有三個老戰友前後腳到我房間來，說的話是一樣的，很簡單：「明天的會必須參加，必須發言，發言越左越好」。楊樹榮是我在一九四五年的老戰友，好朋友，他跟我急了，用手指輕輕敲著桌子，說：「你林鵬號稱愛學習，愛看書，有理論，你明天把你的馬列主義水平給我拿出來，就是背書你也給他們背幾段，告訴你，明天的會不是鬧著玩的，關鍵時刻到了！」說完也不等我回話，他就走了。我起初有點納悶，後來感覺嚴重，一夜沒睡。我想，我服了嗎？真的服了嗎？如果真的服了那就服服帖帖地服一回給他們看吧。順者昌，逆者亡，我為什麼不學著順一回呢？

第二天我按照通知去參加批判右派的會，大家自由發言，我也發了言，我引經據典滔滔不絕說了半個鐘頭。會議後那個被批判的右派分子說：「只有林鵬的發言，有理論，我心服口服，別人說的不行」。這個反映彙報到政治部會議上了，當時的政治主任陳亞夫說：「看來林鵬是真正的馬列主義者。」楊樹榮有一天與高采烈地告訴我：「陳主任說你是真正的馬列主義者」。我聽後並沒有在意。我曾經做過兼職的中級班的理論教員，講授過哲學和政治經濟學，心想，背幾段書有什麼了不起……以後才知道，我躲過了一劫。

後來「文革」中，到山西支左的六十五軍保衛處長曹沛霖（一九五七年在反右辦公室）告訴我說：「林鵬呵，你是咱們六十五軍內定右派名單上的第一名呵」。我問怎麼回事，他說：「陳主任在政治部研究反右問題的會上，說你是真正的馬列主義者，沒有人不同意，我們就把你的名字勾掉了……」我聽了膽戰心驚，非常害怕，什麼時候想起來就一陣驚悸……現在寫到這裏依然是心有餘悸。

這就是我對一九五七年所謂「陽謀」的感受。

還說陳亞夫星光閃爍。最關鍵時刻，他一句「看來林鵬是真正的馬列主義者」，人們就把林鵬從右派名單上勾掉了，一名內定六十五軍最大右派分子就這樣漏網了。陳亞夫又一次保全了林鵬的政治生命。這是個人對個人的一種簡簡單單的施惠行為嗎？就算陳亞夫偏愛林鵬是個人才，這種偏愛背後就沒有任何文化支撐嗎？為什麼他不偏愛別人呢？為什麼陳宜貴不偏愛林鵬呢？……我們不會想到在人類亙古以來的精神收藏中，有一種稱作正義的傳統美德嗎？西方哲人往往把正義概念闡釋得極為學術化，他們要從人性、社會契約、群己關係、倫理、法律、歷史和社會制度等多種角度探討正義。休漠說：「正義指的是人的正義願望，人的道德品格。」康德說：「正義是支撐人類生存下去的不可或缺的條件。」叔本華說：「正義就是人類的惻隱之心。」蒂利希說：「正義概念所包含的全部意義，尤其是各種形式的平等和自由，都不外是如下命令的運用：把每一個潛在的人視為人。」羅爾斯說：「正義是社會制度的首要價值。」哈貝馬斯說：「正義的最重要因素不是制度，而是社會不同成員相互之間的同情心。」還有人說：「正義……是一種以個人主義為前提的道德觀。」哈哈，真個是眾說紛紜，五花八門。且聽我們的老祖宗怎麼說，何為正義？仁、義、禮。講究仁、義、禮的人，就是正義之士。陳亞夫者，正義之士也！

據林鵬先生記載，陳亞夫是河北滿城人，上過三年中學，在上個世紀之初的中國，應該算個有著舊學底子的新式書生吧。親身參加過「高蠡暴動」等最為激烈的紅色革命，但內心深處肯定保有仁、義、禮等中國傳統道德文化的精神因數，他與陳宜貴的差異，主要不在於年齡和革命經歷，恰恰就在於靈魂深處有沒有這種寶貴的精神基因。林鵬先生說，新軍長對陳亞夫的欺負，陳宜貴對他的迫害，這是一代老紅軍對後來革命者的欺負與迫害。筆者以為並不十分準確。本質上說，這是共產主義幽靈對包括正義在內的人類全部優秀價值體系的挑戰與戕害。十分慶幸的是，即使在罪惡幽靈大行其道的最危難的時刻，漫漫長夜裏，依然會有星光閃爍，給整個人類以希望、勇氣和必勝的啟迪。陳亞夫的意義就在於此。

對於陳亞夫，林鵬先生懷有終極意義上的感激與感念。他寫有一段這樣的紀念文字：

> 一九八二年秋天，史進前（總政副主任）和陳亞夫（總參三部副政委），兩位老首長來山西。軍區的行政處長曹沛霖電話上對我說：「我們去五臺山接他們，軍區的司令、政委都去，也讓你去。」我說：「我一個穿便衣的，不敢和你們混。」他說：「不行，一塊去吧，給你派一部車，帶上孩子，一起去玩一趟。」
>
> 在五臺山一個招待所的院子裏，兩位首長的車一停，陳政委一下車就問：「林鵬來了沒有？」我一聽趕緊過去同他握手問好。我想，我多虧來了，聽曹沛霖的話聽對了，如果不來，下車這一問，多掃興。二十多年沒見面，陳政委的樣子沒變，尤其聲音，那是一種非常熟悉，非常親切的聲音。他一直惦記著林鵬，下車先問林鵬，這令我十分感動。他喜歡誇獎林鵬，回北京見熟人就說：「林鵬寫一筆好字！」這是耿素墨後來告訴我的。在人生的關鍵時刻，他一次再次地保護我，直到晚年還在關心我，惦記我，誇獎我……」

是啊，這是一種多麼可貴的情義！

對於這種人間真情，林鵬還有一段無限感慨的話，筆者已經引述過，這裏還想再引述一次，作為本章的結尾。

我在情緒最低落的時候，簡直活不下去的時候，找到了最理想的妻子，我覺得值。然而這一切，都是陳亞夫給的。後來聽說陳亞夫去世的消息，我落了淚，我妻子也落了淚。我現在寫到這裏，我的眼淚不住地流。人心都是肉長的，受恩於人，不敢有忘。

一顆在暗夜裏閃爍的星，永遠留在渴望光明的心間。

第八章 右派成堆

開頭，筆者先將結論道出：在中國，右派成堆，就是精英成堆。信不信？

一九五八年冬，山西省辦過一個頗具特色的「下放幹部展覽」，主題是全面展示下放幹部們聽毛主席的話，認真勞動鍛煉，改造世界觀的豐碩成果、好人好事之類。辦得很成功，主要是領導滿意。有意思的是，要問這個展覽誰辦成，四個大右派：一個漏網的，三個沒有漏網的。

先說這個漏網的，就是林鵬先生。他於這年的六月十八日轉業分配到山西太原，老婆娃娃一家五口，由山西省人事局下放幹部辦公室的科長韓希信接著，安頓在方山府一處地方，又幫著買水缸，改爐灶，很是熱情。第三天，林鵬先生就正式在山西省人事局上班了。

自從一九五六年「毛主席黨中央提出下放幹部鍛煉的偉大號召」，到一九五八年的時候，在山西地界勞動鍛煉的團中央等中央機關單位的下放幹部相當不少，據說都鍛煉得相當不錯，要不怎麼能辦展覽呢。先是，想辦一個專門刊物《勞動鍛煉》，苦於沒有合適人選。分管的省委書記處書記朱衛華發話了，對省人事局長兼下放幹部辦公室主任李文亮說，辦刊物得要專門人才，你讓劉志英去辦，從轉業幹部中選一下看。劉志英「文革」中相當出名，曾是一派群眾組織的主要領導人之一，當時是「下放辦」的一名骨幹組長。他後來對筆者說：「我一下就選中了林鵬，真選對了，他一個人把《勞動鍛煉》辦得非常精彩。」接下來就是辦「下放幹部展覽」，讓林鵬主辦。林鵬先生說，我一個人可不行，這得有美術、文字方面的專家。上邊說，那你選人我們調。這一調，有分教，便調來三位大右派：孫功炎、王瑩和李玉滋。

孫功炎，字玄常，一九一四年生人，仙鄉浙江海寧，全國著名語言學家、詩人、書畫家。一九二八年入杭州國立藝專，一九三四年入上海新華藝專，畢業後入中央研究院動植物研究所。一九五三年，在語法研究上脫穎而出，備受葉聖陶、呂叔湘二公青睞，說「為一校學子之師，何如為全國學子之師」，力邀他從高校進入北京人民教育出版社，專門編輯中學課本。業內譽其學貫中西，宗風儒雅，才華橫溢，著作等身。著有《朱子仁說疏證》、《氣韻探秘》、《詩經兩千年》、《宋詩漫論》、《姜白石詩集箋注》（夏承燾、俞平伯作序）等。其書畫也精。擅長山水畫，宗明代沈周、文徵明和清代「四王」，但自我張揚不俗，氣韻生動，蒼勁古樸。書則走褚遂良、趙吳興之路，自成一家。《中國畫》曾以四個整頁，以《學者・詩人・畫家》為題，介紹過他的生平與畫作。一九九三年八月，中國美術館舉辦了「孫玄常先生著作書畫展」。啟功有詩贊曰：「晴窗點染盡餘興，衡山抗手傲香光。」

就是這樣一位飽學碩儒，一九五七年不知何種原因，被打成右派分子，趕出京城，發配山西勞改。

林鵬先生對孫老仰慕已久，才不管什麼右派不右派，第一個就把孫先生請來。辦展覽事小，求教受益事大。當是時也，他對共產主義幽靈那一套玩意兒早已不感興趣，或者說已然深惡痛絕，下決心再起爐灶，探求國學底蘊，重建知識架構，尋找靈魂新家園。他懇切地問孫先生：「我想讀古文，該怎麼讀？」

孫先生也懇切，答：「你若決心學習古文，像你這麼學習不行（指從唐宋八大家學起——筆者），事倍功半。必須從《說文解字》入手，先認字，字形、字音、字義。把《說文解字》攻下來，直接就攻十三經、先秦諸子。諸子眾經裏，先攻容易攻的，如《老子》，才五千言；如《詩經》，好讀，好記。把諸子眾經攻下來，你再看八大家文集，就像大白話一樣。」

林鵬先生茅塞頓開，謹遵孫先生教誨，從一九六〇年開始，到一九八〇年，用二十年時間苦讀精讀，把先秦諸子和十三經通讀透徹，自覺受益非淺，享用終身。他對孫先生，許多年來一直執弟子禮甚恭。一九九八年七月一日，孫功炎先生溘然長逝，享年八十五。林鵬先生哀思無限，竟不知此日為黨生日。這裏有林鵬先生致孫先生一小札，附之存念。

孫先生：十月初見面之後，不知近況如何？甚念。運城來人，見面先問先生，一說先生好，心中格外高興。

三十多年前，先生送我一方小端硯，不知先生還記得否？前年我請胡金來兄（微雕家）在上面刻了一段話，記錄先生對我的教誨，同時說明那時我的難言的苦惱。

先生說，苦惱就讀書吧。先讀說文，然後讀先秦諸子、十三經，再不然就寫寫字，臨臨帖，就臨《蘭亭序》吧……有時做夢哭醒，於是就起床，聽先生的話，讀書、寫字。前些年有一次翻書箱，看見我在「文革」中臨的《蘭亭序》，覺得滿不錯，頗有點自鳴得意的意思。

我對先生有說不完的感激之情。這是外人無法得知的，甚至孩子們也未必能充分理解。三十年前的事情，孩子們以為是很遙遠的歷史了。然而對於我，就像昨天一樣。

像我這樣的小八路，當年有上一百萬，如今都已休息，依然還不少。我與他們略有不同，就是因為他們沒有遇見孫先生，我很幸運，遇到了孫先生。

原計劃今年冬天完成《呂氏春秋釋義》的撰寫，因為明堂月令問題，翻了許多書，為了真正弄清，費了許多時間，所以只得拖到明年了。明年得要帶幾章，前去請教先生。

有事情可讓一冰來信。祝全家安好，身體健康，新春快樂。林鵬一九九四年一月六日太原

王瑩是個苦命。右派都苦命。王瑩更甚，苦苦命。以王瑩之才，如果與孫功炎先生同時代，定會有齊名之譽。可憐王瑩遲生了十幾年，長於戰亂歲月，一生多蹉跎。即便如此，那也畢業於中央美院，其畫精，而畫外功夫更精，功底在那放

著呢。要不，林鵬先生也不會點將請他。

林鵬先生說：「那時，他剛從大同勞改隊回來，穿著一件破棉襖，長著一個蒜頭鼻子，那形象是很可觀的。然而他一下筆就令人驚歎不已，他的素描、油畫、國畫、書法、篆刻都非常好。」他認為王瑩是個天才，當然，一個被埋沒了的天才。

王瑩是山東臨清人。一個河北人，一個山東人，都不是山西人，卻都愛山西的傅山先生，都讀傅山的詩、書、畫，都學傅山的人品風骨。山西乃至全國研究傅山的人很多，但能說至點上，學到點上的人寥寥，大多是「守定一半句注腳」或連「一半句注腳」都守不住的「專家學者」。林、王二人都是有心性和悟性的人，是傅學人叢中兩塊比較突出的高地，如果不敢說山峰的話。高地與高地才能對話。比如有一次書法研討會上，林鵬先生宣讀了一篇論文《傅山論趙雜談》，提到傅山的「寧醜毋媚」說，認為寧這樣毋那樣的說法，是從兩個極端說起，在這兩個極端之間的就是美，猶如中庸一樣。孔子曰：「不得中行而與之，必也狂狷乎。狂者進取，狷者有所不為也。」座中啞然，說不清大家是同意不同意，懂或不懂，反正是一片緘默。獨有王瑩承接，且持左見。他梗著脖子說：「醜和媚都是說的藝術美。這是兩種互相對立的審美追求或說美學思想，它們屬於兩個時代，或說兩個階級。」「寧醜毋媚是書法藝術形式美從低格到高格的審美追求，是明末清初學風中進步傾向的組成部分……是粗疏狂野的硬拙的不合諧美……它非常獨特，不隨人俯仰，必將超越藝術門類的界限，成為普遍意義的規律和法則。」言不盡意，他乾脆寫成一篇文章，叫作《寧醜毋媚在書法上的時代性和美學意義》，跟林鵬先生的那篇論文同時發表在《書法通訊》第四期上。林鵬先生後來說：「這篇文章寫得非常好，我看了以後非常同意。這兩篇文章同時登在一期刊物上，細心的讀者一看便知，他是反駁我的，但是反駁的好。」他作進一步認同：「這些話寫得非常精闢，非常有力。因為我們經常在戰戰兢兢，如臨深淵如履薄冰，所以我們的言談頗多忌諱。其實，統治者們並不諱言他們是壓迫人民的。壓迫引出了反抗，這也不奇怪。寧醜毋媚的美學原則，實際是無權無勢的退隱山林的天才藝術家們，對有權有勢的宮廷裏和官場上的庸俗藝術家們的反抗。」

真正的文人之交，是學術之交，是義氣之交，是思想之交，是君子之交，尋常淡如水，濃時烈似酒。可怕的「文革」來了，可憐的王瑩又要遭罪了，這一次他是戴著兩頂帽子——右派帽子和歷史反革命帽子，被遣送回臨清老家監督勞動，徹底成了一個靠掙工分吃飯的農民，其實連農民遠不如。朋友離別，後會誰知？天低雲暗，無淚默然。王瑩贈林鵬先生一本《法蘭西文學史》，或成永念。為這本書，林鵬先生寫過一段這樣的文字：

> 離別。王瑩送我一本夏炎德編著、洪琛序的《法蘭西文學史》。我讀書有些窮毛病，喜歡在書上胡批亂注。「文革」中批判我的文藝思想，並且追查我和王瑩的關係。我就把這本書上王瑩的圖章和我的批語都塗掉，想以此掩蓋「罪證」。我本來可以把它燒掉，或者當爛紙賣掉，做了些手腳，是因為想把它保存下來，因為我珍視它。現在這本帶有污跡的書擺在我面前，我覺得它就像一面鏡子，反映著我在精神上曾經有過的殘疾。現在這本書顯得更珍貴了，它曾經跟隨我去農村插隊落戶。
>
> 我在農村插隊時，消息傳來，說王瑩死了。我想，他一定是自殺了。後來又傳來消息，說不是王瑩，是李玉滋死了。我著實難過了幾天。寫信詢問詳情，朋友們告訴說，都沒死，還活著。我想，也許不會草草死去，該受的罪還沒受完呢。

上世紀八〇年代初，不死的王瑩又回到太原，朋友們「互相切磋的美好時光」又開始了。

有一次，林鵬先生問王瑩：「傅山的詩，『相如頌布獲，老腕一獲摩。』『一獲摩』是什麼？」

王瑩笑笑說：「不知道。」

林鵬先生說：「我猜想可能是忽勒，俗話，忽勒幾下，用在書法上就是盡情揮灑的意思。」

王瑩說：「很有可能，引俗語入詩文，這也是常有的事情。不過，傅山的詩文吊詭特多，非常難懂。你看，柔毫點主，『點主』當什麼講？翻遍詞書，不得其解。」

林鵬先生說：「其實這是一個好題目，可以寫篇文章。」

王瑩說：「那你就寫吧，寫好先讓我看看。」

過了幾天，王瑩就跑來要看文章。林鵬先生說過了沒當回事，根本沒動筆，叫王瑩這一催，還就真寫出一篇《點南釋稿》。文中只就「永字八法」以前的古典筆法作一探索，並無更多涉及。但王瑩卻看得仔細認真，表示讚賞之餘，又發表己見：「所謂筆法、筆墨，都是形式。著眼於形式，永遠解決不了形式問題。形式是內容決定的。真正的內容是個性。我們需要的是鮮明的個性，獨特的個性，豪邁不羈的個性。」

這段話打動了林鵬先生，生發出聯想，使他很想再寫一篇文章，論述傅山的獨特性格，同時還聯想到王瑩，他的性格不是也很獨特嗎？有次他請王瑩來家喝酒，王瑩酒多發真情，說：「在政治上是勝者王侯敗者賊，在藝術上是庸俗吃掉高雅，這就是歷史，這就是文化史。」

林鵬先生戲言：「學習庸俗吧，其實倒也容易學。」

王瑩說：「只是不肯罷了，雅人絕不肯和庸人為伍，道不同不相為謀，這沒有辦法。」

有感於這次酒話，林鵬先生特意找出自己保存的兩塊艾葉綠，請王瑩刻成兩方印，一方「庸俗無聊」，一方「雞毛蒜皮」，私心願以此為戒。王瑩慨然應允。豈料不久它們竟成了林鵬先生懷念亡友英靈的遺物。關於王瑩之死，林鵬先生揮淚成文：

王瑩的國畫、書法和篆刻，頗有成就，這是大家有目共睹的。他在學術上的貢獻尤為重要，其中有關《金瓶梅》的研究尤為突出。他是山東臨清人，他堅信《金瓶梅》的作者是臨清人。他對語言、風俗、地名等等加以考證，證明《金瓶梅》的作者，是明朝中葉臨清的一位相當有名的才子。五〇年代，我研究過《金瓶梅》，後來放棄了。我聽說他正在研究《金瓶梅》，便將我的香港版張竹坡評刻本《金瓶梅》送給他。他高興得不得了。然而，未等這些有關《金瓶梅》的文章正式發表，他就與世長辭了。

他的心臟病以前發作過一次，山大二院王家璣主任親自晝夜守護，終於得到挽救。這一次他太大意了，夜晚加班校改一篇文章的大樣，累了，早晨他要去拿牛奶，一轉身倒在牆根，猝然死去。一顆明亮的小星隕落了。雖然是一顆小星，依然在天邊劃出了一道鮮明耀眼的線。將來的藝術史家們和藝術收藏家們，總有一天會想起他，研究他，並且考察他的淒涼的身世和艱難的歷程，從而認識他的質樸的為人和獨特的個性。

上面提到了李玉滋，現在就說李玉滋。

筆者見過李玉滋，高高瘦瘦的身板兒，背有點兒駝，留著長頭髮，戴著近視眼鏡，蠻有藝術氣質一個人。他和馮長江合作搞過一幅《血與火》，榮獲巴黎沙龍美展金獎，一時很輝煌。後來兩人鬧了矛盾，關係弄得很僵，他跑來向我訴委屈，可能知道我也熟悉馮長江，怕誤解了他吧。我碰到這種事自有一種辦法，我不聽他們說是非，只管把話題往別處引，就往是非以外他最得意的地方引。那次我就說他的臨摹功夫，我說你臨摹的永樂宮壁畫，那線描功夫實在了得。他果然忘了跑來幹啥，滔滔不絕論藝術。

林鵬先生也十分欣賞李玉滋的臨摹功夫，說：「李玉滋擅長臨摹古代壁畫，尤其臨摹永樂宮壁畫，可以說是一絕。他發明了一種新技術，滿紙斑剝，古色古香，實在是絕妙。」由此還引發他一番藝術高論，比如說「古典藝術美是典雅的美，那才是真正的美，其實在藝術上用不著刻意求新」；比如說「保守主義是文化的根，卻是革命的死敵」……等等。

林鵬先生不光愛李玉滋的畫，更關心他這個人。當了右派的李玉滋，連工資都沒了，吃飯是個大問題。林鵬先生把他請來辦展覽，特批他吃飯不要錢；一身衣服破破爛爛的不像樣子，就把自己一套新軍裝送給他；為了給李玉滋摘掉右派帽子，不惜與多少年交情的老戰友王奐翻了臉。

聽說筆者要為林鵬先生作傳，有位朋友上門提醒說，你注意點，外面對他有些說法。筆者問其詳，答曰他連老朋友老戰友也罵，翻臉不認人，不講情義啊，舉出兩例，就包括罵王奐。為此，筆者專門做了多方面的調查研究，弄清了事實真相。現在就說罵王奐。

當年肅反隊的難友王奐，比林鵬先生轉業早點，反右開始那會兒，他是山西省文化廳一個科長。李玉滋從東北魯藝畢業，也分配在文化廳工作，不久就打成右派。林鵬先生後來瞭解到，把李玉滋「打成右派，起了關鍵作用的，是我的老戰友王奐」。後來要給右派分子平反時，王奐不幹，說：「別人可以平反，李玉滋不能平反，李玉滋是真正的右派。」年輕氣盛的李玉滋找他理論，大吵一頓沒結果，就去告訴了林鵬先生。林鵬先生一聽就坐不住了，立馬打上門去，把老戰友好一頓數落：「你怎麼突然把老布爾什維克的勁頭拿出來了？中國的布爾什維克們能承認你是布爾什維克嗎？恐怕不一定吧。」「你好好想想吧，五七年的反右派鬥爭是錯誤的，並且是非法的，純粹是陰謀，大陰謀，政治陰謀。」王奐還是要堅持。這可氣壞了林鵬先生，他氣得大罵；「你才是真正的右派！」鬧到最後，王奐不得不低頭，同意給李玉滋平反，出具了證明材料。老年林鵬回憶當年情景時，哈哈一笑說：「一個李玉滋，鬧得我和幾十年的老戰友不和……回想起來，怨我，是我不會說話。」這就是林鵬罵王奐的真相。

有一段時間，李玉滋情緒低落，毫無創作熱情，甚至厭惡畫畫，一提這事就心生反感。這讓林鵬先生看在眼裏，急在心裏，他認定的一個「超級的藝術大師」，居然喪失了創作熱情，這太可怕，這太悲哀，這太不應該，這不行！這得敲打他，這得提醒他，這得給他鼓勁啊。於是，林鵬先生說：「我想盡辦法勸他畫畫」。事情終於有了轉機，畫家的熱情與靈感終於回歸，李玉滋終於跨入了一個新的人文境界。他從深圳給林鵬先生打電話，說最近畫了不少畫，自己很滿意，頗有心得，要在中國美術館搞個展覽，並且有一整套的創作經驗給大家介紹。

林鵬先生一聽，首先為李玉滋走出創作低谷表示讚賞與祝賀，但他同時又對對方「創作經驗」的話頭極為警覺，馬上提出質疑：「藝術創作哪裏有什麼經驗可言？完全是憑靈感，憑才氣，完全是偶然，偶然中的偶然，莊子所謂循斯須而已……什麼理論，都是胡說八道；什麼經驗，都是瞎吹。道可道非常道，可道者非道也！」最後不客氣地對李玉滋大叫大喊說：「你過了頭了！展覽可以搞，預祝你成功，但絕對不能介紹什麼創作經驗，千萬千萬，沈默是金！你給我老老實實畫畫！」

萬萬沒有想到的是，李玉滋的展覽沒有搞成，他卻壯志未酬身先死。噩耗傳來，林鵬先生難過之極。不由得記起一點往事。王瑩去世後，林鵬先生寫過一篇悼念文章《艱難與獨特》，朋友們看了都說寫得好。李玉滋說：「林先生，我死了也給我寫一篇，說定了，記住了！」林鵬先生知道是一句隨口的戲言，這種事還能預約？一笑了之。誰知今天戲言成真，長者還得為幼者又一次揮淚成篇，這是令人心碎的事情啊！不負前約，林鵬先生寫下了《回憶李玉滋》，結尾部分是這樣的：

我們生活在這樣的時代，有一肚子的話，能跟誰說？喬羽的歌詞，「你像一隻蝴蝶飛進我的窗口……」主持人反覆問，他是誰？喬羽就是不說，給人印象，彷彿那是喬羽的情人，其實這就是一個下放幹部。突然整隊走了，不知去向，兩年後一個人突然回來，三言兩語又匆匆離去。詩人寫出優雅的詩句，音樂家譜成委婉的曲調，歌唱家唱出動人的歌聲……在一片荒涼的廢墟上，開出來一朵藍色的小花。我們這個時代太偉大了，所以沒法理解，不好理解，它超出我們的理解之外。

我今年虛歲八十了，我現在淚流滿面地為比我年輕的人寫悼念文章，我的心情之沉重，自不待言。李玉滋就像一棵小樹，他們都是稚嫩的小樹，迎風招展的可愛的小樹，一棒打下去，打彎了他們的腰，他們一直彎到地上，多少年以後他們才抬起頭來，高高的揚著頭，開出了他們所能開出的花，並且結出來豐碩果實。我由衷地為他們感到慶幸。

我老家的後山上，有一矮小的柿子樹，秋天，在它的瘦小殘缺的肢體上，結滿金黄色的柿子。我一見高興極了，我歡呼著，後來我卻落了淚……

這就是展覽會的右派們。

還有兩位右派，雖然沒有參與佈展，但卻總在林鵬先生心中夢中，一個張林鴻，一個張學義。

張林鴻是林鵬先生的胞弟，張林鵬張林鴻，多好的一對同胞兄弟，可命運多舛一個樣。筆者在南管頭拜訪林鴻先生的時候，他已然是古稀老翁，安詳得很，與林鵬先生的火爆恰成對照，一個是時刻準備巡天的爆仗，一個是寧願守護靜夜到天明的蠟燭，真是相映成趣。

林鴻先生原在滿城縣人民銀行工作，被打成右派，沒有原因，沒有材料，沒有解釋，什麼都沒有。筆者估計是：你父親是「國特」，你哥哥是「思想老虎」，你們家是「漏網地主」，再說還有右派指標在那兒候著，不逮你逮誰去？林鴻先生對我說，可能人家嫌我一直「抗上」吧。我看著面前這個安詳如佛爺的長者，怎麼也把他與「抗上」聯繫不到一起，也許他骨子裏有吧。林鵬先生說過：「我們父子三人的性格都是很強的，說話不留餘地，倒是不欺負人，可是難免得罪人。」

林鴻先生被打成右派以後，開除公職，下放到石子城勞改，一九五九年冬遣返回老家南管頭。連公社的人都同情他，說了，你只要給咱抓一個小偷，我們就能藉口給你摘掉右派帽子，行不行？他老實巴交地說：「哎呀，現在社員誰不偷地裏的東西，你們讓我抓誰呀？」所以右派帽子就一直戴著，二十年一貫制，直到一九七八年正式平反。平反當天，群眾選他當了生產隊小隊長，三天後選為大隊長，一個月後調任公社副主任，兩年後任命為易縣財政局長，一直幹到退休再回到南管頭。老人安詳地說：「唉，我這一輩子，連個中學也沒畢業，沒幹出啥名堂，誰也不怨，認命。」筆者心裏卻酸酸地想，這個社會，誰把你的命，老百姓的命，有正經本事的人的命，好人的命……當命啊！

林鴻先生同樣能書善畫，堂屋牆上就掛著兩幅自己的畫作，安詳如主人，確實叫人馬上想到漫漫長夜，一支紅燭默默燃燒，時不時爆出一星微小燭花，隨即被永夜掩沒……

張學義，就是前面說過的，笑罵林鵬先生舔屁股也揀大的舔那位。一九四六年林鵬先生當團通訊幹事時，他是組織幹事。

張學義不愛讀書，一九四七年打徐水，他在戰壕裏揀到一本書，自己不看送林鵬：「林鵬，你愛看書，給你一本書。」林鵬先生追憶說：「我記得那本書中有一則故事，標題是《林四娘》。後來許多年，我想搞清張學義給我的那本書是什麼書，我發現《聊齋志異》、《池北偶談》、《虞初新志》中都有這篇《林四娘》的故事，究竟給我的是哪一本呢，始終沒有搞清。」張學義遠文近武，後來當了特務連的指導員，後來當了營教導員、營長，後來到朝鮮戰場時當了團參謀長，後來當了團長，再後來作為軍事尖子，被保送到南京軍事學院深造。最後，誰又能想到，他會成為一名軍中右派分子，而且是「極右」！他的右派言論如下：

第一，馬列主義好是好，就是不適合中國。中國不是歐洲。中國有中國的文化傳統，有自己的國情。

第二，中國不能實行無產階級專政。中國革命是農村包圍城市，解放戰爭中工人階級在城裏，攻城的解放軍都是農民子弟兵，解放後卻讓工人階級（無產階級）專政，這不公平。

第三，不能什麼都照搬蘇聯，讓戰士戴蘇聯紅軍的船形帽，戰士上街不戴，回來進營房時才戴上。

第四，不能忘掉農民。忘記過去就是背叛，這是列寧說的。中國革命戰爭是農民戰爭，解放後把農民一腳踢開。三大差別（工農差別、城鄉差別、腦體勞動差別）日益嚴重，完全是人為的。農民成了次等公民，一個戶籍制度就把農民，連他們的子孫都卡死了，這是不能容忍的，這是忘恩負義，這是過河拆橋，這是卸磨殺驢，這是背叛。

這哪裏是不喜歡讀書，揀本書就送給林鵬的張學義呀，上述言論絕對夠學者教授級，夠思想理論家級啦。不把你定成「極右」定誰去！為此，張學義差點付出生命的代價。他後來對林鵬先生說：

我被弄到蘇北一個勞改農場服刑，差點沒餓死。困難時期，勞改農場每頓只給一碗清湯，幹不動活，後來連床都起不了了。我想，驢吃草就能活，人為什麼不能吃草？我跟同屋的人說，走，咱們吃草去！我把他們一個個從床上拽下來，我們一起爬，爬到鐵絲網外面吃草。我說我從小給毛驢打草，我知道什麼草能吃，什麼草不能吃。我們就抓把草葉塞進嘴裏嚼……我們農場的人都餓死了，我們屋裏一個人沒死。

這就是張學義，林鵬永遠忘不掉的右派分子老戰友張學義。

林鵬先生那兒，這樣的右派朋友還有許多，流落到太原的《大公報》主編袁毓明，老畫家李炳璜，大畫家林凡，劇作家華而實……要不怎麼是右派成堆呢。筆者從中學到高中到大學，遇到的最好的老師都是大右派，所以一直心存疑問：為什麼右派老師都是好老師？為什麼這麼好的老師都給打成右派？那會兒想不明白，如今總算明白了一點，看看林鵬和他的這些右派朋友吧，都太有才華太有思想太有人格了！依然想不明白的是，這個社會為什麼要敵視和踐踏人類最可寶貴的天賦才華、先進思想和獨立人格？

林鵬先生在軍隊挨整十多年，好不容易來到地方，剛來到山西這個據說文明很古老的地方，還得接著挨整，這就跟軍隊接上茬了。頭一出就是一九五九年的「反右傾」，人事局批判大會開了十二次，批的就是你林鵬這兒為什麼右派成堆。黃軍裝代表什麼？那就是革命就是黨，你為什麼要送給大右派李玉滋？老虎把皮送出去還叫老虎嗎？這可是立場問題、感情問題、原則問題、黨性問題、革命大方向問題！你還那麼熱心地東跑西顛，把大右派王瑩和李玉滋設法安排到文聯工作，人家那兒有個姓程的老馬列不同意接收，你還跟人家鬧，你還是不是共產黨員？批你「中游思想」太輕了，得定個「右傾機會主義錯誤」，按不按人民內部矛盾處理，看上級怎麼批吧。一位姓岳的領導實在看不下去了，跑去找局長李文亮說情，這才不整了。氣得林鵬先生說：「這兒不叫人事局，叫不省人事局！」

我忽然想到了一本書，書名是《毛澤東和他的右派朋友》。「馬克思加秦始皇」他能有朋友嗎？打右派的人和打成右派的人能做朋友嗎？這是貓和老鼠（據說貓吃老鼠以前先戲鼠），這是君與臣，皮與毛，主與奴……什麼都可以是，就是不能算朋友！

【附記】

1、「反右運動」與「右派標準」

「反右運動」是中國共產黨在中華人民共和國建立後於一九五七年發起的第一場波及社會各階層的群眾性大型政治運動，主要結果是給空前大量響應黨的號召而挺身而出仗義執言的知識份子和民主黨派人士確定「右派分子」身份。

一九五六年四月二十五日，毛澤東在中國共產黨中央政治局擴大會議上作了《論十大關係》的講話，提出了「百花齊放，百家爭鳴」的方針（雙百方針）。一個月以後，中宣部部長陸定一向知識份子作了題為《百花齊放，百家爭鳴》的講話，「提倡在文學藝術工作和科學研究工作中有獨立思考的自由，有辯論的自由，有創作和批評的自由，有發表自己的意見、堅持自己的意見和保留自己的意見的自由。」

一九五七年五月一日，《人民日報》刊載了中共中央在四月二十七日發出的《關於整風運動的指示》，決定在全黨開展以反對官僚主義、宗派主義和主觀主義為內容的整風運動，號召黨外人士「鳴放」，鼓勵群眾提出自己的想法、意見，也可以給共產黨和政府提意見，幫助共產黨整風。於是各界人士，主要是知識份子們，開始向黨和政府表達不滿或建議改進。新聞界也跟進，刊出各種聲音。這段時期被稱為「大鳴大放」。在大鳴大放後期，一些對共產黨和中共政府批評的言辭十分激烈、尖銳，有些言論甚至提出「共產黨與民主黨派輪流坐莊」、「天下」等論調，遠遠超出共產黨容忍的底限。再加上此前蘇聯的赫魯雪夫上臺後發表反對史達林的秘密報告，讓毛澤東等中共領導有了被「復辟」的疑慮和恐懼。針對這種情況，一九五七年五月十五日毛澤東撰寫了《事情正在起變化》一文，要求認清階級鬥爭形勢，注意右派的進攻。六月八日，中共中央發出《關於組織力量準備反擊右派分子進攻的指示》，同日，《人民日報》也發表了《這是為什麼？》

的社論。六月十四日，《人民日報》又發表另一篇社論（據說是毛澤東親筆寫的）《文匯報一個時期的資產階級方向》，點名批評《文匯報》和《光明日報》，提出「讓大家鳴放，有人說是陰謀，我們說，這是陽謀。因為事先告訴了敵人：牛鬼蛇神只有讓它們出籠，才好殲滅他們，毒草只有讓它們出土，才便於鋤掉。」《光明日報》社長章伯鈞、總編輯儲安平，《文匯報》的羅隆基、浦熙修都被批判。但也有很多人認為「引蛇出洞」、「陽謀」論只是後來的托詞。李志綏說：「毛這步棋估計錯了。最後毛幾乎一天到晚睡在床上，精神抑鬱，患了感冒，把我叫回來。睡眠更加不規律。毛感覺上了民主黨派的『當』，自信心受到極大挫折，因此毛準備狠狠『整』民主人士。」在知識份子中找出「右派」的反右運動從此開始。共產黨與民主黨派輪流坐莊天下等言論，都發生在五月十五日毛澤東撰文《事情正在起變化》之後。從此，開始了大規模的反擊右派的鬥爭。

但是，由於對一九五七年春夏的國內階級鬥爭形勢估計得過於嚴重又採取了大鳴、大放、大字報、大辯論的形式，在全國開展了一場群眾性的政治運動，致使反右運動被嚴重擴大化了。一大批忠貞的中共黨員、有才能的知識份子、有長期合作歷史的民主黨派朋友、政治上不成熟的青年被錯劃為右派分子。他們被下放進行勞動改造，身心受到嚴重傷害，不能發揮應有的作用，給黨和國家造成嚴重損失。大多數右派分子遭受長達二十多年的歧視和迫害，尤其是在文革期間再次遭到猛烈衝擊。在中共十一屆三中全會後，絕大多數被錯劃的右派分子都得到了平反，但是五十五萬多右派分子中能活到沉冤昭雪的只有十萬多人。

2、「右派」的標準

一九五七年十月十五日，中共中央發文「中共中央關於《劃分右派分子的標準》的通知」，其中「右派分子」的標準，包括：

一、反對社會主義制度。反對城市和農村中的社會主義革命，反對黨和人民政府關於社會經濟的基本政策（如工業化、統購統銷等）；否定社會主義革命和社會主義建設的成就；堅持資本主義立場，宣揚資本主義制度和資產階級剝削。

二、反對無產階級專政、反對民主集中制。攻擊反帝國主義的鬥爭和人民政府的外交政策；攻擊肅清反革命分子的鬥爭；否定「五大運動」的成就；反對對資產階級分子和資產階級知識份子的改造；攻擊共產黨和人民政府的人事制度和幹部政策；要求用資產階級的政治法律和文化教育代替社會主義的政治法律和文化教育。

三、在國家政治生活中的領導地位。反對黨對於經濟事業和文化事業的領導；以反對社會主義和共產黨為目的而惡意地攻擊共產黨和人民政府的領導機關和領導人員、污蔑工農幹部和革命積極分子、污蔑共產黨的革命活動和組織原則。

四、以反對社會主義和反對黨為目的而分裂人民的團結。煽動群眾反對黨和人民政府；煽動工人和農民的分裂；煽動各民族之間的分裂；污蔑社會主義陣營，煽動社會主義陣營各國人民之間的分裂。

五、組織和積極參加反對社會主義、反對黨的小集團；蓄謀推翻某一部門或者某一基層單位的共產黨的領導；煽動反對黨、反對人民政府的騷亂。

六、為犯有上述罪行的右派分子出主意，拉關係，通情報，向他們報告革命組織的機密。

3、另有極右分子的標準

一、右派活動中的野心家、為首分子、主謀分子和骨幹分子。

二、提出反黨反社會主義的綱領性意見，並積極鼓吹這種意見的分子。

三、進行反黨反社會主義活動特別惡劣、特別堅決的分子。
四、在歷史上一貫反共反人民，在這次右派進攻中又積極進行反動活動的分子。

第九章 浮腫丸傳奇

「三年困難時期」，是指中國大陸地區從一九五九年至一九六一年期間，由於「三面紅旗」（總路線、大躍進、人民公社）所導致的全國性糧食短缺和饑荒。中華人民共和國官方在一九八〇年代以前稱其為「三年自然災害」，後改稱為「三年困難時期」，海外一些學者則稱之為「三年大饑荒」，西方學者多稱其為「大躍進饑荒」。

中國政府的立場，正如「三年自然災害」這個名稱所標示的，認為這場大饑荒主要是由於一系列嚴重的自然災害，再加上一些工作失誤造成的，還有一個原因就是，由於意識形態的紛爭，原蘇聯向中國索要抗美援朝時期的債務所致。然而，一九八〇年以後，國外主流研究者基本認同的觀點則是：專制體制和所謂「三面紅旗」，才是發生饑荒的關鍵原因。

一九五六年，中國農村已經基本完成了私有土地的公有化過程。一九五八年，毛澤東提出一年糧食增加一倍的口號，導致各地掀起「浮誇風」，各級幹部嚴重誇大、虛報糧食產量以取悅上級。由於施行「統購統銷」政策，農村除了「三留」（口糧、種子、飼料）以外的糧食全部上繳，而社員的口糧則交由人民公社的公共大食堂負責，農民不能儲糧。徵糧是以地方幹部上報的虛高產量為準的，徵收量大大超出實際糧食產量，地方幹部為了填補缺口，將「三留」也全都上繳，於是農民手中根本無存糧。在大躍進期間，耕作被政府官吏強制以公社為單位，進行畝產超萬斤的試驗，這種反科學行為極大地挫傷了農民的積級性。另外，鋼鐵生產被認為是工業發展的核心要求，叫作「以鋼為綱」。數以百萬計的農民，被命令脫離農業生產而加入到大煉鋼鐵的運動中。他們缺少文化，不懂專業技術，沒有鐵礦石、高爐和焦炭等，政府則號召土法上馬。於是，大面積的森林被砍伐作為替代燃料，很多鐵製農具和其他生產、生活資料，也都全被收集、搗毀，作為煉鋼原料，高爐就用土法製造的煤爐。其結果，除了骨幹企業產出的合格產品外，那些非專業生產單位、學校、農村的小高爐，所產只能是幾乎沒有經濟價值的劣質生鐵或廢鐵疙瘩。還有更荒唐的，中央政府下令實行一些偽科學農業革新，這些基於蘇聯生物學家的所謂農業革新措施，比如密植，把種子密植到匪夷所思的程度，結果產量更低。再比如深耕，深翻土地達一兩米，他們愚蠢地相信，最肥沃的泥土在深處，而這些泥土有助植物長出超大根系，結果肥沃的表層熟土被深埋地下，莊稼無法長成。折騰到一九五九年秋天，全國出現大面積農業歉收，農村地區由於浮誇風，虛報高產，導致公糧數量激增，農民手中缺糧，全國性糧食供應問題出現，不得不實行糧食供應的低標準。農村的這種實際情況，毛澤東當局根本看不到，由於「反右傾」鬥爭導致了政治上的普遍左傾，對反映餓死人和浮誇問題的領導幹部，則當「右傾機會主義分子」批判，說成是造謠，是「給三面紅旗抹黑」。這樣顛倒是非，使左傾思想愈演愈烈，造成思想混亂，失去了辨別是非的能力和責任心，人人自危，個個看領導眼色行事，說假話成風，處處隱瞞、謊報災情。於是，大饑荒不可避免地在全國範圍出現。

當然，自然災害也時有發生（目前中國大陸政府仍未能提供確鑿的原始天氣資料，證明三年期間全國發生嚴重自然災害，而更多的證據表明，三年期間沒有大規模自然災害，饑荒最為嚴重的省份四川更是風調雨順），可以看作是對人禍的懲罰，比如，華東地區長江洪水，河南地區的黃河洪水等。大英百科全書一九五八年至一九六二年年鑒也報告了異常天氣，這些天氣包括香港在一九五九年六月的超常降水，這也代表了同期整個華南地區的天氣狀況。

一九八〇年以後，著名印度經濟學家阿瑪蒂亞•森，認為導致饑荒的自然原因，比如自然災害，在導致包含中國大饑荒在內的現代饑荒的各種原因中是相當次要的，因為這些自然因素，可以通過政府合理的經濟政策來應對。而中國恰恰因為政府錯誤的經濟政策，導致每年餓死數以百萬計的老百姓，而且在議會或者報紙上，沒有出現任何批評的聲音。因為缺乏反對黨和自由媒體，政府錯誤的經濟政策能夠持續三年得不到校正，從而造成了現代社會最大規模的饑荒。

最不能容忍的是，中國政府在三年困難時期，仍然大量進行糧食輸出和對外援助。一九五八年至一九五九年，中國政府仍然持續向蘇聯和其他國家大量出口糧食，以快速發展軍事工業，推進所謂「世界革命」。例如，據最新解密的外交部檔案記載，周恩來在一九六五年五月十日接見阿爾巴尼亞客人時表示，截至去年，建國十四年來，對外援助金額達人民幣一百零八億元，而已經使用的援助金額中，又以一九六〇年至一九六四年的五年中最為集中。又如，根據外交部解密檔案，一九六〇年四月，外交部決定以政府名義，無償贈予幾內亞大米一萬噸，無償贈予阿爾巴尼亞一萬五千噸小麥，無償支援資金、稻種、糧食給緬甸、柬埔寨、巴基斯坦等國。據朱良在《無私無畏追求真理的王稼祥》一文中披露，對外援助金額「最高時占國家財政支出的百分之六至百分之七」。

無休止的政治運動，專制獨斷的錯誤決策，官僚主義浮誇作風，反科學的工農業路線，追求「世界革命」的一己狂妄，自然災害的懲罰，以及從骨子裏對人民利益的漠視……終於導致了人類歷史上最為殘酷的，空前絕後的「三年大饑荒」。

「三年大饑荒」，中國到底死了多少人？至今沒有定論，尚存較大爭議，爭議的範圍從三千多萬至八千萬不等。不可否認的是，這場浩劫的死亡人數在所有國家的歷史上都是罕見的。

其中，四川省原政協主席廖伯康計算，四川「死了一千萬人」，這個數字與上海交大曹樹基教授在《中國人口科學》上的「九百四十萬」大致吻合。根據《張愷帆回憶錄》，安徽全省一九五九年至一九六一年實際死亡人數是五百四十八萬，除去正常死亡、逃亡及失蹤人數等，安徽餓死約五百萬人。別的研究報告披露，河南省是八百萬人（僅信陽地區就是一百萬人），山東省是五百萬人。袁隆平說「全國餓死四五千萬人」（見《廣州日報》二〇〇九年四月八日答記者問）。中國官方死亡人數統計為三千六百零三萬，當然它要包括正常死亡人數在內。而以偉大領袖毛主席為首的黨中央則一口咬定：一九六〇年至一九六一年，中國人有足夠吃的！中國沒有人餓死！

上面這段文字讀起來相當枯燥，但不讀不行，不讀你就掂不出後面文章的份量。

外地人來山西看關帝廟，一般看的都是解州關帝廟，因為這是全國現存最大的關帝廟。其實最有看頭的關帝廟在常平村。常平關帝廟是關老爺的家廟，又稱關帝祖祠，位於運城市西南二十餘公里的常平鄉常平村。關老爺就生在常平村，青少年時代的故事都發生在這裏。傳說，當年他殺死了名叫呂熊的大地主大惡霸以後，便逃走在外。惡霸和官府互相勾結捉拿他，並要誅滅九族。於是村裏關姓多逃亡到現在的古村一帶避難，而他的父母親因為年邁，難以遠行，便投井自盡。後人為紀念他的父母親，便在這口井上建了一座塔。關老爺去世以後，鄉人仰慕其德，又在這裏建祠奉祀，到金代時，遂建成了「關聖家廟」。自明代嘉靖三十四年（一五五五）以來，對關聖家廟整修或增建達十六次之多，現存建築多係清代遺物。常平關帝廟最具特色的建築是娘娘殿和聖祖殿。娘娘殿前，有垂花門，左右配殿分峙，自成院落；殿寬、深各五間，前有插廊，內有神龕，關夫人鳳冠霞帔端坐其中，侍者或持帕或握笏，恭身而立。各像比例適度，神態自若，在清代泥塑中為上乘佳作。聖祖殿位於廟中建築群體後部，五開間，內塑關老爺的始祖忠諫公、曾祖先昭公、祖父裕昌公、父親成忠公，以及列祖列宗的夫人像。另外，還有一處在其他關帝廟中看不到的是，有八角七層磚塔一座，傳為關老爺父母親的墳墓，廟南半山之上，古柏蒼翠，石碑林立，即為關老爺的祖塋。總而言之，常平關帝廟更富於世俗色彩和人情韻味，你看到的是民間關公，比在森嚴呆板、千篇一律的制式關廟中，看那些不食人間煙火的廟堂關公強多了。

不過，常平村的關老爺，也未能讓父老鄉親躲過三年大饑荒，進入一九六〇年冬天，像全國各地一樣，村裏開始餓死人。河南是相鄰省份，最早餓死人的傳言來自那裏，說是一村一村的死，一片一片的死，死了沒人埋，倒是有餓瘋了的人偷著吃……常平人正在驚疑之時，不料自己村也有人得了浮腫病，那是長期營養不良，導致所有臟器不斷衰竭，出現水腫，直至死亡。當時，四川重慶地區一家醫院做過一例病體解剖，發現病人肝臟萎縮得只有一個小孩拳頭大小。剛入臘月，常平一帶就有幾十個人活活餓死，天天出殯不止，村巷裏哭聲不斷，且大有蔓延之勢。縣委書記姓劉，縣長姓郝，兩人感到事態嚴重，責任重大，忙去找駐縣的省委工作團問計。工作團長姓張，副團長姓杜，急忙會同縣上召開緊急常委會，共商對策。劉書記提出，你們省委工作團應該派個得力人物，前往常平坐鎮指揮，再也不能讓死人啦。這個提議得到在場所有領導贊同，只是此等棘手關頭，誰是得力人物呢？大家不約而同地把目光投向一個人，正在做會議紀錄的工作團秘書身上，不是別人，就是時年三十一歲的林鵬先生。

林鵬不是正在省城被「反右傾」嗎？反到一九五九年後半年的時候，不好反了，因為全國性大饑荒開始了，再怎樣也不能餓著肚子整人，於是，就用大批幹部組成一個個省委工作團，派到下面去。林鵬先生可能冥冥之中被關老爺看中，召來他的故鄉創造奇跡。不過，當時在會場上，林鵬先生予以拒絕，理由是，這老百姓明顯是叫餓死的，我一個做紀錄的小小秘書有什麼辦法？筆者估摸他是否還有點別的怨言沒說出口，畢竟剛剛挨過整嘛。張團長和杜副團長忙來做思想工作，你看林鵬同志，這是人命關天的大事，黨的需要，你是老革命，非你莫屬，你有什麼要求盡可以提嘛云云。其實這種關注民間疾苦，救民於水火的胸懷，林鵬先生哪裏就缺？有一天，他從一戶農家路過，看見院裏有一對年輕夫婦在抹眼淚，便進去打問。他們說：我娘不行了，躺在床上起不來了。林鵬先生說：公共食堂打的飯呢，為什麼不給老娘吃？他們說：一頓只能打回一碗稀湯，兩個棗子大的窩窩頭，她把窩頭往衣襟下一藏，只喝一碗稀湯，她要把兩個窩頭省給她的小孫子吃……這種事讓林鵬先生心酸心痛，思來想去，心中也早有了一些救助的點子，事到臨頭，只是顧慮自己人微權輕，如何應付此等大事呢？於是他提出一個爆炸性條件：你們得准許我動用國庫糧食。

國家在各個縣都建有糧食倉庫，各地每年上繳國家的糧食就存放在這些國庫裏，縣級政權只有看護的義務，但無權動用，有誰膽敢造次，輕則撤職法辦，重則可處死刑。所以，書記縣長十分為難，可是眼前危局又別無退路。劉書記把桌子一拍說，准許你動用國庫糧食！郝縣長馬上叮嚀道，林鵬同志，國庫裏這叫戰備糧，小麥、玉米一顆都不能動，只能動點黑豆黃豆之類，而且你聽好了林鵬，不能給社員隨便增加口糧，現在是每人一天八兩，你要增加一兩，別的公社都來要，我們可就慘啦。林鵬先生心中奇怪，國庫裏糧食堆得滿滿的，不是叫喊要「備戰備荒為人民」嗎，為什麼不開倉救荒？古來不都要放糧賑災嗎？

三年困難時期，縣級領導公然抗命、開倉放糧第一案發生在四川省長壽縣。當事者是縣委書記紀俊儀、雙龍區委書記張開華，他們於一九六〇年一月鋌而走險，打開國庫，全年放出四千七百萬斤「戰備糧」，賑濟即將餓斃的農民。可惜山西沒有這樣的人民英雄，像劉書記、郝縣長這等作為，儘管還不能讓林鵬先生放手大幹，已然難能可貴了。

先是，春節前，林鵬先生深入到各個公社，推廣一種代食品，取棉花杆尖部，鍘碎上鍋炒，碾爛過籮，摻上點麵粉蒸成饅頭吃。在長時間接觸農村現實的過程中，林鵬先生發現了造成大饑荒的諸多原因，除了「我知道，各隊倉庫糧食滿滿的」（林鵬語），「備戰」只為「世界革命」，絕不考慮備荒為人民之外，公共食堂的罪惡也是不容忽視的原因之一。林鵬先生想：抗日戰爭最困難的時候，他們家四口人，每人每天吃不到八兩糧食，沒有餓死呀，怎麼現在吃八兩就能餓死人？他從「每頓打回一碗稀湯，兩個棗子大的窩頭」這件事調查起，發現每天的八兩糧食，有一大半根本吃不到社員嘴裏，全讓公共食堂給吃了。一個常平公社，十多個大隊，好幾十個公共食堂，沒有一個公共食堂的司務長、炊事員不偷不撈的，整頓一次，換一批新的，照偷不誤。公共食堂是個大禍害，非整治不可。

且說，林鵬先生受命於危難之際，當天就背著行李步行二十多里，天黑時趕到常平村，不吃不喝不歇，就在著名的常平關廟召開大會，以工作隊長的名義，發佈自己醞釀已久的兩大舉措。第一：八歲以下、六十歲以上，和這中間的病人，從明天開始，從食堂領回每人每天的八兩糧食，拿回家自己做飯吃。第二，打開倉庫，憑公社姓雷的主任的批條，領出黃豆、黑豆等物，連夜趕製浮腫丸，保證浮腫病人每人每天一丸，不得有誤。

這個浮腫丸，恐怕查遍古今中外的所有藥典，你也查不到，說來真是林鵬先生的神奇構想，天才創造。他給開出的方子如下：甘草、黃芪、百合、麥麩、黃豆或黑豆、紅棗、花生，烘乾碾碎攪和，做成一兩一個的大藥丸子，就叫它林氏浮腫丸吧。原料不是問題，黑豆黃豆憑條領外，其餘都是當地很容易搞到的東西。浮腫丸管用嗎？林鵬先生這樣記載：

會後，同公社和各大隊的幹部又談了一會，主要是說社會治安。吃了我的晚飯，我累了，趕緊睡下。第二天早上，我還沒起床，就有人敲我的窗戶，林隊長，林隊長，浮腫丸做出來了，你看看是不是這個樣子。我看見有一個社員，端著一個大碗，裏面放著幾個所謂浮腫丸。我心想，我也沒見過什麼浮腫丸。我拿了一個嚐了嚐，不錯，甜絲絲的。我說，不錯，就是這樣，並說，我也有浮腫，我吃一個，工作隊的人們每人一個。

這天上午，我召開了工作隊的會議。……晚上，縣委辦公室來電話，你是林隊長嗎？我說是。今天死人了沒有？我說沒有。他就把電話放下了。此後每天晚上八九點鐘，準來電話，問，死人了沒有，我說沒有，他就放了電話。

十天後縣裏不放心，郝縣長帶著四個糧食局的幹部來查各糧庫的賬，見我沒有動麥子和玉米，一粒未動，他雙手握著我的手，連說林隊長，好隊長啊！好隊長啊！他查了三天，高高興興回了縣城。

三年困難時期，我在鄉下。我從來不相信災荒的說法，那幾年風調雨順，沒有災荒，根本就不應該餓死人。但是，就這一類的話誰也不敢說。報紙上怎麼說，人們就怎麼說，不犯錯。關於「大食堂」，關於「吃飯不要錢」，我是個笨人，我查遍了馬恩列斯的著作，沒有。我不知毛澤東怎麼一下就想起「吃飯不要錢」和「大食堂」的主意，難道是他靈機一動嗎？後來我查到了，只有在康有為的《大同書》中有此主張，所謂「無遮大會」。我知道了，我都知道了，但是不敢說。

林鵬先生說，他不敢說。是嘴上不敢說，不等於心裏不敢說，他在信中對夫人李忠葆說，「中國人民受苦受罪，就是三塊破尿布害的。」正是這時候的話。

林鵬先生說，「三年困難時期，我在鄉下。」他先在永濟縣常平村，如上所述；後來在曲沃縣北王村當工作隊長。一九六二年的春天，中央開了「七千人大會」，聽說要糾正極左錯誤，他也像全國人民一樣，都充滿了希望。可是一聽傳達，毛澤東講的卻是與民生無關痛癢的「霸王別姬」。想起自己親眼所見餓死的河東農民，想起全國幾千萬父老鄉親無辜死於人禍，林鵬先生傷心欲絕，一個人跑到野地裏放聲大哭，嚎啕大哭，撕心裂肺地哭。這一哭非同小可，大有「祭」往開來之意，也就從那個年代開始，林鵬先生發誓不再讀「現在的書」，筆者理解是不再讀那些幽靈們的紅色經典，轉而苦心研讀「兩千年前的中國書」。他在深讀先秦典籍時，尤其對中國古代的經濟制度，包括土地制度、田稅制度、軍賦制度等先秦經濟思想與經濟制度，下了大功夫，並寫出了一系列見解獨到的好文章。筆者以為，林鵬先生後來這些傳奇文章的生活依據、情感取向、靈感出處和激情來源，與他三年困難時期在農村的親身經歷大有關係。比如，從浮腫丸傳奇到徹法傳奇，其人文基因明顯是一脈相承的。

何為徹法？這一道先秦田稅制度難題，兩千年來誰也解不俐落，難有共識，其中不乏聖賢碩儒。

漢鄭康成說：「什一之稅謂之徹。徹，通也，為天下之通法。」

唐孔穎達說：徹法麼，「周制有貢有助，助者九夫而稅一夫之田，貢者十一夫而稅一夫之穀，通之二十夫而稅二夫，是謂什中稅一也。」

宋朱熹則說：「徹，通也，均也。周制一夫受田百畝，而與同溝共井之人，通力合作，計畝均分，大率民得其九，公取其一，故謂之徹。」

清姚文田說：「謂之徹者，直是通盤計算，徹上徹下之謂也。」今之學者李劍農們也大多認同朱熹的說法，所謂徹法就是「通力合作計畝均分」。……有人歎曰，從古至今，「徹制若何，其義終難明矣。」

其實不「難明矣」，林鵬先生立馬讓它明明白白。他不守書齋，三年來，身在農耕文明發祥地的河東田野，親眼看到人民公社把農民搞得一無所有，大煉鋼鐵把鍋勺門鎖都搜刮淨盡，公共食堂則連草民填滿肚皮的糟糧都要吞沒，他能不悟「徹」的真髓嗎？他在自己的學術論文《徹法論稿》中說：「徹是取，不是取來，而是取走，全部拿走，統統拿走，連鍋端，是之謂徹。」什麼什一之稅，什麼通力合作計畝均分，什麼通盤計算徹上徹下……從來這些聖賢之言全都不著邊際，狗屁不通。林鵬先生在《徹法論稿》後面有一則附記如下：

一九七八年，我被隔離審查時，寫了一部《井田述略》，共十五萬字，《徹法論稿》是其中一章。後來在一九八〇年春，山西在開史學會時，張頷先生說，你拿一篇東西出來。我就將《徹法論稿》列印一百份，帶上參加了史學會。這篇文章受到與會者的稱讚。朋友勸我在學刊上發表。後學刊領導因為我在文革中同他不是一派觀點而拒絕發表。我當時的感覺是，都說自己是黨性，其實都是派性。生活中此類事情甚多，也就只好一笑了之了。在一九八四年冬天，見到孫功炎先生，他正在主編《運城師專學報》，他說，你有什麼文章拿來，我給發表。我就將《徹法論稿》給了他。他說，刊物字數有限制。我說那就只發表前邊一半吧。登在《運城師專學報》一九八五年第二期上。這裏需要說明的是，在七十年代和八十年代初，我依然沿用當時史學界通用的名詞概念，如奴隸、奴隸主、奴隸制、封建制等等。這些名詞概念，不足以說明中國先秦的農夫、農人、民人、庶人、庶民、國人、氓、隸臣，等等。特此說明。

也許是為著強調和補充，就徹法一題，林鵬先生隨後還有一篇《「徹我牆屋」解》。下面，就讓我們欣賞一下林鵬先生論徹法，他是怎樣發古人之未見，一舉顛覆聖賢理論。

中國文人有個積習，迷信聖賢。凡聖賢之言，金科玉律，不容質疑，不可更改，不可越雷池一步，即便明知有誤，也得為尊者諱，可不敢說皇上沒穿衣服。於是往往受聖賢蒙蔽與誤導。林鵬先生尊重先聖先賢，但生性不願受其蒙蔽，那不少年時就大喊過皇帝是光屁股嘛。這一回論徹法，起首就說孟子的不是：嗨，哥們兒，你們全讓亞聖給蒙蔽啦！

在《孟子・滕文公》裏，亞聖就徹法說過一段話：「夏後氏五十而貢，殷人七十而助，周人百畝而徹，其實皆什一也。徹者，徹也。助者，借也。」妥了，就老先生這一句「其實皆什一也」，便讓後代學者信以為真，這就是徹，其結果如林鵬先生所說：「始終在什一之稅的泥潭中徘徊，戰戰兢兢不敢越雷池一步。」

那麼，林鵬先生認為孟子的問題出在哪裏呢？他有一段長文，必須引述之。

> 孟子主張什一之稅，不遺餘力地鼓吹什一之稅，這是因為在春秋變法以前的那種古老的井田制下，大體上是「方裏而井，井九百畝，其中為公田，八家皆私百畝，同養公田」（《孟子・滕文公》。算下來其田稅是九分之一，改為十進位後取其整數，應該是十分之一。孟子認為這才是真正的古制、古禮，也就是千古不變的法則。他主張「取於民有制」，超過十分之一就是不義之財，如同偷盜一樣。因此，他在談論西周以前的田制稅制時，就把所有古制的精神實質，一古腦都說成是與什一之稅相符合的。這與其說是考古，不如說是宣傳，宣傳什一之稅。他說：「是故賢君必恭儉禮下，取於民有制。夏後氏五十而貢，殷人七十而助，周人百畝而徹，其實皆什一也。徹者，徹也。助者，借也。」孟子的意思是：賢君不能貪得無厭，取於民要有一定的限制。無論夏商周，無論貢助徹，它們實際上都是十分取一。所以他所提倡的什一之稅，是最符合古禮的。孟子之意正在於此。
>
> 然而，孟子所謂什一之稅，是從「一夫受田百畝」的百畝之中，遥取總產量的十分之一的穀物。這是春秋變法取消公田，即由八夫一井變為九夫一井以後的事情。而在春秋變法取消公田之前，卻不是取私田十分之一的穀物，

而是八家共養百畝公田，在公田上服勞役，「公事畢然後敢治私事」（《孟子・滕文公》）。公田所產歸公，私田則不再收稅。這才是古老的助法，所以說助者，借也，借民力以治公田。而孟子所說什一之稅，並不是借民力治公田，什一之稅是沒有公田的。後來的什一之稅雖然也叫助，只是沿用了古老的名稱，本是舊瓶裝新酒，有如新嫁娘穿著優雅的古裝。恰當地說，它應該叫作新助。它的正確寫法是：租，從禾，不從力。即以十分之一的穀物，代替昔日九分之一的勞役。這兩個字的關鍵是「且」，祖也。「且」雖然是構成此兩字的聲母，其義就是祭祖。無論勞役或者穀物，都是為了祭祖。原始人的祭祖，就是原始人的政治，高於一切，壓倒一切。

既然什一之稅只是春秋變法取消公田以後才有的事，那麼由此可見，孟子所說的夏商周三代古老的田稅制度，其實都不是什一之稅，自然徹也不是什一之稅。所以，在什一之稅裏作文章，是無論如何也搞不清徹法的。

那麼，跳出孟子的什一之稅看徹法，應該怎麼說呢？林鵬先生的意見是，先把這個「徹」字搞清楚。他認為：「徹」字有通義，有連義，有剝義，有去義，有毀義，有取義……之分，而取義乃是「徹」字的本義。從前的經解學家們舍取義而就通義，實在是搞錯了方向。可以借助古文字學的研究成果，來認識「徹」字的本義：甲骨文中的「徹」字，「從丑，從鬲，象食畢而徹去之誼」（《甲骨文編》一三八頁）。「丑」是「手」的象形，大姆指向下扣著，要把那叫作鬲的食器端走。所以，「徹」是動詞，其涵義是取，食畢端走，不是取來，而是取走，拿走，全部拿走，統通拿走，連鍋端。《儀禮》中的「徹」義，都是這個意思。

搞清了「徹」字的本義，叫作徹法的這種田稅制度就容易理解了。林鵬先生表述說，徹法不是什一之稅的別名，不是貢助的平均數，也不是通力合作計畝均分，它脫胎於上古時代那種集體耕作制，貫穿夏商周、春秋戰國、一直到秦朝，大致具有三種形式，標誌著三個不同的發展階段。第一，沒有私田的集體耕作制下的古徹法。大約應該從夏禹算起，最大特點就是沒有私田，全部是公田。「信彼南山，維禹甸之。」（《詩・信南山》）「弈弈梁山，維樂甸之。」（《詩・韓弈》）甸是什麼？治也，公田也。第二，「周人百畝而徹」的徹法。這裏的「百畝」，係指分田之制，一夫百畝，八家各種百畝私田，而共養百畝公田，屬於古老的井田制。平時實行助法，即借民力以治公田，一遇戰爭就「徹田為糧」。大約應該從周初的公劉算起，至春秋變法取消公田為止。它的特點是既有公田又有私田，作為老助法的補充，完全服從於戰爭。第三，新徹法。就在春秋變法取消公田之後，即由八夫一井變為九夫一井之後，所實行的徹法，其特點是沒有公田，都成了私田，新徹法就是徹私田。林鵬先生總結說，徹法在整個先秦時期是普遍存在的：「在先秦古籍中，並不缺乏這種把產品全部拿走，然後再陸續發放口糧，或留下規定口糧，其餘全部拿走的事實。例如《詩・甫田》：『卓彼甫田，歲取十千。我取其陳，食我農人，自古有年。』『曾孫之稼，如茨如梁。曾孫之庾，如坻如京。乃求千斯倉，乃求萬斯箱。』再如《國語・鄭語》：『故王居九畡之田，收經人以食兆民。』」

在這裏，我們應該特別注意這個新徹法。表面看吧，它是徹了公田，留下私田，可事實上並非如此，一旦徹之，所有私田都可以變成公田，變成幾家霸主的私田，或者乾脆就變成一家的私田，「普天之下，莫非王土」是也。所以林鵬先生說：「徹法是霸業的經濟基礎。」古代有「圜土而教之」的事，那是當權者把戰俘和罪犯圈進一處「刑徒之城」，強迫他們集體耕作，集中管理，收穫全部上交，陸續發放口糧。」正中徹意也。到了強秦時代，這個徹可就擴大得多了，「眾地公作」，「先實公倉，收餘以食親」，「家不積粟，上藏也。」（《商君書・說民》）什麼意思？都給我秦始皇家老老實實種地吧，打下糧食先把秦家倉庫裝滿了，零碎再拿去養家糊口吧。你們家藏什麼糧食？由我秦家替你們代管得了。就這意思。在這裏，集體勞作的可就不光是戰俘和罪犯了，那是天下黔首，全國的老百姓了。「刑徒之城」太小，全國就是一座「勞教農場」。國人活到這份兒上，可就是徹而又徹，徹了大田又來「徹我牆屋」了。

何為「徹我牆屋」？「牆屋」是什麼？也是古來一道爭論題，眾說紛紜，不得要領。到林鵬先生這兒，總算給出一個明確答案，至少是自成一說。

簡單說，「牆屋」就是古人一直堅守到最後，「理園圃而食者」的「五畝之宅」。林鵬先生自信地說：「我認為，這個『牆屋』是指院牆以內房屋前後的莊稼而言。」那麼，古人的院牆以內房屋前後有沒有莊稼呢？林鵬先生一口氣舉出《孟子．梁惠王》、《荀子．大略》、《列子．楊朱》、《管子．問》、《周禮．地官》、《呂氏春秋．尊師》中的例子為證，這通稱為宅、為廛、為園、為園圃、為宅圃、為唐園……地方，不但可以「疾灌寖，務種樹」，也可以「力耕耘，事五穀」。其面積多稱為「五畝之宅」，也有說是三畝的，或因大畝小畝尺寸不同而異吧。最要緊的是，這塊地不徵稅，「市廛而不稅」，或少徵稅，頂多二十而一吧。這「五畝之宅」有多重要？林鵬先生舉了一例。

齊桓公憂北郊民貧，召管仲而問曰：「北郭者盡屨縷之甿也，以唐圃為本利，為此有道乎？」管子對曰：「請以令禁百鐘之家不得事鞒，千鐘之家不得為唐園，去市三百步者，不得種葵菜。若此，空閒有以相給資，則北郭之甿有所仇其手搔之功，唐園之利，故有十倍之利。」（《管子校正．輕重甲》）曰民，曰甿，自然都是貧下中農。這些貧民『以唐園為本利』，可見他們從自己耕種的「百畝之田」中得不到多少東西，只好靠唐園過活。從《管子》的這段話可以看出，「千鐘之家」依然不舍「唐園之利」，並且距市三百步內外的人家院子裏都種著「葵菜」。由此可以看出，古代上至卿大夫、士，下至屨縷之甿，宅院裏的土地都是用作種植的。

看來在中國古代，老百姓還是多少有點私有的不動產的，成為他們賴以存活的命根子。假如連這點東西也要「徹」走，「徹我牆屋」，像人民公社連自留地都不給社員了，必定引發「民神痛怨」，必定造成大饑荒，必定要得浮腫病，餓死民人無算。那陣兒又沒有林氏浮腫丸，你說可怎麼辦？

這裏還有一點特別重要，林鵬先生指出了，古代的士也有「五畝之宅」，這些讀書人可不光靠此養家糊口，更要緊的是，他們要借此打造獨立人格，涵養氣節風骨，出則利濟天下，入則著書立說，為士君子文化添磚加瓦，用不著為五斗米折腰，用不著為工資和國務院特殊津貼出賣靈魂，老讓人家的皮，把你當成毛。關於士君子文化這一塊，也是林鵬先生最看重的大題目之一，我們後面再說。

還是回到浮腫丸。林氏浮腫丸是一個罕見的當代傳奇，至少關老爺沒能為自己的父老鄉親打造出來。但是，如果說林氏浮腫丸不過救助了一代常平百姓，頂多算個很物質的形下傳奇，那麼，《徹法論稿》和《徹我牆屋》兩篇文章，則是上逼聖賢，下啟黎民的形上傳奇，讓中國老百姓從此明白：「中國人民受苦受罪，就是三塊破尿布害的。」

第十章 連環套

本章開寫之前，筆者必得將一種政治「連環套」的歷史背景交代清楚，就是：「反黨集團」套「四清運動」再套「文化大革命」，一連三套，環環相扣，挨整者如林鵬先生，一旦入甕，絕難掙脫這「連環套」。

先介紹頭套「反黨集團」，毛式階級鬥爭專用套路名。據郭德宏教授稱：中共在二十世紀二〇至三〇年代，雖然也內鬥出了「ＡＢ團」、「社會民主黨」、「改組派」、「第三黨」、「托派」等集團案，但從未使用「反黨集團」的名稱。延安整風運動中，把王實味、潘方、宗錚、陳傳鋼、王汝琪打成「五人反黨集團」，首開紀錄。此後三十多年間，共鬥出各種「反黨集團」約五十個，以時間排序開列於下：

「王實味五人反黨集團」

「高崗、饒漱石反黨集國」，並擴大為「彭德懷、高崗、習仲勳反黨集團」

「胡風反黨集團」

「丁玲、陳企霞反黨集團」

「李之璉、黎辛反黨集團」

「劉藝亭反黨集團」

「王化南、郭墟反黨集團」

「沙蒙、郭維、呂班小白樓反黨集團」

「王影、石青右派反黨集團」
「戴嶽右派反黨集團」
「陳仲、張熙才、佘建民反黨集團」
「黃源反黨集團」
「李鷹航反黨集團」
「胡明樹反黨集團」
「石天河、流沙河反黨集團」
「范四夫反黨集團」
「藍珏、于幹右派反黨集團」
「李惠眾反黨集團」
「江豐反黨集團」
「陳尚炯、岳從風右派反黨集團」
「許治同反黨集團」
「『春雷』反黨集團」
「董時光、羅容梓反黨集團」
「章羅聯盟反黨集團」
「陳銘樞反黨集團」
「許德瑗、劉九峰反黨集團」

「漆裕元反黨集團」
「雲應霖右派反黨集團」
「王左平反黨集團」
「王翰反黨集團」
「李世農右派反黨集團」
「馮白駒海南地方主義反黨集團」
「陳再勵反黨反社會主義的右派集團」
「葉嘉禾反黨集團」
「鄭敦反黨集團」
「李乃蔚右派反黨集團」
「孫殿才右派反黨集團」
「陳時偉反黨集團」
「彭德懷、黃克誠、張聞天、周小舟右傾機會主義反黨集團」
「李銳反黨集團」
「張聞天反黨集團」
「江一真右傾機會主義反黨集團」
「譚政反黨宗派集團」
「習仲勳反黨集團」

「蕭李廖反黨集團」

「彭羅陸楊反黨集團」

「鄧拓『三家村』反黨集團」

「林彪反黨集團」

「江青反黨集團」

應該說明的是，上列「反黨集團」，均為轟動全國的「國家級」「反黨集團」，若要包括省、市、縣、鄉各級的「反黨集團」在內，毛氏「反黨集團」總數絕對計算不清，說它是個天文數字你別驚奇。

再介紹二套「四清運動」：發生在二十世紀六〇年代，席捲整個神州大地，持續時間達四年之久。原是河北省保定地委在整風整社運動中，為解決年終分配問題而創造的經驗，具體內容就是：清帳目、清倉庫、清工分、清財物，簡稱四清。後經毛澤東改造利用，《二十三條》正式頒佈後，四清變成清政治、清經濟、清組織、清思想。

那麼，毛澤東為什麼要四清呢？從國內形勢看，由於「大躍進」和「人民公社」等嚴重「左」傾錯誤，全國面臨建國以來最嚴重的經濟困難。如何認識這一危局以及怎樣化解？中共高層出現了意見分歧。以劉少奇、周恩來、陳雲、鄧小平等人為代表，認為這是「三分天災，七分人禍」。劉少奇最為突出，當面對毛說：「餓死這麼多人，歷史要寫上你我的，人相食，要上書的！」他們主張「包產到戶」。對此，毛澤東非常不滿：「三面紅旗也否了，地也分了，你頂不住？我死了以後怎麼辦！」「單幹勢必引起兩極分化，兩年也不要，一年就要分化。」所以，階級鬥爭「就必須年年講，月月講，天天講，開大會講，開黨代會講，開全會講，開一次會就講，使我們對這個問題，有一條比較清醒的馬克思列寧主義的路線。」從國際形勢看，中蘇關係破裂，意識形態分歧嚴重，尤其是赫魯雪夫對「三面紅旗」的批評，激怒了正在廬山的毛澤東。他給時任對外聯絡部部長的王稼祥寫信指出：「一個百花齊放，一個人民公社，一個大躍進，這三件，赫魯雪夫是反對的。這三件要向全世界作戰，包括黨內大批反對派和懷疑派。」加之，中國周邊環境也日趨惡化，美蘇之間既對抗又做雙邊政治、軍事交易，中印邊境衝突正在加劇，美國侵越戰火日益擴大，美國支持蔣介石不時對大陸進行騷擾等等。

於是，在這種內外形勢下，一場以反修防修、防止和平演變為主旨的四清運動在全國展開了。

但是，四清進行到一九六五年春天，毛澤東就不感興趣了。這年五月，湖南省委第一書記張平化要彙報四清情況，毛澤東說：「不用彙報了，情況我都知道。現在看來光搞四清不能完全解決問題。」一九六七年二月八日，毛澤東會見阿爾巴尼亞勞動黨中央書記處書記卡博以及國防部長巴盧庫時又指出：「過去我們搞了農村的鬥爭，工廠的鬥爭，文化界的鬥爭，進行了社會主義教育運動，但不能解決問題，因為沒有找到一種形式，一種方式，公開地、全面地、由上而下地發動廣大群眾來揭發我們的黑暗面。」至此，四清運動開始偃旗息鼓，而毛式「文化大革命」狂飆驟起。

最後介紹三套「文化大革命」，全稱「無產階級文化大革命」。一九六六年五月正式爆發。由於毛澤東對黨和國家政治狀況的錯誤估計，已經發展到病態的程度，發誓要把所謂被「走資派篡奪了的權力」奪回來。這就是他發動「文化大革命」的思想動機。其發展過程分為三個階段：第一階段，一九六六年五月「文化大革命」的發動到一九六九年四月中國共產黨第九次全國代表大會的召開。這一階段的中心任務，是摧毀所謂「資產階級司令部」，向走資本主義道路的當權派「奪權」，變「資產階級專政為無產階級專政」。運動表現為「懷疑一切」、「打倒一切」、「全面內戰」。第二階段，從一九六九年四月中共九大的召開到一九七三年八月中共十大的召開。這一階段的主要內容，是林彪反革命集團陰謀奪取最高權力，策動反革命政變被粉碎。這一事件客觀上宣告了「文化大革命」的失敗。此後，周恩來主持中央日常工作，使各項工作有了轉機。第三階段，從一九七三年八月中共十大召開到一九七六年十月「四人幫」被粉碎。

在這場所謂的「文化大革命」中，黨和政府的各級機構、各級人民代表大會和政協組織，長期陷於癱瘓和不正常狀態。公安、檢察、司法等專政機關和維護社會秩序的機關都被搞亂了。在長時間的社會動亂中，國民經濟發展緩慢，主要比例關係長期失調，經濟管理體制更加僵化。這十年間，按照正常年份百元投資的應增效益推算，國民收入損失達五千億元。人民生活水平基本上沒有提高，有些方面甚至有所下降。中國不僅沒能縮小與發達國家已有的差距，反而拉大了相互之間的差距，從而失去了一次發展機遇。這場由文化領域發端的「大革命」，對教育、科學、文化的破壞尤其嚴重，影響極為深遠。很多知識份子受到迫害，學校停課，文化園地荒蕪，許多科研機構被撤銷，在一個時期內造成了「文化斷層」、「科技斷層」、「人才斷層」。據一九八二年的人口普查統計，全國文盲和半文盲達二億三千多萬，占全國總人口數的近四分之一，嚴重影響到全民族文化素質的提高和現代化事業的發展。「文化大革命」造成全民族空前的思想混亂，黨的建設和社會風氣受到嚴重破壞。一些投機分子、野心分子、陰謀分子和打砸搶分子乘機混到黨內並竊取一部分權力，無政府主義、極端個人主義、個人崇拜以及各種愚昧落後的思想行為氾濫開來，致使一些人對馬克思主義的信仰和社會主義的信念受到嚴重削弱。

明白了毛式「連環套」，後面的話就好說了。

且說林鵬先生真好運氣，連毛式「連環套」這樣的特殊待遇，他都硬是落不下。

一九六三年初，毛主席雖然還沒有正式發表「農業學大寨」的「最高指示」，但大寨和陳永貴已然脫穎而出，名聲大噪了。此時，大寨所在的昔陽縣的縣委書記張潤槐卻別有看法，他從一上任就提出懷疑，認為大寨的糧食和地畝有虛報問題，應該清畝盤庫，得到一個實數。但是，這個意見立即遭到縣常委們的強烈反對，認為這是要砍紅旗，居心不良。張潤槐是盂縣人，常委們都是昔陽人，使這個砍紅旗保紅旗的爭鬥更加複雜化，加之當時的地委領導支持張潤槐，認為縣常委背後有黑手，就是前任縣委書記張懷英，所以，反張潤槐就是反地委，就是反黨，於是矛盾迅速白熱化。省委急了，老辦法，派工作組，由省人事局局長李文亮任組長，李文亮又選林鵬先生任工作組秘書，前去解決「昔陽縣領導班子不團結問題」。林鵬先生回憶這件事說：

李文亮是昔陽人。……抗戰時期，李文亮在昔陽當區長，縣委書記是陶魯笳。李文亮回到闊別多年的昔陽，人人見到他都非常尊敬，他也非常得意。……他以為，所謂不團結，也沒什麼大事，兩造各打五十大板，批評一通，各自檢討一通，也就沒事了。其實，事物絕非想像的那麼簡單。

陳永貴當時的地位是很特殊的。開始他是縣委委員，後來是縣委常委。以一個村黨支書的身份，成為縣委常委，這是很不一般的。在解決縣委不團結的問題上，他的發言是有舉足輕重之意義的。凡是他的發言，李文亮都要我記下來，並且加以整理，列印出來，印發與會者參考。……列印出來的陳永貴發言，別人看不看我不知道，我是非看不可。有一次，我仔細看陳永貴的發言，我發現陳永貴這人真了不起，他真會說話。他總是喜歡東拉西扯，說的都是一些平淡無奇雞毛蒜皮的瑣事，而實際上仔細聽吧，他是在攻擊縣委書記張潤槐。他常常是說的沒話說了，就提到一個女記者的事。「一個人民日報的女記者，來到咱們昔陽縣，沒人管，在路上碰見我了。她說，永貴同志，我來了沒人理我，我遇到了困難，你看，沒人管。我說，不怕，到咱們大寨去，我沒人管。」這位女記者的故事，陳永貴說了不下五次，至於她究竟是姓甚名誰，來昔陽幹什麼，他沒說，別人誰也不知道。……常言說，會說的不如會聽的。你仔細聽，他是說，從前張懷英在的時候，縣裏工作生龍活虎，現在張懷英走了，張潤槐來了，什麼事都沒人管，一個女記者遇到了困難，沒人過問。認真說來，陳永貴的話都是題外的話，既然這些問題直接就是大寨問題，是砍紅旗和保紅旗的問題，大寨的支部書記陳永貴能不表態嗎？他就是硬不正面表態，說起話來雲山霧罩，讓人不可捉摸……真是滑，滑到家了，老奸巨滑，昔陽縣常委會和常委擴大會開了三個多月，他說了不知多少話，沒有九車也有八車，沒一句話是可以刺痛張潤槐的，多麼巧妙啊。

對大寨的土地畝數和畝產量的懷疑，是個大問題，這問題通了天。當時群眾頗有議論，一般幹部很是懷疑，就是大寨的村民（當時叫社員）也有懷疑。駐大寨的工作隊就不止一次地反映過。……張潤槐一直公開質疑，地委也寸步不讓。派了專員、副書記謝子和到昔陽縣去，實際上是同李文亮對著幹。不久在山西省委三樓會議室裏，當著陶魯笳、衛恒的面，李文亮對當時的地委書記王繡錦拍了桌子。我是秘書，只是一個做記錄的，我在場。……一九六四年春夏之交，有一天，中央來了人，他就是農業部長廖魯言。聽說他是受毛主席委派，帶著十幾個農業專家，來調查大寨的畝產量的。他們在大寨待了十來天，臨走將他們給毛主席的報告，印發給昔陽縣委和四清工作團。這份報告我看過，只有幾百字，說「大寨雖是旱地，但這種顆粒狀的黃土，它的每一顆粒，就是一個小水庫，因此，大寨的畝產量，每畝七百～八百斤是可能的，可信的。」這個報告打上去，也就是廖魯言離開山西不到半個月，毛主席就發出了最高指示「農業學大寨」！

誰知「農業學大寨」的最高指示，在昔陽卻引起了軒然大波。首先是大寨的四清工作隊，他們提出「毛主席樹立大寨，是否也意味著要樹立陳永貴，如果這樣，我們有意見……。」為此，華北局書記李雪峰同志，還專門對昔陽四清工作團發來了指示，指示說：「毛主席樹立大寨，是要求全國人民公社社員，學習大寨自力更生艱苦奮鬥的精神，不是樹立陳永貴，不能混為一談。」……不久，各工作團的領導來地委駐地榆次開會，會上定了昔陽的常委們排擠張潤槐，是「反黨集團」，並且指出，昔陽的「反黨集團」是由文水縣委書記張懷英支持和指揮的，並且省人事局局長李文亮是他們的後臺。

昔陽縣領導班子團結問題沒解決，李文亮倒把自己搞成了「反黨集團」的首要分子。新任局長動員林鵬先生揭發李文亮，被嚴詞拒絕，於是在全局大會上宣佈：「林鵬也是反黨分子」！因為他有學問，筆頭子厲害吧，封他為「反黨集團」的「狀元郎」（為銘記此事，林鵬先生自刻一方小印「狀元郎」，現收入他的《蒙齋印記》——筆者），並張榜公佈，接著是三次抄家，五十天批鬥，老岳母驚嚇致病去世，老父親憤憤然輾轉奔波於太原易縣之間，孩子們哭姥姥，妻子哭媽，家裏哭聲不斷……其實，作為一名親歷者，林鵬先生的看法與雙方觀點可以說是風馬牛不相及，「我不同意地委那種不分青紅皂白，只要是對一把手有意見，就是反黨，這種作法是權勢第一，無是無非，我認為很不好」「但是常委們死揪著張潤槐砍大寨紅旗的問題也不對，難道是紅旗就不准任何人有疑問嗎？紅旗是神聖的，老虎屁股摸不得，這在本質上是一種很不健康的思想意識。」然而，一個黨員這樣客觀、正確的看法，黨不聽，聽也聽不進去，讓你先戴頂「反黨分子」的帽子沒商量。林鵬先生悲憤至極，說：「抄家的時候，我真是憤怒到極點！起初只是抄信件（前文書中說的那封關於「三塊破尿布」的與妻書，就是這會兒抄走的——筆者），第二次抄書，要在書上找批語，第三次要抄我寫的小說書稿，說要拿去批判。」「直到這一天，我把共產黨一下就看透了！」「我當天跑到人民市場，花六毛錢買了一瓶白葡萄酒喝了，就開始喝酒了，當時鼓樓街菜市場一瓶茅臺酒才四元三角錢。」……

後來，給這個「反黨集團」平反時，林鵬先生看到了所有反黨分子的名字，自己的名字排在名單第二行末尾，正對著排在上一行末尾的陳永貴。林鵬先生的心情糟透了，他說：「一個狼牙山的小八路，竟然在一個漢奸的名字下面！我是一個容易不滿的人，……我還是一個經常因小失大的人。」這話是什麼意思？人們有點聽不明白，這得交代一下，林鵬先生心目中的陳永貴，毛主席請去家裏吃飯的陳永貴，貴為國家領導人的陳永貴，怎麼會是「漢奸陳永貴」。

二〇〇三年四月，北京城有過一場官司很轟動。起因是，自二〇〇二年四月二十三日起，《北京青年報》在第三十一版「每日連載」欄目中，開始連載吳思所著的《毛澤東的農民——陳永貴》一文。陳永貴之子陳明亮、之妻宋玉林，以連載所述的大量情節與事實不符，造成對陳永貴名譽權的侵害為由，起訴至北京市西城區人民法院。要求北京青年報、吳思在《北京青年報》上賠禮道歉，並賠償二原告精神損失十萬元。北京市西城區人民法院（二〇〇二）西民初字第四一九三號民事判決書判決如下：一、本判決生效後十五日內，被告吳思、北京青年報社在北京青年報刊登向原告宋玉林、陳明亮的致歉聲明（內容須經本院審核）。二、本判決生效後十五日內，被告吳思賠償原告宋玉林、陳明亮精神損害撫慰金兩萬元。三、本判決生效後十五日內，被告北京青年報社賠償原告宋玉林、陳明亮精神損害撫慰金兩千元。四、駁回原告宋玉林、陳明亮其他訴訟請求。北京青年報和吳思不服，向北京市第一中級人民法院提起上訴。北京市第一中級人民法院民事判決書（二〇〇三）一中民終字第八五四九號，作出終審判決：駁回上訴，維持原判。

這場官司的核心問題，就是陳永貴的歷史問題：他是不是漢奸。其實，林鵬先生關注這個問題要早得多，一九六三年冬，他隨李文亮剛到昔陽不久，就盯上了它。林鵬先生不喜《漢書》，獨愛《史記》，他對長平之戰時白起活坑趙卒四十萬一直存疑求解，即便百卒一坑，那工程量也不可想像呀，可能嗎？這時在昔陽聽說了「西峪遭案」，日本人一夜之間將一百六十多位鄉民，活埋在村邊一個大水坑。他為之一醒，親自去西峪村進行調查，經過和結果寫在《孤萍浪記》一文中。有一個意外收穫，一位鄉親告訴說，出事前一兩天，村裏來過一個賣燒餅的人，這人之前從沒來過西峪，之後再也沒有出現過，都懷疑他是個日本探子。林鵬先生馬上聯想到，聽陳永貴訴苦時講過，那會他家裏窮，沒法子，曾做過各種小生意，其中就賣過燒餅。再聯到他後來給日本人當情報員的歷史，不得不多出一層懷疑。這層懷疑雖然一直難以質證，但陳永貴的漢奸身份，後來有鐵證如山，證明林鵬先生一點兒都沒有看錯。

五年後的一九六八年十月，「文化大革命」進入「清理階級隊伍」階段。陽泉市副食品公司炊事員李觀海（大寨公社武家坪人）的檔案顯示，李在一九五五年鎮壓反革命時交代說，他曾參加過昔陽縣日偽特務組織「興亞反共救國會」，並擔任情報員，該情報組中還有陽泉市糧食局管理員王久榮（大寨公社金石坡人）。王寫的交代材料，也承認自己參加過日偽組織「興亞會」，其「領導人是陳永貴」。

當時，六十九軍在陽泉市的支左部隊負責人不敢怠慢，立即向軍黨委作了彙報。軍黨委火速派專人審查了同案人的口供，查閱了抗日戰爭期間，八路軍一二九師鋤奸部的一份「昔陽縣敵偽情報人員名冊」及敵偽檔案，其中就有陳永貴的名字，並注明是偽村長，情報員身份。日本關押時的審訊材料，上面寫的是「歸順釋放」。陳還是「興亞會昔陽分會領導成員之一」，每週兩次去昔陽城給敵憲兵隊送情報，直接與日寇憲兵隊長清水聯繫。當時群眾稱他是「陳二鬼子」。對此，陳永貴本人也供認不諱。黨的「九大」召開前，中央責成山西「支左」部隊黨委審查出席「九大」的山西代表，謝振華當時是六十九軍軍長，後為省委第一書記，是審查小組負責人。陳永貴是「九大」代表，他知道此決定後，主動找謝振華交待他這段歷史問題。《謝振華回憶文集》詳細記載道：「當時我約他在迎澤賓館六層中間靠左邊的一個房間裏和他談話。他一坐下，痛哭流涕地說：『我有罪，我要到北京向毛主席請罪』（據林鵬先生瞭解，陳永貴當時是跪在謝振華面前痛哭流涕的——筆者）。我說：『不要著急，有什麼問題可以詳細談出來。』他說，『我在抗日戰爭的一九四二年，被日寇抓去後，被迫自首了，後來還被迫參加了日偽情報組織『興亞會』，給日寇送了情報。我是三人小組的負責人。』我又問他，送情報和什麼人聯繫？陳回答：『是和日本駐昔陽憲兵隊的清水大隊長直接聯繫，規定每週去送兩次情報。』」《謝振華回憶文集》接著披露：「陳永貴的歷史問題被發現以後，於一九六八年九月，我即派當時出席『軍工會議』的李金時（時任六十九軍副軍長——筆者），將陳永貴的問題呈報周總理。周總理當即指示：『六十九軍的同志要顧全大局，不要擴散，影印件可報中央。』

關於這一段史實，林鵬先生自己的調查情況是：「當時在陽泉支左的市領導是陽泉市原武裝部長周雲濤。周雲濤核實情況以後，認為案情重大，親自帶著材料到六十九軍軍部，見了軍長謝振華、政委曹中南，彙報此事。謝、曹經與軍黨委的常委們研究，派人去陽泉再次核實後，寫成報告，由謝振華、曹中南署名，直呈周總理。周總理很快批示，繼續深入調查。六十九軍於是成立了『陳永貴歷史問題專案組』，組長陳紹山，太原警備區司令。副組長劉旭，原北京軍區政保部處長，時任太原公安局副局長。另一個副組長就是周雲濤。」

最後的結局令人大跌眼鏡：「陳永貴歷史問題，主席知道了，不要再提了！」不提的結果是：繼一九六九年「九大」當上中央委員、一九七三年「十大」當上政治局委員，一九七五年一月全國四屆人大一次會上陳永貴又被任命為國務院副總理。另外一個結果是：批林批孔中，「四人幫」整謝振華，其中一大罪名便是「整陳永貴黑材料」；陽泉市參與調查的王敏等二十九人被非法審查，住「土監獄」的六人，進清查學習班的十七人，勒令「講清楚」的三人。看管小分隊三班倒，輪番逼、供、信，市公安局副局長王貴玉被整得終身致殘。陳永貴則以勝利者的姿態出現，他向死黨、時任山西省核心小組辦公室主任的張懷英說：「謝振華整我的黑材料，說我是叛徒，他沒資格。」

那麼，這些與林鵬先生有多大關係呢？由於同是「昔陽縣反黨集團」的成員，由於在昔陽縣為時不短的日親日近，由於林鵬先生的博學多才、廣結人緣，陳永貴和張懷英都很看重林鵬先生，每來太原，都要前來拜訪林鵬先生，當然了，二人進入山西省新的核心小組之後，則另當別論。

且說一九六七年一月十二日，太原發生了奪權的「一月風暴」，山西省委被中共山西核心小組所代替。新的最高權力機關為「昔陽反黨集團」平了反，把筆桿子林鵬先生徵召到核心小組辦公室工作。當時的辦公室主任由核心小組成員劉志蘭兼任，她是個風韻不減當年的政壇女強人，前夫左權將軍犧牲後，如今是陳守中的夫人。此前她當然不知道林鵬這個小人物，但後者的才華很快讓她刮目相看。可惜好景不長，三個月後核心小組分裂成兩派，並且勢不兩立。以劉格平為首的一派，發動了炮轟劉志蘭的進攻，山西史稱「四一四事件」。處在漩渦中心的林鵬先生不得不作出選擇，他很自然地站在被炮轟的劉志蘭一邊，被宣佈犯了「站錯隊的錯誤」，排除於核心小組辦公室之外。其實這對林鵬先生來說，是個好事，是個難得安靜讀書的好機會。林鵬先生回憶說：這下「我是有觀點但不參加任何活動，在家看書。我從半坡街廢品收購站買些『爛書』回家讀，讀完了再賣給他們，買時一毛六分一斤，賣時八分一斤，成本不大，看書不少。這個時期，我同李文亮聯繫極少，同陳永貴、張懷英等人更是沒有什麼來往，因為觀點不同，所謂道不同不相為謀，見了面沒話。」

然而，榮身進入山西省新的核心小組的陳永貴和張懷英們，卻並沒有忘掉林鵬先生，或者準確點說，沒有忘掉他那可資大用的才能。五一國際勞動節這天，人事局兩位老同事王運良和王映亨摸上林家，傳達核心小組辦公室主任張懷英意見：「張主任一再說到你，希望你去看他一下，有話對你說，千萬去，一定去。」並且就現逼著林鵬先生動身，直把他送到張宅門口方才罷手。對於這次張宅之行，林鵬先生有過記載：

張懷英當時住的是黃克誠住過的二層小樓。我一進門，就看見張懷英的老婆，姓喬。她顯出十分高興的樣子說：「林鵬你來了，老張正在樓上等你。我正包餃子，你一定吃了餃子再走。」

樓上看樣子既是張懷英的辦公室，又是他的臥室。屋裏只有張懷英一個人，看樣子確實是在等我。我看見他辦公桌上擺著一冊《漢書》，我的心情不是很好。我喜歡《史記》，不喜歡《漢書》，認為《漢書》許多是照抄《史記》，卻故作簡奧，故作深沉，很不好。

張懷英開門見山。他說：「林鵬，你應該改變觀點，支持劉格平，我希望你來核心小組，你來主持秘書處的工作。怎麼樣？」

我說：「你的秘書處，清一色都是紅總站，我來了，他們能聽我的嗎？我怎麼工作？」

張懷英說：「你要改變觀點嘛，我告訴你，張日清是叛徒，你不要支持他。」

我說：「兵團和紅聯站的人們也說劉格平是叛徒，你沒有聽說過嗎？」

這樣，談話就算僵住了，張懷英沒話說了，我也就告辭了。

原來的核心小組辦公室主任是劉志蘭，我並不認識劉志蘭，但是，說讓我來，我很快就來了。現在的核心小組辦公室主任是我的熟人張懷英，又曾經是一個「反黨集團」的人，又讓我做秘書處長，我卻百般推脫，這是為什麼？我也說不清。想來想去，大概是陳永貴的過，我不願在他手下做事。這些內心深處的東西，在當時也不是很明確。後來人事局的同事們，當然也包括前述的兩位姓王的同志，都認為我這樣堅決拒絕是不明智的，不對。

隨後的事實證明，這次拒絕豈止是不明智，簡直是惹火燒身。拒絕張懷英的第七天，五月七日深夜，架在梅山上的高音喇叭轟然震響，林鵬先生對立面的東風兵團發表中央首長最新指示，說是山西省人事局的檔案室被盜，江青同志、張春橋同志、姚文元同志就此作出重要批示：「山西省人事局檔案室被盜案件，一定要嚴肅處理……。」反覆廣播，夜靜更深，聽來分外驚心。林鵬先生住宅就在附近，他聽得真切，大吃一驚，好好的檔案室怎麼說被盜就被盜呢？怎麼不早不晚就在我林鵬開罪了你張懷英之後呢？怎麼就偏偏是人事局的檔案室被盜呢？一種不祥的預感襲上心頭，他再也睡不著了，穿衣起床，對妻子李忠葆說：「這肯定是針對我的。」妻子也正在為拒絕張懷英一事忐忑不安，說：「可以肯定。」夫妻當下議定，不論事情究竟如何，認真應付總沒錯，不能坐以待斃，讓他們白白抓走，於是連夜將林鵬先生轉移到老戰友王奐家裏，天明再作計議。

王奐也覺得苗頭不對，三十六計，走為上計，離開太原再說。人事局同一派的同事楊翰墨等人也找到家裏，認為陳永貴、張懷英們什麼事都幹得出來，既然把你林鵬看成謝振華的「黑幹將」，拉不過來就得除掉，勸林夫人轉告林鵬先生，最好躲出去。最後商定：由王奐帶上三個孩子從太原站上車，林鵬先生自己先坐汽車到黃陵，再上同一趟火車取齊，躲到老家易縣大山裏去。前文書中說到林鵬先生曾回過姥姥家所在的底兒溝，就是這一次躲難去處。

那麼，人事局檔案室被盜一案究竟是怎麼一回事？林鵬先生後來追記如下：

> 人事局檔案室的檔案員是個女同志，軍隊幹部的家屬，都是支持劉格平的一派，大概她不同意如此作法就讓她請了個假，回部隊去了。另請辦公室幹事李槐旺代管檔案室。他的假案做得很笨，只把檔案室的鎖扭開，就完事了，他不敢真動裏邊的東西，隨後他又換了一把新鎖。專案組的人員來查案，就是他接待，還有人事局的紅衛兵，他們一派的。來人先問：「誰破壞的現場？」自然是李槐旺破壞了現場，他換了一把新鎖，把扭壞的鎖丟掉了。再

問：「丟了什麼檔案？」李槐旺說：「一件沒丟。」又問：「丟了別的什麼東西？」李槐旺說：「丟了一個吃飯的碗，一雙筷子和三張飯票。」又問：「就是這些？」回答：「就是這些。」後來，專政委員會給的結論是：「檔案沒丟，只是扭壞了門鎖……現場已被破壞……你們這是謊報案情，必須向省核心小組做出檢討。」檢討據說是寫了，送到張懷英處，張懷英看了，放在一邊，不了了之。

許多年後，林鵬先生調侃說，人事局的人都是老實人，做個假案也放不開手腳，當時要是放一把火燒掉檔案室，連同人事局辦公的那座小樓一併燒光，然後就說是林鵬幹的，有人證有物證，看你林鵬往哪兒躲，躲到天涯海角也能抓捕歸案，三拷六問，承認是個死，不承認也是個死，誰敢出頭說啥！

檔案室被盜案雖然有了結論，但林鵬先生為此要承受的磨難並沒有完，你別急，整你還有新套路，不然怎麼叫作連環套。那是在中共「九大」以後三個多月了，毛澤東希望下面不要給朕再亂了，可山西省的武鬥卻停不下來，「天下已定蜀未定」變成了天下已定晉未定。於是就特別發出一個「七二三佈告」，強行收繳群眾組織的武器，強行解散兩派的武鬥隊，並且出猛手怪招，將山西省和太原市兩級全體機關幹部集中起來，開拔異地，舉辦學習班，先在北京昌平，後在河北石家莊，從一九六九年八月七日至一九七〇年七月二十日，幾乎一年時間，真不愧毛式大手筆。完全封閉的學習班，由軍人全權料理，數以千計的山西幹部如圈養綿羊一般，人人「鬥私批修」，「狠抓靈魂一閃念」，而且必須寫出「鬥私批修交待材料」。要真像一群綿羊也好了，不，還要讓這些綿羊變成好鬥的山羊，變成殘害同類的禽獸。聽說嶺南從前有一道名菜叫吃活猴腦子，主廚們去後面猴群挑選對象時，那些只怕自己被吃掉的猴們，就會聯手推出一個自己的同伴，一個他們看著不順眼的倒楣蛋或者一個懦弱者。「中辦學習班」就這狀態。人事局的一幫猴們，就把林鵬先生往外推，罪名嘛，別放過檔案室被盜案。可林鵬不是懦弱者，說他是個倒楣蛋還差不多，他自己就給自己和朋友刻過閒章「倒楣鬼」呢。前文書中交代過，林鵬先生自從十五歲在邊區師範學校感悟出不能違心做檢查之後，就以一貫之，包括這一次類同御辦的「中辦學習班」。大會上他不但不做檢查，發言時還要罵人，再批他惡劣態度，他態度則越發惡劣，至於寫「鬥私批修交代材料」，對不起，不寫！林鵬先生後來不無得意地對筆者說：「全學習班說大數是一萬人，人人都寫了檢討，只有一個人，一個字沒寫，這就是林鵬。」林鵬先生終於沒有讓吃掉，太慶幸了！可一個那麼渴望自由和讀書的林鵬，被關在比「牛棚」還「牛棚」的地方整整一年，這是多麼令人心酸的摧殘啊！

這裏，得補寫一筆，就是林鵬先生的「焚稿」與「讀書」。「反黨集團」平反時，平反會上，人家將三次抄家抄走的信件和書稿發還給他，其中有他寫給妻子李忠葆的信，有一部長篇小說和兩部中篇小說等。看著高過膝蓋的一大捆心血結晶，林鵬先生百感交集，共產黨啊共產黨，古老血腥的文字獄手段，你們怎麼能毫無忌憚地用在你的黨員身上？用在無數如此善良忠厚的尋常百姓身上？說什麼黨性不黨性，這連人性都沒有啊！於是，林鵬先生當著那些鷹犬們的面說：「如果今後再遇到運動，你們再抄我的家，再要我的書稿，我怎麼辦？現在，我決定當眾付之一炬！」說罷，他真的提著這一大捆書稿，來在大院一個平時銷毀過期檔的水泥槽子邊，一把大火向天燒。筆者認定：如果說抄家時，林鵬先生悲憤莫名地宣告，「我把共產黨一下就看透了！」那麼，「紙船明燭向天燒」，則是他送瘟神——那個附體近三十年的共產主義幽靈的最後儀式。

當時，林鵬先生還宣告說：「今後，我要看書，看兩千年前的書；要寫書，寫兩千前的事。」所寫之書，我們後面再說。而所讀之書，真的再與馬恩列斯毛無關，就從他前面提到的「爛」書開始，那段時間比較系統讀過的計有：《資治通鑒》、《宋史》、《史記》、《太平廣記》、《說庫》等。他告訴筆者，集中時間和精力整天看書，一生只有兩個時段。這是其中一段，從「四一四事件」離開核心小組辦公室到住進「中辦學習班」。外面武鬥，他是通夜苦讀。妻子說，你這樣燈光外露，可不安全。他就用馬糞紙做個厚實的大燈罩，解決了安全問題，為了看看效果，他還專門黑夜外出觀察了一番，果然罩得嚴實。關於看書的正確姿勢，也從這時開始著意養成。那是他從省政協文史館一位老先生跟前學來的，老先生告訴他，你要讀書，就要正襟危坐，時間長了怕硌，可以在屁股下面放個墊子，也可以喝點水，隔一兩個鐘頭起來走動走動，都可以，但絕對不可東倒西歪，更不可躺著看書。這樣的讀書姿勢，林鵬先生一直保持到現在。順便交代一下，林鵬先生全天候讀書的第二個時段，是在被下放到霍縣源頭大隊插隊落戶以後，時間是從一九七〇年七月二十七日至一九七一年九月十二日，一年零兩個月不到。剛進村時，村民一個個吃驚地瞪大了眼，這省城來的林同志，怎麼帶著這麼多沉甸甸的大箱子？這裏頭得裝多少好東西呀！不過很快露了底，嗨，敢情全是古舊書呀！那是林鵬先生在院裏晾書，有些受了潮啦。在一個安謐僻靜的小村莊，在一群不諳廟堂騷亂的鄉民中間，能夠整天整夜地讀自己喜歡的書，對林鵬先生來說，也許是他一生中最幸福的一段時光吧。一個從連環套中苦苦掙脫出來的人，一個從幽靈附體中幡然醒悟過來的人，老天爺在特意撫慰他。

筆者忍不住想畫蛇添足：毛澤東這樣一位玩了一輩子農民的偉大領袖，到老卻讓陳永貴這樣的農民綁架了一回，只能說他好，不能說他壞，哈！這可真是，射雁一生，臨了讓雁啄瞎了眼。

第十一章　刺秦

東方黑，太陽沒，中國出了個秦始皇。

自從有了秦始皇，也就有了刺秦史。

從來刺秦分兩種：一種是肉體刺殺，一種是精神刺殺。肉體刺殺，你得有那肉體存在，刺殺秦始皇，你得趁秦始皇活著。秦始皇執政三十六年，活了四十九歲，存世時間不長，所以這種拉丹式的刺殺事兒不會太多，史載總共才四回，依時間順序即：荊軻刺秦、張良刺秦、蘭池遇盜、高漸離刺秦。史載如下：

荊軻刺秦。《秦始皇本紀》說：「二十年，燕太子丹患秦兵至國，恐，使荊軻刺秦王。秦王覺之，體解軻以徇，而使王翦、辛勝攻燕。」譯成白話就是：西元前二二七年，燕太子丹怕秦國軍隊打過來，有點恐慌，派荊軻去刺殺秦始皇。秦始皇發現了，處荊軻以肢解之刑示眾，然後派王翦和辛勝去攻打燕國。

《刺客列傳》是從荊軻這邊說：「秦王謂軻曰：『取舞陽所持地圖。』軻既取圖奏之。秦王發圖，圖窮而匕首見。因左手把秦王之袖，而右手持匕首揕之。未至身，秦王驚，自引而起，袖絕。拔劍，劍長。操其室。時惶急，劍堅，故不可立拔。荊軻逐秦王，秦王環柱而走。群臣皆愕，卒起不意，盡失其度。而秦法，群臣侍殿上者不得持尺寸之兵；諸郎中執兵皆陳殿下，非有詔召不得上。方急時，不及召下兵，以故荊軻乃逐秦王。而卒惶急，無以擊軻，而以手共搏之。是時侍醫夏無且以其所奉藥囊提荊軻也，秦王方環柱走，卒惶急，不知所為，左右乃曰：「王負劍！」，負劍，遂拔以擊荊軻，斷其左股。荊軻廢，乃引其匕首以擿秦王，不中，中桐柱。秦王復擊軻，軻被八創。軻自知事不就，倚柱而笑，箕踞以罵曰：『事所以不成者，以欲生劫之，必得約契以報太子也。』於是左右既前殺軻，秦王不怡者良久。」譯成白話就是：秦王對荊軻說：「遞上舞陽拿的地圖。」荊軻取過地圖獻上，秦王展開地圖，圖卷展到盡頭，匕首露出來。荊軻趁機左手抓住秦王的衣袖，右手拿匕首直刺。未近身，秦王大驚，自己抽身跳起，衣袖掙斷。慌忙抽劍，劍長，只是抓住劍鞘。一時驚慌急迫，劍又套得很緊，所以不能立刻拔出。荊軻追趕秦王，秦王繞柱奔跑。大臣們嚇得發呆，突然發生意外事變，大家都失去常態。而秦國的法律規定，殿上侍從大臣不允許攜帶任何兵器；各位侍衛武官也只能拿著武器依序守衛在殿外，沒有皇帝的命令，不准進殿。正當危急時刻，來不及傳喚下邊的侍衛官兵，因此荊軻能夠追趕秦王。倉促之間，驚慌急迫，沒有用來攻擊荊軻的武器，只能赤手空拳和荊軻搏擊。這時，侍從醫官夏無且用他所捧的藥袋投擊荊軻。正當秦王圍著柱子跑，倉猝慌急，不知如何是好的時候，侍從們喊道：「大王，把劍推到背後！」秦王把劍推到背後，才拔出寶劍攻擊荊軻，砍斷他的左腿。荊軻殘廢，就舉起匕首直接投刺秦王，沒有擊中，卻擊中了銅柱。秦王接連攻擊荊軻，荊軻被刺傷八處。荊軻自知大事不能成功了，就倚在柱子上大笑，張開兩腿像簸箕一樣坐在地上罵道：「大事之所以沒能成功，是因為我想活捉你，迫使你訂立歸還諸侯們土地的契約回報太子。」這時侍衛們衝上前來殺死荊軻，而秦王也悶心了好一陣子。

　　張良刺秦。《秦始皇本紀》說：「二十九年，始皇東遊。至陽武博浪沙中，為盜所掠。求弗得，乃令天下大索十日。」譯成白話就是：西元前二一八年，秦始皇到東方去巡遊。到達陽武縣博浪沙時，被強盜襲擊。沒能抓住兇手，下令在全國進行了十天大搜捕。當然啦，他們當時不知道這事就是張良幹的。

　　《留侯世家》則從實道出，說：「留侯張良者，其先韓人也。大父開地，相韓昭侯、宣惠王、襄哀王。父平，相王、悼惠王。悼惠王二十三年，平卒。卒二十歲，秦滅韓。良年少，未宦事韓。韓破，良家僮三百人，弟死不葬，悉以家財求客刺秦王，為韓報仇，以大父、父五世相韓故。良嘗學禮淮陽。東見倉海君。得力士，為鐵椎重百二十斤。秦皇帝東遊，良與客狙擊秦始皇博浪沙中，誤中副車。秦皇帝大怒，大索天下，求賊甚急，為張良故也。良乃更名姓，亡匿下邳。」譯成白話就是：留侯張良，他的先人是韓國人。祖父開地，做過韓昭侯、宣惠王、襄哀王的相。父親平，做過王、悼惠王的相。悼惠王二十三年，父親平去世。張良的父親死後二十年，秦國滅亡了韓國。張良當時年紀輕，沒有在韓國做官。韓國滅亡後，張良家有奴僕三百人，弟弟死了不厚葬，用全部財產尋求勇士謀刺秦王，為韓國報仇，這是因為他的祖父、父親任過五代韓王之相的緣故。張良曾經在淮陽學習禮法，到東方見到了倉海君。他找得一個大力士，造了一個一百二十斤重的鐵錘。秦始皇到東方巡遊，張良與大力士在博浪沙這個地方襲擊秦始皇，誤中了副車。秦始皇大怒，在全國大肆搜捕，尋拿刺客非常急迫，這是為了張良的緣故。張良於是改名換姓，逃到下邳躲藏起來。

蘭池遇盜。《秦始皇本紀》說：「三十一年十二月，始皇為微行咸陽，與武士四人俱，夜出逢盜蘭池，見窘，武士擊殺盜，關中大索二十日。」譯成白話就是：西元前二一六年十二月，秦始皇在咸陽穿便裝出行，和四個武士一起，晚上在蘭池遇見了強盜，情勢危急，武士們打死了強盜，於是在關中大規模搜查了二十天。這位或者這夥「強盜」，以前文對張良以強盜呼之的習慣，也該是志在刺殺秦始皇的俠客無疑，可惜到底作了無名英雄。

高漸離刺秦。《秦始皇本紀》未見記載。《刺客列傳》裏倒記得比較詳細：「高漸離變名姓為人庸保，匿作於宋子。久之，作苦，聞其家堂上客擊筑，彷徨不能去。每出言曰：『彼有善有不善。』從者以告其主，曰：『彼庸乃知音，竊言是非。』家丈人召使前擊筑，一坐稱善，賜酒。而高漸離念久隱畏約無窮時，乃退，出其裝匣中筑與其善衣，更容貌而前。舉坐客皆驚，下與抗禮，以為上客。使擊筑而歌，客無不流涕而去者。宋子傳客之，聞於秦始皇。秦始皇召見，人有識者，乃曰：『高漸離也。』秦皇帝惜其善擊筑，重赦之，乃矐其目。使擊筑，未嘗不稱善。稍益近之，高漸離乃以鉛置筑中，復進得近，舉筑仆秦皇帝，不中。於是遂誅高漸離，終身不復近諸侯之人。」譯成白話就是：高漸離更名改姓給人家當酒保，隱藏在宋子這個地方作工。時間長了，覺得很勞累，聽到主人家堂上有客人擊筑，走來走去捨不得離開。常常張口就說：「那筑的聲調有好的地方，也有不好的地方。」侍候的人把高漸離的話告訴主人，說：「那個庸工懂得音樂，私下說是道非的。」家主人叫高漸離到堂前擊筑，滿座賓客都說他擊得好，賞給他酒喝。高漸離考慮到長久他隱姓埋名，擔驚受怕地躲藏下去沒有盡頭，便退下堂來，把自己的筑和衣裳從行裝匣子裏拿出來，改裝整容來到堂前，滿座賓客大吃一驚，離開座位用平等的禮節接待他，尊為上賓。請他擊筑唱歌，賓客們聽了，沒有不被感動得流著淚而離去的。宋子城裏的人輪流請他去做客，這消息被秦始皇聽到。秦始皇召令進見，有認識他的人，就說：「這是高漸離。」秦始皇憐惜他擅長擊筑，特別赦免了他的死罪。於是薰瞎了他的眼睛，讓他擊筑，沒有一次不說好。漸漸地更加接近秦始皇。高漸離便把鉛放進筑中，再進宮擊筑靠近時，舉筑撞擊秦始皇，沒有擊中。於是秦始皇就殺了高漸離。終身不敢再接近從前東方六國的人了。

精神刺秦的記載，從古至今可就多了。最有名的人物就是賈誼，刺殺的武器再也不是荊軻匕首張良椎之類，而是雄文《過秦論》。《過秦論》是賈誼政論散文的代表作，最早附見於《史記・秦始皇本紀》篇末，列為第二篇；後來褚少孫補《史記》，又把它單獨附在《陳涉世家》的篇末。《漢書》、《文選》也都選錄了這一篇。今傳賈誼所撰專著《新書》，當由後人搜輯而成，對此文則明確標出它是上中下三篇中的上篇。在《史》、《漢》、《新書》、《文選》四部書中，本篇凡五見，文章字句頗有出入。從明、清到當代，幾乎所有的古文選本都選了這篇《過秦論》，因此前人對它的評語也很多。如清人姚鼐在《古文辭類纂》中評它為「雄駿宏肆」，近人吳闓生在《古文範》的夾批中評它「通篇一氣貫注，如一筆書，大開大闔」。歸納大多數評論者的意見，主要說這篇文章氣勢充沛，一氣呵成，是古今第一篇氣「盛」的文章。魯迅先生對賈誼《過秦論》的評價是「沾溉後人，其澤甚遠」的「西漢鴻文」（《漢文學史綱要》）。

其實，賈誼還不是最早的精神刺秦者，比如他之前還有叔孫通、陸賈等人。賈誼不過重申了前人的刺秦觀點，簡潔地概括為「仁義不施而攻守之勢異也」。漢之後的精神刺秦者，可以說代不絕人，晉陶潛有《桃花源記》（自從有了這篇文章，「避秦」二字就成了一個著名典故），唐杜牧有《阿房宮賦》，唐章碣有《焚書坑》，明末清初的大思想家王夫之，則有「秦獲罪於萬世者，私己而已矣」的宏論……中國進入二十世紀以後，百年間，可歎刺秦英雄真難覓。民國時期，幸有郭沫若的《呂不韋與秦王政批判》（收在《十批判書》，一九四五年九月重慶群益出版社初版），或可稱獨領一時風騷。那麼，新中國有沒有精神刺秦英雄呢，自成一家的，國手級的，超越前人而燭照來者的？罕見，但有，就是林鵬先生及其筆墨利器《咸陽宮》與《平旦札》等大作。

林鵬先生曾兩次對筆者說，你應該寫一本書，叫作《一九七六》，這一年，中國發生了多少大事啊，太有意思了。筆者說，寫不了，沒想寫。回頭琢磨林鵬先生的話，覺得他一定於此深有感觸，不然不會如此起思發念，繫之於心。果然，後來就於無聲處聽驚雷，首先推出了刺秦傑作——長篇歷史小說《咸陽宮》。它以西元前二三八年作為敘事時間，寫了嫪毒暴亂、攻打祁年宮、戰咸陽、尉繚逃亡、韓非之死、鄭國被讒、燕丹亡歸、樊于期奔燕、荊軻刺秦、呂不韋罷相賜死、李斯諫逐客令等重大事件，在筆者看來，這無異於就是一部出奇力作《一九七六》，不過寫的是老秦始皇的事罷了。

有一段經歷很重要。「文革」期間，尤其在林鵬先生從霍縣插隊回城以後，以他家為活動中心，秘密活躍著一個文人小團體，他們命名為「知心社」。骨幹人物除林鵬先生以外還有：張頷先生，著名古文字學家、考古學家、歷史學家、書法家；李丙璜先生，著名畫家；林凡先生，著名畫家；李之光先生，書法家，時任山西省軍區參謀長；王朝瑞先生，著名書畫家……等。這批忘年交的朋友聚在一起，談資可就不局限在書畫學問上了，在那樣一種紅色恐怖的人文環境中，被長久壓抑的書生意氣、家國情懷、鐵血壯志，怎能不像火山般噴發？都是多經苦難的明目醒心，誰看不出都是一個當代秦始皇在作怪呀。

在一次擴大了的知心社聚會中，大家要林鵬先生談看法，談對毛澤東的看法。林鵬先生也不客氣，說：「毛澤東他不會死，若要死在五〇年代，他就是中國的列寧，若要死在六〇年代，他就是中國的史達林，他偏偏現在才死，只能是現代秦始皇了。」

打倒「四人幫」以後的大清查中，有人檢舉揭發了這段話，害得林鵬先生又一次進了準監獄——山西省輕工廳私設的「學習班」，達兩年之久。這次是特人特辦，就關林鵬先生一個人，由兩個職工日夜看守，而準獄飯卻沒有，得由妻子李忠葆和孩子們頓頓送吃。林鵬先生戲稱自己為「班裏鵬」。

這有點奇怪，林鵬先生一貫是反對「四人幫」的，怎麼倒被清查住了？還有，林鵬先生怎麼讓關在輕工廳呢？這得返回頭來說。

從霍縣源頭村插隊那兒調回來，林鵬先生被安排在省革委機關工作。當時是支左部隊掌權，第一批調回來的十二名地方幹部，林鵬先生排在第一，是省革委二把手曹中南親批調回的。當時，省革委的辦事機構有四：政工組、業務組、辦事組和保衛組。其中管理經濟領域二十六個局委的業務組最大。林鵬先生分配在業務組的政工辦工室，管理下屬二十六個局委處級以上幹部的任免，有著很大的實權。林鵬先生可不是能說不能幹的書呆子，一朝權在手，便把令來行，根據工作需要，把數以千計的下放幹部，呼啦啦調回省城任職。當然，其中也有以權謀「私」的例子，比如有位朋友來訴苦，不是訴自己的苦，是替一位機械廳的處長訴苦。怎麼回事呢？當初，這位處長為了和在臨汾工作的獨生子生活在一起，夫妻雙雙從太原調到臨汾安家。不料兒子結婚後，新媳婦是頭「河東獅子」，攪得老兩口沒法活，再想調回省城，難了，上往下好走，下往上難辦，愁得啥似的。林鵬先生聽完訴苦，當即拍板下調令，將老兩口很快調了回來。機械廳的幹部處長找上門來說，我們沒送過請示報告呀，怎麼回事？林鵬先生狡黠一笑，打個馬虎眼，哎喲，可能搞錯了，不過既然人也回來了，就給辦了吧，總不能再打發回去吧。幹部處長為難地說，沒位置了呀。林鵬先生說，他不要職務，給套住房就行了。據說老兩口感動得不行，一定要來面謝好人林鵬，可到底未能見上面。類似這樣的事估計辦得不少，終於鬧出點動靜來，這才有後來省委書記王謙的質疑，在省級機關幹部大會上公開點名說：「林鵬的權力太大了！查查他調回來的幾千人都是什麼觀點的！」查的結果是，兩派觀點的幹部各占一半，一碗水端得平平的。

儘管如此，派性極強的王謙書記，還是決心奪掉林鵬先生的權柄，親自打電話說，林鵬，你上我家來一趟，我有急事得外出，由老葛和你談談工作問題。老葛是葛植青，王謙夫人，時任省委組織部處長。林鵬先生心裏明白，自己現在這個位子保不住了，丟掉無所謂，當初因為老戰友關係，被支左部隊抬到這個權力中心，本非所願，離開倒好。葛夫人也乾巴利脆，說，林鵬，你是大筆桿子，山西日報主編、山西出版社社長、社會科學院院長，由你挑一個。林鵬先生表示，這些地方都不想去。葛植青說，那你說個地方。林鵬先生說，除過輕工廳我不熟悉，其他單位哪兒都行。其實，這是林鵬先生在使計，他明白對方的歪心眼，你最想去的地方，葛夫人絕對不會讓去，所以就把最想去的輕工廳說成自己最不想去的地方。誠心坑人的葛夫人果然上當，就偏要把你林鵬搞到你不熟悉的輕工廳，結果正中林鵬先生下懷，輕工廳裏有好幾位老朋友，去了有說話的人。

接著再說說山西的「大清查」。由於省委書記王謙本人有派性，此時他又得看中央大員陳永貴的臉色行事，而陳永貴則與「四人幫」頗有淵源，所以，山西的「大清查」與全國正好滿擰，被清查的多是反對「四人幫」的人物，也就是反陳永貴和王謙的人，戲稱「倒清查」，據說挨整人數達到四萬多名。那麼，你林鵬一直掐住陳副總理的歷史問題不放，現在又公然罵毛主席是秦始皇，不整你整誰？沒把你打成「一類」（一類是死黨，槍斃或判刑；二類是骨幹，關進「學習班」；三類是嚴重錯誤；四類是一般錯誤）就算不錯了。這就發生了住進輕工廳「學習班」的事兒。

林鵬先生從二十五歲當「思想老虎」，至四十八歲這次「大清查」，二十三年間經過歷次政治運動反覆整肅，端的可稱「悉心栽培，千錘百煉」，早就完成了虎歸山林的「野化訓練」，一隻真正的思想老虎就要大展神威了。長篇歷史小說《咸陽宮》的寫作出版，便是明證。其最早的創作衝動和靈感，大約就發生在這次「大清查」前後。林鵬先生講過這樣一個情況：他到輕工廳不久，一九七六年六月初，帶領十幾個工程師去北京參觀，全國輕工業自動化展覽會正在舉辦。三天後參觀完畢，他把工程師們送走，自己卻留了下來，他有他的打算。首先，他東跑西顛，從一批老戰友那兒坐實了一件事：毛澤東病得不輕！從全國選拔了十名心血管專家，從奧地利請來腦外科專家，肯定是腦出了問題，心也出了問題，而且長了褥瘡，兩塊，有小孩拳頭大。結果會怎麼樣呢？他又找了一位高人，一位老中醫。林鵬先生後來記述道：

我就進了一個親戚家。他是我夫人的表叔，姓魏，是一個非常有名的老中醫。閒談中我說，一個老人病體沉重，又生了褥瘡。他問誰的老人，你的老人？我說是。他問多大年紀，我說八十多了。他又問褥瘡多大，我用手比劃了一下，說兩處。他說：「趕快準備後事吧，不出三個月。」……我回到太原，王運良問我，老人家身體如何？我說，不出三個月。王運良非常驚歎我的口氣之肯定，後來不幸而言中。九月九日，毛就與世長辭了。

只有一個選準了題目要做大文章的寫手，才會如此辛勤而細密地調查研究，收集素材。他是決心要為一個人物、一個時代，發表一個士君子式的歷史性結論了。林鵬先生對筆者說：「我開寫《咸陽宮》的日子記得牢，一九八五年一月五日夜，白天剛把《丹崖書論》的修訂稿交給王朝瑞，想想已然五十八歲，此時不寫，更待何時？一咬牙，一跺腳，寫！當夜寫開了《咸陽宮》。」他說，這一年不知熬過多少個通宵，至少兩百多個吧，於第二年六月「我外孫滿月的那天，我完成了我的長篇歷史小說《咸陽宮》初稿，六十餘萬字。」一九九四年由北京出版社出版，至今已再版、新版多次了。

可以毫無爭議地說，《咸陽宮》是一部拓荒之作，利用小說反秦始皇及其新變種，從古至今數第一。它與政論體的《過秦論》或無可比性，但若以思想價值和歷史意義打比，則有過之而無不及。它要與郭氏的《呂不韋與秦王政批判》比起來，那就是用高山比土丘（這一點，我們後面要細說——筆者）。在綿延兩千多年的刺秦歷史上，《咸陽宮》絕對是繼《過秦論》之後的又一座里程碑。從上世紀八〇年代以來，圍繞著《咸陽宮》，開過研討會，有過各種各樣的發言，有過各種各樣的評論文章……其中柯文輝先生為《咸陽宮》所寫的《序》，王春林先生寫的《思想智慧燭照下的歷史景觀》，楊品先生寫的《歷史悲劇的回聲》等，都是很值得一讀的文學評論文章。不過，在這裏，筆者不想讓《咸陽宮》的價值探討停留在文學層面，把它放在歷史政治思想層面上怎麼樣？因為毛澤東能從《紅樓夢》裏看出階級鬥爭，能從《劉志丹》中看出「利用小說反黨」，可見他老人家從來不從文學層面、學術層面看問題，這就等於教導我們說，得在同樣的人文平臺上說《咸陽宮》，不然怎麼與他老人家保持政治上的一致？

《咸陽宮》的獨特價值何在？我們不妨從反面來看，這就得從郭沫若及其《呂不韋與秦王政批判》說起了。在上世紀四〇年代蔣氏專制的政治環境下，郭文的批判價值，的確堪稱獨領風騷。那時重慶文網密佈，特務橫行，先進知識份子備受打壓與圍剿，蔣總統被視為秦始皇一類人物。當時，腦袋尚長在自家項上的郭沫若先生，書生氣盛，揮筆寫下了明批秦始皇暗刺蔣介石的《呂不韋與秦王政批判》，以呂不韋和秦始皇的對立，揭示了民本主義和專制獨裁的水火不容。呂不韋一句名言，「天下非一人之天下也，天下之天下也」，震聾而發聵，直刺秦始皇命門，什麼一世至萬世為君，使中國永遠姓嬴，狗屁！對於焚書，郭沫若批道：「這無論怎麼說也不能不視為中國文化史上的浩劫。書籍被燒殘，其實還在其次，春秋末葉以來，蓬蓬勃勃的自由思索的那種精神，事實上因此而遭受了一次致命的打擊。」對於坑殺儒生，郭沫若更是憤慨異常：「呂氏門下的那批學者，可能是完全被消滅了。然而……人可以誅滅，真理總是燒不絕的。」他悲壯地大聲疾呼：「書是禁不完的，儒是坑不盡的，秦始皇是快死的。從左閭裏已經有篝火起來了。」據說，當時還有個小插曲。有個叫程憬的人，為了拍蔣介石馬屁，特別寫作了一篇歌頌秦始皇的文章《秦代政治之研究》，發表在中央大學的《社會科學季刊》上。郭沫若讀罷程文，怒火中燒，一口氣草成四萬多字的批判文章，「長江大河，飛沙走石」，倒灌程氏沒商量……

然而，鬼也想不到，就是這個刺秦英雄郭沫若，一旦有了廟堂身份，立馬變臉，置換角色，自己倒成了新中國的程憬，成了最大的拍馬屁者。當然，他不是拍蔣始皇的馬屁，而是拍「馬克思加秦始皇」的馬屁。刺秦英雄變成了捧秦弄臣，一座「刺破青天鍔未殘」的山峰，說坍塌就坍塌，變成一堆不成樣子的小土丘。這是知識份子一種多麼可怕而又可憐的人格蛻變啊！

讓我們來觀察一下這個人格蛻變的過程。上世紀六〇年代初，郭沫若出版了《讀〈隨園詩話〉札記》，全書凡七十七條，其中第八條就是《論秦始皇》。且看他的新論調：關於焚書，他說：「以焚書而言，其用意在整齊思想，統一文字，在當時實有必要。然始皇所焚並不多，書多藏在官家，民間欲學書者可就官家學習，此猶今之圖書館也。」坑儒這事估計不好變調，就改說秦始皇的「收鐵問題」，他說：「秦始皇收天下兵器，……所收者乃銅而非鐵。故始皇毀兵，在中國為銅器時代向鐵器時代之過渡。且毀兵器而為鐘聲，不更有偃武修文、賣刀買牛之意耶？」還有更不堪的，一九六三年三月，郭沫若和翦伯贊在廣西不期而遇。翦將途中所作之詩拿出來，請郭沫若斧正。翦詩有句「雄才千古說秦皇」。郭覺得拍意不足，當即改為「雄才今日識秦皇」，並這樣解釋道：「因為古來都是罵秦始皇的，由毛主席的《沁園春》才把他肯定了。這樣說也和老兄的『不到靈渠岸，無由識秦皇』，扣合起來了。」接著，郭沫若又在酬答翦詩中寫道：「秦皇畢竟是雄才，北築長城南嶺開。」……至此，兩位當代奉君弄臣，在秦始皇問題上，終於和偉大領袖取得了一致，「咸與維新」了。

這就是新中國的思想天空、文化土壤。世無刺秦英雄，必然導致「秦始皇癌」的復發。「秦始皇癌」這個別致的提法，是著名作家章明的專利：秦始皇就是中國的癌！他有如下表達：

> 秦始皇雖然早就死了，他的幽魂卻變成了我國歷史上的一個原發性癌症大腫塊，它長久地生在中國社會的肌理之中，留在某些權力者心裏，一旦有了適當的條件就會復發，造成極大的禍害。……在歷史上，「秦始皇癌」的小

爆發有很多次，大爆發至少有三次：一次是隋煬帝時期，二次是明太祖朱元璋時期，三次是清朝的所謂「康雍乾盛世」。

馬克思主義幽靈遊蕩的新中國，秦始皇癌又復發了。正如郭沫若所說，早在重慶發表《沁園春・雪》的時候，就把「秦始皇肯定了」，就是毛澤東自己把自己的暴君地位肯定了，癌細胞就開始擴散了。在這位「馬克思加秦思皇」看來，老「秦始皇算什麼？他只坑了四百六十八個儒，我們坑了四萬六千個儒……我們與民主人士辯論過，你罵我們是秦始皇，不對，我們超過了秦始皇一百倍；罵我們是秦始皇，是獨裁者，我們一概承認。可惜的是你們說得不夠，往往要我們加以補充。」到了「文革」時期，病入膏肓的癌症患者近乎瘋狂，居然把弄臣和反臣一鍋燴，都燴在秦始皇牌大鍋裏，那是一九七三年七月四日，毛澤東忽然發起暴君脾氣，他記起郭沫若當年寫過批判秦始皇的《十批判書》，記起林彪在《五七一工程紀要》中罵過自己，說什麼「借馬列主義之皮執秦始皇之法的中國歷史上最大的封建暴君」，並高呼「打倒當代的秦始皇」，於是老帳新帳一起算，他老人家說：「郭老在《十批判書》裏自稱人本主義，即人民本位主義，孔夫子也是人本主義，跟他一樣。……國民黨也是一樣啊，林彪也是啊！」並寫了首打油詩調侃郭沫若：

郭老從柳退，不及柳宗元。
名曰共產黨，崇拜孔二先。

還不解恨，又召見夫人江青，讓她手記七律一首，題目是《讀〈封建論〉呈郭老》：

勸君少罵秦始皇，焚坑事業要商量。
祖龍魂死秦猶在，孔學名高實秕糠。
百代都行秦政法，十批不是好文章。
熟讀唐人封建論，莫從子厚返文王。

你瞧，大詩人「文革」開始後第一次寫詩，竟是要報歷代批秦之仇。這可讓當年的批秦英雄郭沫若遭大罪了，一九七四年一月二十五日，中央直屬機關召開萬人批林批孔動員大會。會上江青兩次把郭沫若叫起來，宣讀毛主席的兩首批郭詩篇。一位與會者記述道：郭老那天也去了，帶著病，低著頭坐在那裏。江青問：「郭老來了沒有？」郭老站起來說：「到。」已屆八十二歲高齡的郭沫若，以帶病之軀，在大庭廣眾之下蒙羞，此情此景，令人百感交集，浮想深遠……

這下可好，有「馬克思加秦始皇」引吭高歌，一時之間，東土神州刺秦噤聲，而頌秦大合唱則沖天再起，不少當代程憬爭寵買乖，鼓唇搖筆，炮製出大量吹捧秦始皇的文章，誇他是「英明的法家皇帝」，「中國的凱撒」，「永遠不落的紅太陽」云云。最為可笑的是，一位所謂學者著文曰：《何來孟姜女哭泣倒長城》，他以考據的方法，證明歷史上並無孟姜女其人……一直到「祖龍」早已魂歸紀念堂的新世紀的今天，這股文化逆流、惡流也還沒有完全斷絕，二月河為所謂「康雍乾盛世」高唱讚歌的影視作品，張藝謀的頌秦大片《英雄》，孫皓暉的鴻篇巨製《大秦帝國》……都可視為「秦始皇癌」當代爆發的後期症狀。

試想一下，就在這種「秦始皇癌」大爆發、大擴散的高危時期，林鵬先生的《咸陽宮》橫空出世，這將有著怎樣的意義？如今時興「比較學」，就讓我們把《咸陽宮》與另一部也算橫空出世的長篇歷史小說《大秦帝國》比較一下吧。

《大秦帝國》的作者是教授，國務院特殊津貼專家，篇幅長達五百多萬字，獲「五個一工程」獎，改編成電視劇（估計稿費獎金沒少賺——筆者），有一種版本是高貴的木匣子包裝，在主流市場出盡彩頭……這些，《咸陽宮》怎麼敢比？簡直不堪其匹。可惜書的價值不在這裏，不在金玉其表啊。那麼，怎樣比較？為了有趣味性，筆者就從《大秦帝國》鬧出的四個大笑話說起，比較起。

第一個，「源頭」問題。中國文化的源頭在哪裏？《大秦帝國》的作者說：「尤其是春秋、戰國、秦帝國三大時代，中國文明的諸多原典產生在那個時代，中國統一文明的正源也在那個時代。」呀呀呸！秦文化居然也可與春秋、戰國文化同日而語，成了中國文化的正源？「赳赳老秦，復我河山。血不流乾，死不休戰！」你這《大秦帝國》所表達的文化高調，有半點先秦文化的味道嗎？說你是「文革」正源才對頭。請問你《大秦帝國》時代，產生過什麼「原典」？出過一個像樣的文化人、思想家嗎？你可以抬出商鞅、韓非子嚇唬人，可他們是土生土長的秦國人嗎？都是六國客卿知道不！這個常識性的笑話，你讓發你特殊津貼的國務院，評你《五》獎的中宣部，臉紅不？除非他們就沒有臉。

且看《咸陽宮》，林鵬先生所著力塑造的第一號人物呂不韋，他所思所想、所作所為，代表的是什麼？他組織門客精心地「集腋成裘」，編撰出「雜而不雜」的《呂氏春秋》，代表的是什麼？那才是煌煌的先秦文化的集大成者。中國文化真正的源頭，理應從《呂氏春秋》和其他先秦「原典」中去找才對。誰找不對，只會有兩種情況：一是真笨，找不著；一是真壞，心懷鬼胎。那麼，中國的源頭文化，核心內容是什麼？如果要用一句話表述，那就是「民本思想」或「人本主義」。比這個偉大思想晚了八輩子的「皇權專制主義」，是它的死對頭。「皇權專制主義」才是《大秦帝國》的真正的文化源頭。

第二個，「勝者先進」論。這是一個歷史邏輯上的大笑話。《大秦帝國》的作者不惜花費超豪華筆墨，所要告訴人們的就是，秦國打敗並消滅了六國，統一了中國，這就證明秦文化是強勢文化、先進文化。照這個邏輯推論，蒙古文化先進於宋文化，滿文化先進於漢文化，希特勒法西斯文化先進於現代民主文化……這是歷史事實嗎？這是睜著眼睛胡說八道。

作者根本不懂先進文化價值取向的起碼常識。略有現代意識的人都明白，先進文化的核心價值觀是自由、民主和科學精神。堂堂教授作家卻愚昧至此，居然把崇尚專制、暴力、恐怖和戰爭，奉為先進文化的核心價值觀。用他諷刺別人的說法諷刺自己吧：「我們的知識份子群已經陷入了價值觀的分裂困境，走進了泥沼。」更大的諷刺是，作者所賣命鼓吹的代表先進文化的《大秦帝國》，卻出奇的短命，幾乎是轉瞬即逝。這是先進文化嗎？

細讀《咸陽宮》就會知道，林鵬先生自覺地反其道而行，真正是站在先進文化的立場上，把野蠻落後的秦文化當作徹底批判的靶子。這樣的寫作目的，他在自己的隨筆集《平旦札》中有深刻的表述。

> 秦朝為何速亡，秦始皇原想二世三世以致無窮，這就是所謂萬世一系，誰知二世而亡……這是兩千年來學者們一直在討論的題目。……若讓我說，秦不是二世而亡，秦始皇在世就已經亡了，到他老人家一死，二世元年陳勝稱王於陳，緊接著六國之後紛紛復起，所謂帝業就算坍塌了。這一切的秘密，就在秦始皇的政策之中。仔細檢查他的政策，就可以發現完全是商韓的一套，這是富國強兵的一套，也就是霸道的一套，它既可以把國家引向強大，同時也可以把國家引向滅亡。商韓的藥方，不過就是強力的春藥罷了。所有後來的帝王，在帝王思想的支配之下，著了急都是這樣飲鴆止渴而亡的。

比較地聽聽，有何感覺？一個在野林鵬雖無高級職稱，還不至於將歷史邏輯搞混到把毒藥當美酒的程度，可當代一位大享廟堂之尊的教授作家，他敢這樣胡折騰。

第三個，「人民說好」論。為了證明自己的秦始皇好，作者在《大秦帝國》中不惜篡改、偽造史實，塗脂抹粉，瘋狂吹拍，還覺不過癮，又直接對外公開宣示說：「人民群眾通過實際存在認識歷史，覺得秦帝國沒有什麼不好。」這個笑話太沉重，讓人們聯想到一切專制獨裁者們的口頭禪，「人民」、「民族」、「國家」之類。人民怎麼說秦帝國好啦？能舉出哪怕一個事例嗎？說實在的，從古以來，在討論秦始皇功過是非時，出場的總是史家、文人和政治家，缺席的正是老百姓，人民。好，現在補上這一課，看看人民怎樣評說秦始皇。最典型的例子莫過於孟姜女哭長城了。據大史家顧頡剛先生考證，發生在春秋時期的杞梁之妻哭悼陣亡丈夫的故事，是孟姜女哭長城的「前故事」，《左傳》、《檀弓》、《孟子》都有記載，當時還沒有秦始皇，沒有秦長城，自然還沒有反秦色彩。可漢唐以降，忽然質變，不僅故事篇幅加大，「杞梁之妻，於經傳所言者不過數十言爾，彼則演成萬千言。」（南宋史家鄭樵語），更值得注意的是，故事主題一變而為控訴秦始皇，「其遷播流布的範圍也由最初的起源地山東，變為北方長城一線，而後又向全國猛烈擴張，終於成了一個覆蓋全國，家喻戶曉的著名故事」（當代學者李喬語）。假如人民群眾真的覺得秦帝國「沒有什麼不好」的話，為何不把故事改造成另外一種樣子，跟《大秦帝國》很合拍的樣子？假如中國老百姓沒有痛恨秦始皇暴政，痛恨皇權專制主義的傳統社會心理，孟姜女哭長城能夠流傳千百年而不衰愈盛嗎？

《咸陽宮》雖然也是歷史小說，但它與活躍於上世紀九〇年代中國文壇的「新歷史小說」大大不同，與這位教授作家的《大秦帝國》尤其不同。本質不同在於，《咸陽宮》是一種本真意義上的歷史小說，用王春林教授的說法，是一種「嚴格意義」上的歷史小說。他說：

> 與那些作者可以任意虛構（《大秦帝國》的作者則是在任意惡搞——筆者）的「新歷史小說」相比較，這種嚴格意義上的歷史小說的創作之難，自然也就是可想而知的。簡單地套用一下聞一多先生那「帶著鐐銬跳舞」的名言，則歷史小說的創作情形庶幾近之也。既存的真實歷史，當然就是鐐銬。作家在真實再現歷史場景與歷史精神的前提之下，不僅不能簡單地複製歷史，而且還得凸顯出小說本身的創造性來，當然就是所謂「帶著鐐銬跳舞」

了。……在我看來，一部優秀的歷史小說，絕不應該僅僅滿足於對於歷史表像的所謂真實摹寫（更不能得意於偽造歷史了——筆者），而是應該在真實再現歷史表像的同時，以其超卓的史識穿透遮蔽在歷史表層的重重迷障，將某種內在的歷史實質或者說歷史內核挖掘表現出來。而林鵬先生的這一部《咸陽宮》，就當之無愧地可以被看作是這樣一部優秀作品。

是的，《咸陽宮》的作者林鵬先生，儘量貼近史實說話，既用不著為了自圓其說，任意偽造歷史，惡搞歷史，也用不著對新聞界發表什麼演說，兜售毒品假貨，他關切的只有一點，就是自己作品的歷史真實問題。林鵬先生在《平旦札》中寫到：

他（指秦始皇）是一個狂妄自大，剛愎自用，急功近利，好大喜功的人。《呂氏春秋》對秦之先王的指責毫不留情，而在書中不指名地批判狂妄自大，剛愎自用，急功近利，好大喜功的說詞，就可以看作是針對秦王政（即後來的秦始皇）的，明眼人一看便知。……這裏有一點事情值得注意，這兩個小故事（指羊斟和樂毅攻齊這樣兩個小故事——筆者）都記在《呂氏春秋》中。由此可見，《呂氏春秋》不簡單，說它是春秋戰國士人文化，士人思想之集大成者，不過分吧。它只告訴你一些具體事情，所謂自由之思想，獨立之精神，究竟是什麼，你看著辦吧。……秦始皇正是乘著這股突然膨脹的帝王之風，衝上他們貴族老爺們夢寐以求的皇帝寶座的。也正是在這個過程中，在這個時期裏，士君子們將自己的理想明確的表達出來，這就是《呂氏春秋》。《呂氏春秋》是士君子文化的偉大創舉，呂不韋為它付出了自己的生命。孔子刪定詩書禮樂，作春秋，為後世確立大經大法，世稱素王之事業。呂不韋觀上古，察今世，為後世立法，作《呂氏春秋》，其與孔子之事業相同。世稱《呂氏春秋》「為秦立法」。他既為秦相，可能有這個意思。然則，肆無忌憚的指斥秦之先王，毫不客氣地指斥當世俗主，恐怕不像獨獨為秦立法的樣子。而事實上，秦始皇堅決拒絕了呂不韋的這一套。《呂氏春秋》實際上成了漢朝學術思想的主線，這是無庸諱言的。這是事實，事實不容抹煞。……我愛好《呂氏春秋》。當我寫作歷史小說《咸陽宮》，初稿完成之後，我又細讀一遍《呂氏春秋》，確信我已有所把握，我才將《咸陽宮》初稿定下來。我有《呂氏春秋》的各種重要版本，沒事時我喜歡翻翻它。……寫到這裏，忽然發現一點值得一提的事情。呂不韋死在西元前二三五年，那是個丙寅年。今年，一九八六年，真是湊巧，也是個丙寅年。時間過得真快，已經過去了三十七個甲子。現在僅以此書，紀念古代偉大的思想家呂不韋逝世二千二百二十年。

可以看出來了，為呂不韋及其《呂氏春秋》所代表著的中國古代士君子文化張目，徹底批判以秦始皇為代表的皇權專制主義文化，正是林鵬先生寫《咸陽宮》一個最根本的創作動機。人民會說《咸陽宮》好還是《大秦帝國》好，我們且拭目以待。

第四個，「法制社會」論。這也夠得上是一個國際大笑話了。《大秦帝國》的作者說：我們中國有一種「根本財富，就是秦帝國時代的法治社會與法治至上價值觀。說中國沒有過法治社會，那是完全的胡扯，是閉目塞聽，是崇外迷信！中國人的法治社會雖然短暫，但卻是我們的統一文明正源，文明歷史地位最高。有此根基，我們就有希望。」我的天！作者真不虧是法律系教授，對現代法制社會和法制觀念，真是見解獨到，學驚中西。不過請問，秦國那「法制社會」和「法制至上」的觀念，與現代法制社會、法制理念之間，可以劃等號嗎？是一回事嗎？把人不當人，當作試其「法」與「術」即權謀與暴力的工具，當作秦始皇們製造各種史無前例的「偉大工程與政績」的廉價材料，毫無道德底線地去焚書坑儒，殺人如麻，把整個中國變成一個大「學習班」、大監獄、大刑場，把全體中國人民都變成為他服役的奴隸、臣妾和刑徒……

這倒真是秦國「法制至上」觀念所製造出來的「法制社會」，但絕對不是人們所嚮往的現代法制社會，以人和他的自由與幸福為依歸的文明社會。假如連這點區別都看不出來，其智商何止不可做教授，簡直不可做正常人。把「焚書坑儒」說成「原本是個小小的刑事案件，涉案者絕大多數是方士，並不是儒生。」像朱皇帝一樣貶損和醜化孟子，打成「保守勢力的代表」；說「『文革』的本質，是清理文明遺產，是對核心文明也就是政治文明的整理和解讀」；說什麼中國文明價值的根基是「尚一」、「天下大公」和「大同」之類……《大秦帝國》這些書裏書外的低能昏話，滿嘴跑舌頭，也確乎不像個正常人！

秦始皇時代到底是一個怎樣的社會狀態，真如《大秦帝國》所展現嗎？在林鵬先生的《咸陽宮》裏，自會找到答案。結論正如董健教授所言：「地處西部的秦國是一個野蠻落後之國，它以暴力與恐怖強國，又以暴力與恐怖滅了六國。雖然實現了大一統，但也開啟了中國長達兩千多年的皇權專制主義的黑暗時代。」

兩千多年來，刺秦不絕，捧秦亦不絕，是中國文化領域一道永久性景觀。《咸陽宮》和《大秦帝國》，可以視為對壘雙方的最新武器。這裏有一點要特別指出，雖然雙方爭論的內容仍然離不開秦始皇們，但各自立論的背後，都有著與時俱進的理論支撐。自從馬克思主義幽靈來到中國，便交給當代捧秦者一件新式利器：評價歷史人物，要看其對歷史發展所起的作用。乍聽似乎有理，實際是種騙術，對歷史發展有利與否，由誰來判定？一百個判定者，肯定有一百種判定原則與標準，這就是天大漏洞。老秦始皇所幹壞事，那都對歷史發展有利，所以它是功德赫赫的「千古一帝」，怎麼說好都不過分。「馬克思加秦始皇」呢也一樣：剝奪農民土地，是為了發展國家重工業；坑殺幾十萬當代儒者，是為了統一思想，搞好社會主義建設；餓死幾千萬人，那怕再死上幾億人，全是為了支援世界革命；不間斷地搞政治運動，往死裏整人，是為了反修防修；搞「文化大革命」，是為了在無產階級專政下繼續革命……所做的一切一切，都是為了讓中國人民早日進入共產主義天堂。這有什麼錯？都是史無前例的大功勞，功高蓋世啊！所以，《大秦帝國》牛逼哄哄，絕不僅是挾篇幅之盛，依廟堂之威，用現代傳媒之利，借御用文人之捧，實在是背後有人，就是那個不斷變異的共產主義幽靈。

魔高不如道高。《咸陽宮》滄桑正道，底氣雄厚，推陳創新，更勝一籌。什麼正道？前面提過，就是毛澤東最忌諱的人本主義，人民本位主義，以是否對大多數老百姓有利為唯一評判標準的主義。他指責孔子信這個，又指責從前的郭沫若信這個，可他擋不住更多的人信這個，當然包括曾經是他旗下小八路的林鵬先生。林鵬先生不僅信這個，堅守這個，而且在發揚光大這個，並有所創新與昇華。以前的刺秦者，都逃不出一個老怪圈，在打倒皇帝坐皇帝那樣一個政治環境裏，刺秦者無不是刺一個老秦始皇，目的是在捧另一個新秦始皇。比如：賈誼刺嬴政，是為捧漢文帝；杜牧寫《阿房宮賦》，是要提醒唐敬宗；郭沫若刺蔣介石，是為抬毛澤東；「臣光曰」的《資治通鑒》，是「鑒於往事，有資於治道」，由宋神宗親賜書名，作為歷代皇帝們的統治百科與指南……其結果都與捧秦者歸宗合流，都為了「百代行秦法」，使一姓江山萬古流傳。「郭沫若悲劇」的深層原因正在於此。而林鵬先生的《咸陽宮》及其《平旦札》等作品，則直刺產生秦始皇們的罪惡溫床——帝王文化，不管他們姓什麼，反正皇帝沒有一個好東西。林鵬先生說：「要認清現代中國，就應該首先認清古代的中國。關鍵是認清人，認清關鍵的人。現代中國的關鍵人物是毛澤東，古代中國的關鍵人物是秦始皇。」那麼，貫穿二人之間兩千年血脈聯繫的是什麼？林鵬先生接著說：「帝王思想的特質就是專制獨裁。皇帝至上、權力至上、國家至上、暴力至上。沒有暴力就沒有一切，有了暴力就有了一切。甚至撰寫沒完沒了的《暴力論》，鼓吹暴力、讚美暴力、讚美流血、歌頌流血，『英雄蓋世流人血』，都是流別人的血。帝王文化也走向極端，它的極致就是血腥殘酷的奴隸制。真正的分田而耕的（井田制的）亞細亞生產方式下沒有奴隸制，但是在有了皇帝之後，中國就有了奴隸制。」掂掂吧，把刺秦的檔次提高到剷除帝王文化的境界，這是什麼價值？筆者曾笑謂諸友說，林鵬先生堪稱當代荊軻！老荊軻只讓老秦皇「不怡者良久」，這新荊軻則足可嚇死所有的秦始皇們。若是老司馬活著，真不知該如何改寫《刺客列傳》。

但是，且不可忘記，刺秦之路漫漫兮修遠，捧秦之風盛且熾。更可擔心的是，京劇《博浪椎》中那個囟門勾油黃（油黃表示殘暴——筆者），尖眼窩，眉心、鼻尖、頰上和腮上勾有六個蝙蝠的秦始皇面孔，還會不斷變換新模樣，把《大秦帝國》的白日夢做了再做。

但願林鵬先生的現代清醒，對皇權專制主義堅持批判與反思的勇氣，感動並感染更多的中國人。

【附記】

之一，〔筆者按〕：一九九八年七月二十二日，我曾給林鵬先生寫過一封信，那是拜讀《咸陽宮》後，本想寫一篇評論，由於思路糾結，一直未能成篇，只好退而寫信，說出自己一點不成熟的想法。現在回過頭來再看自己的信，覺得真是不成熟。十年後的二〇〇八年秋天，我再看到自己這封信時，不禁大為感動。你猜怎麼著，林鵬先生至少看過它五回，證明是，旁邊的批註是三種筆五次寫成：最早是鉛筆，批語標明日期是一九九八年七月二十四日，顯然是收信當時寫的；再是紅炭素筆三次，標明是二〇〇四年二月十五日、二〇〇四年二月二十五日和二〇〇八年五月十日，並簽有「蒙記」；三是黑炭素筆，標明是二〇〇八年三月二十五日，並簽有「鵬記」。我推算了一下，他五次看信的年齡分別是七十歲、七十六歲和八十歲。可以想想，對後學者一封普通的信尚且五看不厭，你說這老頭治學之勤奮嚴謹，應該達到一種什麼程度？下面是我的原信和林鵬先生的五種批註。

林鵬老師：您好！久違了。欠你的一筆文債老也沒法還上，先留下這封信表示歉意。我想我以後會真正理解《咸陽宮》及其作者的大胸襟的。以前從你處借到的幾份資料現奉上，未經許可，我複製了一份以備後用，望能見諒則個。天太熱，你保重。順頌大安！周宗奇一九九八年七月二十二日。（在這一頁上，林鵬先生有三段批註。先是紅炭素筆的兩段，分別是：「此文甚好。今日重讀，頗多感想。二〇〇四年二月十五日」「周提之問題，頗有普遍性。既然是一封信，我便可有一封回信……同時發表。二〇〇四年二月二十五日，蒙記。」後是黑炭素筆：「這是十年前的一封信，今日又細讀之，非常好。許多問題已經解決了，如對馬列主義的看法。其他對先秦史，也已有新觀點出現了。二〇〇八年三月二十五日，鵬記。」）

早說要給大作《咸陽宮》寫點感想，但三年過去（從一九九五年七月二十六日座談會算起），竟隻字未見，實在有愧得很。不過，這是有原因的。姚奠中先生說這部書「不是一般人可以讀懂」，確實也是我的主要原因。對先秦歷史我是知之太少了，怎敢輕易下筆呢？而寫些一般的讚美文章，對你這般聲望和閱歷的智者又有何用？事情就這麼拖下來了。

但是，我並沒有忘掉這碼事。最近抽空又拜讀了一次《咸陽宮》，說老實話，還是沒真正讀懂。這絕不是故作謙虛狀，委實是傳統文化的根底太淺了。因為讀不太懂，便會有許多疑問，不妨提出來就教就商於先生，我想也是一件有意義的事，未必就比見報的文章沒價值。

您在七六六頁寫道：「自從有了皇帝以後，兩千年來，小人得志，則非老皇帝不可。庶民在暴政之下，被壓得粉碎，他們喪失了一切。他們喪失了自由，喪失了個性，喪失了尊嚴，喪失了道德，喪失了一切生動活潑的東西。一切屬於個人的東西都遺失了，都徹底地泯滅了。戰國結束，英雄時代也隨之而結束，並且是永遠地結束了。此後的歷史索然無味，令人不能卒讀，庸俗透頂，無聊之極。此後的歷史再也無法產生出真正的英雄和偉大的聖哲，只能產生各種各樣的小丑。」將近聯繫到您在《修訂再版後敘》中的話：「這一年（一九五八年），我模模糊糊感覺到，中國問題的關鍵是秦始皇。」將近十年後，您在四十歲生日這天又說：「今天是我四十歲生日，我已經步入了不惑之年。我認為中國問題的根本關鍵就在『沙丘』。」這樣聯繫起來看，上引七六六頁內容應該是《咸陽宮》的「眼」吧？點題之筆吧？（在這一頁上，林鵬先生用黑炭素筆批註道：「『眼』在『只好準備打仗了』，『為統一嗎？』『不，為王道。』[七七〇頁]如果說『眼』的話，在此。鵬。）

雖然這是由作者直接喊出來的，似乎與小說的含蓄傳統不大協調，但卻真正點到了中國的要害之處。中國的問題就在秦始皇，就在專制主義，就在幾千年陰魂不散，至今仍在神州遊蕩。您在四十年前就這麼說，文革期間就這麼寫，見識和勇氣令人欽佩。便是今天，也不是每個人都敢大聲疾呼批判秦始皇的。在中國，有這種見識者未必很少，有大勇氣者卻太少了。

對於您所表現出來的人文激情和批判理性，我又欽佩又納悶。納悶的是，一個小八路出身的黨政領導幹部，轉變成一位反主流的思想家和批判家，其轉變契機和心路歷程是怎樣的呢？很早就當「思想老虎」的緣故嗎？一直遭受政治運動的不公正對待的緣故嗎？讀書的緣故嗎？天賦善於感悟的緣故嗎？可惜對您的生平知之不詳，難以找到答案。

柯文輝先生說：「如果先秦諸子的民主意識，得到充分的發展，封建長夜不會延續兩千多年，中國將是科學文化最為發達的一流強國。」他的這個判斷，不知是從《咸陽宮》裏看出來的，還是從與您交談中採得的？這意思也就是說，假如沒有秦始皇，沒有他「一刀兩斷」了古代的民主意識，中國將會是另外一種樣子。我從《咸陽宮》和您的其他文字中，也看出了這種觀點。對此，我有一些疑惑。

中國古代究竟有沒有真正意義上的民主思想？有多少？諸子百家中哪一家是民主思想的真正載體？（在這一頁上，林鵬先生用鉛筆批註道：「個性的尊嚴，獨立，自由，就是……」）《管子》的「政之所行，在順民心；政之所廢，在逆民心」嗎？《晏子春秋》的「民，事之本也」嗎？《詩經》的「邦畿千里，維民所止」嗎？《老子》的「聖人無常心，以百姓心為心」嗎？《呂氏春秋》的「天下非一人之天下，天下之天下也」嗎？或者就是最為後世稱道的《孟子》的「民為貴，社稷次之，君為輕」嗎？……這些名家之言只是體現了一種民本思想，頂多帶一點樸素的民主色彩。真正民主思想的核心是人的自由意識，承認人是一種生而平等的社會存在，一種心理的存在，一種情感的存在，在社會關係中、心理上、感情上都具有獨立的價值。（在這一頁上，林鵬先生用鉛筆批註道：「在兩千多年前，西方連這點色彩也沒有。民本比君本強得多。兩千年一直在君本下生活。」）而這些先秦諸子的民本言論，完全是站在君的立場上出謀劃策，（在這一頁上林鵬先生用鉛筆批註道：「錯了！是士。」）把民當作一種可以驅使的力量，看怎麼樣才能牧得更好，並不對每個民的人格給以正確定位和評價的。所以這在本質上與「民可使由之，不可使知之」是一脈相通的，加在一起還抵不住屈子的「長太息以掩涕兮，哀民生之多艱」的民主含金量大吧？（在這一頁上，林鵬先生用鉛筆批註道：「屈原只是同情，他是個貴族[紳士]，沒含金量。」）

接下來的疑問便是，這樣的「民主思想」，既然連秦始皇的上臺都難以阻擋，它如何能在專制主義掌權的環境中「得到充分的發展」，以至於使「封建長夜不會延續兩千多年」？我們對古代那點民主傳統是否估計過高，期望太大了些？當然，中國率先出現由秦始皇實現政治統一的專制政權，不是偶然的，它是一種「有歷史地理性的組織和一種帶群眾性的運動」（黃仁宇語）。（在這一頁上，林鵬先生用鉛筆批註道：「黃未能深入。」又用紅炭素筆再批註道：「無人不受黑格爾的不良影響，『凡存在的，就是合理的』。黃找出了地理等理由……二〇〇八年五月十日。」）考察戰國中後期的社會經濟因素，農業技術的進步，商業的興起，客卿在各國政治生活中的地位，遊俠的活躍等，都促使了中國走向統一。有人論斷說「光是治水一事，中國之中央集權，已無法避免」。假如不是由秦始皇來統一中國，也會出現王始皇或李始皇。而且照黑格爾的「普遍沉淪」說，出現封建專制政權是世界性的，在歐洲不是有漫長的中世紀嗎？我覺得這一人類歷史發展的必然趨勢，是古代民主意識、思想、潮流所無法阻擋的，如果古代（中國）有民主傳統的話。（在這一頁上，林鵬先生用鉛筆批註道：「以前[十九世紀]的歷史家，從兩河和埃及的研究得出了這種結論，蘇聯信奉之，可以算作早期的機械論歷史觀。」）

我這樣說，決不是想否定您的深刻論斷：中國問題的關鍵是秦始皇。他確實開了一個壞頭，使中國人民至今還受害無窮。我只是對您和柯文輝映老師的「先秦民主情結」有些半信半疑。（在這一頁上，林鵬先生用鉛筆批註道：「不是我的情結。」）我的觀點是：在中國幾千年莽蒼蒼的歷史原野上，還從來沒有長出過像樣的民主胚芽，「五四」運動一聲春雷一陣急雨，正要催生些什麼，可惜一掠而過，「六四」運動是國人現代民主意識的真正覺醒，可惜很快掩沒在血海之中，所以中國老百姓至今還不知民主為何物！（在這一頁上，林鵬先生用鉛筆批註道：「未必！」）還依然在秦始皇們和幫辦們的專制湯水中渾渾噩噩地、不死不活地、無可奈何地掙扎著。其間自然不乏有清醒者，可以說歷代不絕。尤其在明清以降，總有向專制主義挑戰的讀書人。（在這一頁上，林鵬先生用鉛筆批註道：「歷代不絕的犧牲，只是至今沒有得到罷了。」）比如明代李贄，就是一個敢於批判傳統文化的叛逆人物，雖然他的異端思想還僅僅停留在形而上的思維層次上，不得不用「焚書」和「藏書」的名義包裝著，不敢以自己的思想模式來重組社會結構。在中國，我看第一個站出來向專制權力本身提出挑戰的思想家就是黃宗羲了，「為天下之大害者，君而已矣。」可比驚雷乎？（在這一頁上，林鵬先生用鉛筆批註道：「很正確。」）當然，他也未能完全走出傳統政治理論的陰影，比如他也相信在古代中國存在著「三代」統治者為公愛民的善，也可說是民主吧。（在這一頁上，林鵬先生用鉛筆批註道：「三代確實存在。」）

再下來我就佩服譚嗣同了，一部《仁學》，已經走到全面批判傳統的邊緣。還有嚴復、魏源、章太炎、鄒容、胡適、陳獨秀、李大釗，最後是魯迅……都是真正呼喚民主的鬥士和功臣。（在這一頁上，林鵬先生用鉛筆批註道：「魯迅極端缺乏平等觀，他若上臺，肯定是最兇惡的文化專制主義。」）林老師你說春秋戰國以後的歷史索然無味，沒有英雄和聖哲，我能理解是指一種大趨勢而言。不過具體來說，還是有不怕死，敢放響屁的仁人志士，拋頭灑血薪傳不斷的。半個世紀以後的現在再讀魯迅，他的骨頭還是最硬的！（在這一頁上，林鵬先生用鉛筆批註道：「個人英雄主義的『硬』！」）我也相信，目下士子缺鈣直不起脊樑骨的局面，總還會有熱血男兒和巾幗英豪來打破的。所以，我請林老師「怒其不爭」的牢騷還是可以發的，但也不要太悲觀呀。

當然，是很難。在中國，歷來的先驅者都得是「先鋒派」人物，面對絕大多數國民的麻木狀態，事實上都超前太多太多。當民眾還都是社會戲劇的看客，（在這一頁上，林鵬先生用鉛筆批註道：「這點指農民？但是農民不是看客。」）所形成的麻木、封閉，然而又是絕大多數的力量，又成為民主進程最難突破的泥淖。要先知先覺者人頭和鮮血的當權者並不可怕，最可怕的卻正是這些由廣大看客所組成的無邊方陣，這支習慣的力量，多數的力量，幾千年積澱而成的舊文化的力量，足可叫一代代革命者欲哭無淚，仰天浩歎！（在這一頁上，林鵬先生用鉛筆批註道：「我從來不埋怨舊文化。」）《咸陽宮》中的秦人和呂不韋這一對組合的萬般尷尬和悲慘，真叫您寫到家了。不是呂不韋的悲劇，不是秦人的悲劇，乃是整個中國的悲劇！

寫到這裏，我忽然還想請教您一個問題。你曾強調您是一個共產黨員，很早就信仰馬列主義，《反杜林論》至少讀過四次。我相信您是真誠的。我的問題是：馬克思主義還是一種有實踐意義，有光輝目的的科學理論嗎？它在全世界範圍內的失敗和挫折是偶然性還是普遍性？是必然的前進中的波折，還是已然證明此路不通？中國的馬列主義及其實踐，是原來意義上的馬列主義嗎？它與封建專制主義是兩股道上的車，還是原本就是一回事？它明顯地面臨著滅亡或再生，哪種希望大？我為什麼想起這些敏感的話題？因為我似乎從您的談話、文章、心態和感情上，看出了您在這些問題上的矛盾和為難之處。當然，這些問題我也自有看法的，不過信上就不便交流了，有機會的話可以面談。

上面拉拉雜雜地說了不少，連我自己都不知道說了些什麼。在您的大知識面前，尤其對先秦歷史的全面系統知識爛熟於胸面前，我這些雞零狗碎的東西顯得多麼可笑。您別見笑，不周之處，出洋相之處，還望指教。我是願意拜您為師的。不怕有面諛之嫌地說，您是當今山西文化人中叫我敬佩的極少數幾個人之一。我多麼希望您能領銜主辦一個討論中國歷史問題的文化沙龍，因為急待搞清的大是大非太多了呀！即頌夏祺！周宗奇一九九八年七月二十二日凌晨。（林鵬先生在最後一頁上用鉛筆批註道：「兩種文化：士文化，帝王文化，一旦搞清，所有問題迎刃而解。一九九八年七月二十四日，鵬。」）

之二：

林鵬先生的《一方少丘印》

大約在文革初期（一九六七～一九七〇年）我有一方印，我刻過多遍都沒刻好，即「沙丘」二字印。史載秦始皇死於「沙丘平臺」。沙丘在古代很有名，地址在河北省平鄉縣。據傳最早是商紂王修建的，史稱沙丘宮。後來，公子成圍沙丘宮，趙武靈王餓死在此。再後來就是秦始皇。我決心寫一部長篇歷史小說，寫秦始皇。這個決心是什麼時候下的，是在文革前。定下沙丘二字為書名，我記得很清楚，是一九六七年二月十九日，這天是我的生日。我把我在此以前的小說書稿（一個長篇，兩個中篇）當眾燒掉，然後我在自己的日記本上（我從來不記日記，怕人說是反動日記，但是有一個日記本）寫了兩個大字「沙丘」，注曰：「中國問題的關鍵在此。」即使紅衛兵抄了去，諒他們也不知道這是什麼意思。我認為要真正認清中國的古代史，關鍵就在「沙丘」。能認清中國的古代史，也就認清了中國的現代史。反過來說也一樣，能認清中國的現代史，也就認清了中國的古代史。我以為認清中國古代史的關鍵，就是認清秦始皇。而秦始皇一生活動的關鍵，就是他冠禮前後的一年多。這一年多事情很多，而一般歷史家卻避而不談。

我把我的歷史小說定名為《沙丘》，前頭有個「楔子」，等於序幕，寫他冠禮前後的事情，取名《沙丘引》，即《沙丘》的引子。一九六八年寫了一遍，一萬多字，乾乾巴巴，不滿意。一九七〇年冬天在插隊地點重寫一遍，也不滿意。到一九七四年，批孔開始了，我又重寫一遍，題辭是傳說孔子的歌詩：「何物男子，入我室，登我床，顛倒我衣裳」。依然不滿意。後拖到一九八四年冬天，降大任一句話救了我的命。他說，「所謂小說，就是閒話的藝術」。我一下子恍然大悟。一九八五年一月五日把《丹崖書論》的書稿交給王朝瑞，我把腳一跺，當晚我就動筆寫起來。我當時已經五十八歲了，此時不動筆，更待何時。我想起伍子胥的話，「吾日暮途遠，吾將倒行逆施」。

把以前寫的全部拋棄，另起爐灶，不做計畫，不列提綱，人物故事隨寫隨編，寫到那裏算那裏。第二年一九八六年四月二十二日，我小外孫滿月時，寫完長篇歷史小說，取名《咸陽宮》。太原風俗外孫滿月要「挪騷窩」，到姥姥家住去。我高興極了，《咸陽宮》完成，可可的又得一外孫，實在不知如何是好。從此外孫同我一起睡。一九八〇年，我得了一個孫子，高興非常，取名「騶虞」，《山海經》「林氏之國有仁獸焉，名曰騶虞，見之天下大安」。當時中央說，今後不搞政治運動了。我想，只要不搞政治運動，也就天下大安了。一九八二年得一孫女。現在又得一外孫。人生在世，尚有何求。

之三：

筆者按：林鵬先生真跟秦始皇們拼上命了。就在本書全文殺青之後，二〇一二年酷暑季節，八十五歲且剛動過眼部手術的林鵬先生，又寫下了這篇《秦始皇論》。這種戰鬥激情和不屈不撓的韌勁，令人肅然無語。寫完不久，適逢丁東先生由京來並，順便帶走林先生新作，很快推薦給《社會科學論壇》雜誌，很快在第九期刊出。現將此文作為附記之三附此，以饗讀者。

《秦始皇論》

秦始皇二十六年，兼併天下，稱始皇帝，在此之前，稱秦王政。秦王政十三歲繼位，二十二歲冠禮親政。冠禮親政以後他幹的第一件事情，就是驅逐客士。李斯上書，諫逐客令，秦王政立刻就收回了逐客令。

李斯的諫逐客令全文都傳下來了。我們仔細看他的這篇著名文章，他實際是不反對逐客的，他只是反對不分好壞（不辨忠奸）一律逐之（當時叫「一切逐客」）。秦王政根據「宗室大臣」們的建議，宣佈「一切逐客」就是不對的，李斯上書後，他又一百八十度「一切收回」也不見得對。這至少不符合李斯上書的原意。

這就證明了，秦王政是個粗人，粗人幹不了細活。我甚至懷疑他是不是看了李斯的上書，如果看了，那就是沒看懂。粗人不需要看懂什麼。

縱觀秦始皇一輩子剛愎自用，只有這麼一次從諫如流。而李斯一輩子阿附取容，只有這麼一次，敢於諫諍。他們二人，各幹了一件本不屬於他們的事情，我想，這裏面一定另有原因。

我分析當時的情況，最為嚴重的問題，是上黨的成蟜軍已經叛變，而派去消滅成蟜的秦軍將軍是著名將領蒙恬，他是客士。他的父親蒙武，自然也是客士，現在正帶領大軍駐紮東郡，既可威脅齊國，又可牽制趙國，使趙國不敢出兵支援成蟜。如果他們姓蒙的將領們知道他們在被驅逐之列，他們就很有可能轉而支持「王弟成蟜」，聯合趙國甚至齊國，打回咸陽，奪取秦王政的王位。這是輕而易舉的事情，簡直不費吹灰之力。

秦王政想到這裏，至少要嚇得尿褲子了，所以聽說李斯上書諫逐客，他就立刻收回了成命。

建議一切逐客的是誰，史書說是「宗室大臣」。這是誰們，我們發現在《史記・秦始皇本紀》中有以王綰、馮無擇為首的新出現的六位大臣，這肯定就是他們鼓噪起「一切逐客」的。由這一切逐客的鼓噪看來，這些所謂宗室大臣們，也都是粗人。

這種粗人就好比粗石器。比如有一種粗砂石，也可以鑿製成器皿，諸如餵豬槽、飲馬槽一類。這些東西，雖然實用，卻是不登大雅之堂，他們同廟堂之器不可同日而語。如孔子稱子貢是「瑚璉之器」。史載，春秋末，魯國最弱，孔子派子貢出訪。子貢一出，攪亂了天下，擺平了列國，挽救了魯國。荀子說，「秦無儒」。秦國不出這種東西。後世有過「關東相，關西將」的說法，這所謂「關西將」，也只是粗人，正是白起、王翦之類。班固的《漢書・刑法志》說白起、王翦是「豺狼之徒」。這評價不算很高，沒有政治頭腦，只知殺戮的人，頂多是粗石器一類。無可奈何。

粗人幹不了細活兒。秦始皇一輩子沒有幹過一件細活兒。什麼叫細活兒。這就是不但要有政策，而且要有界限。沒有界限就等於沒有政策。沒有界限，那政策就是胡來。下面不敢不執行，只要一執行就要過火，這就是「過左」，「寧左勿右」，「沒完沒了的擴大化」，沒有不「擴大化」的時候。這太可怕了。

秦始皇一生幹過兩件大事，第一是削平六國；第二是焚書坑儒。這都是粗人幹的粗活兒。

先說削平諸侯，這裏面就有政策，有策略，有各種對待不同對象的具體界限。沒有界限就跟沒有政策是一樣的。讀者可以細讀史書的有關資料，秦始皇對六國的王族、貴族和文武大臣，從來沒有分別對待，沒見過他安撫、照顧或者啟用過一個六國的大臣或各種人才。他把六國宮殿製成圖樣，磚瓦木料拆除運回咸陽，在咸陽北阪上重建起來，鐘鼓美人充之，卻不見他起用一個六國的大臣。難道六國都是荒蕪一片，只有鐘鼓美人，絕無人才可用嗎。

盧生批評秦始皇，「以諸侯兼天下」就是非法。這是很值得讀者注意的。列國紛爭，曠日持久，誰都知道天下要想太平，則必須歸於一統。然而，「誰能一之？」孟子曰：「不嗜殺人者能一之」。當時的廣大的士君子群體普遍認為，只有像大舜那樣的人「匹夫而為天子」（《呂氏春秋》）才有資格統一天下。《呂氏春秋》說這樣的聖賢應該出自「山林岩穴之中」。你秦王政以一個諸侯，有什麼資格統一天下，以什麼名義統一天下。諸侯相爭等於狗咬狗，狗咬狗兩嘴毛。你一個滿嘴狗毛的諸侯，以暴易暴，殺人盈野，怎麼敢自稱天子？這至少在盧生看來是非常荒唐的。秦始皇也知道這個道理，所以他才暴跳如雷，立即下令坑儒。

再說焚書坑儒，這事件是世界歷史中的大事。秦始皇以焚書坑儒開創了一個新時代，帝王時代，文字獄的時代，唯我獨尊的時代。這事件來的非常突然，非常殘忍，非常徹底。這三個非常，正是秦始皇的一貫風格，自然也是粗石器的標誌。焚書是「守令雜燒之」，坑儒就不可能守令雜坑之嗎？這都是在可以想像之中的事情。請不要忘記，史有明文，「偶語詩書者棄世，以古非今者族。」偶語就不是一個人，族更不是一個人，人頭紛紛落地，這是可以想見的。說什麼區區「四百六十人」，那只是一個坑裏埋了那麼多的儒生。我一貫不相信秦朝公佈的數字。秦始皇也知道美與醜，也知道成與敗。成功的事情盡力誇大，失敗的事情則盡力縮小，所以終秦之世，沒一個數字可以相信。

秦始皇的這兩件大事，都有他的「宗室大臣」的份兒，也就是以王綰、馮無擇為首那六個人的份兒，都是粗石器。他們都幹不了細活兒。在這些粗人之上，就是那個最粗的人，最大的粗石器——秦始皇。所以，秦之亡也是三個非常，即非常突然，非常殘酷，非常徹底。

這是一種墮落，政治的墮落，歷史的墮落。因為格雷森定律控制了政治，從而也就控制了歷史，歷史開始墮落。秦始皇創造了帝制，開創了帝制時代，帝制時代一直延續了兩千多年。後世的小人得志，那是非當皇帝不可。歷史進入到粗石器時代，歷史的墮落有如萬丈狂瀾，無可挽之。所以唐甄說，「自秦以來，凡為帝王者，皆賊也」。（《潛書》）

林鵬二〇一二年六月一日於東花園

第十二章 私有制

一九七五年冬天，差一點發生了悲劇。

那時，老首長史進前來太原找林鵬先生，想讓他再著軍裝，回北京，給中國人民解放軍第一副總參謀長楊成武當高級幕僚。說起來，林鵬先生與楊成武將軍真算有緣，前文書中提過的，當年駐軍南管頭的楊司令，少年林鵬是天天要看見的，只是無緣相識罷了。要說這位福建籍的上將楊成武，學生出身，當過秘書，當過宣傳隊中隊長，當過秘書長，也算個儒將吧。「文化大革命」中，一九六八年至一九七四年期間，同樣遭受迫害，被關押起來。一九七四年十一月至一九七七年九月，任解放軍第一副總參謀長。此時的楊成武將軍有點鬱悶，因為毛澤東但凡想整肅那幾個老帥，都讓周恩來通知楊成武組織實施，主持召開個批判會什麼的。老帥們不敢反抗毛周，都把一肚子火氣撒在楊成武頭上。楊成武上下都不敢反抗，就把怨氣憋在自個兒肚子裏，老憋著也不是個事呀，就想找個人訴說。哪裏就有合適人選呢？所以就讓老部下史進前給物色著。史進前眼前一亮，立馬想到林鵬先生，當年在軍中就小有名氣，如今入學者一流，有學問，善著文，又是書法家，最關鍵都是晉察冀狼牙山出來的，當年又給狼牙山功臣們寫過傳記，還有比這更高級的傾訴對象嗎？楊上將一聽，這太合適啦，馬上就要讓林鵬先生進京會面。這個日子林鵬先生記得清，一九七五年十二月二十三日。兩人見面就是長談，一直談到午夜時分。楊將軍顯然非常滿意，就只等辦理調動手續了。恰恰就在此時，不早也不晚，林鵬先生右臉頰上長出一個大痞子，你說它厲害，它要不了命；你說它不厲害，哪兒也別想去哈。原說得動手術，後來得了個偏方，醋泡雞蛋七天七夜，化開上籠蒸熟，服下即可。居然給治好了。痞子是不見了，但「四人幫」卻倒臺了，朝野震動極大，一切調動手續都辦不成了，大清查開始了，思想老虎又關進「學習班」了，進京再入伍的事也就不提了，最重要的是，一場即將發生的悲劇也就避免了。

奇怪，上調進京好事一樁，怎麼能算悲劇呢？這看怎麼說。你想啊，林鵬先生如果礙於狼牙山情結和戰友情面，真的進京做了高級幕僚，一隻已然完成了全部野化訓練課目的思想老虎再關進籠子裏，再讓「共產主義幽靈」格式化一回，不是悲劇是什麼？從大處看，增加一個高級軍事官僚沒什麼，山西失去一位敢於衝刺思想禁區的勇士，中國失去一位精神刺秦的當代荊軻，不是悲劇是什麼？從這個意義上說，真得感激那個無名痞子，以及最後一個中國式的古拉格集中營——輕工廳「學習班」，是它們聯手制止了一場悲劇的發生。這算一點開場白，回到正題。

私有制問題，是林鵬先生特別關注的重大課題之一。有思想個性的人，誰又不關心這個問題？

今年早些時候，筆者受林鵬思想啟發，把私有制問題與眼前兩個事例聯繫起來思考，寫過一篇小拙文，題目很隨意，《我想幹的一件事》，不長，如下：

說說我想幹的一件事。

去年，烏坎事件很轟動。那是一個村莊與國家體制的一場戰爭。烏坎農民的具體目標有兩個：一是要求承認自己的村選結果，要民主；一是要求歸還被佔用的土地，要土地所有權。對中國農民來說，土地所有權是他們亙古以來最根本的訴求。我發了一條回聲不小的微博是：「中國農民正烏坎，中國作家在哪裏？」我決心去烏坎採訪一回，可是最後沒有去成。今年，我知道了一件很悲壯的事：一個農民與國家體制的一場戰爭。那是河南許昌縣寇店貧農寇學書的驚天之舉，他堅守政府分給的幾畝合法土地，發誓不「自願」參加初級社、高級社、人民公社，幾十年不動搖，一生不動搖，直至最後被國家體制投入監獄，瘐斃大牢。我想前去祭奠這個孤魂難回故土的農民，我開具了證明自己是「中共黨員」的介紹信，最後還是沒有去成。

一個村莊與國家體制的一場戰爭，一個農民與國家體制的一場戰爭，為土地所有權而戰的多麼偉大的兩場戰爭！我本想去探求與記錄，卻都沒能成行，最主要的原因之一是，我缺乏報告文學作家應該具備的勇氣，這兩個地方不是雷池，而是雷區！所以我想，不是所有作家都可以成為報告文學作家的，只有那種富於家國懷情和道義擔當的優秀作家，只有那種輕視廟堂而關注民間的優秀作家，才可能成為優秀的報告文學作家。另外一個主要原因是，我還看不透中國的所謂「三農問題」，實際上就是一個土地所有權問題。一個只會報告並且很文學的作家，還不是一個最優秀的報告文學作家，他還必須很思想！

「成湯伐夏」的例子過於遠了點，「周武革命」為什麼會成功？我看周人建立的那一套社會政治新秩序，「禮樂」不過是形而上的核心，真正的核心應該是形而下的新型土地所有制，即「渙其群」，解除對奴隸的集體拘禁，「渙有丘」，叫他們都變成耕者有其田的農民。假如「改邑不改井」，只是變更政權（邑）而不改變土地所有制（井），那就等於什麼也沒做，那就是「無喪無得」的白忙活。所以孔子老先生大聲疾呼要「祖述堯舜，憲章文武」，遵循堯舜之道，效法周文王、周武王之制，就是這個道理。

農業的基礎和憑藉是土地。從刀耕火種的原始農業，到「不計而耦，不約而成」的文明階段，土地應該說都是私有的，誰耕種誰收穫誰納糧，這上交的糧食最早只為祭祀，後來加上戰爭，即所謂「國之大事，在祀與戎」（《左傳》）。你要把這編派成什麼「五種社會形態」中的「原始共產主義社會」，算你有辦法，但你沒辦法否認土地私有這個事實。林鵬先生說：「土地私有是人類社會的根本，所謂公有，只是公侯的私有而已」這是井田制出現以後的事了。「有了公侯才有公有，公有制者，公侯之私有也。」井田制時代是公侯私有，再往下就是秦始皇私有，皇上私有，國家私有，就是侯外廬先生認定的「皇族土地所有制」，土地國有制是占支配地位的，它貫串於秦漢以來的全部封建史。到了偉大的「人民公社」以後，更是一「徹」到底，名副其實的國家私有了，都成了「共產」，「黨產」，哪裏曾有過想像中的「公有制」？「普天之下，莫非王土」啊！你這麼一「公有制」，老百姓成了不同程度的變相農奴，別說連買賣土地的自由都喪失了，花終生積蓄置一塊宅基地，也只給你七十年使用權。從古至今，有過如此霸道而殘酷的土地制度嗎？烏坎農民不鬧事，也會有白坎農民揭竿而起，冤殺了寇學書，他永不消散的陰魂，也會附體在更多的農民身上，不過是時間問題而已。

當然，中國的土地制度是一個相當複雜的問題，「耕者有其田」，說著容易做著難，不知耗盡古來多少英雄！此前三十多年的建國史已經證明，土地歸黨的作法行不通，「跑步」進入不了「共產主義天堂」。此前三十多年的改革史也已證明，只有把土地交給農民打理才是正道，做得還不徹底，還得下決心做得更好。政府的責任不是佔有土地，而是保證土地歸耕種者所有。

既然發生了烏坎事件，既然知道了寇學書冤案，儘管我是這樣的缺乏勇氣和見識，但總還是一個作家，還保有一點點非犬儒的良知，所以，我得把已有的計畫付諸實施，我得為中國農民做一點有益的事。

展示拙文，並非自炫，唯欲證明從立論到表述，其思想憑藉與知識依託大都來自林鵬先生，來自他幾十年來冒險犯難，對中國傳統經濟制度，尤其是先秦時期經濟制度的深入研究，及其所取得的超越前人的獨特成果。

私有制這個大課題，在標榜「百花齊放，百家爭鳴」的新中國，卻很少有人正面談論，更別說做深入再深入的專題研究了。這倒不奇怪，「共產主義幽靈」在作怪嘛，「私有制是萬惡之源」嘛，誰敢沾邊！奇怪的是，改革開放這麼多年來，「國學大師」滿天飛，口水四濺，卻也極少有人深入探討中國古代的經濟制度，包括土地制度、田稅制度、軍賦制度等等，只在孔孟的政治思想層面上打轉轉湊熱鬧，大演其講，大著其書，捨本求末，取皮毛之譽。這僅僅是學風浮躁的問題嗎？林鵬先生則不然，三十多年來，潛心守志，專攻先秦經濟思想與經濟制度，探幽燭微，溯本求源，撥亂反正，獨抒心得，讀過的書籍以百部計，摘錄批註以百萬字計，其《徹法論稿》、《貢助概述》、《晉作爰田考略》、《再論晉作爰田》、《徹我牆屋解》、《〈論語〉「足食足兵」釋義》、《商君隨記》、《呂氏春秋簡論》……等一系列豐沛著述，已成海內獨家學術景觀，其最為人稱道者，不僅在於學問功底不亞壇中碩儒名家，其膽識卓見更極具顛覆力，驚世駭俗，推陳出新。

比如，井田制問題。說到井田制，又得提到「共產主義幽靈」。一早的時候，不承認中國有過井田制，說那些「棋盤狀」的「豆腐乾」，不過是孟夫子的「烏托邦」而已。後來，「共產主義幽靈」進了中國，有了馬克思《給查蘇里奇的信》，有了恩格斯的《家族私有制及國家的起源》，發現「古代羅馬的百分田法」，與中國的井田制「極相類似」，於是又「一陣風地肯定井田制，……先秦古籍中的材料，徵過來，引過去，文以萬計，言之無物，竟不知井田制為何物。」（林鵬先生語）。

《孟子》說了一句「井九百畝，其中為公田」，就搞得歷代詮釋者莫衷一是，以為井田制就是劃成井字形的田。班固甚至認為，公田必須是中間那一百畝，而且必須在這一百畝中間打一口井，這就是井田制。王安石也糊塗跟進，還專門作了《周官新義》，對此大加論證，說非如此不能與古井字相符合。問題是，就算平原上可以劃田打井搞井田制，高山丘陵地區如何工工整整地劃井字，打水井？這可難壞了古今無數經解學家，《閱微草堂筆記》中那位做井田制試驗失敗的老先生多麼可笑又可憐！何謂頭巾氣和冬烘氣，此之謂也。且聽林鵬先生如何顛覆其說：

> 所謂井田制，就是分田而耕的制度。井田就是井地，井地就是經地，經地就是經野，《周禮》說「體國經野」，《漢書》說「畫野分州」，後世就叫作「耕地」，這就是古來就有的分田而耕的制度。《孟子》說的「夏后

氏五十而貢，殷人七十而助，周人百畝而徹」，這五十、七十、百畝就是分田而耕的證據。

天下到處都有土，而只有耕地叫作土地。土者，度也，就是度量耕地，即分田而耕。《禹貢》說：「桑土既蠶，是降丘宅土。」《風俗通》引作「降丘度土」。降丘就是從山上搬下來，搬到較為平坦的地方來，從此開始了分田而耕。這是洪水滔天以後不久，大禹治水以後的事情。農業之初是一個家族或叫作大家庭集體耕作，農產品主要是糧食，由集體保管，一夫一妻的小家庭食用時自己去取。後來農業發展了，糧食便由小家庭保管，他們只向家族或叫公社，交納一部分糧食。這就是用於祭祀和戰爭的。《左傳》曰「國之大事在祀與戎。」祭祀是祭祀山川之神和祖宗之鬼。這同後來的叫作宗教的東西不是一回事，它沒有信教和不信教之分，也沒有發生過宗教戰爭。這種交納，就是「夏后氏五十而貢」。其中的具體做法，後人已經不得而知了。再後來農業更發展了，便出現了公田和私田。一家一戶的農夫到公田中勞動，公田收穫歸公，私田收穫歸己。這就是「殷人七十而助」的情形。助者藉也，借民力以治公田。後來叫作「租」的，也是由「助」發展來。這兩個字的主要部分是「且」，這就是「祖」。在公田中勞動，其收穫是為了祭祖。所以，農夫在公田中勞動的積極性非常之高。《詩》曰：「雨我公田，遂及我私。」表明了在農夫農婦的心目中，最神聖的是公田，希望老天爺照顧我們的公田，然後我們的私田也稍沾雨露。

林鵬先生在《貢助概述》中進一步加以闡述：

古代的先民們，也就是發明天文律曆的人們，絕不像後世的書呆子們那麼笨拙。甲骨文中的「圖」字，就是明證。圖者，耕地之形也。它們都是由零零碎碎七扭八歪的小塊耕地湊起來的。這「圖」中就有公田有私田。公田都是較肥沃的土地。它們也許集中在某一個平壩上，劃成許多個一百畝，指定張三李四等八夫，共耕其中的某一百畝，如此而已。不過，真正平均平等的事從來沒有過。「暴君污吏」經常會「漫至疆界」，故而《孟子》才說「夫仁政必自經界始」。這個「經」字，也可以寫作「井」，也可以寫作「耕」，也可以寫作「田」，不必一定把我們的思想凝固在個別文字上。那是冬烘先生們的事情。

……

分田而耕的制度，因時間、地點之不同，遂有許多不同的作法。一般是每隔三年重新分配一次。《詩經・碩鼠》：「三歲貫女，不肯我顧。逝將去女，適彼樂土。」這就是三年重新分配土地，叫作「三年爰土易居」的情形。又因土地饒瘠不等，上地年年耕種，一夫百畝；次地隔一年耕種，一夫二百畝；再次則休耕二年，則一夫三百畝。「三歲更耕之，自愛其處。」（《漢書・食貨志》）

……

春秋戰國之際，最根本的變化是去掉公田，改八夫一井為九夫一井，……在公田中勞役的助法改為從私田中取十分之一的作物，所謂十一之稅。這種稅法仍然叫助，不過是勞役變成了實物（糧食）。我稱之為新助。這雖然是一個很大很重要的改變，但是仍然沒有改變社會性質，這同土地私有制不是一回事。

去掉了公田，變為九夫一井之後，只能實行什一之稅。什一之稅謂之天下之中徵，中等的徵稅率。這是一個普遍原則。原則是原則，行動是行動，經常是超過十分取一，取二，取三，視情況而定。這就是《地官》所說「視禾之上下出斂法」。他把你的產量估得很高，即使是十取一也受不了，何況還有十取二，十取三。於是就有了貢法，即固定數量的穀物田稅。龍子曰：「治地莫善於助，莫不善於貢。貢者較數歲之中以為常，樂歲粒米狼戾，多取之不為虐，則寡取之；凶年糞其田而不足，則必取盈焉。」（《孟子・滕文公上》）固定數量的穀物田稅即什一之稅，是勞役田稅的合理的發展。在公田中勞動，八家供養百畝公田，相當九分取一，現在取其十進位以便於計算，叫作什一之稅。但是提成自有提成的缺陷，一則估產往往過高，再者比率不限，以至形成竭澤而漁，沒有了再生產的能力。

孟子是反對貢法的……但貢法依然是總的趨勢。總的來說，（自有井田制以來）貢便有三種：一、古貢（夏后氏的貢）；二、老貢，天子和諸侯們所食之貢；三、新貢，固定數量的實物田稅。助也有三種：一、古助（殷人七十而助）；二、老助，東周有公田的借民力以治公田；三、新助，取消公田後履畝十取一的稅法。

說到這裏，又牽出一個很要緊的爭議話題，聚訟古今，於「文革」中吵得最兇，說是最兇，是指一家獨兇，「馬克思加秦始皇」獨兇。這就是所謂商鞅在土地制度上的「三大改革」。具體說：一是廢除井田，把阡陌封疆都開墾成可耕地；二是「民得買賣」土地，這是由奴隸社會的土地不准買賣的官有制變為封建社會的土地可以買賣的私有制；三是「訾粟而稅」，說是朝廷只抽取土地所有者的糧穀的十分之幾作為地稅。就是商鞅這「三大改革」，一舉摧毀奴隸主剝削農業奴隸的舊制度，建立了地主剝削農民的新制度，云云云云。簡而言之，就是說商鞅一舉廢除了井田制，實行了土地私有制，從而改變了社會制度。此說完全不符合中國古代歷史發展的事實，絕對屬於謬論之列。可它不僅在「文革」時期獨霸話語權，沒有得到有力狙擊，就是到了新世紀的今天，還在謬種流傳，不信你打開網路有關條目看看，大捧法家商鞅蓋世奇功的言論大有人在。那麼，若大中國，就沒有一個人下點功夫，從根本上搞搞清楚，予以正本清源嗎？有之，則林鵬先生也。

在《晉作爰田考略》中，林鵬先生寫道：

後世肯定商鞅變法的人，談論最多的是商鞅廢除了井田制，從而改變了社會制度。似乎只要有個別傑出人物自上而下地進行變法改良就可以改變社會制度，而忽略生產力的一定發展，以及當時社會的普遍要求這一客觀條件。……其實，廢井田的「廢」字，亦訓「置」，（詳見洪亮吉《春秋左傳詁》卷九「廢六關」的解釋），周制一百步為一畝，商鞅改為二百四十步為一畝，自然要「決裂」原來的阡陌，「開立」他所創制的新阡陌。所謂阡陌就是井田。商鞅廢井田其實是廢了舊井田制，創置了新井田制。古者三年爰土易居，商鞅變法規定，「上地一夫百畝，中地一夫二百畝，下地一夫三百畝」，爰自在其處，不復易居。有些人把晉作爰田同商鞅變法混同起來，結果把「爰」，易也，變成了「爰」，不易也。歧路亡羊，以至於此。本來這種不易居的辦法在三晉早就有了，魏文侯時西門豹為鄴令，好地一夫百畝，次地一夫二百畝，這就是不復易居了。《周禮・地官》中記載許多把土地分成三等的材料，這些材料的來源肯定早於商鞅。其中上地不易，中地一易，下地再易的記載，說的是休耕制，自然是易居的井田制；而上地一夫百畝，中地一夫二百畝，下地一夫三百畝的記載，雖然說的也是休耕制，但是一望而知它們是由前者發展而來的不復易居的新井田制。同時，由於古代注釋家們對晉作爰田有過「移其疆畔」的解釋，而商鞅變法也有「決裂阡陌」的記載，所以也很容易將兩者混同起來。

為了進一步理清商鞅變法並非廢除井田制，林鵬先生特別回顧了春秋時期的變法歷史。他寫道：

春秋時期各國所進行的一系列變法運動，它的最主要最根本的內容就是取消公田，改八夫一井為九夫一井，改老助法為新助法即什一之稅。在晉作爰田之後，相隔五十一年，魯國「初稅畝」。《春秋穀梁傳》說：「初稅畝，非公之去公田而履畝十取一也。」可見「初稅畝」即取消公田改行什一之稅。關於魯國的「初稅畝」，後世學者談論極多，說法不一。這些分歧多半是由「三傳」本身一半正確一半錯誤的解釋造成的。例如在注釋「初稅畝」時，《左傳》說：「穀出不過藉」；《公羊傳》說：「古者什一而藉」；《穀梁傳》說：「古者什一，藉而不稅」。藉者借也，借民力以治公田。既曰穀，既曰什一，就是取消公田以後的事情了。雖然什一之稅也叫作助（藉），但它同在公田裏服勞役的「藉而不稅」，不是一回事情，它的實際內容是不藉而稅。可見戰國以後的人們，對春秋變法以前八夫一井的情況已經不甚了了，以至產生了用已非古禮的什一之稅，來批判魯國的稅畝制度。經師們忽略了取消公田這個大界線，他們只是著重攻擊魯宣公的「履畝而稅」，於是近代以來的歷史家們也就著重在「履畝而稅」四個字上做文章，得出了從此土地已經私有的結論。魯宣公的「履畝」，與周宣王的「料民」頗有相似之處，他們之所以有權料之履之，正是因為「普天之下，莫非王土；率土之濱，莫非王臣」的緣故。（周宣王為應付戰爭，刻意搜求，只得狠狠地勒啃中小奴隸主們；魯國的執政為了應付齊國的軍事壓力，想出了履畝而稅的辦法。）履畝是履中小奴隸主的畝，不是履農夫的畝。農夫一夫百畝是死規定。直至商鞅時，由於鐵製農具和牛耕的普及，商鞅用改小畝為大畝加重奴隸的勞動強度，卻不敢改變一夫百畝的古制。

既然商鞅並沒有真正廢除井田制，自然就談不上「民得買賣」和「訾粟而稅」了。西周是「普天之下，莫非王土；率土之濱，莫非王臣」，到秦始皇時，也照樣是「六合之內，皇帝之土；人跡所至，無不臣者。」（《史記・秦始皇本紀》）有什麼本質上的區別嗎？沒有。所以從實說來，在此之前土地私有以及自由買賣種種，都是不可能的事。

也許有人會說，史書有載，秦始皇三十一年（西元前二一六年），始皇下令「使黔首自實田」，這不就是要人民向政府據實登記所有田地，按畝納稅，這還不能說明實行的是土地私有制嗎？就算是這樣，可法令是法令，真正實行過嗎？好比中國憲法說人人有言論、結社等自由，你敢批評誰？你能創建一個新黨派？再說，後來的考古證據《雲夢秦簡》和《青川秦牘》均無可爭辯地證明，從商鞅變法到秦始皇執政，其土地政策是貨真價實的國有制。要修阿房宮，要修長城，要修馳道……誰的私有土地能保住？

什麼是真正的私有制？我們這裏不妨以美國為例。美國人非常看重財產權，他們流行的一句諺語是：你的財產就是你的人格。他們心目中的財產權就是指私有財產權。美國著名的憲法第五修正案規定：任何人的生命、自由或財產非經正當法律程序不得被剝奪；私有財產只有在為公共利益且經合理補償方可徵用。這條憲法修正案表達了兩個權利：一是私有財產權；二是國家徵用權。它既是對政府的授權也是對政府的限制。徵用權的本質就是國家在特定情況下可以依法取得私有財產。但是對國家徵用權的行使有三個條件：

（一）正當程序。政府若要徵用私人財產，必須經過正當程序。最低限度的正當程序是聽證，即為當事人提供瞭解政府徵用行為的程序合理性，同時也允許當事人提出自己的意見和申辯。正當程序到底要做到什麼程度才算足夠？三條判定標準：第一，對當事人利益的影響程度。政府行為對當事人的利益影響越大，對程序的要求就越高，就應經過更為嚴格的程序來作出決定。第二，決定的風險程度。可能做出錯誤決定的可能性有多大？這種可能性越大，就要求更謹慎的程序。第三，政府的負擔程度。如果該行為將導致政府承擔的財政和行政負擔越大，則程序應更嚴格。

（二）公共利益。傳統上的公共利益比如修公路，建學校，醫院等等，自然沒有多大爭議。問題在於一些涉及商業因素的徵用如何來解釋呢？比如城市的開發與房屋拆遷等。這方面，法院則擁有關於什麼是公共利益的最後決定權。

（三）合理補償。憲法第五修正案的目的在於：一方面保障私有財產不任意地被公共利益的原因而徵用，另一方面要求政府必須予以合理補償的目的，在於避免由個人獨自承擔因公共利益而遭受的損失。因公共利益而造成的損失應按照公平公正的原則由社會公眾一起分擔，政府就代表公眾來作出補償。補償的標準該怎麼定呢？通常的衡量標準應該是該財產的市場價值，即：一個正常的買主願意付給一個正常的賣主的價格。

美國這一套的基礎是什麼？是私人同時擁有財產的使用權和所有權並得到法律保證，這才是真正現代意義上的私有制。那麼，不妨從我們的秦朝往下看，兩千年下來，說漢代是土地私有制；說王莽實行的王田制，西晉時推行的占田制，北魏、北齊、隋、唐的均田制，也算是私有制；說宋朝的土地制度有所創新，土地可以自由買賣；說元明清以至民國時期亂糟糟的，有什麼「封建地主土地所有制」、「官僚地主土地所有制」、「自耕農土地所有制」、「商業資本土地所有制」等等，土地都屬於私有性質。但問題是，這都是真正意義上的私有制嗎？哪一朝的法律明文規定，農民不但對土地擁有使用權，還同時擁有所有權？皇上老兒要修宮殿、陵墓什麼的，會先來讓黔首們聽證一回，再作出相應的補償？這是絕對沒有過的事。所以，中國自秦始皇以來，就沒有出現過現代意義上的私有制，全是各式各樣的公有制，或者貌似私有制的公有制，硬要說私有，那就是皇家一姓私有，就是侯外廬先生認定的「皇族土地所有制」。易中天先生也有表述：中國的土地從來就產權不清，所謂封建，就是封土建邦，一部朝代更迭的歷史，其實就是圍繞土地資源爭霸殺戮的歷史，敗者或被殺，或為寇，勝者或為王或為帝，可以支配天下所有土地，所謂「普天之下，莫非王土；率土之濱，莫非王臣。」除此而外，豈有他哉？

所以，「共產主義幽靈」既然以消滅私有制為己任，還要凸顯它與中國實際相結合的本領，那就應該直接革「皇族土地所有制」的命，因為它就是中國的貨真價實的私有制。不料卻完全選錯了目標，把從來沒有真正得到過土地的農民當成「階級鬥爭」的對象，並且居然與「封建專制主義幽靈」聯起手來，自稱「馬克思加秦始皇」，共同對付數以億計的老實巴交的中國農民，你們這是西幽靈加中幽靈，「強強聯合」呀！很明顯，這是完全選錯了你們「革命」的方向、目標和路線。

「共產主義幽靈」痛恨私有制，把消滅私有制列為自己的終極奮鬥目標之一。這符合人性嗎？符合人道嗎？符合人類發展方向嗎？對此，數學家樊弓先生有過極靈動的解釋：

馬克思天真地假定，一旦生產資料公有，人人都會「各盡所能」。因為人人都在為那個公有的「自己」工作。是嘛，你多工作一點，這個公有社會的財富便增加一點，於是你的財富便因公有而隨之增加。人們怎麼不「各盡所能」呢？這怎麼會是不對呢？

世界上的一切錯誤思潮，乍一聽都是正確的。而大多數人都不具備深入分析的興趣、能力和學問。馬克思的錯誤在於一無嚴格定義，二乏定量分析。首先，「各盡所能」是什麼意思？工作八小時就回家那顯然沒有盡其能。你完全可以再幹一小時嘛。從嚴格意義上講，你只要不幹活累死，你就沒有「盡」你之所能。老馬顯然不指望人人都累死。就是忘了搞清楚這「能」該如何「盡」。老馬的「數學手稿」寫得認真，可惜在這個假定上沒有做最簡單的定量分析：在一個一千人的公有社會裏，一個人加班一小時所增加的產值，攤到他頭上，只值千分之一小時。這種用一去換千分之一的買賣，只有傻帽才幹。反過來，當他偷懶一小時，只損失千分之一小時。這種用千分之一小時的產值換取一小時休閒的勾當，絕對值得！如果這個公有社會是由一億人組成的，那更是不得了。一個人「盡」其所能，給那個公有的「自己」增加的財富約等於零。他是不是吃飽了撐的才去受累？

想用公有制來促使人人去幹那種無法定義的「各盡所能」，是對人性的錯誤假定和對數學的錯誤應用，與馬克思的願望恰好相反，無論從理論上還是實踐上，正確的結論只能是：公有制是懶惰的溫床！馬克思在這裏可是錯得連邊都不沾。訴諸暴力，有我無他，是馬克思主義公有制的兩大胎記。真無毒不丈夫也！

對「共產主義幽靈」的公有制，林鵬先生也說得相當俏皮：

> 一個饑寒交迫的又非常懶惰的流氓無賴，當他一覺醒來的時候，要讓他說一說他的社會理想，這會是什麼樣子

呢？他脫口而出的第一條就是廢除私有財產，第二條就是吃飯不要錢，第三就是公妻制。這完全符合《大同書》的條文。如果還要讓他繼續說，下面他能想出來的，就是他必須掌權，掌大權，大權獨攬。首先是掌握軍權，員警、法庭都屬他，最後他要當皇帝，「三宮六院是不可少的呀！哈哈……」大致就是這個樣子。（《平旦札·六》）

私有制就那麼不好嗎？敢不敢真正試一把？把土地徹底歸還給農民，就是又有使用權又有所有權那種。要說會種地，誰能勝過農民？他們想多打糧食，想過富裕日子，有的是智慧，錢缺了自會多方借貸融資，力少了自會搭幫耕種以至聯手創建農業公司，剩餘多了自會積累資本擴大經營範圍，隨著社會的文明進步，他們自會組織起屬於自己的公民社會。他們當然需要「公務員」們的「為人民服務」，但那必須是尊重其產權（現代產權制度的意義，不僅在於保護所有權，也在於所有權的交易，在交易中釋放資產的真實價值）前提下的無私幫助。林鵬先生說得好：「自然，關注自然，這很重要。」「其實，資本主義制度不是什麼偉大人物發明的，而是人類歷史發展中自然形成的。」請問為什麼要違背自然規律，像皇帝一樣繼續霸佔著土地和一切生產資料，強迫農民接受所謂公有制，硬逼他們進入「共產主義天堂」呢？幾十年前吆喝的「共產主義天堂」的標準是「點燈不用油，種地不用牛，電燈電話住高樓」，如今這才是「初級階段」不就實現了嗎？不就已經是「共產主義天堂」了嗎？若說這還不是，還不是那個「最高階段」，那麼請問標準是什麼？誰能把這個夢幻具體化？那些還在聲嘶力竭鼓吹「共產主義理想」的御用理論家們，你們倒往清楚明白處說說，「最高階段」的「共產主義天堂」究竟是什麼樣子？所以，中國「三農」問題何以總是「瓶頸」難題，不願把產權真正交給農民，是要害與根本。

改革開放以來的無數正反事實，也充分證明私有制的優越性。正面的例子：改革開放之初，農民獲得了土地承包權，請注意，這還僅僅是一種財產租賃權（使用權），通過辛勤勞動，在統購統銷外，首次擁有了餘糧——真正意義上的私有財產權，可以用於消費，也可以用於市場交換，換取其他需要的物品。後續的企業改革，也普遍採用了這種形式，同樣獲得了巨大成功。上述兩項重要改革，與個體戶經營和鄉企、民企的崛起一樣，構成了完整的初級產品市場體系，從根本上解決了長期困擾中國人民的溫飽問題。「馬克思加秦始皇」活著時曾經哀歎過，說人口超過十億，連朕也沒有辦法了。哪曾想一個私有制的「初級階段」——完全放開產權的使用權，便輕而易舉地解決了你死了地球照樣轉的問題。

這也就啟發我們，土地承包對應的是短週期的農業生產，對解決溫飽已經足夠了，若要徹底解決「三農」問題和國家現代化問題，經濟上就只能推行完整的私人產權，現代意義上的私有制，保證永久承包權和所有權屬於農民和全體人民，否則，一切都是空談。

反面的例子：房地產業泡沫。任何建築都是基礎設施（土地）的附著物，都要佔用土地資源。土地資源是其最基礎資源。然而在非市場決定制度下，也就是土地產權由公有制獨霸的情況下，房地產業必定淪為投機套利行業。開發環節的暴利，不是來自設計、建築、安裝等環節，而是來自壟斷機制下的「空間資源套利」，即土地資源套利。那些由公有制滋生的權貴階層以及有能力與權貴階層相勾結的階層，共同組成開發商隊伍，造出所謂「大、小產權房」的驚人差價，造出「圈上地曬太陽就能暴富」的當代「奇跡」，造出隨時可以斷送國民經濟大局的房地產業泡沫。

真正可以造福於民的私有制，人民的產權歸還人民，在當代中國實行起來，為什麼這麼難？觀念、思路不對，大於體制、政策滯後。中國老百姓的傳統觀念是，包括土地在內的天下所有，都是皇上家的。讓你吃一口飯，穿一件衣，住一間房，種一壟地……都是皇上恩賜。在號稱人民當家做主的新中國，這種小民心理非但沒有消解去除，反而在極權統治的高壓與蒙蔽下，變得更加深厚沉重。所有的財產，理論上都是公家的，從生產到生活，個人幾乎一無所有。最可怕的是，人們都集體無意識地認為這很正常，都心甘情願地把「自私自利」、「個人主義」等視為萬惡之源，凡事總要問清楚是「姓公」「姓私」才放心，而且把「公」看成是社會主義，把「私」看成是資本主義。「公」是天堂，「私」是地獄。人們都在要求自己「大公無私」，「毫不利己，專門利人」，任何私有都歸到資產階級一類，農民養雞養鴨也要說成是資本主義的尾巴，一心要讓它絕種，任何私心都成了資產階級一類的壞心，一定要鬥私批修，哪怕只是私字一閃念，也要從靈魂深處鬧革命，把人強迫訓練成沒有個人欲望、沒有個人要求、沒有個人利益的「螺絲釘」和「馴服工具」……傳統帝王文化加上「共產主義幽靈」文化的雙重浸淫愚弄，人民心靈被極度污染與異化。看一看影視畫面中我們黨政官員前去「訪貧問苦」的情形吧，「公僕」們個個氣宇軒昂如救世主，而那些得到一袋麵粉一壺食油的「主人公」們，人人激動得點頭哈腰，感動得熱淚直流，道不盡皇恩浩蕩，頌不完共產黨好。這一種人妖顛倒、是非莫辨，真叫你百感交集，心痛難忍。

林鵬先生說：

從前宣傳共產主義是人類的歸宿，是人類的天堂，是歷史的必然，不以人的意志為轉移。其來勢兇猛，猶如暴風驟雨，勢不可擋。這是全人類的一次大實驗——為理想而血流成河。……簡單頭腦的優越性就是認死理。例如，有些人就認定人類社會將來必定歸入一種「世界大同」、「天下為公」的公有制的所謂「共產主義」。這就是人類的「天堂」，人類的將來，真正的明天，光明的未來……所以，我們曾經有過的偉大理想是對的，是天經地義的，為此而做出無論多麼慘烈的犧牲都是值得的，無可厚非的……

對自己是從哪裏來的，將要到哪裏去，也就是對自己的祖先的探索，以及對人類未來的設想，甚至設定，這是人之常情，也是無可厚非的。但是，這種人的常情，常常引導人類走入迷途，以至歧路亡羊，往而不返，最終迷失了自己。他們大多表現為迷失了人的本性，變成了妖魔。由狂人、超人一躍而為惡魔，也就是由「英雄」、獨裁者變而為混世魔王，這是很順當，很方便的。這種所謂「理性主義」就是為了我的偉大理想，你們必需光榮犧牲。一代一代都是這麼說的，這麼做的，絕沒有兩樣。這裏不但有一個「高峰」，而且有一個斜坡，斜坡上面滿是青泥，從這裏滑下去，是必然的，無路可走，照直往下滾，身不由己，此之謂命。命也，命也，死生有命也。……它的徹底失敗，標誌著自柏拉圖的「理想國」之後直至馬克思、列寧的偉大理想的徹底破滅。這是全人類的一次噩夢。這實質上是一次公有制（國有制）和私有制的大較量，公有制徹底失敗了。所有公有制（實質上只是國有制）的理論、政治、思想包括國家主義……都徹底失敗了。（《平旦札》）

林鵬先生更加辛辣而深切地指出：

古代埃及在法老治下，曾經長期實行「國家社會主義」（見哈耶克《不幸的觀念》），這正是埃及文明由輝煌走向衰落以至滅亡的根本原因。中國歷史上沒有奴隸制社會，只有過短暫的奴隸制的政策和奴隸制的政府，這就是：秦朝，十五年；人民公社，二十年。隨便你怎麼宣傳，它不過就是古代的那個奴隸制而已。（《平旦札》）

由於人們至今對「自私自利」的偏見，我們無法正確地認識「自私自利」的雙刃本質，所壓抑的是「自私自利」正面那一刃。「自私自利」是人的本性，如果它不能以有益於社會的這一刃出現，必然從其極具破壞力的那一刃發洩。我們需要為「自私自利」正名，樹立私有財產包括私有生產資料神聖不可侵犯的法律保障和文化基礎，劃定「自私自利」但不可坑人的規則界限，鼓勵有謀公益之心者同時大謀私利，中國或許還有一線希望。

那個善於深入淺出的數學家樊弓先生，對於人性的「自私自利」，也說過一段富有教益的話：

也許是上帝的指引，也許是歷史的巧合。在一七七六這同一年，也就是馬克思從娘胎落地的四十二年前，大西洋兩岸幾乎同時產生了人類文明進程中不朽的兩座豐碑：湯瑪士・傑弗森的《美國獨立宣言》和亞當・斯密的《國富論》。前者從政治上宣告，人有與生俱來不證自明的三項權利：生命，自由和追求幸福。什麼是「追求幸福」權利呢？那不就是自私自利的權利嗎？後者從經濟學的角度論證，自私自利不僅是不可剝奪的人權，而且是一個社會走向繁榮昌盛的前提。亞當•斯密寫道：（原文見第九節末）「（一個個人）追求私利的動機被一隻看不見的手引導到一個與他的初衷風馬牛不相及的結果。這個結果並不總是遺害於與他的動機無關的社會。通過對他自身利益的追求他常常造福於社會，而且比他有意識地去為社會牟利更有效。我從沒聽說那些為社會公益所做的交易能給社會帶來多少好處。」事實證明，亞當•斯密二又四分之一世記前的論斷是何等的智慧。我們今天享受的一切物質文明，有哪一樣是有人去學雷鋒做出來的？我們用的電腦每十八個月快一倍絕不是英代爾老闆大公無私，中國現在滿街大哥大也不是莫特羅拉講什麼愛國主義，電視機又大又清晰更不是索尼公司樂善好施。這全是自私自利的輝煌結晶。有誰不同意？而倡導「大公無私」的一切經濟實踐，包括人民公社和國有企業，通通都以失敗告終或半死不活地等待輸血，我不知道為什麼今天的馬克思主義者們就不願意睜開眼睛看一看。雷鋒和德雷薩修女應該是大公無私而受人稱道的，但那都不是經濟行為。美國這個自私社會從不缺志願獻血者和義務勞動者。原因固然眾說紛紜，有人說此乃衣食足而知榮辱，可這個社會如果不是鼓勵為追求個人幸福（即自私自利）而努力的話，何來衣食足？誰會知榮辱？亞當•斯密和馬克思為兩個社會奠基，一個以誘導善用人的自私自利本性為依據，一個以改造人的私心雜念為前提。您說誰更有道理？

哈耶克寫到：「我們這一代已經忘記，私有財產體系是自由的最重要的保障。不單是對有產者，這重要性對無產者也絲毫不少。正是因為生產資料掌握在眾多的獨立人手中，才沒有人能夠徹底地控制我們，而我們作為個人才有可能決定自己的行為。一旦全部生產資料集中到一隻手上，無論這隻手是名義上的全『社會』，還是屬於一個獨裁者，誰掌握了這隻手，誰就有了統治我們的全部權力。」這樣的話，中國人應該最能夠理解吧？

當然，作為一種社會制度，私有制並不是完美的。世界上何曾有過完美的東西？比如，私有制必定產生剝削。但產生剝削的真正原因，不是私有制本身，而是少數人對社會急需而又稀缺的物資，自然資源啦，勞動產品啦，生產要素啦等等，形成了壟斷佔有，從而在與勞動力進行交換（雇與受雇）中，產生壟斷價值而造成剝削。這是由於管理失控而形成的非正常狀態，是完全有辦法予以科學調控的。美國經濟學家凱爾索和阿德勒的《資本主義宣言》一書，提出「二元經濟學」這一資本理論，馬丁‧威茨曼提出「分享經濟理論」，使「勞者有其股」，等等，努力使勞動和資本都創造財富，這就能在不剝奪、不侵犯原財產所有者利益的前提下，實現財富的重新分配，減少管理者與勞動者的衝突，抑制工資的膨脹性要求，提供新的資本來源，提高勞動生產率。這也就是靠民間力量自身而不是靠政府來縮小貧富差距的社會制度，從而解決了工人（包括農村雇工）靠工資不能生活得很好，貧困不能通過就業而根治的難題，讓資本發揮了核心作用。

這裏要特別指出的是，在中國，關於剝削問題，還有個重新認定的必要。按「共產主義幽靈」理論看，地主拿走產量的大部分，體力勞動的貧雇農卻得到很少部分，這不公道，這就是剝削。這正確嗎？再來聽樊教授講一個風趣的「剩餘價值」的故事。

馬克思號召全世界打工仔起來用暴力革老闆的命，因為他認為，資本家「剝削」了工人的「剩餘價值」。他馬會計還算給你聽：你今天幹的活兒按「勞動時間」計算值十個袁大頭，老闆只給了你九個。你這還不去宰了他？這玩意兒的理論基礎叫「勞動價值論」，說商品的價值是勞動創造的，而且僅僅是由勞動創造的，別的因素都不算。這個爭論常常落入一個邏輯圈套。因為「勞動價值論」可以有兩層意義：一、一件產品追根捯源，是勞動創造的。是嘛，你用的機器是別人勞動造的，資金原本可能是勞動掙的，追到最後，不是上帝給的就是勞動創造的。二、一件產品在這個生產環節裏，其新增價值也只是勞動創造的。資金、廠房、設備、生產管理、原始設計都不算。反對「勞動價值論」的學人，基本上是反對第二層意思。擁護者則是詭辯術，他們用第一層意思來為「勞動價值論」辯護，把你的招數擋回去就立馬跳到第二層意思上去。這種江湖術士的兒戲，騙別人也就算了，跟數學家過招還是嫩了點。

你們吵了兩百年，不就是為那十塊大洋分贓不勻打破頭嗎？馬克思硬說那端盤子的應該把十個全拿走。餐館主人說不行不行，你得給我留些，要不我喝西北風嗎？這種官司再打兩百年也還是打不清。唯一的永遠公平的原則只有一個：周瑜打黃蓋，一個願打一個願挨。用亞當•斯密的經濟學原則來說：一種交換只要是在雙方自願，任何一方無法壟斷資源的前提下，這項交易就是「雙贏」買賣。馬克思的勞動價值論是認為老闆絕對不該拿一個子兒，因為他「不勞動」。這種蠻不講理沒有什麼值得批駁的，今天已經沒有多少人有這麼極端。人們的共識是：對提供資金，廠房和生產組織管理的老闆，當然應該有所回報。你如果同意，則馬氏剩餘價值論便已不攻自破。馬克思那套暴力革命，趕走老闆，共產餐館的做法不但不公平，簡直是近乎荒唐，近乎罪過。

如果你跑堂的知道，向老闆娘要求加工資必被炒魷魚。那我祝賀你，因為這會兒你已經拿到了你幹這行所能拿到的最高工資，你已經把老闆娘推到了極限。她已經覺得，她到了不炒你魷魚便無法跟別的老闆娘競爭的地步。你真行哎！你還不滿意怎麼辦？出路多得很嘛：跳槽，轉行，組織跑堂工會，遊說國會等等，就是犯不著聽老馬把老闆娘宰了。你說對不對？

把這個故事改成中國農村簡潔版就是：你一個窮得只留下一顆腦袋兩隻手的貧雇農，餓得你和全家人都吃不上飯了，你活不下去了，情願去給一個有地缺勞力的人家幹活種莊稼，你白吃在那兒白住在那兒，最後還得到雙方預先說好的報酬，糧食或者工錢。主家呢，出了土地，出了農具、牲口、種籽、肥料以及一應的經營管理，並承受著天災人禍的可怕打擊，這些生產資料也是勞動換來的，經營管理也是腦力勞動，人家就不該得到勞動成果嗎？沒把全部收穫都給你，這就算剝削了你的「剩餘價值」了嗎？這就叫剝削嗎？只有「馬克思加秦始皇」才會喪盡天良，讓徒子徒孫們去兜售「農民養活地主」的高論，用殺人放火的暴力手段消滅所謂的「封建地主土地所有制」。這就是前文書中講過的「偉大的轟轟烈烈的徹底挖掉私有制老根的土地改革運動」。

有一位筆名「孤竹老頭」的作家，寫過一部了不起的書《土地改革故事》。他根據自己的調查研究結果，如實地記載說：

> 地主富農們（實際上就是那時候先富起來的農民們——筆者）青少年時期大都受過嚴格的教育，是農村中文化素質較高的群體。儒家思想，深入骨髓。大多數的地主憐貧恤老、濟困扶危、助教興學、修橋補路、興修水利；他們維護鄉里、熱心公益、調解糾紛、倡導文化活動（舞龍燈、賽龍舟、唱大戲等）；舉凡農村中一切需要錢、物的公益事業、慈善事業，都是由他們帶頭發起，熱情贊助並充當捐資、獻物、出力的主角。遇到災年，他們救災賑災，辦粥場，免費供窮人吃；抗擊日本，他們變賣土地財產支援抗戰，送兒女投筆從戎，走向抗日前線……。
>
> 財主與佃戶，財主與雇工，大都和諧相處。遇到災年，許多財主都能主動減租減息，讓農民過得去，很少有逼租逼債的。佃戶們也都遵守合同，如無特殊情況，都能主動按時交租；財主，特別是農村的土財主（富農和小地主），對長工大都是親如朋友。主人和雇工同吃同勞動，每頓飯都有東家的婦女侍候著，盛飯添菜，她們只能吃雇工的剩飯剩菜。春種開犁、三夏、三秋、冬季起糞，四時八節，都要給長工吃犒勞。還給長工買膠鞋、帽子，送圍裙、衣服。麥收或秋收時，首先用好糧食付給長工工資。年終還要發「獎金」（糧食或現金）。對短工的工錢，一

日一清，決不拖欠。長工和短工們也都盡職盡責，很少有藏奸耍滑的現象。

這種記載是一種歷史真實。當然，百人百性，富人中必定會有為富不仁者，但肯定是少數。像周扒皮、黃世仁、南霸天那樣的文學典型，純粹是御用文人為「無產階級政治服務」的「傑作」，完全違背了創作良心。

對於這部分先富起來的中國農民，林鵬先生早有關注並加以深入研究，他將這部分農民稱作自耕農。他在自己的著作中多次論及自耕農問題。

自耕農是土地私有制的產物。那麼，在中國有過自耕農嗎？林鵬先生認為：原始人的工具從一開始就是私有的。工具屬於工具的發明製造者，別人不會用，所以只能屬於他個人。等到後來人人都會製造這種工具的時候，還是屬於私有，他用著順手，服手。常言說「家有千頃地，服手一張犁」。他只用他服手的那件工具，他最愛護它，還是私有的。待到他死去，人們將他的工具隨他下葬，依然是私有。如果一個手巧的青年人，見到一種花石頭，耐心磨製成一件小佩件，他將它贈送給他最心愛的那個女人，兩人相好了，這不用問，這就是最初的一夫一妻制。除了一夫一妻制和私有制之外，沒有什麼「五種社會形態」中的「原始共產主義社會」的公有制。若要硬說這個那個，都是瞎猜的。從一種「理念」出發，胡編亂造的。所以，那時既然是私有制，就有自耕農。《詩經》記載，當時先民已有自己的家庭，並以「藝黍稷」為業，有權充當甲士。他們就是當時的自耕農。中國農業文明的源頭就源自自耕農文化。大舜就是一個典型的自耕農，就是一個士人。《呂氏春秋》有言：「舜曰：『士有當年不耕，必有饑民。』」士有的讀書有文化，有的不讀書沒文化，形成一個耕讀傳家的主流群體。他們不是西方的農場主可也不是奴隸，他們可以出去當公務員，也可以隨時回來當下放幹部。「共產主義幽靈」一直瞧不上中間階級，可這個中間階級是一顆橄欖果的中部，是這個社會的中堅力量。這樣的社會形態假如堅持存在並不斷優化，那我們的現代中國絕對不會是眼下這個醜陋模樣。可惜，複雜人性左右下的歷史不會必然順利發展，會有無數個偶然重寫歷史，比如一個個的秦始皇們出來搗蛋，有的雖然很乖巧，在剛剛上臺時多少收斂暴君心態，把土地使用權租給準自耕農，但無不很快兇相畢露，重開「皇族土地所有制」。所以，以堯舜為代表的那個自耕農群體，在長達兩千多年的皇權社會裏難以為繼，直到出了個孫中山。

孫中山雖然沒有親自參與武昌起義，但他絕對代表著那個翻天覆地的，從制度上結束了封建王朝的偉大時代。孫中山認為，民生問題是社會進化的原動力，民生就是人民的生活、社會的生存、國民的生計。民生主義包括平均地權與節制資本兩項內容。在平均地權方面提出了耕者有其田，在節制資本方面，提出把有獨佔性的外國在華企業收歸國有及制定勞工法、改善工人生活條件等。後來的實際操作大致也以失敗告終，但比較而言，民國時期畢竟不是一家獨大的「皇族土地所有制」，呈現出一種多元的混亂或混亂的多元狀態。

既有「地主封建土地所有制」，也有「公常土地所有制」，當然也有「自耕農土地所有制」等等。前邊「孤竹老頭」報告的那些非常了不起的「地主富農」們，實際就是極具中國古典色彩的新生代自耕農，儘管他們的「所有權品質」還遠遠比不上古代自耕農，更遠遠達不到現代自耕農的高標準。

假設，「馬克思加秦始皇」真心想當「中國人民的大救星」，其實很簡單，把中山先生的心願完成即可。剛開始不是把土地也分給寇學書們了嗎，不挺好嗎，接著做好事呀，制定相關法律，寫進國家憲法，把產權永久交在億萬農民手中，首次讓「耕者有其田」的中國夢得以成真，真如此，你不想當大救星都不行！

可這是一個可笑的假設呀。消滅私有制的惡念，是人家的胎裏帶，人家不但要大大超過史達林，「跑步進入共產主義」，還要更加大大地超過原生態秦始皇，把中國搞成全世界的「公有制」樣板，要做「世界革命」的超級秦始皇。前面筆者說「革命」選錯了方向、目標和路線，絕對是「故意犯罪」，把自耕農打成地主富農並要從肉體和精神上予以消滅，是斷送中國前途的原罪加本罪，是史無前例的反人類第一大罪！

令人感到萬幸的是：天不滅中華！鄧式改革開放，解民於倒懸，救民於水火，開出一片新天地。其功業將永載史冊！然而正如開篇拙文所說：「只有把土地交給農民打理才是正道，做得還不徹底，還得下決心做得更好。政府的責任不是佔有土地，而是保證土地歸耕種者所有。」這裏想補充的是，所謂「不徹底」，就是還沒能實現完全現代意義上的私有制，尤其是土地私有制。檢驗我們是否真心實意解決「三農」問題，關鍵就在解決兩件事：第一，給農民以真正的土地所有權；第二，確保農民擁有維護自己各種利益的權力。

第十三章　仁者無敵

「仁者無敵」出處：《孟子・梁惠王上》。其原文如下：

梁惠王曰：「晉國，天下莫強焉，叟之所知也。及寡人之身，東敗於齊，長子死焉；西喪地於秦七百里；南辱於楚。寡人恥之，願比死者一灑之，如之何則可？」

孟子對曰：「地方百里而可以王。王如施仁政於民，省刑罰，薄稅斂，深耕易耨；壯者以暇日修其孝悌忠信，入以事其父兄，出以事其長上。可使制梃以達秦楚之堅甲利兵矣。彼奪其民時，使不得耕耨以養其父母。父母凍餓，兄弟妻子離散，彼陷溺其民，王往而征之，夫誰與王敵？故曰：『仁者無敵。』王請勿疑！」

譯成白話文：梁惠王說：「魏國曾一度在天下稱強，這是老先生您知道的。可是到了我這時候，東邊被齊國打敗，連我的大兒子都死掉了；西邊喪失了七百里土地給秦國；南邊又受楚國的侮辱。我為這些事感到非常羞恥，希望替所有的死難者報仇雪恨。應該怎麼做才行呢？」

孟子回答說：「只要有方圓一百里的土地就可以稱王。大王如果對老百姓施行仁政，減免刑罰，少收賦稅，深耕細作，及時除草；讓青壯年們抽出時間去修養孝順、尊敬、忠誠、守信的品德，在家侍奉父母兄長，出門尊敬長輩上級。這樣的人，就是讓他們使用木棒，也可以打敗那些擁有堅實盔甲、銳利刀槍的秦楚軍隊了。因為那些秦國、楚國的執政者，不懂得愛民惜農，使他們難以深耕細作多打糧食來養家糊口，父母受凍挨餓，家人東離西散，老百姓陷入深淵之中。大王去征伐他們，有誰來和您抵抗呢？所以說：『施行仁政的人是無人可敵的』，大王請不要疑慮！」

「仁者無敵」這個話題，以前見誰提到過嗎？筆者孤陋寡聞，反正不知道。

一九九五年七月二十六日上午，山西省圖書館大會議室有一個文學會議——林鵬先生長篇歷史小說《咸陽宮》座談會。與會者多達六十多位，都是省城文化界、新聞界知名人物，八十多歲的姚奠中教授、老作家胡正先生，從頭到尾參加會議並做了不短的發言，北京方面來了為《咸陽宮》作序的柯文輝老先生，還有《咸陽宮》責編、北京出版社的邢延生先生。會議開得圓滿成功，有一份閻瑞峰先生根據錄音整理的《歷史小說咸陽宮座談紀要》可資證明。

會議最後，作者林鵬先生有一個發言，可不是尋常致謝套話，提出了一個出乎大家意料的學術話題——「仁者無敵」。他認為：「仁者無敵」是一個偉大的真理！

清朝眾多的學者，幾乎沒有任何的詮釋。現在的學者，可以說二十世紀，我們中國學者如林，但他們對像「仁者無敵」這樣的偉大真理，也沒有任何的闡述，不論是中國通史、哲學史、思想史，都不談這個，幾乎是一字不提。我想，他們也許把它當作一句空話，沒有具體內容的，沒有實際意義的空話。但我不這樣認為，它不僅具有實際內容，而且具有重大的現實意義。這是我的信念。像我這個年紀，七十歲左右的人，從戰爭中，從各種風風雨雨、驚濤駭浪中走過來的人，雖然有過很多的波折，很多想不到的情況，但我自己對這個偉大真理堅信不移。這是我們民族最光輝的遺產，而且，我認為，只要中國人存在，只要這個社會存在，今後的人們還會思考它，探索它，發揚它，使它光芒萬丈，使它永遠照耀著我們的思想，提高我們的境界，改善我們的狀況。

那天，筆者有幸在座。聽到「仁者無敵」這個命題，覺得很新鮮，以前沒聽誰這樣高調提出過。當時，跟林鵬先生認識不算久，於是便在留心他的同時，也留心起他這個話題來。後來筆者發現，其實林鵬先生關注並深思「仁」以及「仁者無敵」，已然很久很久了，可以說早就是他最為留心的研究課題之一。不過，這許多年來，一直沒有看到林鵬先生的專文，來系統闡發自己的「仁」和「仁者無敵」觀，林林總總的真知灼見倒是不少，散見於他的多種著作中。現在，看來有必要由筆者擇其要者，一併彙集於下，以收總攬宏觀之效，便於領會深思。因為「仁者無敵」是由「仁」而生發，「仁」是基礎，是母體，所以，先將林鵬先生對「仁」的說法列出。

我們可以從式夷這裏劃一道線。在他以前，士們只知道求生存，只知道追求個人的名利；而在他以後，先進的獨特的有覺悟的士們，變成了以仁為己任，以天下為己任，一切為了利人的人。我認為這正是仁的本意。此種有覺悟的士，已經變成了全新的士，全新的人。他們可以毫不遲疑地為別人的利益去死，過去是為統治者的利益去死，現在是為普通人（即使是不肖人）的利益去死。這不是簡單事情。一個有學問、有抱負的人，本來可以大有作為，卻毫不遲疑地為一個普通人獻出自己的生命。這種自我犧牲的精神，是前所未聞的，是嶄新的。孔子的弟子們，都是有覺悟的積極進取的，而且絕不苟且的人。但是，他們似乎還沒有達到式夷這樣徹底的程度。式夷的死，像黑夜的一道閃光，突然照亮了，充分地顯示了先進的獨特的士們的精神面貌。沒有這種精神的飛躍，後來的諸子峰起百家爭鳴是不可能的。（《蒙齋讀書記・式夷之義》）

《檀弓》寫道：「太公封於營丘，比及五世，皆反葬於周。君子曰：樂樂其所自生，禮不忘本也。古之人有言曰：狐死正丘首，仁也。」樂其所自生，就是不忘故國，不忘祖國。愛祖國，就是不忘本。這不但有教育意義，而且非常感人。儒家強調仁，究竟仁是什麼？後世論者一直鬧不清，抄過來抄過去，就是仁者人也，仁者愛人等等。如果按這裏說的，仁就是一種崇高的愛，包括愛祖國，當然也有愛人的內容。連動物都有仁愛之心，人還有什麼說的。（《蒙齋讀書記・檀弓簡評》）

知識份子總是在文本裏討生活，在文本裏作祟，翻過來掉過去，書面文字而已，甚至抱住《說文》不放，也是不可救藥。學問越大的人越是如此。例如仁，仁者人也，仁者愛也，仁者愛人也……沒完沒了。最近，有了新的解釋，仁者二人也，二人即人際關係。比較來說，這就進了一步，不怎麼死鑽文書了。然而，在我看來似乎還有隔膜，還沒有真正抓住根本，要我說，仁者二人也，二人者夫婦也。

夫婦不是一般的人際關係，是愛的結合，是感情，是道德，是天地之大經大法，是陰陽之合和，是萬物之根本，世界之滋始……有了夫婦，才有子女，才有兄弟，才有家庭，才有親戚，才有朋友，才有國家，最後才有君臣，才有所謂的天下。沒有夫婦，這一切都不能產生。這就是「造端乎夫婦」的端（《中庸》）這中間最重要的是親戚。

二人者夫婦也，夫婦者二姓也。同姓不婚，自古而然。所有的婚姻都是異姓，許多的婚姻就組成龐大的異姓群體，這就是氏族聯盟或叫部族（部落聯盟），這就是上古的所謂國。古者天下萬國，恐怕不止一萬吧……周天子會見諸侯，同姓一律稱叔，異姓一律稱舅（不論輩份，也不管是否結過親），這就是周天子的天下觀。所以「以仁為己任」也可以寫作「以天下為己任」。如此就成了：仁者二人也；二人者，夫婦也；夫婦者，異姓親戚也，天下也。也可以說，仁者天下也，或說天下者仁也。（《平旦札・二》）

公雞發現了一顆糧食，它不吃，它咯咯地叫著，等待母雞來吃。這是它的天性。男人的天性就是關注他的女人，而女人的天性就是生兒育女。這種情形，在動物中也是普遍存在著。把它叫做人性也行，把它叫做動物性也行，我寫作天性。「天命之謂性」的那個性，天生的。男人的天性就是關注他的女人，自然進而也就關注他的兒女；女人的天性就是生兒育女，關注她的兒女們的成長。這一對男女，為了生存和發展，最需要的就是關注他們的親戚朋友，關注血緣，血親，血族，其中最看重的就是孝。這一切都是很自然的，自然而然的。這就是仁，這就是仁的本義，這就是仁的根。所以說，仁者人也，仁者愛也，仁者愛人也。同時也要看到，仁者二人也，二人者夫婦也……仁的本義，可以說很深，也可以說很淺，它很深沉，也很淺近，它就是生命本身，就是人類本身，就是道德，就是生活，就是一切。（《平旦札・一二一》）

談到仁，仁者人也，究竟是什麼意思，如果使用外國的名詞概念，諸如人本主義、人道主義、民主主義、個人主義……等等，你永遠說不清。其實，人就是人，人類，關注人，關注自己周圍的人，所有的人。

一九五八年大躍進，跑步進入共產主義，人民公社，大食堂，吃飯不要錢。一九五九年就進入困難時期，一九六〇年全國各地餓死人……

有一個村子，是個生產大隊，開始餓死人，而倉庫裏是滿滿的糧食。人們商量要搶糧，人們喊道：「那是咱們生產的糧食！」支部書記知道後對大家說，「我是支部書記，村裏餓死人了，是我的責任。大家要搶倉庫的糧食，不要搶，一搶就亂了，有的到手了，有的沒到手。聽我的，我決定開倉濟貧，救命要緊。這責任由我一個人負。如果我被槍斃，希望鄉親們照顧我的老小……」然後他就打開倉庫，按人口分糧。有條不紊，人心大快，村裏再沒有死人。事後，他到縣委（後來改成了市委）投案自首。縣領導有的主張殺，不殺不足以平民憤；有的主張不殺，殺了要引起民憤。書記拍扳：「不殺，但要重判！」判了這支部書記十九年徒刑。

這支部書記服刑期間，家中老母和老婆、兒子享受烈士待遇，支部書記本人每年空拿一個最高工分。後來文革中紅衛兵造反，也沒有造這個反。村裏鬧奪權，奪過來奪過去，這條規定沒有改變。這好像不是政治問題，也不是經濟問題，甚至也不是文化問題（文化大革命嘛），人們把這看作是道德問題，沒有人說個不字。全村的人都知道這是活命之恩，嘴上不說，一直就這麼辦。捱到三中全會以後，新市委做出平反決定，派人專程去千里之外的監獄接回這位支部書記，他的刑期還差幾個月。村民們知道支部書記要回來了，敲鑼打鼓，跑出十多里地歡迎他。村裏搭了戲臺，要唱大戲，邦子腔。點的戲有意思，從「武家坡」到「大登殿」，全本戲文。臺上唱戲，台下人哭……

有一天，一個朋友，多日不見，突然見訪。進門就說，今天就問你一件事，我說，什麼事？他說，王寶釧。我說王寶釧怎麼你啦？他說，沒怎麼我，我問你，王寶釧的故事，是不是真事兒？我說，你說呢。他說，要我說，它應該是真的，不是瞎編的。我說，正史裏沒有薛平貴、王寶釧的故事，可能出在野史，或者說像五胡亂華，十六國春秋裏面，也未可知。我認為這應該是真的。他說，好，就要你這句話。然後他就給我說了上述的故事。

我聽後很受感動，也很受啟發。所謂仁，原本就是感情，對人的關注和愛護，它是一種自然而然的道德情感，好理解，人人都可以身體力行，堯舜亦人，我亦人也。不用細說……中國人就是這麼過來的。（《平旦札・一二九》）

我們來簡潔綜述一下林鵬先生的「仁」解「仁」觀：何為「仁」？原本就是一種感情，對人的關注和愛護，一種自然而然的道德情感。仁者人也，仁者愛也，仁者愛人也，同時也要看到，仁者二人也，二人者夫婦也……以仁為己任就是以天下為己任。仁的本義，可以說很深，也可以說很淺，它很深沉，也很淺近，它就是生命本身，就是人類本身，就是道德，就是生活，就是一切。

這裏，應該特別關注一下林鵬先生對「二人者夫婦也」的詳細闡述。這是前無古人的一種理解與認定。幾千年來論仁，不過就是老調重彈，總停留在「仁者人也，仁者愛也，仁者愛人也，以及仁者二人也，二人即人際關係」上，沒人再深入思考或追問一下，「仁」還可能有什麼樣的新解，哪怕是錯誤的新解也行。於是林鵬先生獨抒心機，說：仁者二人也，二人者夫婦也。夫婦不是一般的人際關係，是愛的結合，是感情，是道德，是天地之大經大法，是陰陽之合和，是萬物之根本，世界之滋始……有了夫婦，才有子女，才有兄弟，才有家庭，才有親戚，才有朋友，才有國家，最後才有君臣，才有所謂的天下。沒有夫婦，這一切都不能產生。這就是「造端乎夫婦」的端（《中庸》）這中間最重要的是親戚。二人者夫婦也，夫婦者二姓也。同姓不婚，自古而然。

所有的婚姻都是異姓，許多的婚姻就組成龐大的異姓群體，這就是氏族聯盟或叫部族（部落聯盟），這就是上古的所謂國。古者天下萬國，恐怕不止一萬吧……周天子會見諸侯，同姓一律稱叔，異姓一律稱舅（不論輩份，也不管是否結過親），這就是周天子的天下觀。所以「以仁為己任」也可以寫作「以天下為己任」。如此就成了：仁者二人也；二人者，夫婦也；夫婦者，異姓親戚也，天下也。也可以說，仁者天下也，或說天下者仁也。北京《領導者》雜誌的執行主編李文子女士，在讀過林鵬先生的「仁」論後，發表她的獨特感想說：按林先生的夫婦說、公雞母雞說，仁就是性，天性，食色，性也。能解決天下老百姓的食色問題，溫飽問題，小康問題，更高現代價值的人生問題，就是仁，大仁，就是仁政，就是王道，就是天道，就是替天行道。反之，你把老百姓欺壓得連公雞母雞那樣的「瓜菜代」生活都過不成，你就是不仁，大不仁，就是暴政，就是秦始皇，就是「馬克思加秦始皇」！筆者以為，這就道出了「仁」賴以產生的古老淵源和原始本意。用秦始皇以後的格式化眼光和專制標準看古老的仁，一準都會曲解它。

有人認為，仁的思想學說是孔子創立的。這恐怕與歷史事實不符，其實早在孔子之前，關於仁的思想已然產生並一直發展著。證據是：「仁」字在《尚書》今古文本中均有出現。或說《古文尚書》中有偽作，那《今文尚書》總可憑信吧，據《尚書・金滕》（今文）記載：「予仁若考，能多材多藝，能事鬼神。」這裏的「仁」顯然具有修飾人格的意義，即周公自謂是熱愛社會者。另外，「仁人」一詞也已出現，為殷周之際的政治家們廣泛使用，如《論語・堯曰》記載了周武王的誓詞：「雖有周親，不如仁人。百姓有過，在予一人。」所謂「仁人」，是指以實現仁為社會理想的政治活動家，說明在商周之際仁的思想已經作為一種社會信仰被傳述，至少被當時的一些政治家們接受了。還有，《詩經》中有兩處出現「仁」字：《國風・齊・盧令》中有「其人美且仁」，《國風・鄭・叔于田》中有「洵美且仁」。這裏把「仁」和「美」聯在一起，是很有深意的。《老子》（《道德經》）中，「仁」字凡八見（帛書七見），也常與「聖」、「德」、「義」、「禮」等字詞相聯使用。「仁」字在《左傳》、《國語》中也有出現，且多是在記載孔子之前的著名人物的言語中出現。所以，可以肯定地說，關於仁的思想學說，在商周之際乃至春秋早期已有較大發展，在孔子之前，「仁」的政治倫理學方面的含義已被人們廣泛使用了。對此，孔子也明白無誤地說他自己是「述而不作，信而好古」。信什麼古？就是包括「仁」在內的「先王之道」。他是前人的思想成果的「集大成者」，比如，他使仁的思想系統化並臻於完善，成為他的整個思想體系的核心內容。

關於「仁」的思想的產生時代，有人說，老子似乎考證過，證據是，老子說：「大道廢，有仁義。」（《道德經》十八章）老子認為：「大道」社會崩潰後，才產生了仁義道德方面的信仰。「大道」者何？老子說：「知常容，容乃公，公乃全，全乃天，天乃道……」（《道德經》十六章）且他又有「道法自然」（《道德經》，二十五章）之說。所以，老子所指的「大道」社會，就是「三代」的「大公」社會。老子還推論出，「大道廢」之後一些社會信仰的興廢過程：「故失道而後德，失德而後仁，失仁而後義，失義而後禮。夫禮者，忠信之薄而亂之首。」（《道德經》三十八章）意思是說：「失道」之後才產生崇尚積德行善的社會主張；「失德」之後才產生崇尚培養人們仁愛情操的社會主張；「失仁」之後才開始產生崇尚義理教育的社會主張；「失義」之後才開始產生崇尚實施禮儀規範的社會主張。那種尚禮的時代，便多是普遍喪失忠信人格而秩序混亂不堪的社會了。若按老子這種推論來具體描述，就是：堯、舜、禹時代還保持著「大道」的社會景況，夏朝便是尚德社會，商朝便是尚仁或尚義社會，周朝便是尚義或尚禮社會。春秋時代有「夏上（尚）忠，殷上（尚）敬，周上（尚）文」（董仲舒：《舉賢良對策三》）的傳說，似乎可以作為老子這種推論的一種佐證。

結論就是：「仁」的思想，大致產生於商代早、中期。

孔子正是在這種「仁」的原生態基礎上，集中、提高並發展了它，使之成為自己思想寶庫中的鎮庫之寶。後世有些人稱之為「原始儒學」，因為他們認為「中國傳統就是儒家，就是孔子，就是仁學」。林鵬先生所闡解的「仁」，就是孔子的這種「仁」。那麼，兩千多年來，另外詮釋「仁」的人們是如何折騰的呢？這可就太熱鬧啦！

這裏先擺出一個中國特色：不論什麼學術問題，同一個課題，一扯開必定是兩條道兒，「兩股道兒上的車」。一股道兒朝上走，政治化、權威化、格式化、複雜化、神秘化；一股道兒朝下走，用林鵬先生的話講，那就是「學術在民間」！他曾以此為題，寫過一篇短小精幹的文章，其主要段落如下：

> 有一天，走在路上，碰上一個熟人。他突然對我說：「孔子、孟子說的都對呀！」我說，「不知道」。他說：「發下來的批判材料你沒看？」我說：「還沒看。」他說：「快看看吧，都是好話呀。」……所謂思想史、文化史、學術史，難道他們都在書本上嗎？這些下層人的思想認識，心理活動，各種反映，能往書本裏寫嗎？
>
> 當年，傅斯年在《大公報》寫文章，反對讀經，說經書「在專家手中也是半懂不懂的東西」，怎麼能拿來給學生們讀呢！胡適緊跟著提出：《我們今日不配讀經》（見《胡適倫學近著》一九三五年出版，一九三八年山東人民出版社再版，現在書店裏有），說專家們都是半懂不懂，就應該等個二三十年，等專家們都弄懂了，經過整理研究以後，再讓學生們讀。……中國學術，講究信則傳信，疑則傳疑。這正是中國古典學術的一大特質。孔子曰：「多

聞厥疑，慎言其餘。」（《論語》）錢穆說先把有疑處放到一邊。要說都弄懂了再來讀它，這等於說先消化，後吃飯。人類有這麼幹的嗎？兩千年來，誰敢說都弄懂了。……歷史上誰配讀經？清末高談「微言大義」今文經學家們，以及後來甚囂塵上的疑古派們，應該是配讀經的吧。其實他們直接違背孔子說的「慎言其餘」，他們是放言其餘。凡是他們不懂的地方，他們嚷嚷起來沒完沒了。真是一犬吠影，百犬吠聲。從今文家到疑古派，往前走一步，就是反孔，自稱革命；往後退一步，就要建立孔教，自命教皇。

上面發下來《論語》《孟子》強令大家讀。既然要批判，自然就要先讀。其實，當時人們誰也沒有想過，自己究竟是配不配讀經。要知道，《論語》《孟子》也是經書。當然，發給人們的這些東西，自然是經過研究整理的，群眾們自然是當反面教材來讀的。不過反面教材經常是起反面作用，這就一言難盡了。

正是在這裏，表現出學術不在什麼權勢控制下的學術衙門裏，而在民間。群眾得出了「都是好話」的結論。這是當領導的人始料所不及的。在路上同我說話的那人，並不是專家，只是一個工農出身的普通積極分子罷了。他不管什麼「半懂半不懂」，他不追求全懂，他只就他已經懂得的部分說話，而且結論非常明確，「都是好話」。……他們不是英雄，他們甚至根本就不想當英雄。這樣的人，全國到處都是，正是他們提出了那個要命的問題。可見，有見識的人在民間，學術在民間，思想在民間，學問也在民間，在那些不知名的、默默無聞的芸芸眾生之中。這大概就是古語所說「禮失求諸野」吧。多年來，我對此深信不疑。

錢穆治史，講究尊重人，注重人，不要見物不見人。他重視那些在歷史上無所作為的人（如褯外、叔齊、顏回、原憲等等），認為正是他們傳承著中華五千年的文明。《論語·子張》曰：「文、武之道未墜於地，在人。」錢穆說：「我們再進一步講，諸位學歷史，歷史裏面包括有一件一件的事，諸位固然要懂得。但也要在許多事的背後，去找輟些做事的人。」（《中國史學名著》一五六頁）……研究學術史思想史的人，始終在書本上打轉轉，抄過來抄過去……錢穆叫這是「紙片經學」「紙片史學」。

很明顯，林鵬先生所走的道兒，就是他自己說的「學術在民間」。他能舉出那個「支書放糧」的例子說「仁」，就是證明。讓我們來好生掂掂它的含金量，這個不是故事的生動故事。

真有這麼個村子，在山東，孔子的故鄉，「仁」的生發與光大之地。林鵬先生多次給筆者學說過這個故事。村民們餓著肚子，自己種地打下的糧食堆在身邊的國庫裏，不讓動。那時種地農民沒糧食吃是見怪不怪的平常事。何為不仁？這就是不仁，大不仁。於是餓急了的村民們商量著要搶國庫，按說這怎麼能叫搶？是取，取回自己的糧食，消除不仁。這是一種仁。許多專家學者引經據典，說中國老百姓不懂仁，而被當政者的仁騙著、蒙著、哄著，終到底糊里糊塗。這可不是歷史大真實。你說他們能忍，是世界上最能忍的民族，不到要餓死不反抗，這還有點沾邊。

黨支部書記出面了。按說，他是共產黨在這個村的代理人，此時也就是不仁的代理人。可他說：鄉親們，你們那樣做找不回仁，有的吃上了，有的吃不上，這不公平，這不公道，這哪裏是仁呢？我來開倉放糧，凡餓著的都有份，誰也餓不死。你瞧，冒著生命危險，變不仁為仁，以任為己任，以全村為己任，也就是以天下為己任，這又是一重仁。許多專家學者引精據典，說當政者的仁就是當政者的仁，鐵板一塊毫不鬆動。這也是書生之論。一切不仁之仁，都可被真正的仁化解得開，大道之行，金石為開。共產黨的進步，還真得靠內中的懷仁者。

這下輪到縣領導了。這個支部書記知法犯法，按罪當削掉腦袋，不然不足以平民憤，準確一點說應該是不足以平黨憤，可殺吧，必然引起民憤。知道有民憤並有所敬畏，行不仁而有所收斂，判個長期點的徒刑兩下都能交代算了。這不也是一重仁嗎？當然是成色不高的仁。前文書中記述過，同一時期，四川省長壽縣的縣委書記紀俊儀、雙龍區的區委書記張開華，冒死打開國庫，全年放糧四千七百萬斤，救活全縣老百姓，則是大大的仁了。

再回到村民這兒。他們把支書及其家人按烈士的待遇供奉，「文革」兩派那叫互相往死裏掐，可都照常供奉著大恩人，迎出獄來大戲侍候，看著古人哭今人……這又是怎樣的一種仁呢？哪個國學家會關注這種仁並沒命地去探求，去爭論呢？

你說說，這樣的仁，這樣的故事，這樣的生活，一直圍著老百姓的吃飯、生存、過好日子問題，轟轟烈烈地、一代一代地上演著，演繹著，昇華著，發揚光大著，要都從這兒下手，都往這兒落腳，還弄不明白仁的真諦嗎？還用得著浪費那麼多聰明腦袋，耗費幾千年時光，抄來抄去抄出那麼多書，沒完沒了地爭吵不休嗎？有的說：「仁」的學問主要是討論人際或社會關係活動以及如何創造新社會等一系列哲學社會學問題的，其中所涉及的哲學問題主要是主體與客體的關係問題。在哲學界，圍繞著哲學的基本問題是否可以演變的討論還在繼續著。一些肯定演變趨勢的學者認為：思維和存在的關係問題固然在古代、近代被多數思想家認為是哲學的基本問題，但隨著哲學研究的發展，哲學的基本問題是可以演變的；現代哲學研究的主體性愈益加強，並逐步將主體與客體的關係問題的地位凸顯出來，將使它成為哲學的基本問題。有的說：孔子的仁學，具有專制主義本質，即以「仁」為本的仁道思想，是宗法等級專制為核心的以統治百姓為根本的思想；不是以人為本的人道思想（主義），為了嚴格區別、避免誤導，故本文稱之為「仁道主義」或「專制仁道主義」。有的說，孔子仁學的「仁」是一個「道德」範疇，孔子將其列為「三達德」之一。子曰：「智、仁、勇三者，天下之達德也，所以行之者一也。」有的說：仁是一個政治倫理或倫理政治概念，或者說它是一個政治倫理一體化的概念，仁學是倫理政治一體化的學說，仁道是倫理政治一體化的主張，仁話語既是政治話語，又是倫理話語。還有偉大而可愛的譚嗣同，救國救民一片赤誠，不惜把儒家的仁、墨家的兼愛、和耶穌教佛教的教義結合起來，再以近代科學界的「以太說」相關照，對中國傳統仁學思想進行大改造……凡此種種，從概念到概念，從理論到理論，從講堂到講堂，學院化，教條化，複雜化，廟堂化……就是不平民化，不拿實際生活中老百姓的具體例子說話，缺少人間煙火味兒。就算把「仁」講得再有水平，有什麼用？別忘了，我們現在所處的，是一個經濟全球化的時代，也是一個精神困境全球化的時代。有人這樣概括說「我們享受著美國速食、日本電玩、義大利西裝、法國紅酒乃至遠端網戀帶來的快樂，也受到臭氣薰天的河流、灰濛濛的天空、全球變暖、飆升的石油價格和經濟危機的毒害。我們還為買不到最新款的LV包而焦慮，為萬里之外的網路美女居然是個禿頂男人而失眠，為加班加點工作而患上胃潰瘍，為刷爆了信用卡而患上高血壓，為股市和樓市崩盤而得上心臟病。在這個高樓越來越高、空調越來越冷、汽車越來越快、生活越來越豐富多彩、人性束縛越來越少的全球化時代，我們面臨的精神困境仍然與佛陀、孔子和耶穌生活的時代一樣多，甚至有過之而無不及。」……在這裏，筆者還要作出「嚴重補充」：泡沫經濟、虛假增長、金融危機、貧富懸殊、權貴階層、誠信缺失……惡劣現狀不容樂觀。所以，若要討論「仁」，就必須從現狀出發，從實際出發，從老百姓的普遍需要和強烈要求出發，再不可老打口水仗和筆墨官司了。比如，我們能不能用孔子說的「不仁者，不可以久處約，不可以長處樂」，讓現在的人去過一種簡約、平靜而又快樂的生活？千萬不要將快樂建立在佔有與索取上。我們能不能用孔子的「君子愛財，取之有道」，讓今天的人們學會善待財富？要明白，孔子並不鼓勵我們安於貧困，過著食不果腹，茅屋為秋風所破的日子，他老人家最不想看到的就是一個國家哀鴻遍野、民不聊生。他原本就是想讓我們擁有財富和擁有權，不存在什麼公有制及其騙人的「大公無私」，我們就是我們財富的主人。但又不可做財富的奴隸，為富不仁，不仁不義……

筆者以為：假如這樣「學術在民間」地對待「仁」和「仁學」，林鵬先生是樂見其成的。

接下來，再看林鵬先生相關「仁者無敵」的論述：

一九九五年七月，在山西省圖書館大會議室，召開我的歷史小說《咸陽宮》的座談會，大家說了許多有關《咸陽宮》的贊許的話，後來讓我發言，我引用了孟子的話，「仁者無敵」。我說，我堅信「仁者無敵」是顛撲不滅的真理。我認為，「仁者無敵」是中國古典學術中最根本的思想主線，是儒學的思想主線，等等，說了一通。後來有一天，忽然想起，我的說法對不對，十三經裏就只有《孟子》這麼說，別的經書裏也應該有這話吧。我就查《十三經索引》，大出我的意料之外，《十三經索引》竟然根本沒有這話，沒有「仁者無敵」，不列條目，不算成語，不算成詞……《孟子》有呀，為何不列？不可解。後來又查多種詞書，新《辭海》，老《辭海》，新《辭源》，老《辭源》，《漢語大詞典》，《古漢語詞典》以及《四書五經大詞典》，一概沒有。我有點著慌，難道是我記錯了嗎？我認為「仁者無敵」，當是自古相傳的古語，古代成語，古謠諺，古訓。朱熹說「蓋古語也」。看《孟子・梁惠王上》的語氣，「故曰，仁者無敵，王請勿疑。」這是一句婦孺皆知的古語，不用解釋，毋庸置疑。這麼重要的古語，古代成語，居然各種詞書和索引都不見蹤跡，這問題嚴重了。諾大中國，如此眾多的學者，竟然丟失了最重要的成語，最成熟的思想，最高級的真理，如何了得。我想，至少說，二十世紀一百年間，沒有人用過這一成語。如果有人用這個成詞，成語，就會發覺《十三經索引》的缺失。但，沒有發現。《十三經索引》從三十年代到九十年代，多次印刷，多次修訂，但，沒有發現，沒有修訂。於是，我查了譚嗣同的《仁學》，果然，他書中沒有「仁者無敵」一語，也沒有類似的話語。然而在《孟子》書中卻說過不止一次這樣的話，如《盡心章句下》，「仁者無敵於天下」。「國君好仁，天下無敵」。我於是又想到了朱元璋為什麼執意要從文廟驅逐孟子，後來又想方設法修改《孟子》的書，是不是就為這話。

自從有了皇帝以後，許多事情荒謬之極，不可思議。常常黑白顛倒，不可捉摸。再者，我又想到，近代以來，中國人奮發圖強，積極進取，尤其是二十世紀，殺人如麻，血流成河，把一個最重要最根本最偉大的真理忘記了，丟失了，或者說遺失了。就像遺失一切一樣，遺失了自己，「我在哪兒？」自然對什麼偉大的精神遺產就更不在話下了。（《平旦札・一》）

「仁者無敵」是一個顛撲不滅的偉大真理。這個無敵，不是打遍天下無敵手的無敵，不是以暴易暴的，以武力經營天下的，稱王稱霸的，那種外強中乾、色厲內荏的，虛弱的，不堪一擊的號稱的強大，號稱的無敵於天下的無敵；所謂戰無不勝的什麼，實際上是從來沒有勝過，即使偶然勝一回，也是僥倖而已，算不得什麼勝利。仁者無敵的真正意義，真實意義，是仁者根本就沒有敵人。革命需要敵人，也就是需要打擊對象，需要不停的「立威」。所以希特勒說，「如果世界上沒有猶太人，我也會把他製造出來」，多麼乾脆，多麼坦白。仁者不然，他不需要敵人，他沒有敵人，他有的是辦法化解別人的敵意，他能消除敵對勢力於無形，所以說「仁者無敵」。而不仁者有敵，有敵則必有一敗，一敗就是一敗塗地。

孔子一生學術是「祖述堯舜，憲章文武」。然而不能說孔子沒有遺憾，這就是戰爭。所以孔子在談論音樂《大武》的時候說，「盡美矣，未盡善也」。可見他的理想中的盡善盡美，就是及早的用全力化解戰爭。這就是及早的用全力化解人世間的一切矛盾和鬥爭。所以，孔子說，「不患寡，而患不均」。貧可以「耕三餘一」，勞動致富。富而不均，則危險莫大。此即「人心惟危，道心惟微」之意也。（《平旦札・四》）

要說中國古典文化博大精深，莫過於《周易》。可以說三千年來，中國人不斷在實踐著，驗證著兩部古代偉大典籍，一是《周易》，二是《黃帝內經》。

現在，抄一段《周易》看看它的思想是否博大精深。「乾卦」，「用九，見群龍無首，吉。」「用九天德，不可為首也。」「乾元用九，天下治也。」「乾元用九，乃見天則。」群龍無首是個貶義詞，然而在《周易》中卻是「吉」，吉、利，好詞，毫無貶義。三千年下的我輩，應該如何理解。又說，「不可為首也」。這意思是再明顯沒有了，不僅是不可以稱王稱霸，（有的人嘴上說「不稱霸」卻又指示「把地球管起來」，叫做支援「世界革命」，實際是爭當世界領袖……）恐怕也包括著不可把客觀社會，歷史發展規劃出一些想當然的條條框框，叫做什麼「必然王國」，「規律性」，「必然性」等等，等等的吧。這種（其實是各種各樣的）把自己的願望、想像、空想、推理等等，強加於人，強加於社會，強加於歷史，聲言要「創造歷史」，要「創造新人類」的行為，這種喪心病狂的妄人，自法國大革命到二十世紀末的二百年間出現了不少，還用把他們的大名一一列出來嗎？他們都自稱「英雄」，並且也曾經被人們當作英雄著著實實的歌頌過，又怎麼樣呢，不怎麼樣，都同小丑一樣滾進了歷史的垃圾堆。自稱創造歷史的人，實際都做了歷史發展的障礙物，毫無例外。

「不可為首也」。這就是《周易》的告誡，沒有錯吧。就是反對中國古代學術文化的人，就是厭惡《周易》的人，也不敢說這「不可為首也」是錯誤的吧。你可以水平高一些，也可以水平低一些，你可以理解的偏左一些，也可以理解的偏右一些，你能把這話理解錯嗎？你來個錯誤的解釋，讓人聽聽。在這裏，我想提到哈耶克，我想這不是多餘的吧。

哈耶克是二十世紀最值得注意的政治思想家，出生於奧地利，後定居英國。一九四四年出版《通往奴役之路》，一九八八年出版《不幸的觀念》（又譯作《致命的自負》），此兩本書都有中文譯本。他說：「生命沒有目的，生命就是它自身」。他鼓吹一種「自然的」，「自發的」，「合作的」，「擴展的秩序」，他說：「擴展的意思是指一種超越人們的視野的秩序，我們賴以維持生存的這種秩序不是我們可以理解的」。對於某些大人先生們來說，天下沒有不可知的和不可理解的東西。其實就在我們的視野之內的具體事物，就硬是視而不見，麻木不仁，無所措手足，簡直是五角六張，更不要說「視野之外」以及「超越視野」的了。所謂超越視野，它也可能是精神的，也可能是物質的，不得而知，但它是存在著，頑強的存在著，頑固的一往無前地作用著人生，作用著歷史潮流……哈耶克於一九八八年去世，到他去世他也沒給他的理論一個恰當的命名。我想他肯定沒有看過《周易》，他若看過

《周易》，即使英文譯本也成，他一定會把他的理論命名為「天則論」。一哂。

還有一位英國人，莫諾，是諾貝爾獎得主。一九七一年，他出版了一本書《從偶然性到必然性》。這本書到二十世紀九十年代忽然名聲大噪起來。他的理論同哈耶克一樣，但他比哈耶克精確得多，他以數學、物理學的方法，證明私有財產，自由市場和生命一樣，其重要特徵是「自發的」、「自然的」、「擴充的」、「不斷的自動的重新組合」。「他指出，進化只是因為核酸具有精確的自我複製的能力才得以發生的，因為這意味著只有偶然事件才能發生突變。」（見彼得・沃森著《二十世紀思想史》上海譯文出版社第七一八頁）這個理論把歷史發展的目的論，徹底推翻了。沃森指出，莫諾的理論，不僅是自然科學，歷史科學，而且是一種倫理標準，或說是道德觀念……

現在我們就是把《周易》的主旨看作是偉大的道德觀念，也未嘗不可吧。仔細讀一讀《周易》吧，它的主旨就是「仁者無敵」。（《平旦札・六十八》）

筆者認為：林鵬先生之所以特別拿起「仁者無敵」這支筆，這支孟子以後無人想使、會使、善使的仁字牌大筆，是有特別用意的，是專門指向二十世紀的，評議之，批判之，否定之……總的來說，這個老頭不喜歡二十世紀。筆者作過一個簡單統計，《平旦札》（原始版）一書共有一百四十五節內容，其中直接評論二十世紀的就有十六節，這還不算那些順便提到二十世紀的章節。這讓筆者不能不多加思索。被稱為二十世紀的這段時間（一九〇一年一月一日至二〇〇〇年十二月三十一日），是人類歷史鏈條上最新完成的一個環節，熔煉高溫尚在，說它好把握，其實難下手。林鵬先生敢下手，先下手，且不論評價如何，這份勇氣少有人敵，殊堪敬佩。

一般地說，任何一個世紀都可以稱為偉大的世紀，無它不成人類通史。同樣，二十世紀也是一個偉大的世紀。汽車工業以及其他工業開始使用流水裝配線，特別是汽車成為大眾交通工具，等於給整個世界按上了飛速運轉的輪子。宇宙學取得巨大進展，「大爆炸」理論創立，人類開始研究宇宙的起源，航天器的發明讓世界變小了，宇航器則帶領人們向宇宙邁進，對其進行深入探索，打開地外一個無比新奇而又迷人的無窮空間。電臺、電視台及電影電視等大眾傳媒的普及，為人類帶來巨大影響，它們娛樂大眾，同樣可以傳播各種政治、經濟資訊。殺蟲劑、化學肥料、優化種子和轉基因技術的發明，大大提高了農業產值。在基礎物理學領域內的重大發現，例如相對論和量子物理學，為人類帶來了核武器、核動力及雷射技術。洗衣機、空調、冰箱、電視機等電器的發明，大大提高了人們的生活品質。互聯網的興起，更是大幅度的深遠的影響了人類的生活……這些前所未有的偉大成果，確實是二十世紀的驕傲。然而，千萬不可忽視那個同時發生的另一面：比如戰爭史所未見的全球型戰爭與軍事對峙（冷戰）。德國、法國、英國、美國、俄國等幾乎所有重要的西方工業化國家捲入了第一次世界大戰，這場戰爭所帶來的經濟以及政治因素，導致了法西斯主義在歐洲的興起和隨後的第二次世界大戰，世界上幾乎所有國家都被捲入了這場大浩劫，空襲、大屠殺、原子彈等造成了大批平民的慘重死傷，德國針對猶太人的史無前例的種族滅絕據稱造成六百萬猶太人的死亡，日本軍國主義對亞洲國家的侵略造成了約兩千萬人死亡，兩次世界大戰共造成人類死傷二點二億之眾，最多的還是普通老百姓。再比如革命，就是共產主義幽靈對全人類的挑戰。「十月革命」不但使共產主義幽靈在俄國扎根，還很快遊走於中國、東歐、古巴和中南半島地區，形成一股可怕的世界潮流，其來勢之迅猛，恰如其去勢之迅忽，居然就土崩瓦解於本世紀，但這個人類的癌病灶尚在，遺毒危害尚在，惡過恐怖主義、愛滋病和環境污染，是對新世紀最大的威脅之一。林鵬先生說：「當我們徹底否定二十世紀時，並不是說這一百年裏沒有好人，沒有好書，沒有好事，絕不是如此。但是，爭戰不斷，爭鬥不斷，殺人如麻，血流成河，……無數人的生命付諸東流，幹了許多壯烈的大無畏的飲鴆止渴的事情。還有一些很壞的作用，例如造神運動，很卑鄙的行為，比飲鴆止渴還要壞的作用。」看得出來，林鵬先生重點是針對那個「革命」——階級鬥爭和無產階級專政，那個四處周遊的共產主義幽靈，要從政治思想史的層面上，從記取教訓警示後人的用意上，以「二十世紀一百年間，沒有人用過」的「仁者無敵」為思想利器，對二十世紀提出自己的評價和批判。下面，就讓我們聽聽林鵬先生是怎樣評判二十世紀的。

先說他的總體感覺，他很欣賞彼得・沃森在《二十世紀思想史・序言》中的一句話：「二十世紀在許多方面，猶如一場噩夢。」那麼，這場噩夢的標誌是什麼呢？他列出三大事件，分別是：兩次世界大戰、蘇聯興亡、中國革命（當然包括「文革」）與批孔運動。而他予以特別關注的是後面兩大事件。關於蘇聯興亡，他說：「從前宣傳共產主義是人類的歸宿，是人類的天堂，是歷史的必然，不以人的意志為轉移。其來勢兇猛，猶如暴風驟雨，勢不可擋。這是全人類的一次大實驗——為理想而血流成河。它的徹底失敗，標誌著自柏拉圖的「理想國」之後直至馬克思、列寧的偉大理想的徹底破滅。這是全人類的一次噩夢。這實質上是一次公有制（國有制）和私有制的大較量，公有制徹底失敗了。所有公有制（實質上只是國有制）的理論、政治、思想包括國家主義……都徹底失敗了。」關於中國革命和批孔運動，他說：「雖然中國愚昧落後，但是，殘害了幾千萬人生命的堅持數十年的大革命，以及二十世紀一百年間貫徹始終的批孔運動，不應該被忽視吧，能夠說這些一點意義沒有嗎？」

林鵬先生最為關注的這兩大事件，在彼得・沃森筆下卻極少提及，這讓他大發不然之論，他說：

英國人彼得・沃森著《二十世紀思想史》（朱進東等譯，上海譯文出版社二〇〇六年一月出版），這是一部好書，我反覆讀了。因為愛之所以思之再四，有些想法，記在這裏。此書很少提中國事情，或許是因為中國在二十世紀沒有真正的思想家、政治家、哲學家，或說在精神的思想的領域裏未能提出在世界上有影響的東西，所以輕輕帶過，不予重視。這是很自然的。對蘇聯的事情，談的也很少，輕描淡寫，也可以說是不夠重視。這恐怕就是不對了。這兩國的國土面積和人口，占世界很大的份額，居然對它們的事情不當回事，或說視而不見，恐怕這無論如何是不對的。歐洲中心主義好不好，對不對，可以不論，至少也應該注意。從前有世界主義、國際主義的口號，近五十年來，人們提出全球史的觀點，他們叫「地球村」，從全球出發觀察問題，至少說這是應該的。毛澤東曾經妄圖建立「地球革命委員會」（關鋒提議，他說，毛主席當仁不讓是地球革委會主任。毛欣然同意。有錄影，有報導……），這事情雖然可笑，卻不能當它沒有發生過。難道這事情不是發生在二十世紀之內嗎？有些事情就算是發瘋，喪心病狂，奇奇怪怪，不可思議，這種億萬人幹的事情，億萬人跟著瘋子揚土的事，總不能說同思想史沒有關係吧。就算是宗教吧，就算邪教，總不能說不是人類幹的事情吧。事情，就是指形成歷史的東西，思想史亦然。

中國革命是打著全世界最先進最革命的思想的旗幟進行的，不是嗎！老實說，一百年的批孔運動，是全世界先進思想同孔子學說的大較量。較量的結果是所謂先進思想紛紛落馬，孔子卻依然矗立在東方。這時候全世界有識之士才看到，孔子原來同任何古代先知都不一樣，他的反愚民、反宗教、反霸權、反暴政的特質使他顯得無比光彩奪目……這一點就連革命的激進的所謂唯物主義者們也都沒有看清。歐洲人一提宗教就戰戰兢兢，不可救藥……這種大較量，思想史的作者竟然視而不見，豈不怪哉！這種大較量，今後還會有，反人民、反科學、反道德的東西尚未根絕。如果僅僅注意歐洲文化市場上，誰創作了一首詩，畫了一張畫，編了一個什麼小劇本，創造了一個什麼主義，紅極一時，各領風騷三、五年，然後煙消雲散，渺無痕跡，這有什麼意義呢？僅僅現代派的名目繁多的各種流派，怪模怪樣，花裏胡哨，招搖過市，它們的新奇色彩適足以粉飾他們的淺薄無聊而已，這同全人類的思想史有什麼關係。思想，首先是理想，偉大理想，空想，幻想，引出了大量的鮮血，生靈塗炭，血流成河，這才是真正值得大書特書的歷史。思想史應該使全世界正直的人民警覺起來。

必然的問題是：發生在二十世紀的三大人禍，尤其是「革命」的人禍，是怎樣發生的呢？是從天上掉下來的嗎？是進入二十世紀以後才偶然發生的嗎？當然不是。禍根早就種下了。林鵬先生對這一點想得很透徹，寫得很明白，與彼得・沃森不謀而合。他不但認同後者所說：「從十八世紀開始，人類產生了數不盡的『偽先知』，他們在荒漠中創造自己的秩序，企圖挽救人類的墮落，並企圖強制性的指導人類生活（參見沃森的《二十世紀思想史》一九五頁）。如果人類不聽他們的，他們毫不例外的都想到一個可怕的計畫，即消滅這個人類。這才是法國大革命留給人類的真正值得稱道的精神遺產。」而且更有自己的別個看法，他說：「當然若往前追溯，應該從笛卡爾（一五九六～一六五〇）開始，絕對主義——純粹理性——極權政治——恐怖政策——消滅私有財產和消滅個性，最後到達法國大革命，以至從俄國到中國的一系列的大革命。既然有了法國大革命，人們就再也不能說沒有法國大革命的話了，就像既然有了拿破崙，人們就再也不能說沒有拿破崙的話了。」梯也爾寫道，「拿破崙在一切事情上都對自己不加約束的超越了界限」。古奇接著寫道：「他不再是一把革命的寶劍，而是一個像其他暴君一樣的暴君」。林鵬先生再接著說：「由革命的利劍，變成為暴君，這是非常耐人尋味的。其實這就可以看作是一個規律，一個鐵定的規律。這才是真正的法國大革命的勝利果實。」並俏皮地引用了易順鼎兩句詩：「天地只合生名士，莫遣英雄做帝王。」

林鵬先生非常厭惡尼采。他說：「尼采號稱是『鐵錘佈道者』，其實是個偽先知，偽聖人，是個真瘋子。」「他的《強力意志》，後來又譯作《權力意志》，只是強調權力，看上去就帶點俾斯麥的味道，強權政治，鐵血主義。那個時代的學者和革命者們，包括達爾文，包括馬克思、恩格斯，以及後來的列寧、史達林，都帶點俾斯麥的味道。說話不留餘地，做事不顧後果。」

林鵬先生這樣說達爾文：「不管達爾文在生物科學方面的貢獻有多大，他的黑暗的心靈是無法掩飾的。馬克思正是根據達爾文的理論，創造了社會發展的規律，即歷史唯物主義理論，並且號召全世界無產者聯合起來，為實現這種共產主義而流血犧牲，做『最後的鬥爭』，這就開創了一個百年不衰的『社會達爾文主義』。」「達爾文死於一八八二年，馬克思死於一八八三年。一八八九年飽受三期梅毒之苦的尼采，摔了一跤，患了精神分裂症，大呼小叫，聲言自己是德國皇帝，於一九〇〇年死去。……他們三位的精神之花，無一不在二十世紀結出豐碩的果實。」「黑暗的靈魂，遇到動盪的時代，就像夏天的茅坑，發出仇恨一切的強烈的臭氣。這就是野心家們所謂的激情，實際只不過是流氓無產者的天生憤懣之情罷了。一百多年以來，到處充滿了自由的謊言和革命的蠱惑，指不勝屈，言不勝道……。」

現在，回到我們中國的二十世紀。林鵬先生是如何一言一蔽之的呢？他說：「中國的二十世紀是動亂的世紀，革命的世紀，批孔的世紀，康有為（加毛澤東——筆者妄筆）的世紀。」前文書中說到過，二戰後，四十年代後期至五十年代前期，整個歐洲都在「革命」瘋狂之中，尤其是巴黎，左得邪乎。當時的巴黎，可以說滿街都是社會主義者、馬克思主義者，在咖啡館裏熱烈辯論著資本主義和社會主義的優劣問題。以著名作家薩特為首，極力為蘇聯辯護，說革命就要流血，革命就是暴力，「革命天然具有恐怖的權力！」他們去蘇聯參觀，回來把蘇聯描寫成天堂，說「血腥的天堂，依然是天堂」。著名作家梅洛龐蒂自稱是「史達林主義者」，在《人道主義和恐怖》一書中，聲言「史達林主義更可人意些」。美國也是一樣，麥卡錫主義，殺害盧森堡夫婦，甚至驅逐卓別林……在這種世界性大瘋狂中，共產主義幽靈已然附體的中國革命者還能不瘋狂嗎？

依林鵬先生的看法，中國的瘋狂，主要表現在對孔子學說的批判與否定。有一段文字略長，得耐心讀。他寫道：

> 二十世紀初，今文學家，公羊學家，疑古派發展為打倒孔家店，包括廢除漢語漢字和消滅經學。從「五四」的新文化運動到七十年代的批林批孔，一浪高過一浪，革命從勝利走向勝利，一直走到自己的盡頭……這是非常值得中國人尋味的。這個思潮同列寧提出的「打倒無頭派哲學家」以及十月革命的成功，完全合拍，幾乎同步。這一思

潮席捲二十世紀的中國，無人不受其影響。

疑古派發源於西方懷疑一切的思潮。懷疑一切只是不敢懷疑自己。懷疑一切緊跟著就是打倒一切。「全世界無產者聯合起來」，無產者一無所有，你打倒什麼他都不心痛，甚至「正中下懷」。打倒一切發展到最後就是「打倒美帝、打倒蘇修、打倒各國反動派！」這一切都是順理成章的，自然而然的……雖然毛澤東自己把他的口號收回了，但是因為這是自然而然的，必有此一步，勢所必然，身不由己。當然，是因為要同美國友好所以收回了，不然，他是不會收回的。這一切就是二十世紀的中國，在政治風雲鼓盪之下，學術思想發展的脈絡。

這中間最重要的人物有兩個，一是康有為，二是毛澤東。從康有為開始，到毛澤東結束。這一運動發展到文化大革命，算是個高潮，毛澤東一九七六年死了，文革結束，如果他不死，文革是不會結束的。

一八五一年至一八六四年，太平天國。

一八五八年，康有為生。

一八九一年，康有為發表《新學偽經考》。

一八九三年，毛澤東生。

一八九四年，中日戰爭，慘敗。

一八九七年，康有為發表《孔子改制考》。

一八九八年，康梁變法，百日維新。

一九零零年，義和團，八國聯軍攻佔北京。

一九一一年，辛亥革命，建立民國。

一九一七年，蘇聯十月革命成功。

一九一九年，五四運動，這一年正式出版了早已傳抄的康有為的《大同書》。
一九二一年，中國共產黨成立。
一九三一年至一九四五年，抗日戰爭。
一九四九年，新中國成立。
一九五八年，康有為誕辰百年，按照《大同書》的理想，中國實行了吃飯不要錢的食堂化的所謂共產主義，繼而大躍進引起了大饑荒，持續五年，餓死農民三千萬。
一九六六年，無產階級文化大革命。
一九七六年，毛澤東去世，文革結束。
一九八九年，胡耀邦去世。
一九九一年，蘇聯滅亡。
一九九五年，黃興濤著《文化怪傑辜鴻銘》出版。
一九九七年，陳天倪著《尊聞室賸稿》出版。
一九九七年，錢穆著《國學概論》（一九二八年作品）在大陸出版。
二〇〇〇年，錢穆著《中國史學名著》和《國史新論》在大陸出版。
二〇〇二年，姚曼波《春秋考論》出版。

從《新學偽經考》到《春秋考論》相距一百一十一年，中國學術思想走完了一個圓圈兒，又回到了起點，不過這是一個全新的起點。二十世紀政治革命和學術革命，大風大浪，潮起潮落，白雲蒼狗，血雨腥風，至此有了一個結果。說回到了起點，也就是從半天雲中落到了實地，落到了本土文化，也就是傳統文化的實地了。騰雲駕霧一百

> 年，夢遊夢囈一百年，不安其居一百年……現在終於落到了實地上，自己的祖國的土地上……從前是極度的厭惡這塊土地，現在是不得不回到這裏來，心中充滿了說不出的悲涼，簡直是無限的悽惶。

這就是說，中國在二十世紀的痛苦經歷，與世界其他各地一樣地證明，企圖通過專制獨裁、皇帝至上、權力至上、國家至上、暴力至上的手段，把人類引到一個根本不可能達到的所謂「共產主義天堂」，是絕對錯誤的，事實已經作出了回答。這也用事實從反面證明，只有堅持走「仁者無敵」的道路，反愚民、反霸權、反暴政，及早用全力化解人世間的一切矛盾和鬥爭，化解戰爭因素，才可能建立自由平等和諧的和平社會。林鵬先生回憶說，他曾建議筆者寫一本名為《逃離二十世紀》的書，筆者說「不好寫」就作罷了。筆者只記得他建議寫一本《一九七六年》，於此卻不記得了。看來如果真聽了林先生的建議，留心這個題目，以「仁者無敵」為思想貫穿線，寫出這麼一本《逃離二十世紀》，那真是太有價值了。

記得林鵬先生在座談《咸陽宮》的會上說過：「清朝眾多的學者，幾乎沒有任何的詮釋。現在的學者，可以說二十世紀，我們中國學者如林，但他們對像『仁者無敵』這樣的偉大真理，也沒有任何的闡述。」筆者在想，孟子以降，歷代儒者對「仁者無敵」均少有闡發，林先生何以只點出清代和現代儒者予以問責？這個問題有意思。未就此向他本人奉商，這裏只略表個人看法。

按說，清代學者應該在闡釋「仁者無敵」這一重大命題上多有建樹，因為有清一代，經學最為發達，直承兩漢且超越之，特別是乾嘉學派，在考訂、辨偽、校勘和注釋上下過大功夫，為經學史上之罕見。既然如此，他們為什麼偏偏要繞開「仁者無敵」呢？這就得從骨子裏找原因了。

如上所述，孔子的「仁者無敵」的特質，就是反愚民、反霸權、反暴政、反戰爭等，這是與皇帝和獨裁者的野心和願望唱反調的，你主張這個，宣揚這個，實行這個，這可得冒極大的政治風險，甚至有殺頭滅族之禍。清代的儒者，哪裏會有這樣的膽量！清儒的整體精神風貌如何呢？劉師培先生曾以比較手法為之畫像曰：「清代之學迥與明殊。明儒之學用以應事，清儒之學用以保身。明儒直而愚，清儒智而譎。明儒尊而喬，清儒棄而濕。」清儒這是一種什麼樣的人文性格呢？說白點就是不敢「以天下為己任」，圓滑多詐，放棄士君子大節，明哲保身，遠害自得，卑鄙無恥。你能指望這樣一群挺不起脊樑的犬儒，去發揚光大「仁者無敵」的偉大真理嗎？他們可以把經學「學問」做得美不勝收，就是不敢去摸一下老虎尾巴。那麼，叫作作家、教授、學者、專家的當代儒呢，怎麼樣？學問可以做到剛夠給清儒提鞋，可犬儒勁道修練得一個頂十個。最近的名例，就是百名大作家，未奉欽命，卻自覺自願地為「馬克思加秦始皇」抄寫「御筆皇文」，並且只象徵性地取用「公帑」一千元。你能指望這些當代超級犬儒幹什麼，去宏揚「仁者無敵」嗎？

劉師培提到了明儒，倒可對比一說。按劉氏說法，明儒又是一種什麼樣的人文性格呢？他們是勇於任事的，憂國憂民，自處極高，氣節第一，正直剛烈，為天下事雖赴死不屈。事實也是如此：為了維護道統，其在廟堂者，不避「廷杖」與「詔獄」，其在草野者，不畏「緝事」（國安系統）險惡，拋頭灑血，前赴後繼，為士君子史上最大之亮點之一。惜乎他們「束書不觀，游談無根」（皮錫瑞語），在經學研究上確乎形成一個低谷，「三百多年中沒有出現過一部像樣的經學著作」。（王學泰語）他們是以親身實踐詮釋了一回「仁者無敵」，雖則效果並不十分顯著。這也是一種無可奈何的歷史遺憾吧。人類歷史上這樣的遺憾還少嗎？

「仁者無敵」這樣的思想，究竟靠誰並且怎樣去承前啟後、發揚光大呢？它的歷史發展軌跡是一個什麼樣子呢？這個問題太重要了。值得慶幸的是，林鵬先生為此給我們配出了一把挺好使的鑰匙。有興趣者請看下一章拙文。

第十四章 國學究竟

何為國學？到目前為止，還是一盆漿糊，學術界還沒有做出統一明確的界定，網上眾說紛紜，名家各說各話，莫衷一是。好，來大致看看其混亂狀態：

有的說：國學者何？一國所有之學也。有地而人生其上，因以成國焉，有其國者有其學。學也者，學其一國之學以為國用，而自治其一國也。

有的說：國學，顧名思義，中國之學，中華之學。海外又稱為「漢學」。然深究國學的本名原意，原指國家學府，如古代的太學、國子監。單純的說國學，乃獨指經、史、子、集部的語言文字經典訓詁學問。

有的說：國學和文學、數學的意思不同，並非是國家之學或者治國之學。一般來說，國學是指以儒學為主體的中華傳統文化與學術。國學是中國傳統文化與學術，也包括了醫學、戲劇、書畫、星相、數術等等。這些當然是屬於國學範疇，但也可以說是國學的外延了。

有的說：國學以學科分，應分為哲學、史學、宗教學、文學、禮俗學、考據學、倫理學、版本學等，其中以儒家哲學為主流；以思想分，應分為先秦諸子、儒道釋三家等，國學以《四庫全書》分，應分為經、史、子、集四部；以國學大師章太炎《國學講演錄》所分，則分為小學、經學、史學、諸子和文學。

有的說：國學有廣義狹義之分。廣義的國學如胡適所說：「中國的一切過去歷史與文化。」狹義的國學是指意識形態層面的中國傳統思想文化。

有的說：國學就是中華傳統治學方法，最初分為象數派自然科學和義理派人文學術，就是今天的自然國學和人文國學的雛形，道家和儒家分別是兩大學派的代表和核心。

有的說國學指的就是中國古代學說，其中的代表是先秦諸子。先秦諸子的思想及學說對中國的傳統文化具有深遠的影響。它們形成了兵家思想、法家思想、墨家思想、儒家思想及道家思想等。這些思想從各個不同的方面論述如何治理國家。對歷朝歷代的統治者都有很深遠的影響，慢慢形成了中國的傳統文化觀念。

有的說：國學，首先是自然國學。其次是生命國學。再其次是家庭國學，還有公益國學。國學，不僅僅是傳統文化，不僅僅是先進文化，不僅僅是時尚文化；也不僅僅是自然國學，不僅僅是生命國學，不僅僅是家庭國學，不僅僅是公益國學，國學更是一種起源於原始太初而傳承於歷史現實的活著的正在繼續的中正文明、和諧文化，是中華民族核心的價值理念和追求，是數千萬年來中國人思維方式行為方式生活方式生產方式的高度總結，是中華母親的乳汁，是中華兒女的血脈、精神和靈魂，是中國人信仰的天空和大地。

好傢伙，聽得人暈頭轉向。

你再聽名人的。有人開出古往今來一百二十八位「國學大師」名錄（還不計榜上標數不標名的孔孟弟子們——筆者），那就舉出幾位當代「國學大師」的說法吧。

章太炎在其《國學概論》中稱：國學之本體是經史非神話、經典諸子非宗教、歷史非小說傳奇；治國學之方法為辨書記的真偽、通小學、明地理、知古今人情的變遷及辨文學應用。

季羨林提出了「大國學」的概念。他說：「國學應該是『大國學』的範圍，不是狹義的國學。國內各地域文化和五十六個民族的文化，都包括在『國學』的範圍之內。地域文化和民族文化有各種不同的表現形式，但又共同構成中國文化這一文化共同體。」「大國學是一種大一統式的『文化調和』。因此我想，五術六藝諸子百家之學，東西南北凡吾國域內之學，無論在地域上還是學術學科上，無論從歷史回溯還是空域觀照，遠者包括被元代成吉思汗和忽必烈所統一的古西域三十六國文化、古尼雅文化，古樓蘭文化，近者包括學科創建歷史不到百年的西夏學、敦煌學等，都可稱為我國『國學』。在國際上，近似的名詞稱謂漢學或稱中國學，西方學者把藏學、滿學、蒙學、伊斯蘭學等排除在漢學之外，有故意破壞中國大統一之嫌；現代『華學』學者針對這種情況，把國學稱謂『華學』，包括中華漢學和古代三皇五帝所有後裔民族之學，均列為中國之『國學』。」

南懷瑾說：國學是為了培養「博古通今，學以致用」的人才，即培養出將入相，經天緯地，治國安邦的人才。國學是培養修心養性齊家治國平天下的人才，是為了培養大政治家，不是學會寫詩就行，要「上馬殺賊，下馬露布」。國學教育一定要學生讀史，但不要讀現成的教授編的通史，而要讀原典。二十五史一路讀下來，要對著地圖讀書，以此為基礎，可以培養大政治家。中國文化是一個雜家，教育孩子背頌唐詩宋詞，方向錯了。詩人對國家無大益。國學教育，文學要研究，但是次要的，要以歷史為主。毛澤東就曾經培養了一批專門學習古文的學者，對付蘇聯和西方文化。

錢穆在《國史大綱・前言・引論》中說：中國為世界上歷史最完備之國家，舉其特點有三。一者「悠久」。從黃帝傳說以來約得四千六百餘年。從《古竹書紀年》載夏以來，約得三千七百餘年。夏四百七十二年，殷四百九十六年，周武王至幽王兩百五十七年，自此以下至民國紀元兩千六百八十一年。二者「無間斷」。自周共和行政以下，明白有年可稽。史記十二諸侯年表從此始，下至民國紀元兩千七百五十二年。自魯隱公元年以下，明白有月日可詳。春秋編年從此始，下至民國紀元兩千六百三十三年。魯哀公卒，左傳終，中間六十五年史文稍殘缺。自周威烈王二十三年資治通鑒托始，至民國紀元凡兩千三百一十四年。三者「詳密」。此指史書體裁言。要別有三：一曰編年，此本春秋。二曰紀傳，此稱正史，本史記。三曰紀事本末，此本尚書。其他不勝備舉。可看四庫書目史部分類。又中國史所包地域最廣大，所含民族分子最複雜，因此益形成其繁富。若一民族文化之評價，與其歷史之悠久博大成正比，則我華夏文化，於並世固當首屈一指。

然中國最近，乃為其國民最缺乏國史智識之國家。何言之？「歷史智識」與「歷史材料」不同。我民族國家已往全部之活動，是為歷史。其經記載流傳以迄今者，只可謂是歷史的材料，而非吾輩今日所需歷史的智識。材料累積而愈多，智識則與時以俱新。歷史智識，隨時變遷，應與當身現代種種問題，有親切之聯絡。歷史智識，貴能鑒古而知今。至於歷史材料，則為前人所記錄，前人不知後事，故其所記，未必一一有當於後人之所欲知。然後人欲求歷史智識，必從前人所傳史料中覓取。若蔑棄前人史料而空談史識，則所謂「史」者非史，而所謂「識」者無識，生乎今而臆古，無當於「鑒於古而知今」之任也。

略論中國近世史學，可分三派述之。一曰傳統派，亦可謂「記誦派」。二曰革新派，亦可謂「宣傳派」。三曰科學派，亦可謂「考訂派」。

你看看，這些個國學大師，是不是在各說各話？說來說去，只在形式和淺表層面解釋國學，距國學真諦何其遠哉。

筆者以為，林鵬先生的最大學術貢獻，就是給出了一把鑰匙，一把打開國學堂奧的鑰匙，學術人或者普通文化人，憑它即可很容易地讀懂國學，知道何為真正的國學，何為偽國學或毒國學，一掃積習難改的混亂風氣，解決了雖歷代名家也無能解決的學術難題。從某種意義上說，其價值絕不僅限於學術領域。

林鵬先生說：「秦始皇堅決實行帝制，魯仲連堅決反對帝制，這兩股繩兒，你使你的勁，我使我的勁，擰成了兩千多年的中國歷史。」其軌跡「總是在無限被動中、無限的罪孽中掙扎著，喘息著，一溜歪斜地，連滾帶爬地」前行著。照林鵬先生的這種思路想想，所謂國學，由兩部分組成，一種是魯仲連代表的士君子文化，一種是秦始皇代表的帝王文化。

這還不是一把萬能鑰匙嗎？就這麼簡單。

關於這把鑰匙的神奇功效，筆者寫過一點體察文字，不妨獻醜於此，以為引玉之磚。

我憑這把鑰匙，至少看到並聯想出以下四道人文風景兒：一、兩股繩兒根子都連在土地制度上；二、兩股繩兒都沒斷過；三、兩股繩兒互相廝磨互相滲透互相改造；四、兩股繩兒都遇到了對手。下面我分別簡單表述一下。

首先說兩股繩兒都連在土地制度上。中國是農業國，其歷史「少說也有一萬年，或許可能有兩萬年了」（林鵬語）。農業的基礎和憑藉是土地。從刀耕火種的原始農業，到「不計而耦，不約而成」的文明階段，土地應該說都是私有的，誰耕種誰收穫誰納糧，這上交的糧食最早只為祭祀，後來加上戰爭，即所謂「國之大事，在祀與戎」（《左傳》）。你要把這編派成什麼「五種社會形態」中的「原始共產主義社會」，算你有辦法，但你沒辦法否認土地私有這個事實。「土地私有是人類社會的根本，所謂公有，只是公侯的私有而已」（林鵬語）。這是井田制出現以後的事了。對於井田制及其貢、助、徹的田稅制度，林鵬先生有非常獨到而精闢的論述。他說：「有了公侯才有公有，公有制者，公侯之私有也。」井田制時代是公侯私有，再往下就是秦始皇私有，國家私有，就是侯外廬先生認定的「皇族土地所有制」，土地國有制是占支配地位的，它貫串於秦漢以來的全部封建史。到了「人民公社」以後，更是一「徹」到底，名副其實的國家私有了，成了「黨產」，哪裏曾有過想像中的「公有制」？「普天之下，莫非王土，率土之濱，莫非王臣。」這不就是秦始皇那股繩兒的經濟基礎嗎？這不就是帝王文化（資中筠稱作頌聖文化，我看也可寬泛地稱作廟堂文化）的產生土壤嗎？你這麼一「公有制」，老百姓成了不同程度的變相農奴，而作為社會精英的士們，連「願受一廛以為氓」的生存權利都不好保留了，要知道這「五畝之宅」可是從周代就傳下來的老規矩啊。魯仲連這許多年自由自在地遊走列國，出謀劃策，排憂解難，給官不做，給錢不要，鐵了心「義不帝秦」，不就是憑藉這「五畝之宅」的私有土地安身立命嗎？有人說當時一畝相當於今天四分，大約兩百六十平米，五畝就是一千三百平米，這麼一塊地建成魯宅，可夠寬敞豪華的了，但實際情形並非如此，根據戰國時期名人李悝的計算，五畝宅基再加一百畝耕地，勉強只夠一家人糊口罷了，產量低嘛。連魯仲連這樣的社會精英都不好糊口了，連你秦始皇手下大將王翦都要向你討要住宅了，大家還不擰成一股繩兒與你對著幹嗎？這不就激發並更新了與帝王文化對著幹的士君子文化（資中筠稱作道統文化，我看也可稱作民間文化）嗎？霸道的「公有制」孕育了帝王文化，反抗的「五畝之宅」則孕育了士君子文化，這兩股繩兒的根不都深深地連著黃土地嗎？

再說兩股繩兒都沒斷過。林鵬先生講：「尊商韓，崇秦政，暴力至上，專制至尊，此乃帝王思想之靈魂，中國歷史之主幹。」真的，自從有了始皇帝，有了帝王文化，兩千多年下來，打倒皇帝坐皇帝，這個活靈魂就沒散過，張皇帝，李皇帝，哪個皇帝也不放手專制主義，「朕即國家」，這根繩兒就沒斷過。名義上也有過「博士官」制度，也下過「招賢令」，也搞過「獨尊儒術」，也開科取士，說「宰相須用讀書人」，也講過「立憲」、「共和」乃至於「自由、民主、獨立、富強」……可一到了要保住手中皇權的緊要時刻，對不起，我還是不愛美人愛江山！為此，我想怎麼亂來胡來硬來，就怎麼亂來胡來硬來，而且一代更比一代強：秦始皇你敢焚書坑儒，你敢稱為秦始皇思想嗎？不敢；朱和尚你敢把《孟子》刪去二十八條，你敢稱為明太祖主義嗎？不敢；但發展到「秦始皇加馬克思」階段，則一切都無所顧忌了。所以我說帝王文化這股繩兒，兩千多年來非但沒有斷過，而且日見其粗壯。

相對應看，士君子文化這股繩兒也沒有斷過，而且一開頭遠遠粗壯於帝王文化那股繩兒。其原因不光在於它形成歷史要長得多，還在於它的思想資源和社會資源要深厚豐富得多。遠迄三代，中國人就認為，政治原理必須是為社會人群著想，為天下所有人服務的，要順天理，從人情，此之謂「天道」，「人道」，「天人合一」之道。一言以蔽之，即《禮記‧禮運》篇所言：「大道之行也，天下為公。」所以，遠在帝王文化還未能生根發芽之際，這種以仁和仁愛為核心的「天下為公」思想，即彌漫於社會各階層，根深蒂固，深入人心。特別在新崛起的士階層形成後，他們以「仁為己任」，以傳承光大這種仁的原生態、原教旨為天職，以「五畝之宅」作為構建自己獨立人格的物質基礎，帶劍遠行，遊走天下，在民間公開講學佈道，設館授徒，行俠仗義，以嘉言懿行傳播當時最先進的思想……最後由孔子集其大成，創立了儒家學派。所以，林鵬先生說：「若問春秋時期除了儒家還有哪家？沒有。」是後來的「儒分八派」，才造就了「百家爭鳴」的熱鬧局面。所以，「春秋儒」是中國士君子文化的肥壯母體，豐沛源頭，美麗而強大，比剛剛滋生的帝王文化要威風強勢得多。連剛上臺的秦始皇，面對如此道統也多有忌憚，不得不搞一搞「博士官」什麼的。他一旦惡跡暴露，便立刻遭遇士君子文化的強力狙擊，魯仲連「義不帝秦」，燕人盧敖祭出「亡秦者胡」，這是「文攻」；還要「武衛」呢，荊軻先刺你狗日的一下，緊接著張良再給你一椎，高漸離又鉛筑一擊，最後還有「蘭池盜」收拾你。什麼盜不盜，那就是「以直報怨」、捨生取義的帶劍大俠。面對如此波瀾壯闊的歷史畫圖，司馬公才懷著無限崇敬之心，在《史記》中專設了《遊俠列傳》《刺客列傳》。這是士君子文化的巔峰時期。

秦漢以降，隨著皇權「治統」的日臻成熟完善，承載儒家原教旨的「道統」，受到越來越嚴重的挑戰、制約和腐蝕，這股繩兒的力道不斷「被緩釋」。儘管如此，一代一代的士君子們，依然「人還在，心不死」，面對帝王文化的兩大魔法「世民穀」和「文字獄」，軟硬不吃，堅守初衷，其思想抗爭持久不絕。「東海牧豕奴」公孫弘奮力組建「士人政府」，開辦國立太學，在五經博士指導下受業領教。鄭玄講學鄉里，不受徵召，人敬呼為「徵君」，成為兩漢經學冠冕。隋唐開科取士，創建科舉制度，使無數民間士人得以抬升話語權，彰顯才能；更且佛、道盛行，其宇宙觀和本體論，尤其是佛教的哲學思辨性，深深吸引、刺激著廣大士人的本土觀念，這種思辨性在後來的宋明理學中非常鮮明。接著到了兩宋時期，胡瑗、孫復、范仲淹首開書院講學之風，中央太學亦模仿胡瑗蘇湖講學制度，其後之周濂溪、張橫渠、程明道伊川兄弟，紹繼其風，書院講學，談經論道，遂使有宋一代文風大盛，至南宋朱子而集大成為宋明理學。從儒學自身發展來看，宋明理學作為一種哲學思潮或者儒學復興運動，它所強調的義理之學，是對於漢唐儒學的一種反動，表現出一種想要擯棄漢唐訓詁之學而直接面向經典、回復聖人之道的氣勢，頗有一點「文藝復興」的味道。這個復興儒學的運動，由隋唐之際的王通發其先聲，由唐代中期以後的韓（愈）李（翱）柳（宗元）諸人繼其後續，至兩宋時期則蔚為大觀。宋明理學是當時中國有抱負有思想的士君子群體，對現實社會問題以及外來佛教和本土道教文化挑戰的一種積極回應，力求解決漢末以來中國社會極為嚴重的信仰危機和道德危機，從此影響後世八九百年。

總的來說，從先秦原教旨儒學到宋明理學，再到有清一代的尊奉儒學道統，近三千年下來，士君子文化這股繩兒一直沒斷，雖然有時遭遇狙擊，且大勢逞虎頭蛇尾之態，但卻野火春風，不絕如縷。這裏有個最有力的證明就是：皇帝這個壞東西（林鵬先生說「皇帝沒有一個好東西！」）兩千多年以來大大小小四百多個，最牛逼哄哄如「秦皇漢武」、「唐宗宋祖」、「康雍乾」之流，沒一個人敢公開反對和否定儒家學說，敢公開鼓吹治統高於道統，敢搞「政教合一」那一套，說「朕即國家」可以，但沒一個敢說「朕即真理」，儘管急得韓非同志可著喉嚨提醒說：「儒以文亂法，俠以武犯禁。」也不管用。朱皇帝倒是膽大非孟一回，據說首開「領袖語錄」先河，搞出個《明大誥》，可也不敢叫作《朱元璋語錄》，區區《明大誥》而已。真正有膽量有慾望有手段，想把儒家思想打入萬劫不復之地，一舉刨掉士君子文化的老根兒，從此取而代之的角色有沒有，有，前面點過，那叫「秦始皇加馬克思」。不過，想歸想，做歸做，能不能稱心如意，只怕也難。有道是：「爾曹身與名俱裂，不廢江河萬古流。」

下來說互相廝磨互相滲透互相改造。我有個聯想很皮相，你看那陰陽八卦圖上的兩條顛倒魚兒，一個頭兒朝著這邊，一個頭兒朝著那邊，永遠扭不到一順兒去，但都出不得一個圈兒，你中有我，我中有你，就在那裏頭擠挨著，盤繞著，誰也離不開誰。好比這帝王文化和士君子文化，你朝這邊擰，我朝那邊擰，滿擰。可你倆再滿擰，都擰不出一個時空——兩千多年中國歷史和這個驕傲的東土神洲，而且起根發芽都在這塊古老的黃土地上，誰也離不開誰地廝磨著，滲透著，改造著……攪成一團兒，攪成如今稱作「國學」這麼一個糊塗東西，你說這裏頭哪些是帝王文化，哪些是士君子文化，往往一時理不清，頗多公案、懸案、錯案，至今聚訟紛紜，口水筆墨官司打不停。林鵬老先生形容的那種生動狀態，「總是在無限被動中、無限的罪孽中掙扎著，喘息著，一溜歪斜地，連滾帶爬地」的模樣，是否就跟這個原因有關呢？下面舉幾個要緊例子。

「忠君愛國」。假如你問：何為孔孟之道，保不齊十個人中有九個，會把「忠君愛國」當作第一經典推出，還有無數的人證，岳飛、文天祥、方孝儒……或者把死因多解的王國維也算上。其實，大謬不然！真正的儒家不談忠君愛國！林鵬先生說：「心中無君，嘴上輕君，這正是以孔孟為代表的」，「士君子群體的思想學術上的最明確最強烈的表現，這就是廣大的自耕農中間不斷發展著的自由平等的思想意識。」且看事實：

孔子委婉：「事君以道，不可則止。」「君使臣以禮，臣事君以忠」。那是有嚴格限制的。

孟子直白：「民為重，君為輕，社稷次之。」「君之視臣如手足，則臣視君如腹心；君之視臣如犬馬，則臣視君如國人；君之視臣如土芥，則臣視君如寇仇。」「君有大過則諫，反復之不聽，則易位。」「暴君放伐」，可以像殺一個「殘賊」、「獨夫」一樣把他幹掉。

後世黃宗羲們更是激進：「為天下之大害，君而已矣。」「以天下為主，君為客。」「臣之與君，名異而實同。」「緣夫天下之大非一人所能治而分治以群工」，「故我之出而仕也，為天下，非為君也；為萬民，非為一姓也」，並明確地提出要限制君權。

要人證嗎？「晏子不死君難。」還有前面提過的魯仲連、荊軻、黃宗羲們，還有沒提過的王充、顧炎武、錢穆、梁漱溟們。

這一條線才是正宗儒學，士君子文化。「忠君愛國」那是典型的帝王文化，是帝王文化對士君子文化仇視、滲透和改造的結果。始作俑者不是別人，正是法家的商鞅、韓非子們。商鞅要「強國家」，「固君位」。韓非對秦王說：「臣聞不知而言不智，知而不言不忠，為人臣不忠當死，言而不當亦當死。雖然，臣願悉言所聞，唯大王裁其罪。」不管咋的，你皇上叫我死，我就死。這就是「君要臣死臣不得不死」的源頭吧？後來經過欺師滅祖的董仲舒們的一再背叛，帝王文化遂借雞生蛋，營私舞弊，直到「康雍乾」們把持了儒學解釋權之後，「忠君愛國」這種全面專制觀念也發展到了頂峰。

「三綱五常」，又一條所謂「儒家經典」。

孔子在《論語‧為政》裏說：「殷因于夏禮，所損益可知也。」有個馬融解釋說，「所因，謂三綱五常也。」三綱即君為臣綱，父為子綱，夫為妻綱；五常即仁義禮智信。又有個何晏出來坐實，馬融之說「源於孔子」。這完全是「臆造」（泊靜子語）！其實「三綱」、「五常」這兩個詞，來源於西漢董仲舒的《春秋繁露》，從宋代朱熹開始，「三綱五常」才開始聯用。與孔子連屁的關係都沒有。

孔孟之道的仁是「仁者二人也；二人者，夫婦也；夫婦者，異姓親戚也；異姓親戚者，天下也。也可以說，仁者天下也，或說天下仁者也。」（林鵬先生語）所以講「仁」，就是講普天之下，人與人的關係，人對人的愛，由對夫婦之愛、父母之愛、兄弟姐妹之愛，進而推及對他人的愛。這種大愛、真愛了不得，所以孟子對梁惠王說：「仁者無敵，王請勿疑。」

孔孟之道的義，是大義、正義、公平、公正、公道；還有情誼、恩誼之意，包括了人與人之間的互相牽掛、互相關照、互相提攜，發展到最高境界，義字當頭，不背叛天道人倫，不出賣朋友，不拋棄一家老小。

孔孟之道的禮，是明禮、禮貌、禮讓、禮節、禮儀、禮制。禮與仁互為表裏，愛他人是內在精神，恭敬謙讓是外在表現。

孔孟之道的智，是明智、智慧、機智。是懷有一種自由的思想，知道遵道，學而致知，智而不奸。

孔孟之道的信，是誠信、信任。信是立身之本、興業之憑、治世之道。是對別人思想自由的尊重，只信聖人的話，不許別人自由思想，就是不信。

孔孟之道的忠，是忠誠、忠良、忠恕。就是內心求善，外求盡職盡責，忠於人事；就是對朋友忠，對家人忠，對有道的君王忠。

孔孟之道的孝，是孝心、孝敬、孝道。「孝乃德之本」，「百善孝為先」。不孝之人不可交。你為「報效祖國」就把孝敬父母拋在一邊，這是誤區。其實「孝敬父母」「報效祖國」二者都光榮，二者可以兩全。

孔孟之道的節，是氣節、名節、操守、節制。講氣節、立名節，重操守，輕利欲。皇帝應該做到這些，誰能這樣做我就選誰當皇帝，這才是氣節。

孔孟之道的勇，是勇敢、堅強、弘毅。就是要敢想敢幹、敢於創新，敢於開拓，敢於承擔責任，敢於說真話，敢於堅守民間立場，敢於「暴君放伐」，把皇上拉下馬，「讀書人可以不做官，但不可以不弘道」。當然最要緊的還有一條，敢於「反諸己」。

孔孟之道的和，是和睦、和氣、中和、和平、和諧、求同存異。「禮之用，和為貴。」「中也者，天下之大本也；和也者，天下之達道也。致中和，天地位焉，萬物育焉。」和睦夫妻、和合家族、順和鄰里、和諧社會、協和萬邦、天人合一、反對暴力暴政，是中華民族傳統美德的最高境界和最高目標。

你看看，在這些原教旨儒家思想裏，能找到那個皇帝們最喜歡的「三綱五常」嗎？很明顯，這又是帝王文化從那些儒家不肖子孫身上打開缺口，借雞生蛋，營私舞弊，大作自家文章。

還有個典型例子是「存天理，滅人欲」。

長期以來，「存天理、滅人欲」這話，都說是朱熹的專利。其實不準確。《禮記・樂記》說道：「人化物也者，滅天理而窮人欲者也。於是有悖逆詐偽之心，有淫泆作亂之事。」後來二程兄弟也說：「人心私欲，故危殆。道心天理，故精微。滅私欲則天理明矣。」朱熹這才接著說：「孔子所謂『克己復禮』，《中庸》所謂『致中和』，『尊德性』，『道問學』，《大學》所謂『明明德』，《書》曰『人心惟危，道心惟微，惟精惟一，允執厥中』，聖賢千言萬語，只是教人明天理、滅人欲。」「去其氣質之偏，物欲之蔽，以復其性，以盡其倫。」到此就又與孟子的「盡心、存心、養心」之學接上了：「盡心」就是要在認識上達到自我超越，「知性知天」，「存心」也便是「養心」，即是養性知天，「養心莫善於寡欲。」孟子還說了這樣一段話：「可欲之謂善，有諸己之謂心，充實之謂美，充實而光輝之謂大，大而化之之謂聖，聖而不可知之之謂神。」（《孟子・盡心下》）成聖成神有點玄，但「可欲」二字提得要緊，與「私欲」就涇渭分明了，這裏並不排除你的正常生理需要和生活需要，「食色，性也。」這沒錯，人人都離不了。這裏要滅的是那個「私欲」。那麼，朱熹的天理人欲是什麼？「飲食，天理也；山珍海味，人欲也。夫妻，天理也；三妻四妾，人欲也。」哇噻，朱老先生好環保好綠色好現代也，不讓你吃魚翅熊掌，「沒有買賣就沒有殺害」；不讓你包二奶三奶，你一夫一妻白首不衰。這事你報到聯合國，不給朱老同志（他是中共黨員嗎）發個大獎章才怪，哪裏就「禁錮了人的自由」！

我再給朱熹的「天理人欲」論增加一條：自由，天理也；專制，人欲也！帝王文化肯定不接受這一條，它只會將「存天理，滅人欲」當作「國之利器」，惡狠狠刺向士君子文化。

小結一下。從上面的例子看來，兩千多年來，帝王文化與士君子文化雖然同在一個歷史平臺，理論上講是互相廝磨、互相滲透、互相改造，但實際結果顯示，帝王文化挾權借勢，雄踞於廟堂之上，獨霸著麥克風，操控著話語權，占盡便宜。而一早非常強勢的士君子文化，卻被打壓得夠嗆，一步步後撤，像最後的拆遷戶一般孤立無援，如今變成十足的犬儒一個，我說還患了「精神陽萎症」，上世紀三〇年代時光，尚能一舉，儘管舉而不堅，堅而不久，眼下可就跟太監無二了。這是一個問題！我問過林鵬老師，既然正宗儒學如此強大，「仁者無敵」，何以老在思想道德層面流光溢彩，總也化不成「治、平」的政治能量、社會能量，與帝王文化一決雌雄？何以屢戰屢敗，兩千年難有出頭之日？莫非還得一個兩千年方見分曉？這裏頭到底是一個什麼問題呀！我在苦苦思索著。

現在說兩股繩兒都遇到了對手。那從前沒遇到過嗎？遇到過，可那些對手很快都被戰而勝之。比如佛教東來，很快被深不可測的中華文化，化作「漢傳佛教」，化作本土生發出的禪宗、華嚴、天臺；元朝騎兵鐵流滾滾，可他們的皇帝仍不得不以儒術立國，地方官到任，必須先到當地書院聽課，以示尊師重道；皇皇大清遠在入關以前，漢化程度就已然不低，日能的「康雍乾」更是把中原帝王術推向極致……你看，等於沒對手。

不料東邊有雨西邊晴。一個文藝復興，接一個啟蒙運動，被視作夷狄的西方世界，忽然從中世紀的泥淖裏爬將出來，開始了資本的原始積累，開始了人性的探索，肯定人是一個具體存在，而不是依附於誰的奴隸，「天賦人權」、「三權分立」、「自由、平等、民主」和「法制」……這些新觀念形成了強大的社會思潮，徹底動搖了封建統治的思想基礎，嘿，出來一個帶著血污和新病灶的叫作「西方文化」的東西。

按說，假如我們不去理會它，兩股繩兒照舊在原先那個封閉的大圈裏折騰，也沒啥大不了的，它不能把我們怎麼的，士君子文化憑著倫理道德的傳統強勢，「生命之樹常青」，帝王文化憑著「死幾億人」的暴君膽量，「數風流人物，還看今朝」。然則危險也在此，兩股繩兒就這樣一直內耗下去，暴君、昏君、娃娃君再這樣層出不窮，士君子們再這樣陽萎去勢，中華民族沒有什麼好果子吃，只會自絕於世界之林，不過是時間的事。出路沒別的，只須睁眼往外看一看。看什麼？看事實。

林鵬老師說，中西比較，西方有奴隸制，有宗教，中國沒有，而中國有士君子群體、士君子文化，西方沒有。還可以往細處比：西方現在還有皇帝，有君，但沒有「家天下」的帝王文化，那得由選票說話，選舉再舞弊，你不會老選姓秦的做皇帝。西方沒有士君子文化，但西方知識份子不用領皇家薪水，什麼「國務院特殊津貼」，有自己私家的「五畝之宅」，不是「七十年限期」，從而實現了士君子文化的核心價值，那是什麼？不就是獨立人格，個人尊嚴，以天下為己任，「仁為己任」。老子有本事就去競選總統，幹完了再去當教授，當科學家，寫回憶錄，到南極科考，或者另組新黨跟你當局唱唱對臺戲……這比中國古代的遊俠、隱士遜色嗎？這個具備了獨立社會人格的廣大中產階級，不就是我們那個自耕農的「現代版」嗎？我們追求了多少年實現不了的目標，在人家那兒實現了，這是什麼問題？

另外，不能說西方只有先進的科學技術，沒有先進的思想文化，且不說自然科學與人文科學密不可分，事實也非如此。短短幾百年中，那裏產生過不少的自我反思與自我批判：馬丁・路德的教會改革思想，啟蒙思想對權威的挑戰，盧梭反對專制、暴政的「自然神論」，馬克思對資本的思考，唯心主義對客體權力的造反，別林斯基對「世界精神」和「世界和諧」的質疑，巴枯寧的無政府主義激情，托爾斯泰對「歷史」和「文明」的反叛，尼采反對「理性」和「道德」的狂熱，易卜生對整個「社會」的批判……我們無須對這些人文單元做出含金量評判，這種自我反思與自我批判的精神，足以值得我們深思和借鑒。

這裏不能不涉及到中國近百年來的「現代啟蒙」、「五四運動」、「新文化運動」。我一直看不清這激盪百年的功過是非，但林鵬先生這把鑰匙立馬讓我心明眼亮：凡是為埋葬帝王文化，弘揚士君子文化出力的，都是好同志；反之，全是王八蛋。從嚴復、梁啟超到胡適、魯迅、陳獨秀，到西南聯大、中研院那些人，包括以實業救國為職志的張謇、盧作孚、陳光甫那些人，名單可以開得很長，不管有些人如何晚節不保，個人生活或為人處世有著多大的毛病，他們之間又有著怎樣的恩怨情仇，只要記著他們大節不虧就行了，大膽放眼看世界，冒險取火燒祖龍，不容易呀哥們！對他們，尤其那些已然成為歷史人物的，其他一切完全可以忽略不計，不要太過計較，不要在這上頭費口水，花筆墨，有時候真是站著說話不腰疼呢。林鵬先生壯懷激烈有時像個火爆少年，也說一點有點偏激的話，但他總歸是位理智者，他在《平旦札・三十二》裏說道：「人身上存在的缺點和優點，它們往往是並行的，並存的。光看優點或光看缺點，都是不對的，是會出現大錯誤的。包括對歷史人物功過的評價。」誠哉斯言！

最後還得回到面對西方文化的挑戰，面對帝王文化的步步緊逼，中國當代的士們究竟應該怎麼辦？林鵬先生悲歎：「任為己任」這個古代士君子們「背得起來」的十字架，我們拿體制「工資的知識份子怎麼同他們相提並論呢？」但是，背不起來也得背。魯迅先生說曹雪芹的痛苦在於夢醒了，卻不知道出路在哪裏。我們再怎麼也得比曹紅樓要強吧。當務之急是把當前的「國學熱」想清楚，堅決把混跡其中的帝王文化剔出去，以免再被引入為虎作倀的民粹主義歧途，從而保留真正的士君子文化，找回原汁原味的先秦儒學。在這個基礎上，不妨把古老孔孟之道打造的「干將、莫邪」，在洋火中再煅造一下，在洋水裏再淬一下火，且看成色端的如何！有人比我會說，他這麼寫道：我們現在要做的不是簡單地用西方理論來解釋中國歷史，而是真正深入中華文化殿堂，探其驪珠，獲其神韻，然後再跳出來，與西方文化精華融會貫通，以產生一種新理論，新思想，新境界，為中華民族、為整個人類開闢出一條康莊大道來。這是當代讀書人義不容辭的責任。士不可以不弘毅，任重而道遠。

還是趕快從拙文的框架中跳出來，回頭再說林牌鑰匙吧。從今往後，若要問何為國學，即可答曰，由兩大部分組成：一為士君子文化，一為帝王文化。就這麼簡明又清楚。若要略微細點表述則是：士君子文化以仁學為旗幟，這是它的靈魂，是國學的主幹。它發自上古，由大舜奠基，形成東方禮樂文明的雛形，由孔孟發揚光大，趨於成熟強大。它以「五畝之宅」為存活的物質基礎，耕餘而讀，形成自古就有的自耕農群體，正是他們傳承著東方的禮樂文明，自西漢以後雖則大勢耗減，但依然存在著，並且頑強的發展著，正是他們同帝王思想、帝王文化做著堅忍不拔的鬥爭。而帝王文化產生於皇帝出現以後，也有自己的淵源，也有所繼承。這就是戰爭，以及專為戰爭服務的田稅制度中的徹法。「徹田為糧」，行道為糧。「徹者徹也」全部拿走連鍋端。戰爭要求高度集中，不僅人力物力的集中，首先是權力的集中。於是帝王思想的特質就是專制獨裁，它的極致就是血腥殘酷的奴隸制。真正的分田而耕的（井田制的）亞細亞生產方式下沒有奴隸制，但是在有了皇帝以後，中國也就有了奴隸制。中國的真正的奴隸制只出現過兩次，一次是秦朝，十五年；一次是人民公社，二十年。「慶父不死，魯難未已」。帝王文化不絕跡，老百姓永遠別想過好日子。

第十五章　一個人與一本書

《史記・呂不韋列傳第二十五》：呂不韋者，陽翟大賈人也。往來販賤賣貴，家累千金。

秦昭王四十年，太子死。其四十二年，以其次子安國君為太子。安國君有子二十餘人。安國君有所甚愛姬，立以為正夫人，號曰華陽夫人。華陽夫人無子。安國君中男名子楚，子楚母曰夏姬，毋愛。子楚為秦質子於趙。秦數攻趙，趙不甚禮子楚。

子楚，秦諸庶孽孫，質於諸侯，車乘進用不饒，居處困，不得意。呂不韋賈邯鄲，見而憐之，曰「此奇貨可居」。乃往見子楚，說曰：「吾能大子之門。」子楚笑曰：「且自大君之門，而乃大吾門！」呂不韋曰：「子不知也，吾門待子門而大。」子楚心知所謂，乃引與坐，深語。呂不韋曰：「秦王老矣，安國君得為太子。竊聞安國君愛幸華陽夫人，華陽夫人無子，能立適嗣者，獨華陽夫人耳。今子兄弟二十餘人，子又居中，不甚見幸，久質諸侯。即大王薨，安國君立為王，則子毋幾得與長子及諸子旦暮在前者爭為太子矣。」子楚曰：「然。為之柰何？」呂不韋曰：「子貧，客於此，非有以奉獻於親及結賓客也。不韋雖貧，請以千金為子西遊，事安國君及華陽夫人，立子為適嗣。」子楚乃頓首曰：「必如君策，請得分秦國與君共之。」

呂不韋乃以五百金與子楚，為進用，結賓客；而復以五百金買奇物玩好，自奉而西遊秦，求見華陽夫人姊，而皆以其物獻華陽夫人。因言子楚賢智，結諸侯賓客遍天下，常曰「楚也以夫人為天，日夜泣思太子及夫人」。夫人大喜。不韋因使其姊說夫人曰：「吾聞之，以色事人者，色衰而愛弛。今夫人事太子，甚愛而無子，不以此時蚤自結於諸子中賢孝者，舉立以為適而子之，子謂養之為子也。然欲分「立以為適」作上句，而「子之夫在則尊重」作下句，意亦通。夫在則重尊，夫百歲之後，所子者為王，終不失勢，此所謂一言而萬世之利也。不以繁華時樹本，即色衰愛弛後，雖欲開一語，尚可得乎？今子楚賢，而自知中男也，次不得為適，其母又不得幸，自附夫人，夫人誠以此時拔以為適，夫人則竟世有寵於秦矣。」華陽夫人以為然，承太子間，從容言子楚質於趙者絕賢，來往者皆稱譽之。乃因涕泣曰：「妾幸得充後宮，不幸無子，原得子楚立以為適嗣，以託妾身。」安國君許之，乃與夫人刻玉符，約以為適嗣。安國君及夫人因厚饋遺子楚，而請呂不韋傅之，子楚以此名譽益盛於諸侯。

呂不韋取邯鄲諸姬絕好善舞者與居，知有身。子楚從不韋飲，見而說之，因起為壽，請之。呂不韋怒，念業已破家為子楚，欲以釣奇，乃遂獻其姬。姬自匿有身，至大期時，生子政。子楚遂立姬為夫人。

秦昭王五十年，使王齮圍邯鄲，急，趙欲殺子楚。子楚與呂不韋謀，行金六百斤予守者吏，得脫，亡赴秦軍，遂以得歸。趙欲殺子楚妻子，子楚夫人趙豪家女也，得匿，以故母子竟得活。秦昭王五十六年，薨，太子安國君立為王，華陽夫人為王后，子楚為太子。趙亦奉子楚夫人及子政歸秦。

秦王立一年，薨，謚為孝文王。太子子楚代立，是為莊襄王。莊襄王所母華陽後為華陽太后，真母夏姬尊以為夏太后。莊襄王元年，以呂不韋為丞相，封為文信侯，食河南雒陽十萬戶。

莊襄王即位三年，薨，太子政立為王，尊呂不韋為相國，號稱「仲父」，秦王年少，太后時時竊私通呂不韋。不韋家僮萬人。

當是時，魏有信陵君，楚有春申君，趙有平原君，齊有孟嘗君，信陵將五國兵攻秦河外，正當在莊襄王時，不韋已為相。又春申與不韋並時，各相向十餘年，不得言死之久矣。皆下士喜賓客以相傾。呂不韋以秦之強，羞不如，亦招致士，厚遇之，至食客三千人。是時諸侯多辯士，如荀卿之徒，著書布天下。呂不韋乃使其客人人著所聞，集論以為八覽、六論、十二紀，二十餘萬言。二十餘萬言，二十六卷也。以為備天地萬物古今之事，號曰呂氏春秋。布咸陽市門，懸千金其上，延諸侯遊士賓客有能增損一字者予千金。

始皇帝益壯，太后淫不止。呂不韋恐覺禍及己，乃私求大陰人嫪毐以為舍人，時縱倡樂，使毐以其陰關桐輪而行，令太后聞之，以啖太后。太后聞，果欲私得之。呂不韋乃進嫪毐，詐令人以腐罪告之。不韋又陰謂太后曰：「可事詐腐，則得給事中。」太后乃陰厚賜主腐者吏，詐論之，拔其鬚眉為宦者，遂得侍太后。太后私與通，絕愛之。有身，太后恐人知之，詐卜當避時，徙宮居雍。嫪毐常從，賞賜甚厚，事皆決於嫪毐。嫪毐家僮數千人，諸客求宦為嫪毐舍人千餘人。

始皇七年，莊襄王母夏太后薨。孝文王后曰華陽太后，與孝文王會葬壽陵。夏太后子莊襄王葬芷陽，故夏太后獨別葬杜東，曰「東望吾子，西望吾夫。後百年，旁當有萬家邑」。始皇九年，有告嫪毐實非宦者，常與太后私亂，生子二人，皆匿之。與太后謀曰「王即薨，以子為後」。於是秦王下吏治，具得情實，事連相國呂不韋。九月，夷嫪毐三族，殺太后所生兩子，而遂遷太后於雍。諸嫪毐舍人皆沒其家而遷之蜀。王欲誅相國，為其奉先王功大，及賓客辯士為遊說者眾，王不忍致法。

秦王十年十月，免相國呂不韋。及齊人茅焦說秦王，秦王乃迎太后於雍，歸複咸陽，而出文信侯就國河南。歲餘，諸侯賓客使者相望於道，請文信侯。秦王恐其為變，乃賜文信侯書曰：「君何功於秦？秦封君河南，食十萬戶。君何親於秦？號稱仲父。其與家屬徙處蜀！」呂不韋自度稍侵，恐誅，乃飲酖而死。

始皇十九年，太后薨，謚為帝太后，太史公曰：不韋及嫪毐貴，封號文信侯。人之告嫪毐，毐聞之。秦王驗左右，未發。上之雍郊，毐恐禍起，乃與黨謀，矯太后璽發卒以反蘄年宮。發吏攻毐，毐敗亡走，追斬之好時，遂滅其宗。而呂不韋由此絀矣。孔子之所謂「聞」者，其呂子乎？

上列這篇《呂不韋列傳》，隨《史記》已然傳世兩千多年了。林鵬先生卻著文說：它是偽作；退一步說，是親筆也是敗筆。懷疑《呂不韋列傳》非司馬公親筆，係偽作，倒不是林先生的專利，明清時已有人提出，半個多世紀以前的中年郭沫若先生也曾質疑。他在《十批判書》中說，這《呂不韋列傳》，怎麼讀起來簡直像《金瓶梅》呀，一個受了宮刑的人，居然寫出「陰關桐輪」這樣的文字，這太不可思議了。

對此，林鵬先生深有同感，他說：「秦漢古籍中無一字涉及這樁宮闈秘聞，只有《史記・呂不韋列傳》是這麼說的，所以我一向懷疑《呂不韋列傳》不是太史公的手筆。太史公是受過宮刑的人，他怎麼可能寫出『陰關桐輪』這樣的文字呢？有的人竟然說，此等文字非太史公不能寫，非太史公不敢寫。真是不思不想，無恥之尤。」「一個受過宮刑的人，不可能寫出『陰關桐輪』這樣的文字；如果有人說受了宮刑的人也可能寫出這樣的文字，那就需要例證。你可以廣徵博引，我不反對。雖然如此，仍舊可以退一步說，即使《呂不韋列傳》是司馬遷的真筆，也是敗筆……。」

持疑可以，卻得不到實證，是個懸疑。當初郭沫若先生作過專門考證，說司馬公曾經「二進宮」，而且這第二次入獄後再無下落；說漢武帝要看《史記》，看過後的原稿，便丟了其中的十篇文章。這是史實。所丟失的頭一篇文章就是《武帝本紀》，至於另外的九篇，後人所開出的篇目，不包括《呂不韋列傳》。真的沒有《呂不韋列傳》嗎？又成了一個連環懸疑。

但凡遇上歷史性的懸疑與爭議，最能勾起林鵬先生的學術熱情，他總會抖起一種唐吉訶德大戰風車的拗勁，必得做出一個自己滿意的解答。這不，他又要為《呂不韋列傳》下功夫了，一氣寫出三篇相關文章，分別是：《〈呂氏春秋〉簡論》、《〈呂氏春秋〉論札》、《〈呂氏春秋・淫詞〉解》。那麼，他斷定《呂不韋列傳》非偽作即敗筆，還有些什麼理由呢？僅僅重複郭沫若先生那一條「陰關桐輪」說，顯然是難以令人信服的，總得還有個吃勁的論據吧。有的，林鵬先生寫道：

呂不韋入秦任職以後，秦國出現了反常的現象。「孝文王元年，赦罪人，修先王功臣，褒厚親戚，弛苑囿」；「莊襄王元年，大赦罪人，修先王功臣，施德厚骨肉而布惠於民」（見《史記・秦本紀》），這是從來沒有過的事情。請注意「大赦」二字。孝文王只有一年，呂不韋任太子師傅；莊襄王元年，呂不韋任丞相。如果說這些重大措施同呂不韋沒有關係，這是說不通的。在呂不韋免相之後，終秦始皇之世，再沒有這種事情，也沒有這種提法。當然，有人會指點出來，在昭王時期，曾有四次「赦罪人」，一點不錯。不過請注意，昭王時的四次都是「赦罪人遷之」（見《秦本紀》）；第一，這赦的是新佔領地的罪人；第二，「遷之」就是由刑徒變為「遷徙」、「遷虜」，同後世的「謫遷」發配一樣。秦國每佔領一地必遷其民，這是一項最惡毒最不得人心的政策。而恰恰在呂不韋掌權時，沒有發生過遷徙的事情。《呂氏春秋》提倡義兵，提倡除暴安民，並且提倡布惠於民。而呂不韋本人就正是這樣做的。在他掌權的時間裏，沒有外交上的詭詐，沒有嚴刑峻法，沒有殺降的事情，等等，等等。「東周君與諸侯謀秦，秦使相國呂不韋誅之，盡入其國。秦不絕其祀，以陽人地賜周君，奉其祭祀」（見《秦本紀》）。在此以前和在此以後，絕沒有這種不終其祀的事情，而這正是呂不韋做的。像這樣重大的政治措施和政策，在《呂不韋列傳》裏一字不提。所以說它是偽託，至少是敗筆。

筆者根據林鵬先生文章的提示，把呂不韋在秦為相十二年的所作所為，大致捋了一下，是這樣一個情況：其一，在莊襄王時為相三年，其間滅了東周，使領土擴大了兩個郡；山東五國聯軍來犯，被拒於河外；又「以陽人地賜周君，奉其祭祀」，「存亡繼絕」，在諸侯國中影響深遠。嬴政時期為相九年，年年都有新舉措，成績斐然。洪家義在《論呂不韋》一文中，將這段時期的功績列表如下：元年，全部攻佔韓的上黨郡，平定晉陽，重建太原郡；二年，攻取魏的卷；三年，攻韓，取十三城，並攻魏氏田易，有詭；四年；拔取魏的田易和有詭；五年，攻取魏的酸棗、燕、虛、長平、雍丘、山陽等二十城，初步建立東郡；六年，攻取魏的朝歌，遷衛君角於野王，作為秦的附庸；七年，攻取趙的龍、孤、慶都，攻取魏的汲；八年，長安君成蟜攻趙；九年，攻取魏的首垣、蒲、衍氏。其二，提倡「義兵」。秦孝公用商鞅變法，在軍事上推行「計首授爵」和「尚首功」政策，即在戰爭中以斬獲敵人首級的數量犒賞軍功，造成濫殺冒功之弊，先後斬殺晉楚平民數萬。據不完全統計，從商鞅變法到昭襄王五十一年（西元前三五四年至前二五六年）的一百一十二年中，先後大屠殺十八次，共殺一百六十一萬七千人；昭襄王時達到頂峰，先後屠殺十四次，共殺一百二十六萬三千人。實為惡政。呂不韋首倡用「義兵」政策取代「計首授爵」和「尚首功」，解民倒懸，也減少了秦統一戰爭中的阻力，扭轉了戰爭形勢，使秦得以順利統一六國。其三、興修水利，發展農業。關中和巴蜀是秦國的根據地和大本營，但是從來土地貧瘠，收成不好，老百姓生活困苦，國家財政也吃緊。呂不韋執政時，又遇上災荒，經濟形勢大不妙。呂不韋全力支持鄭國修建鄭國渠，李冰父子修建都江堰。鄭國渠建成能灌溉「澤鹵之地四百餘頃，首皆畝一鐘，於是關中魏沃野，無凶年，秦以富強，卒並諸侯」。都江堰修成能灌溉三個郡，還可以開發稻田，「於是蜀都沃野千里，號為陸海，旱則引水浸潤，雨則杜塞水門，故記曰：水旱從人，時無荒年，天下謂之天府也」。呂不韋還特別重視發展農業生產，《呂氏春秋》中的《上農》、《任地》、《辨土》、《審時》四篇文章就是明證。歷史學家呂振羽評其為「農業經營組織和生產技術最高水準的總結。他們所指出的較細密的農業經營辦法，不只對當時起了指導教育作用，而且其經營技術到今天也還廣泛的被應用。」其四、招賢納士，著成《呂氏春秋》，功在千秋。總的來說，呂不韋主政期間，充分展現其超群的政治才華，對秦之政治、經濟、文化發展和國家統一做出了不可磨滅的功績。但凡要為呂不韋立傳，不論什麼樣的史家，那怕他極偏激，對這樣的功績可以一筆帶過，卻無論如何不敢一字不提的，何況遇上司馬遷這樣秉筆直書的春秋筆法。然而讓人奇怪的是，現在的《呂不韋列傳》，除了提到《呂氏春秋》一事，別的卻隻字不題，連在《秦本紀》中列過的史實也不敢重複半句，通篇文章圍著那件風流韻事展開，讓郭老如讀《金瓶梅》，確乎一點不像司馬公的治學胸襟。那麼，這就只能有一種猜測，有人於中作了手腳，借太史公之名營私作弊。

筆者不才，在此也想另加一證。你看這篇《呂不韋列傳》，一開篇即劈頭蓋臉一句「呂不韋者，陽翟大賈人也。往來販賤賣貴，家累千金。」先入為主，給呂不韋一個不法商人的定評，然後通篇講述這位大奸商一生投機取巧，雖從政亦不棄不法商道，最後用「孔子之所謂『聞』者，其呂子乎」結尾，把作者自己一副輕商、仇商的心結呈現無餘。這可不像太史公作派。

秦漢之世，從皇帝到大臣，從政治家到主流學者，無一不認為農業是「本業」，商業是「末業」「賤業」；「本」與「末」是根本對立的，「崇本」只能以「抑末」為前提，「本」興必定會以「末」衰為代價；國家要想好，只有「重本抑末」，限制商人的活動。有秦一代，沒出過一個像樣的大商人。但我們的司馬遷老先生是個例外，他《史記》中的《貨殖列傳》明顯是在張揚商道。錢鍾書先生讚美《貨殖列傳》說：「司馬遷傳《遊俠》已屬破格，然尚以傳人為主，此篇則全非『大事記』『人物志』，於新史學不啻乎辟鴻蒙矣。」所謂「貨殖」，是指謀求「滋生資貨財利」以致富而言，即利用貨物的生產和交換，進行商業活動，從中生財求利。司馬公所指的「貨殖」還要廣泛一些，還包括各種手工業，以及農、牧、漁、礦山、冶煉等行業在內。他通過給歷史上著名的大商人計然、范蠡、子貢、白圭、猗頓、卓氏、程鄭、孔氏、師氏、任氏等樹碑立傳，表達了自己的經濟思想和物質觀。他認識到：自然界的物產是極其豐富的，社會經濟的發展是不以人的意志為轉移的，商業發展和經濟都市的出現是自然趨勢，人們沒有不想追求富足的。「農不出則乏其食，工不出則乏其事，商不出則三寶絕，虞不出則財匱少。」所以，他主張應該根據實際情況，任商人自由發展，引導他們積極進行生產與交換，國家不必強行干涉，更不要同他們爭利。老先生可算得是反對「重本抑末」第一人，呼籲農工商虞並重，強調工商活動對社會發展的促進作用，肯定工商業者追求物質利益的合理性與合法性，突出物質財富的佔有量最終決定人們的社會地位，而經濟的發展則直接關乎國家盛衰存亡。真是「辟鴻蒙」啊！你說說，如此胸懷與眼光的司馬公，他能為那麼多的名商正面作傳，何苦要獨獨去作踐呂不韋呢？除非他的宮刑之痛，罪在呂不韋。哈哈！

圍繞《呂不韋列傳》的真偽之辨，實際是圍繞著呂不韋其人的好壞之辨。呂不韋到底是好是壞呢？林鵬先生有如下說法：

> 最權威的《四庫全書總目提要》，一句「不韋固小人」，這就是一言以「蔽之」了，再沒法提。所有正人君子，誰還敢沾呂不韋的邊？呂不韋是商人出身，在重農抑商的國度裏，在長期的重農抑商的歷史中，誰敢替商人說話？即使在七十年代的批孔運動中，張嘴就是「陽翟大賈」，閉嘴就是「復辟勢力」，這就猶如判了死刑一般。再者，最為重要的一點是，呂不韋把自己的據說已經懷孕的歌姬送給子楚，生下的男孩就是後來大名鼎鼎的秦始皇，這種事情實在是太缺德了。這等於篡奪政權，十惡之首，萬世不赦，應該夷他的九族。當然，即使只夷一族的話，也應該首先殺掉秦始皇，然而，這又不可能；即使不夷族，就是罵一罵，也應該首先連帶秦始皇，然而，這又不敢。如果有人要問，這種帷簿細事只有兩個人知道，要傳出去也只有一個人說了算，這就是歌姬本人，也就是後來的太后。她曾經和嫪毒策劃廢掉秦始皇，而秦國的宗室大臣們都支持秦始皇。這是為什麼？這不都是《史記》裏寫的嗎？當然，說秦始皇是呂不韋的兒子，也是《史記》裏寫的。《史記》裏有許多自相矛盾的事情，傳信傳疑，信不信由你。孟子曰：「盡信書不如無書。」

筆者以為，要論定一位歷史人物的是非功過，一要以史實為依據，二要實事求是，三要主看大節。政治家要看他於國於民的功德，軍事家要看他參與義戰的勳勞，文人則要看他的思想與作品。至於個人細事末節，特別是一些坊間傳聞之類，最好忽略不計。比如呂不韋，一生行跡主在從政，其豐功偉績，《史記・秦本紀》可資佐證。但他還是一個文人，就是林鵬先生所說的「士君子」，留下傳世巨著《呂氏春秋》便是鐵證。據此完全可以判定，呂不韋是一位偉大的歷史人物，是一位至今還未能得到應有歷史地位的悲劇人物。真正的悲劇在於：個人蒙塵還算事小，一部理應屬於整個中國人或全人類的《呂氏春秋》，其巨大的精神寶藏及其能量，尚未得到根本性的認知與利用。林鵬先生有言：

學者溺於所聞，加之重農輕商的積習，以及封建道德的重負，兩千年來，使人們不能全面地正確地認識呂不韋。最後城門失火殃及池魚，連《呂氏春秋》也受了連累，以為「雜家」末流不登大雅之堂。無論是編什麼「史」、什麼「選」，也輪不到《呂氏春秋》的頭上。最多也就只是把它當作一個先秦學術的資料庫，徒供人摘引割裂而已。摘引家們也只是胡亂摘引來填充自己的文章，至於《呂氏春秋》對先秦學術的取捨，以及其中的重大意義，則無暇思之，甚至連《四庫全書總目提要》指出的取捨原則也置之不顧。《四庫全書總目》說：「不韋固小人，而是書較諸子之言獨為醇正。」「獨為醇正」，想來絕不是貶意吧。但是「不韋固小人」，這就是結論，看來是永世不得翻身了。

把《呂氏春秋》打成「雜家」的始作俑者是班固。他在《漢書・藝文志》中，把古代學人分為十家，把《呂氏春秋》列為雜家：「雜二十家，四百三篇」。林鵬先生說：「除《呂氏春秋》和《淮南子》外，絕大多數是偽託，並且早已亡佚，而《淮南子》完全是步《呂氏春秋》的後塵。因此，我們可以說，這雜家的名目就是專為《呂氏春秋》設的。雜也者，完全徹底是貶義的，就跟罵人『雜種』差不多。想是班固自己以醇正自居，所以如此厭惡『雜湊』的學術。」對於班固的孤陋，林鵬先生有一段妙文：

若說《呂氏春秋》不是一個人的著作，而是湊集起來的，就可以肆意貶低它。那麼，先秦諸子的著作集中，都竄有別人的著作。最尊貴最醇正的莫過於《論語》了，其中也竄有許多並非孔子的話。若說凡眾人湊集的都不值錢，那麼，《詩經》、《尚書》、《禮記》等等，哪個不是由許多人的作品湊集起來的？若說眾人的作品湊集一起也可以，學問（思想觀點）一定要醇正才好。那麼，早在戰國後期，學術已經是你中有我、我中有你，荀子已經不是醇正的儒家，韓非已經不是醇正的法家……。為什麼一定要求《呂氏春秋》必須醇正呢？我認為，這就是班固的孤陋。道德感情在他的精神氣質中形成一種障礙，使他無法同情皇帝們所不喜歡的人。秦始皇不喜歡呂不韋，漢武帝不喜歡司馬遷。於是，他班固就有權力肆意詆毀他們。最不可思議的是侯外廬先生，竟然說：「《藝文志》把《呂氏春秋》著錄於雜家，一點也沒有冤枉它。」（《中國思想通史》第一卷）這話說白了就是「活該」。多麼決斷。於是我們發現在中國漫長的歷史中，在精神氣質上同班固相似的人，實在是夠多的了。勝則王侯，敗則賊，呂不韋是飲鴆自殺的，自然是失敗者。你只要能夠放膽藐視那些失敗者，你也就在無形中站在了勝利者一邊，即站在了王侯一邊，這都早已是不言而喻的真理了。

然而，不論歷代班固們如何孤陋，卻也擋不住人們對《呂氏春秋》不斷深入的認識與評價。隨意打開網頁看看，眾多線民們酷評《呂氏春秋》者比比皆是，見仁見智，五花八門，很是熱火。有的說：《呂氏春秋》對諸子百家兼收並蓄，因而保存了各家的思想資料，成為先秦思想的資料彙編，許多古代的遺文佚事也靠它得以保存。春秋戰國諸子如楊朱、宋鈃、尹文、惠施、公孫龍等人的著作早已失傳，但在《呂氏春秋》中卻能找到有關他們的資料，而且因為它成書在戰國末期，和這些思想家相隔的時間較近，所以史料價值較高。尤其珍貴的是《上農》、《任地》、《辨士》等篇，保存了大量的古代農業科學技術方面的資料。有的說：《呂氏春秋》對先秦諸子的思想進行了總結性的批判吸收。老聃貴柔，孔子貴仁，墨翟貴廉，關尹貴清，子列子貴虛，陳駢貴齊，陽生貴己，孫臏貴勢，王廖貴先，倪良貴後。應該把這不同的思想統一起來，「一則治，異則亂；一則安，異則危。」思想統一後，才能「齊萬不同，愚智工拙，皆盡力竭能，如出一穴。」有的說：《呂氏春秋》講那物質起源問題有意思。它改造了宋尹學派的「精氣」說，認為「萬物所處，造於太一，化於陰陽。」這就是說，「太一」是萬物的本源，世界萬物都是從「太一」那裏派生出來的。「太一」是什麼呢？「道也者，視之不見，聽之不聞，不可為狀……道也者，不可為形，不可為名。強為之，謂之太一。」「道」就是「太一」，「太一」就是「精氣」。而且，由「精氣」（道）派生出來的萬物是在不停地運動著的，「與物變化，而無所終窮」，上至日月星辰，下至草木泉水，都在不停地運動。更難得的是，《呂氏春秋》把物質的運動看作是一個循環反覆的過程。「物動則萌，萌而生，生而長，長而大，大而成，成乃衰，衰乃殺，殺乃藏，圜道也。」有的說：《呂氏春秋》還表現了一定的音樂美學思想。它將音樂的產生與宇宙萬物聯繫起來，提出「生於度量，本於太一」，又從「心」「物」感應關係，論述了音樂產生的心理過程，提出了「適」的概念，強調要音「適」和心「適」，才能獲得美的感受……可以看出，當今普通讀者對《呂氏春秋》的認知程度，已然遠在班固們之上。真是「學術在民間」也。那麼，《呂氏春秋》究竟如何？看來至少應該交代清楚三個問題：呂不韋是它的掛名主編嗎？它到底屬於哪一家？它的真價值在哪裏？

因為在《呂不韋列傳》裏，呂不韋是那樣一個不雅的「聞」者形象，所以在歷代「正派」儒者眼中，成見是「不韋固小人」！小人忙於蠅營狗苟，哪有心思和能耐著書立說呀。好比時下附庸風雅的黨政高官，主編個這，主編個那，其實是只出銀了空掛名。那麼，古之呂不韋能好到哪兒去？那《列傳》裏不是也說了嗎，「使其客人人著所聞」，這便是「信而有徵」了。所以，黃震在他的《黃氏日抄》中說：「今其書不得與諸子爭衡者，徒以不韋病也，然不知不韋固無與焉者也。」盧文（弨）在他的《書呂氏春秋後》中說：「世儒以不韋故，幾欲棄絕此書，然書與不韋固無與也。」這就是告訴同類說，哥們兒別犯傻啦，呂不韋跟《呂氏春秋》概沒關係，頂多是掏銀子買了個掛名主編而已。至於《史記・十二諸侯年表序》裏所說，《呂氏春秋》乃不韋所為，則不足為憑，忽略掉算啦。

對於這種皇式「主流話語權」，筆者相信，歷代肯定也有頭角崢嶸者起而抗辯，可惜筆者孤陋寡聞，未能多見，所見抗辯最烈者，莫過於林鵬先生了。林鵬先生非常生動地說，這是一個關於狗嘴裏吐象牙的悖論：你說《呂氏春秋》是象牙吧，那怎麼會從呂不韋的狗嘴裏吐出來？你說呂不韋是狗吧，那他怎麼會吐出《呂氏春秋》這樣的象牙來？這是一個難題。他說：「從漢朝至今，兩千年已經過去，人們總算找到了解決這個難題的辦法。」一共兩個辦法，一個就是上列「排除法」，把呂不韋和《呂氏春秋》徹底分開，你一個「陽翟大賈人」，能主編什麼書嗎?!一個是「割裂法」，後面再說。接下來，林鵬先生在《呂氏春秋簡論》中，用《呂不韋與呂氏春秋》整整一節，來推翻這種由來已久的「排除法」，非常精彩，有必要全文錄之，以饗讀者。

現在若是詳細論列《呂氏春秋》的廣博而獨特的思想內容，這就需要寫出一部專著。這裏準備談的，只是同呂不韋有關的幾點意見。

首先，專家學者們早已指出，《呂氏春秋》是在一個預先確定的計畫之下編寫的。「獨《呂氏春秋》乃以預定計劃寫成，有十二紀、八覽、六論，納舉目張，條分理析，此在當時，蓋為創舉。」（馮友蘭《呂氏春秋釋序》）既然如此，它必定有一個主編人。如果沒有一個主編人，大家七嘴八舌吵成一鍋粥，或者每人一篇然後雜湊一起完事，這是不可想像的。這就是韓非所說的「雜反之學不兩立而治」。（《韓非子・顯學》）細讀《呂氏春秋》，誰都可以發覲，它不僅在形式上非常整齊，即使在思想內容上也非常一致。肆意割裂它的人們總是喜歡強調它的內容不一致，這是因為他們在實際上仍然沿襲著百家爭鳴的門戶之見來看待《呂氏春秋》。戰國時期諸子蜂起百家爭鳴，這當然是大好形勢，但是也有弊端，曰門戶之見，曰黨同伐異，曰往而不返。然而這正是《呂氏春秋》的最大優點。它沒有門戶之見，它不黨同伐異，它是無往而不返的。看看呂不韋同時人如荀卿、韓非的文章吧。那種偏激，簡直是狹隘。如果讓呂門的食客各說各的，而沒有一個主編人做最後的仲裁，這就會真正成為一個雜湊的爭鳴資料彙編，而不是現在這種樣子的《呂氏春秋》。

《四庫全書總目提要》已經指出，《呂氏春秋》對先秦諸子有所取捨，有所揚棄，並且「頗為不苟」。現在的專家學者們可以羅列它抄了什麼，卻不管它沒有抄什麼，這是很令人遺憾的事情。《呂氏春秋》在取捨之中，就反映著一個博大精深的主編人的思想，這個主編人必須有非常的學識，而且必須具有很高的權威。不然，那些各執門戶之見的食客們怎麼肯在別人的指導思想之下用自己的手寫東西呢？即使准許他們各盡所能地隨便寫，最後也必得有一個敢於對他們的文章大刀闊斧刪削修正的主編人。

這個主編人是誰？也許有人會想到尉繚和李斯。先說尉繚。地下出土的竹簡證明現存的《尉繚子》是真的。這對尉繚來說是莫大的幸運，但是也有不幸。這就排除了他主編《呂氏春秋》的可能。李斯入秦較早，很有可能參與了《呂氏春秋》的編寫工作，但是他絕不是主編人。這裏涉及到《呂氏春秋》的幾個最突出的特點。先秦的眾經諸子，著作時間都不明確，而且從書中看不出當時的政治形勢。只有《呂氏春秋》時代感最強，讀者可以從中強烈地感覺到當時的政治形勢。而且書中對秦國的先王橫加指摘，毫不客氣，即使對今王的缺點也毫不迴避。秦始皇青少年時代是什麼樣子？史書上沒有說，只有在《呂氏春秋》中有著充分的反映。現在可以這麼說，凡《呂氏春秋》不幸而言中的那些問題，都是秦始皇青少年時代的一貫表覿。有人說：「少年好學的秦始皇」曾經「博覽群書」（見郭志坤著《秦始皇大傳》），沒有這種事實。秦始皇是一個埋在公文堆裏的老鼠，他哪裏有時間博覽群書呢？他青年時期應該有機會讀到《呂氏春秋》，也可以這麼說，這部書就是為他而編撰的。但是因為書中一再不指名地提到他的缺點，並且說具有這些缺點的都是亡國之主，他能否讀得下去還是問題。表面的事實是，秦始皇勝利了，呂不韋失敗了，其實大為不然。秦始皇的勝利是權勢的勝利，這種勝利是暫時的，甚至是虛假的。從歷史發展上看，正是秦始皇失敗了，呂不韋勝利了。呂不韋編了一部大書，企圖為統一中國和鞏固新王朝貢獻一個完整的切實可行的方略。誰知好心當了驢肝肺，秦始皇反而因此記了仇。秦始皇肯定沒有仔細閱讀《呂氏春秋》。如果他仔細讀了，他會感覺到一些重大的情況。這就是商君之法已經不可行，原因是士們已經覺醒。一方面大量的士們淪為奴隸，那些有名有姓並且有知識的人們淪為變相的奴隸，即黔首，或叫做編戶民；另一方面士們（包括淪為奴隸的士們）正在迅速而普遍的覺醒。這一情況在《呂氏春秋》中反映得最為突出。這一情況就形成了秦國和秦朝必然迅速滅亡的歷史的原因和社會的基礎。後來終於認識到這種危險性了，於是發生了焚書坑儒，但是焚書坑儒並沒有解決任何問題。不但沒有擺脫了迅速滅亡的危險，甚至也沒有擋住眾經諸子尤其是《呂氏春秋》的流傳。《呂氏春秋》甚至完整的流傳至今，這是最值得注意的。說《呂氏春秋》是以儒為主也罷，以道為主也罷，仁者見仁，智者見智，這不是重要問題。重要的是《呂氏春秋》給漢朝提供了建國方略，並且成了兩漢學術的主幹。

《呂氏春秋》中絕沒有阿諛奉承的意思。而李斯卻是一個非常注重實用的人，並且是出奇的圓滑，完全是看眼色行事。他先前寫過一篇《諫逐客令》，後來，「李斯恐懼，重爵祿，不知所出，乃阿二世意，欲求容」（見《李斯列傳》），於是後來又寫了一篇「上二世書」。他的這兩篇佳作，見在本傳，學子有目共睹。他的思想同《呂氏春秋》是相反的。他如何能做它的主編人呢？《諫逐客令》頗有詞藻，常得後人稱道。於是後世人們就煞有介事起來，彷彿逐客令收回是李斯的功勞。細讀《諫逐客令》就知道李斯並不反對逐客，他只是反對不分好壞一律逐之。「夫物不産于秦，可寶者多，士不産于秦而願忠者眾。」「不問可否，不論曲直，非秦者去，為客者逐」（見《李斯列傳》）。這種拙劣的上書，怎麼能夠回天之意呢？真正的原因是秦始皇既仇視呂不韋，又遷怒於客士，並且過分魯莽。一聲令下才知道在前線作戰的將軍如蒙武一類人都是客士，都在被逐之列。他怕引起嚴重後果，才順水推舟把這面子給了李斯。突如其來的逐客令正好下在呂不韋免相之時，可見逐客令是為了打擊呂不韋的勢力。逐客令雖已收回，逐客的政策卻沒有改變。呂不韋死後發生了「劫葬」的事件，在處理時就是「晉人，逐之」（《呂不韋列傳》）。可見後來只是驅逐三晉的客士，李斯是楚人，蒙武是齊人，自然都沒事了。事情到此最後證明了李斯所謂的曲直忠奸。同時，這也證明，呂不韋的勢力（即不忠於秦國的勢力）主要都是三晉人。而且由此可以推知，參與《呂氏春秋》編寫工作的，多數都是三晉人。這使人很自然地想起來，呂不韋青年時期長期活動在三晉。或許呂不韋在邯鄲時，有可能見到過荀卿、鄒衍和公孫龍等。總之，他在三晉獲得了學識，並且獲得了朋友和助手。而同時我們又發現，秦始皇最恨三晉，尤其是趙國。「當是之時，趙幾霸」（《通典》卷一四八第七七七頁）秦軍攻佔邯鄲後，「秦王之邯鄲，諸嘗與王生趙時母家有仇怨，皆坑之」（見《秦始皇本紀》），這可以說涇渭分明。

在考慮《呂氏春秋》的主編人時，不能離開它的思想內容。說到思想內容，首先就要提到哲學。現在叫做古典哲學的，那些先秦諸子的著作，是不是哲學，這很值得考慮。它們實質上都是政治學說。在中國古代，眼前的歷史就是政治，過去的政治就是歷史，所以說六經皆史。《呂氏春秋》全部是談論政治，卻以歷史自居，所以題名曰《呂氏春秋》。馮友蘭特別強調這一點（見《呂氏春秋集釋序》）。在前六世紀到西元前後這段時間裏，正是各種宗教發生發展的大好時光，而在中國卻沒有宗教。西方的古典哲學大多帶有神學味道，大多是為宗教擴張目的，而在當時的中國，卻沒有神學，沒有原罪說，沒有靈魂不死以及來世的觀念。歷史上許多人把儒家稱為儒教或孔教，並且曾經企圖把它和釋、道融和起來，叫做三教歸一。其實儒家的學說是世界思想史中最不帶宗教氣味的。孔子說：「敬鬼神而遠之。」「祭神如神在。」「未能事人焉能事鬼。」「子不語怪力亂神。」（見《論語》）「子貢問：死者其有知乎？子曰：賜，爾死自知之，猶未晚也。」（見《風俗通》卷九）孔子的回答使人啞然失笑。然而仔細一想，回答得多麼好呵，簡直令人讚歎。在西元前五世紀的時候，世界上沒有哪一位智者是這麼回答問題的。現在我們說孔於是獨特的、偉大的，大概不會遭到批判吧?!孔子奠定一個堅實的思想基礎，以至後世的學者們無論多麼不遺餘力，也無法把它變成宗教。在這個基礎上，產生了舉世無雙的清醒的開明的非常現實的政治理想。正是《呂氏春秋》，而且只有《呂氏春秋》，完整而全面地繼承並發揚了這種政治理想，並且使它成為非常周密非常精到簡直無懈可擊的實實在在的具有完整體系的甚至是光輝燦爛的偉大理想。而這個偉大理想，必定是主編人的理想。假若只是某個食客的理想，別人能接受嗎?首先是呂不韋，他能接受嗎?所以說，這個主編人，只能是呂不韋。

這個主編人，不僅有偉大的政治理想，而且有充分的學識，能夠權衡諸子。呂不韋是這種人嗎?現在就來談談《呂氏春秋》的又一個極為重要的特點。秦自商鞅之後，專用商君之法，刻薄寡恩，日甚一日，對內壓迫，對外侵略。從前是一日論囚六百，渭水為赤，後來是坑趙降卒四十餘萬，所以當時山東六國稱之為「虎狼之國」。然而《呂氏春秋》對秦國一貫奉行的政策，是持批判態度的。在當時的咸陽，居然編出這樣的書，這是很令人驚奇的。值得注意的是在呂不韋人秦任職以後，秦國出現了反常的現象。「孝文王元年，赦罪人，修先王功臣，褒厚親戚，弛苑囿」；「莊襄王元年，大赦罪人，修先王功臣，施德厚骨肉而布惠於民」（見《史記・秦本紀》），這是從來沒有過的事情。請注意「大赦」二字。孝文王只有一年，呂不韋任太子師傅；莊襄王元年，呂不韋任丞相。如果說這些重大措施同呂不韋沒有關係，這是說不通的。在呂不韋免相之後，終秦始皇之世，再沒有這種事情，也沒有這種提法。當然，有人會指點出來，在昭王時期，曾有四次「赦罪人」，一點不錯。不過請注意，昭王時的四次都是「赦罪人遷之」（見《秦本紀》）；第一，這赦的是新佔領地的罪人；第二，「遷之」就是由刑徒變為「遷徒」、「遷虜」，同後世的「謫遷」發配一樣。秦國：每佔領一地必遷其民，這是一項最惡毒最不得人心的政策。而恰恰在呂不韋掌權時，沒有發生過遷徙的事情。《呂氏春秋》提倡義兵，提倡除暴安民，並且提倡布惠於民。而呂不韋本人就正是這樣做的。在他掌權的時間裏，沒有外交上的詭詐，沒有嚴刑峻法，沒有殺降的事情，等等，等等。「東周君與諸侯謀秦，秦使相國呂不韋誅之，盡入其國。秦不絕其祀，以陽人地賜周君，奉其祭祀」（見《秦本紀》）。在此以前和在此以後，絕沒有這種不終其祀的事情，而這正是呂不韋做的。像這樣重大的政治措施和政策，在《呂不韋列傳》裏一字不提。所以說它是偽託，至少是敗筆。

如此看來，林鵬先生的鮮明觀點就是：第一，從《呂氏春秋》主編位置上排除呂不韋是沒有根據的；第二，《呂氏春秋》的一致性和完整性，證明它必定有一個強有力的主編。這就是呂不韋。第三，呂不韋不是掛名的主編人，不僅全書設計、主導思想的確定，甚至每篇文章的寫作的審定，都是他親手或者在他具體指導下進行的。

再說《呂氏春秋》究竟屬於哪一家。

如何界定《呂氏春秋》的學派門庭，是學術界長期爭論不休的問題，其中「道家主幹說」佔有一定的勢力。有學者指認《呂氏春秋》為「秦漢道家的新創之作」，還有的學者認為《呂氏春秋》是秦漢之際「黃老新道家」的代表作。當代學者陳鼓應在《中國哲學史》二〇〇一年第一期上，以《從呂氏春秋看秦道家思想特點》為題，認為：《呂氏春秋》是以道家思想為主體，兼採陰陽、儒墨、名法、兵農諸家學說而貫通完成的一部晚周巨著。《呂氏春秋》集先秦道家之大成，是秦道家的代表作。有青島學者孟天運者，卻認定《呂氏春秋》的思想主旨是「王治」他說：「王治」是《呂氏春秋》的學派宗旨，取各家之善、形成一個新的統治理論模式就是其理論體系。不應用另外一個學派的思想來解釋《呂氏春秋》。也有學者認為，《呂氏春秋》是充分體現儒家治國思想的。比如內蒙古學者牛建坤，曾以《呂氏春秋的儒學思想與呂不韋的人生悲劇》為題撰文說：成書於戰國末年的《呂氏春秋》，其儒學思想一定程度上體現了呂不韋的治國理想。該理想的最終破滅既由於理論本身的不切實際，又是人治制度的必然產物。陳奇猷先生別有高論，認為《呂氏春秋》是陰陽家之書。

更有許多學者認為：《呂氏春秋》根本沒有自己獨特的理論體系和主導思想，它企圖順應時代潮流，為百家爭鳴做一調和性的蓋棺定論。一定意義上講，這部書不宜被簡單視為一部學術性著作。當然，沿襲最為廣久的說法是「雜家」之論。

林鵬先生對雜家之說特別反感。他說：班固雜家之說，「卻是專為《呂氏春秋》而設的。『雜』，令人想起雜種、雜湊、雜俎、大雜燴等等。侯外廬在談到《呂氏春秋》時說：『叫他是雜家，一點也沒有冤枉他。』（見《中國思想通史》）看來是一直著意在貶損了。」

林鵬先生對陳奇猷先生的陰陽家之說也一概否定。他認為陰陽家的著作已經全部失傳，今人已無法想像先秦陰陽家著作的面貌，想根據《呂氏春秋》來判斷一下，實在是太難了。林鵬先生認為，是否陰陽家還有一個絕判：《藝文志》上講，陰陽家是「牽於禁忌，泥於小數，捨人事而任鬼神」。而《呂氏春秋》呢，則與陰陽家正好相反，它是捨鬼神而任人事，連那個最有名的「杜伯報仇宣王」的鬼故事，它都捨棄不採了。

那麼，林鵬先生怎樣認定《呂氏春秋》呢？且看他在《呂氏春秋論札》中如何說。

高誘是第一個注釋《呂氏春秋》的人。他在序中說：「此書所尚，以道德為標的，以無為為綱紀，以忠義為品式，以公方為檢格，與孟軻、荀卿、淮南、揚雄為表裏也。」顧實注曰：「蓋其書沈博絕麗，彙儒墨之情，合名法之源，而以黃老道德為宗，示天下政治之大歸。秦失其道，而漢以黃老致治者且百餘年，是書可不謂雞鳴知旦者哉！」（《漢書藝文志講疏》上海古籍出版社，第一五四頁）看來說《呂氏春秋》是道家，遠比說《呂氏春秋》是陰陽家更有根據。不過我仍然覺得有所不妥。若以人名出現次數計算，老子出現五次，莊子出現二次，列子出現三次，而孔子出現次數為全書之冠，三十九次。堯三十八次，舜三十七次，禹三十次，湯三十四次。出現三十次以上的就是這五人。周文王二十一次，周武王二十九次，周公十八次。出現二十至二十九次的有：周文王、周武王、商紂王、齊桓公、管仲，共五人。出現十至十九次的有：三王、五帝、神農、黃帝、周公、晉文公、吳起、鮑叔、楚莊王、伊尹、太公望、伍子胥、墨子、周公，共十四名。其次，值得一提的是，孔子的學生出現的有：顏回三次，子貢九次，曾子五次，子路三次，子夏五次，巫馬旗三次，比道家人物為多。（詳見楊堅點校，嶽麓書社出版《呂氏春秋》書後所附「人名索引」）

這樣看來，只能說《呂氏春秋》是儒家。當然這只是從形式上、人名出現的次數上看，確實如此，若從思想內容上看，則更是如此。……所謂黃老道德之學，也和其他任何學說一樣，看誰來運用，看怎麼運用。如果一切從統治者或統治集團的私利出發，它就有可能變為專制獨裁的帝王之學，或僅僅叫做帝王之術或說霸道。如果從人民大眾的利益出發，一切以愛民利民為原則，不是在口頭上，而是真正做到「民為貴」，「民為邦本」，「天下非一人之天下，乃天下之天下也」，「天聽自我民聽，天視自我民視」……那麼，它就不會變成帝王之學，而是仁學、仁政、王道之學。這其間的根本，就是君本歟？民本歟？不過如此而已。

關於先秦的民本思想，史家們已經有過許多論述，這裏就不必詳細羅列那些材料了。《呂氏春秋》的民本思想是顯而易見的，也無需抄錄許多。可以說，《呂氏春秋》全面地繼承了孔子、孟子以及其他先秦諸子和經典中的民本思想。它不像《孟子》那麼激烈，卻是同樣的深刻。它不像《左傳》那麼奇環，卻是同樣的明確。它不像《周禮》、《禮記》那樣自成體系，然而卻是切實可行。在《呂氏春秋》中，商鞅的名字出現三次，荀子的名字出現一次，韓非的名字未曾出現。《呂氏春秋》在提到商鞅時，未有一字談到其變法的內容和效果，卻在《無義篇》中詳細地記載了商鞅欺騙魏公子卯的事情，以及秦惠王即位後商鞅逃亡後又造反的事情。可以看出《呂氏春秋》對商、韓是抱批判態度的。不要忘記，《呂氏春秋》是在秦國編撰的，並且是在秦國因商鞅變法而空前強大的時候編撰的。在這樣的時間、這樣的地點，居然一字不及變法之事，卻在人格上、品行上極力地貶低商鞅，這是很不容易、很不簡單的。不但貶低商鞅本人，而且一字不提由商鞅制定的直至秦始皇當政以後一直在奉行的理論和政策。這些理論和政策是：

一、嚴刑峻法，輕罪重罰；

二、什伍連坐，獎勵告奸；

三、戶籍制度；

四、首級制度；

五、郡縣制度；

六、嚴格等級制度，二十爵級；

七、燔詩書，以愚黔首，愚民政策；

八、廢私學，以吏為師；

九、君主專制，個人獨裁；

十、軍事上以詐道為先，以攻城掠地為目的。

《呂氏春秋》不僅不贊成秦國的這些傳統理論和政策，而且與此針鋒相對，提出許多新原則。例如在軍事上主張義兵，除暴君，安百姓，得地以封賢者。對於郡縣之制，一字不提。請不要忘記，二十世紀是個批孔的世紀。尊法反儒的批孔家們把上述這些秦國的傳統理論和政策，吹得天花亂墜，並且把商鞅捧到天上去。他們把上述十條，說成是「大革命」，是「劃時代的變革」。正是在這裏，使我們看清了秦始皇的無道是怎麼回事。於是我們看清了一個重要問題。這就是黃老道德之學必須同法家的理論，具體說就是商、韓的理論結合起來，它才能真正成為帝王之學，或說帝王之術。漢宣帝所說的「王霸雜之」的東西，正是這種外儒內道的帝王之術。後世的野心家們則奉為經典。黃老之學如不同法家的理論結合起來，它永遠變不成帝王之術。這也就徹底暴露了尊法反儒的真正實質。尊法反儒的批林批孔運動，是帝王文化、帝王思想、帝王之術的具體實施。

這就是林鵬先生的「《呂氏春秋》歸屬觀」。

那麼，由呂不韋親手主編的儒家著作《呂氏春秋》，究竟有多大的學術價值甚或政治社會價值呢？

先來比較全面地看一下從古以來的各種評價。

司馬遷說：「呂不韋及其客人人著所聞，集論以為八覽六論十二紀，二十餘萬言，以為備天地萬物古今之事，號曰《呂氏春秋》。」（《史記・呂不韋列傳》）班固說：「雜家者流，蓋出於議官，兼儒墨，合名法，知國體之有此，見王治之無不貫，此其所長也。」（《漢書・藝文志》）

高誘說：「大出諸子之右。」

鄭玄說：「《月令》者，以其記十二月政之所行也。本《呂氏春秋》十二紀之首章也，以禮家好事者抄合之，後人因題之名《禮記》。」（《三禮目錄》）

高似孫說：「始皇不好士，不韋則徠英茂，聚俊豪，簪履充庭，至以千計。始皇甚惡書，不韋乃拯簡冊，攻筆墨，采精錄異，成一家言。」《子略》注意「成一家言」。

表觀著二重心理最突出的典型，就是《四庫全書總目提要》：「不韋固小人，而是書較諸子之言獨為醇正。大抵以儒家為主，而參以道家，墨家，故多引六籍之文，與孔子曾子之言……所引莊列之言，皆不取其放誕恣肆者。墨翟之言，不取其《非儒》，《明鬼》者。而縱橫之術，刑名之說，一無及焉。其持論頗為不苟。論者鄙其為人，非公論也。」前面已有結論，「不韋固小人」，後面重提其「為人」，只怕讀者忘掉這一點，或者是只怕自己忘掉這種道義上的責任。

事實就是這樣，一方面覺得《呂氏春秋》一書偉大得很，另一方面又覺得呂不韋其人渺小之極；一方面抬手動腳都離不開《呂氏春秋》，無論是哲學、政治、歷史、文學，抑或是校讎、訓詁、經義、道術，都要依靠《呂氏春秋》；而在另一方面，無論編什麼書、什麼史、什麼選，都閉口不提《呂氏春秋》。徐時棟說：「儒者獨以不韋之書而羞稱之。」《呂氏春秋雜記序》「獨以」即沒有別的理由，只是因為呂不韋的書便「羞」於「稱」贊它。這裏，就用上林鵬先生所說的第二法——「割裂法」了。此法一施，《呂氏春秋》自身就一錢不值了。林鵬先生在《呂氏春秋簡論》中寫道：

再來看第二個辦法。這就是把《呂氏春秋》大卸八塊，分贈諸子百家。這個辦法在清朝就有了。汪中寫道：「凡此諸篇則六藝之遺文也。十二紀發明明堂之禮，則陰陽之學也。《貴生》……五篇，尚清靜養生之術，則道家流也。《蕩兵》……八篇論兵，則兵權謀形勢二家也。《上農》……三篇，皆農桑樹藝之事，則農家者流也……《當染》篇全取《墨子》。」（《述學補遺·呂氏春秋序》）汪中所說「遺文」，也有點紕漏特甚，不過汪中尚屬草創，所以簡略如此。

汪中的結論應該有根有據。根據就是上引《史記》的話，「使其客人人著所聞」。「人人」當然不可能是一個學派一個觀點，自然是形形色色。這自然是從「人人」推測出來的。《史記》並沒有透露呂門的食客都是誰氏子以及都是什麼人。不過，《呂氏春秋》書中就有各家各派的觀點文字在，這就是根據。假若《呂氏春秋》二十六卷一百六十篇文章，篇篇都是自出機杼，卷卷都是獨出心裁，言人之所未曾言，道人之所不敢道，自然也就沒得說了。不幸的是，《呂氏春秋》對先秦的諸子眾經，既要分析，又要綜合；既要繼承，又要批判。它不可能同任何家任何派都不沾邊。上不著天，下不著地，能行嗎？到那時也有話說：無稽之談。遺憾的是，直到現在，研究《呂氏春秋》的專家學者們依然沿用汪中的辦法，把《呂氏春秋》零切碎剁，弄得越細越好，弄到最後一點不剩。彷彿這部書只是戰國各家各派的遺作彙編，所謂天下文章一大抄，《呂氏春秋》本身一無所有，空空如也，不復存在。這種工作很像郵局的工作人員，他面前堆著一大堆信件，他的責任就是將它們分裝在許多袋子裏，分完就下班，一件不能丟。其實這是機器的工作，而且不是很複雜的機器。

這種工作簡單得很，只要把《呂氏春秋》粗讀一遍就行了。看見有個道字，好，道家；說到星辰氣候，好，陰陽家；提到打仗，好，兵家；講求仁義，好，儒家；談論務農，好，農家……。老實說吧，只有中國能有這麼省力的專家學者。孔子說過「士志於道」（《里仁》），他也講「無為而治其舜也與」（《衛靈公》）。孔子是道家嗎？孔子也講究「足食足兵」（《顏淵》）。他是兵家或農家嗎？孔子也講「刑罰不中則民無所措手足（《子路》）。他是法家嗎？當然，也可以這麼辯解：孔子歿後，儒分八派，各家各派都是從老人家那裏分出來的。那麼，請看荀子。《荀子》有《議兵》篇，他是兵家嗎？荀子說過「大道者所以變化遂成萬物也」（《哀公》），「神莫大於化道」（《勸學》）。荀子是道家嗎？荀子說：「相陰陽，占祲兆。」（《王制》）「陰陽大化，風雨博施，萬物各得其和以生。」（《天論》）荀子是陰陽家嗎？再看韓非。《韓非子》裏有《解老》、《喻老》諸篇，韓非是道家嗎？《韓非子》裏有《忠孝篇》，他是儒家嗎？《韓非子》甚至有這樣的話：「餞召兵，疾召兵，勞召兵，亂召兵。」他是兵家嗎？韓非也說：「觀江海因山谷，日月所照，四時所行，雲布風動。」（《大體》）韓非是陰陽家嗎？荀卿、韓非、呂不韋是一個時間的三個人。荀韓兩位什麼都可以談論，而呂不韋什麼都不能談論；荀韓兩位可以高談闊論，而呂不韋即使比他倆高超一百倍也不算數，就因為荀韓是「君子」，他是「小人」嗎？說到陰陽家，陳奇猷堅持《呂氏春秋》是陰陽家之書，或說《呂氏春秋》的主要觀點是陰陽家。其實儒士都談論明堂之制，他們都是陰陽家嗎？從孔子的「行夏之時」開始，先秦諸子以及後世平人，都談論四時八位二十四節令，他們都是陰陽家嗎？若是這樣，古代學術除了陰陽家還有什麼？《漢書・藝文志》：「陰陽二十一家，三百六十九篇。」早已無一留存。誰見過先秦陰陽家的書？陳先生見過嗎？陰陽家的缺陷是「捨人事而任鬼神。」《呂氏春秋》有一星一點這種問題嗎？恰恰相反，《呂氏春秋》是捨鬼神而任人事。而陳先生所指出的陰陽家的內容，只不過是「行夏之時」的具體化。當然，說《呂氏春秋》有陰陽家的內容，並不是陳先生的發明。餘嘉錫寫道：「蓋陰陽五行之學，出於《周易》及《洪範》，而盛於戰國，大行於秦漢之間。『十二月紀』言某時某令則某以應之，正言天人相感之理，故其《序意》曰……。」（《四庫提要辯證》）不過，余先生只是說的「十二紀」，陳先生說的是整個《呂氏春秋》。

既然《呂氏春秋》是先秦各家各派的思想成果的大綜合，或說集大成者，那麼凡先秦各家各派的思想成果，只要主編人認為是最好的、有用的、可行的，就都會吸收進來。現在要問，《呂氏春秋》是怎麼分析綜合的？怎麼批判繼承的？它吸收了什麼？揚棄了什麼？抄了什麼？沒抄什麼？為什麼？難道這是不值得考慮的嗎？《四庫全書總目提要》上引的一段話，就已經注意到《呂氏春秋》採取了什麼，捨棄了什麼，並說「其持論頗為不苟」。難道當代的專家學者們一定要從《四庫全書》退回去，僅僅做一個郵件分發員嗎？

是的，專家學者絕不可低能到當個郵件分發員，而必須搞搞清爽：「《呂氏春秋》是怎麼分析綜合的？怎麼批判繼承的？它吸收了什麼？揚棄了什麼？抄了什麼？沒抄什麼？為什麼？」難能可貴的是，林鵬先生雖非正宗的「專家學者」，卻對以上問號們動了動腦子。他認為：《呂氏春秋》是先秦諸子思想成果的最大綜合和最後完成。它對漢以後的學術以及中國傳統文化有著巨大而深遠的影響。它的偉大和高明之處至今還沒有被充分認識。有什麼具體發揮嗎？有。相當之精彩。

《呂氏春秋》不僅有明確的編撰時間，「維秦八年」，而且有鮮明的時代背景。這是其他先秦古籍無法比擬的。書中有一段敘述魏文侯擇相的事，並且有尖銳的批評。這裏所反映的時代背景，以及從中看到的《呂氏春秋》的基本思想，很值得我輩深思。

> 魏文侯弟曰季成，友曰翟璜，文侯欲相之而未能決，以問李克。李克對曰：「君欲置相，則問樂騰與王孫苟端孰賢？」文侯曰：「善！」以王孫苟端為不肖，翟璜進之；以樂騰為賢，季成進之，故相季成。凡聽於主，言人不可不慎。季成，弟也；翟璜，友也，而猶不能知，何由知樂騰與王孫苟端哉？疏賤者知，親習者不知，理無自然。理無自然而斷相過，李克之對文侯也亦過。雖皆過，譬之若金之與木，金雖柔，猶堅於木。
>
> 孟嘗君問于白圭曰：「魏文侯名過桓公，而功不及五伯，何也？」白圭對曰：「文侯師子夏，友田子方，敬段幹木，此名之所以過桓公也。藺相曰：『成與璜孰可？』此功之所以不及五伯也。相也者，百官之長也。擇者欲其博也。今擇而不去二人，與用其仇亦遠矣。且師友也者，公可也；戚愛也者，私安也，以私勝公，衰國之政也。然而名號顯榮者，三士羽之也。」《呂氏春秋・舉難》

文侯卜相，不去二人。或許在魏文侯看來，能夠為相的只此二人而已。這在歷史學上說來不是什麼大事。然而，其間所表示的深遠的歷史意義，史學家們往往忽而略之。現在我們不妨把問題展開一些，來漫談一下表現在其中的奧秘，實際是歷史的奧秘。

《禮記・表記》曰：「殷周之道，不勝其敝。」治聾致啞，越治病越多，最後不可收拾。孔子歎道：「後世雖有作者，禹帝不可及也已矣。」孔子的慨歎是如此之深，正說明了他抱有這種偉大理想，即堯舜時候的清明的政治。現在我們就來探討殷周之敝是什麼，孔子的政治理想是什麼。

《尚書・牧誓》曰：「今商王受（紂）惟婦言是用，昏棄厥肆祀弗答，昏棄厥遺王父母弟不迪（不用），乃惟四方之多罪逋逃，是崇是長，是信是使，是以為大夫卿士，俾暴虐於百姓，以奸宄於商邑，今予發（武王名）惟恭行天之罰……」

這是武王伐紂，在牧野發表的誓詞。「王父」就是紂王的伯伯叔叔們，「母弟」就是紂王的弟兄們。這些人他都拋棄不用。「四方」就是諸侯，「多罪逋逃」當然是貶意詞，實際就是遊士。殷紂王喜歡重用這些人，「是崇是長，是信是使，是以為大夫卿士」。紂王信任他們，把他們都放在重要崗位上。相比之下，「惟婦言是用，昏棄厥肆祀弗答」，雖然列在前面，似乎並不是很重要的。再看「微子去之，箕子為奴，比干諫而死」（《論語・微子》）的事實。這都是「王父母弟」，不但遭到紂王的冷落，而且遭到迫害。可見紂王是「賢賢」，而不是「親親」。殷商之亡，是因為它自認為非常強大，而且也非常腐敗，過度的恣睢放縱，以至敗亡。周在戰勝殷之後，來個矯枉過正，一味地「親親」。武王伐紂勝利之後，「封建親戚以藩屏周」。《荀子・君道》曰：周「兼制天下，立七十一國，姬姓獨居五十三人。周之子孫苟不狂惑者，莫不為天下之顯諸侯」。這當然可以說是矯枉必須過正了。李亞農說，周王封同姓都是黃土地帶，異姓則是紅土或黑土。可能當時周王朝認為只有黃土地才產糧食。

在古代的農業社會中，血緣紐帶是極為重要的。不承認這一點，或者極力否認這一點，是極端錯誤的，因為它有悖於古代社會生活的實際情形。儒家的禮、禮法、禮教，包括婚喪嫁娶社會交往的習俗和制度，正是建立在血緣關係之上的。城市國家產生以後，市井之中，姓氏混淆，各有各的血緣關係，互相之間朋友相待，「四海之內皆兄弟也」。只有儒家的禮教，能夠充分地把人們凝聚起來。但是「親親」自有「親親」的缺陷。它不能保證自家的子弟們都是才德兼備之士。這就以「尊賢」來予以補充。雖有這種補充，親親仍是基本原則。所以西周至春秋時期，很明顯的事實是異姓諸侯逐漸強大，而同姓諸侯則在不斷的衰落中。所以李克歎道：「私勝公，衰政也。」春秋五霸之中，異姓居其四：齊桓公、楚莊王、宋襄公、秦穆公。春秋時期晉國的事例非常典型，既然同姓不婚，便娶了戎人的姑娘驪姬。驪姬得勢屠殺諸公子，最後鬧到「晉無公族」，晉文公稱霸建立六軍，後來就出現了六卿專政，最後三家分晉。這三家分晉，就進一步證明了異姓是靠不住的。這反而加強了「親親」的原則。戰國著名的四君子之中，三個同姓公子：田文、趙勝、魏無忌（與國王同姓），大權都掌握在他們手中。平原君趙勝三起三落，幹了許多蠢事，宰相卻依然是非他莫屬。

戰國後期，秦用客士逐漸強大，六國用「王父母弟」則逐漸衰弱。武王伐紂確立的新原則是針對殷紂的，過了幾百年，卻還在閉著眼堅持。所以這些衰弱的諸侯，只好聽命於強秦，並且任其宰割，直至滅亡。然而，強大的秦國卻禁不住同姓貴族（宗室大臣）們的鼓噪，終於發動了驅逐客士的運動，雖然有李斯的《諫逐客書》，秦始皇表面上是聽從了，其實，逐客一直在進行，只是改為僅僅驅逐三晉的客士罷了。不久以後，趙高殺蒙恬、蒙毅，接著又殺李斯，夷三族。這時，逐客的歷史任務才算徹底完成。不過，逐完客，秦國或叫秦朝也緊跟著就亡了。

讀者或許要問：難道秦之滅亡，只是因為逐客嗎？得士則興，失士則亡……聽著有點像遊說之士的口氣。是這樣。當然，歸根結底是政策，而用人是政策的頭一條。難道不是這樣嗎？難道蒙恬、李斯不是客士嗎？秦二世三年殺李斯之後沒幾個月，秦就亡了。難道這不是事實嗎？當然也可以問，如果不殺李斯，秦就不會亡嗎？不能這麼問。不殺李斯，秦也會亡，但是不殺李斯是不可能的，這是早已確定的既定方針。歷史學中沒有「如果」二字。歷史學只管事實，事實是否確鑿。現在談論的問題是：「親親」則親而不尊；「賢賢」則尊而不親。這正是孔子（儒家）考慮的關鍵。

秦之速亡，永遠是歷史家們研究不完的重要課題。二十世紀一百年間，曾經有許多人吹捧秦始皇，甚至歌頌焚書坑儒。但是卻沒有人考慮過，暴政是怎麼發生，怎麼形成的。仁政是什麼呢？鄭子產說：「唯有德者能以寬服民，其次莫若猛。」（《左傳》）那麼仁政是軟弱嗎？宋襄公主張仁義，結果打了敗仗，被傷身死而遭人嗤笑。仁是什麼？這是非考慮不可的問題。孔子認為仁和仁政，非常之難，但是他終於講述了仁和仁政的道理：

孔子曰：「道者所以明德也，德者所以尊道也，是故非德不尊，非道不明。雖有國焉，不教不服，不可以取千里；雖有博地眾民，不以其地（道？）治之，不可以霸王。是故昔者明王內修七教，外行三至。七教修焉可以守，三至行焉可以征。七教不修，雖守不固；三至不行，雖征不服。是故明主之守也，必折衝乎千里之外；其征也，衽席之上還師。」

孔子曰：「上敬老則下益孝，上順齒則下益悌，上樂施則下益諒，上親賢則下擇友，上好德則下不隱，上惡貪則下恥爭，上強果則下廉恥。民皆有別則貞，則正亦不勞矣。此謂七教。」

孔子曰：「至禮不讓而天下治，至賞不費而天下士說，至樂無聲而天下之民和。明王篤行三至，故天下之君可得而知也，天下之士可得而臣也，天下之民可得而用也。」《大戴禮記・王言》

子夏曰「三五之德參於天地，敢問如何斯可謂參於天地矣？」孔子曰：「奉三無私以勞天下。」子夏曰：「敢問何謂三無私？」孔子曰：「天無私覆，地無私載，日月無私照，奉斯三者以勞天下，此之謂三無私。」

《禮記・孔子閒居》

曾經有人把先秦諸子以一言而敝之，曰：先秦諸子都是為人主獻策的。然而卻沒有想一想先秦各家各派都是獻的什麼策，這似乎就已經是不在他們所能考慮的範圍之內了。《呂氏春秋》也可以說是為人主獻策的，它所獻的是對君主的嚴格的要求。上述所引，不僅是孔子的政治理想，而且同時也是對王侯們的嚴格要求。《呂氏春秋》正是最忠實最全面而且實際地繼承了孔子的偉大理想和偉大傳統，對人主提出了明確的要求。魏文侯卜相而不出二人，《呂氏春秋》非徒空談掌故也，而是給予了尖銳的批評。秦始皇缺德少才，無法接受。非但不接受，反而發起了逐客的政治運動，致使堂堂秦朝逐客而亡。

秦始皇在青少年時代是什麼樣子，有什麼優點和缺點，雖然史無明文，卻可以從其他資料中推知一二。《呂氏春秋》中所講的無道昏君們的惡德，與秦始皇後來的行徑簡直是一模一樣。這樣，我們就可以推斷秦始皇在青少年時代，這些惡德就已經有所表觀了。以神經病而論，沒有突然得的神經病；正常人無論遇到什麼情況，也不會突然暴發神經病。我們可以設想，夏太后或許是因為神經不正常而不得寵。子楚神經是否正常，不得而知，但身體健康狀況極為不佳，以致三十多歲就去世了。秦始皇在青少年時代表現出許多突出的惡德，是非常可能的。《呂氏春秋》完成後，呂不韋親手寫了「序意」列在書後，這裏明確寫著是「維秦八年」。如果是指秦始皇八年，他已經二十一歲了。如果像有些學者說的，這八年應包括莊襄王的三年，那麼，當時秦始皇也已經是十八歲的人了，一切性情、品行也都可以看清了。

如果我們把《呂氏春秋》中所有斥責無道昏君的惡德的言論都抄在這裏，也不必要。現取比較典型的一段抄錄如下：

「兵之來也以救民之死。子之在上無道倨傲，荒怠貪戾，虐眾恣睢自用也，辟遠聖制，謷醜先王，排訾舊典，上不顧天，下不惠民，征斂無期，求索無厭，罪殺不幸，慶賞不當。若此者天之所誅也，人之所仇也，不當為君。今兵之來也，將以誅不當為君者也，以除民之仇而順天之道。」《懷寵》

這裏提出一個問題：有惡德者「不當為君」。當不當為君，由誰定？難道由呂不韋定嗎？聽起來有點狂妄，實際這正是儒家有關「易位」的一貫主張。這是一項帶根本性的政治主張。此處稱不當為君而為著君的人為「子」，不稱君王，不稱陛下，而稱「子」。這和閻樂在望夷宮稱秦二世為「足下」是一致的。《呂氏春秋》的本篇是在談論「義兵」的「除民之仇順天之道」的事情，本不必要說這麼詳細具體，但是津津有味地說了，不能說其中沒有深意。

批林批孔運動中，將賈誼定為「法家人物」，而對他的《過秦論》卻一字不提。現在抄一段《過秦論》的文字，看看這位「法家人物」是怎麼評價秦始皇的：

「及至秦王，續六世之餘烈，振長策而禦宇內，吞二周而亡諸侯，履至尊而制六合，執棰拊以鞭笞天下，威振四海……於是廢先王之道，焚百家之言，以愚黔首。

秦王懷貪鄙之心，行自奮之智，不信功臣，不親士民，廢王道，立私權，禁文書而酷刑法，先詐力而後仁義，以暴虐為天下始。」

這同《懷寵》篇說的「不當為君」者，幾乎是一模一樣。既然《呂氏春秋》不幸而言中，我們就有理由認為秦始皇在年輕時已經有所表現了。現在，我們可以這樣說：《呂氏春秋》不僅有明確的寫作時間，有鮮明的時代背景，而且有具體的針對性，這在先秦諸子中，是絕無僅有的。

《呂氏春秋》不僅是集先秦思想之大成，「較諸子為醇正」，而且其中一字一句的可信度，也是百分之百的。可以說除《十三經》之外，《呂氏春秋》是先秦最偉大的著作。

結論：在林鵬先生看來，呂不韋是一個偉大的人，《呂氏春秋》是一部偉大的書。這就是一個人和一本書的歷史評價。你不這樣看嗎？

按照共產主義幽靈的癖好，若要給呂不韋劃一下階級成分，他該屬於哪一種呢？無疑，他該屬於知識份子階層，用林鵬先生的提法，叫作士君子群體。這是我們下一章要探討的題目。

【附記】

對林鵬先生來說，《呂氏春秋》是他最愛讀的書籍之一，讀過多少遍，讀過多少個版本，研讀過多少種注釋和評論的書，寫出多少字的讀書筆記，他不事炫耀，筆者並不完全清楚。尤其那讀書筆記，筆者知道他準有，而且還不會少，幾次提出想看看，卻始終未能如願。老先生估計是怕我給搞丟了吧？

有一次，他一高興，允許筆者複印了兩種殘缺資料：一種是第一版的《諸子集成・呂氏春秋》，一九三五版，出版者是國學整理社，印刷發行者是世界書局，蔡元培題簽，鏡湖遺老賀鑄《舊跋》。林鵬先生在版權頁批道：「此本是《諸子集成》的第一版，一九三五年版，七十年舊物了。」「解放後重印時將此二評傳去掉了。」（指《管子評傳》和《商君評傳》——筆者）一種是許維遹的《呂氏春秋集釋》。林鵬先生在版權頁上批註有好幾段文字，分別是：

「林鵬一九七一年六月購於太原五一書店。」

「這是一個散失後的零本，得之甚喜。孫子早已讀過，沒有讀懂。呂覽過去看的是掃葉山房的石印本（掃葉山房是一家有三四百年悠久歷史的老牌書店，最初創於明朝萬曆年間，先設店於蘇州閶門內，後於一八八〇年設分店於上海城內彩衣街，又在租界棋盤街設分店，稱『掃葉山房北號』。店主席氏，先世居蘇州洞庭東山，於明末清初購得常熟毛氏汲古閣書版而設此掃葉山房。——筆者）邊讀邊斷句，進展甚慢，而所得較多。呂覽是先秦思想之集大成者。學者一向認為係其門人雜湊而成。細讀之，其內容一致，形式完整，甚至語言風格也大致統一。這肯定是由主編人最後統一刪削審定的。這個主編人，應該就是呂不韋。林鵬一九七一年六月八日太原。」

「一九七一年六月初，在霍縣插隊時，因發眼，回太原來治眼時購得此書。一九八五年六月六日記。」

「當時吾在霍縣源頭插隊，一九七一年六月七日因發眼回太原來醫治眼疾，托熟人進五一路新華書店舊書庫中購得此書。一九八五年九月九日林鵬記此，此時正緊張地寫作《咸陽宮》。」「一九五五年肅反後，提出愛科學、愛文化，向科學大進軍的口號。好像是在此××之風下，才有此文學古籍出版社。當時，我也感到一種××的振奮。此社所出之書質量較高，如此書，如《史記會注》。一九五七年反右以後，上述口號煙消雲散。此出版社亦未再出書，嗚呼哀哉。難說。一九九七年九月五日，正在寫讀書記中。」

可惜的是，筆者所得此兩種資料的複印件，殘缺更甚，第一種只有二十頁，第二種多點，一百一十七頁，也很不全的。

筆者在這裏想說的是，就在這一百三十七頁書稿上，林鵬先生一共批註了兩百四十一條文字，外加三張貼條，文字少則六七字，多則近二百個，看筆跡和墨色，不像是一次批就的。從其上列版權頁批註時間看，僅許氏《呂氏春秋集釋》，他至少翻過四次，就算他沒有通讀的話。讀書若此，不謂不勤奮不精心吧。下面，筆者略示數例林式批註，以自勉共勉之。

例一：「我提出如此一個順序：《左傳》－《孟子》－《呂氏春秋》。」

例二：「王充以為惶恐畏忌，是畏呂不韋之權勢。其實不然，或畏三晉人之民主思想。秦多禁忌，呂書多犯忌之言，故而秦人惶恐畏忌之。」

例三：「呂書曰：『田事既飭，先定準直，農乃不惑。』最重要的一句話：『先定準直，農乃不惑』，月令章句沒有。可見這是呂不韋的思想。（王煬寶典抄《禮記》，《禮記》抄呂氏，周書月令亦抄自呂氏）。」

例四：「由全天全性而至全德，要求天子是個全德之人，可見也不是單純的講究養生之學，依然是政治學，不可否認是非常政治的，何必在這種地方裝糊塗。」

例五：「從極端個人主義出發，說欲壑是填不滿的。其實不然。填不滿的是秦始皇類，一般勞動者極容易滿足。然而對付帝王們自有鬼神在。鬼神之警告有十：一，疾病；二，死亡；三，瘟亂；四，事故；五，怠工；六，災荒；七，諫爭；八，造反；九，內部（上層）分裂，自相殘殺；十，亡國。自古無不亡之國，無不死之人，天之告誡，如鬼如神，不可思議。『本生』論養生，實則論政治。《莊子・養生》，『庖丁解牛』，『薪盡火傳』，不知其盡也。』養生學深沉之至。」

例六：「呂書『天下非一人之天下，天下之天下也。陰陽之和，不長一類。甘露時雨，不私一物。萬民之主，不阿一人。伯禽將行，請所以治魯（伯禽，周公子也，成王封之於魯，詩云：逮爾元子，俾侯於魯）。周公曰：利而勿利也。』對『利而勿利』，有兩種解讀：漢代高誘注解說：務在利民，勿自利也。另一種解讀認為高誘未得其旨。陶鴻慶說：『下文云，天地大矣，生而弗子，成而弗有，萬物皆被其澤，得其利，而莫知其所由始。即此文利而勿利之義也。』在這裏，『生而弗子』的意思就是說，天大地大，生有民人，不把他當成自己的兒子，要說天下萬物都是兒子。『成而弗有』的意思就是說，即使是天地生下了萬物，也不據為己有。」

第十六章　士君子文化

士君子文化，也是林鵬先生特別予以關注並熱心探討的問題之一。在前文書中，把它與帝王文化相對應，已經大致梳理出其產生、發展和演變的軌跡。這裏再設專章推出，予以深入探討，尤其想著重關注一下中國現代知識份子的士君子人格蛻變與轉型問題，因為它具有特別重要的現實意義。

筆者查了一下幾種詞典並在網上搜索，沒有出現「士君子文化」這一條目。有「士」條，有「君子」條，有「文化」條，有「士文化」條，有「士君子」條，就是未見有「士君子文化」條。這算不算林鵬先生的一個首創，筆者不敢冒下結論。「士君子」的稱謂，在《論語》中已有提及，可見它的來歷很早了。這裏的「士君子」與《詩》《書》《易》所指的「大人君子」，其社會身份與道義職責已有區別。大略孔子之前，「君子」主要以在位貴族為主體；孔子而後，《左傳》《國語》與諸子之君子，則主要指向個體的道德與人格。只有《荀子》之「君子」，往往又倒退回君主兼教主，與孔儒大異。

歷來論「士文化」的很多，但與林鵬先生的「士君子文化」相比較，題目顯得大而雜，士有君子士、小人士，儒有君子儒、小人儒，你怎麼容易論全論深？林鵬先生只盯著君子士、君子儒和士君子文化，這就抓住了士的主體與核心。與帝王文化長期對抗的正是這個士君子文化。

對於中國的士，就是古代的知識份子吧，現代看法和評價並不一致，有的觀點還相當對立。先來看一種貶評，如果不說它是惡評的話。這位評論者在引用《中國歷史大辭典・士大夫》的解釋，即「社會階層，知識份子與官僚的混合體，有時指在位的官吏」，之後，他說：第一，他們沒有獨立的人格和地位，依附與國家，不從事體力勞動，是一種「寄生蟲」。他以孔子為例，說他周遊列國，但沒有哪一個諸侯樂意收養他，於是他只有退隱，聚眾講學，像一隻流浪狗，在狹小的空間生存，著書自娛。孔子的命運也是後來歷代隱士的命運，在討不得主人歡心的時候，就只有沒落鄉野，清貧度日，偶爾嚎叫幾聲，竟成高論。秦漢唐宋元明清，他們的命運還不如孔子，完全取決於皇帝。皇帝需要什麼類型的人，他們便會極力讓自己變成那種類型。學得文武藝，賣與帝王家。第二，他們是軟弱無能和自私變態的，很是女性化，有妾婦自擬的心態，在皇帝面前唯唯是諾，甘心做奴隸，見面就只知道磕頭。第三，他們所有的知識，其實都為逗樂帝王而已，用現在的話來說，他們只是留聲機，打字員。在專制主義下，他們潛心研究四書五經，從啟蒙到老死，四書五經是他們的生存資本。他們被剝奪了一切可能有所創新的思想，都成了知識太監。結論就是：他們是一個沒有獨立人格和地位，軟弱無能和自私變態，沒有真正知識的階級。他們依賴君權而生存，同時在這個過程中葬送了自己，成為封建社會帝王的幫兇。

筆者在拜讀這位評論者的全文時，不僅發現他把所有的士都打成「知識太監」，更有意思的是，還發現他把歷朝的太監們也劃歸士的範疇。也算一個首創吧？看來這位仁兄的麻煩是，沒想明白何謂真正的士，他把朝野那些昏庸官僚、鄉願、小人儒們，還有自己慧眼相中的太監們，都當成士君子來貶損了。

那麼，中國的士君子究竟怎麼樣？有些當代學者喜歡套用西方對知識份子的定義標準說事，那我們就以西方的標準來說事。著名的知識份子研究專家愛德華・希爾斯，把知識份子定義為：「任一社會中頗為頻繁地運用一般抽象符號去表達他們對人、社會、自然和宇宙的理解的人。」路易士・科塞說：知識份子必須是「為了思想而不是靠了思想而生活的人。」艾德華・薩依德說：「知識份子是具有能力『向』公眾以及『為』公眾來代表、具現、表明資訊、觀點、態度、哲學或意見的個人，在扮演這個角色時必須意識到，其處境就是公開提出令人尷尬的問題，對抗（而不是產生）正統與教條，不能輕易被國家或集團收編，其存在的理由就是代表所有那些慣常被遺忘或棄之不顧的人們和議題。知識份子這麼做時根據的是普遍的原則：在涉及自由與正義時，全人類都有權期望從世間權勢或國家中獲得正當的行為標準；必須勇敢地指證、對抗任何有意或無意違犯這些標準的行為。」傅科說：「知識份子的工作不是去塑造他人的政治意志，而是通過他在自己研究領域的分析，對那些自說自話的規則質疑，去打擾人們的精神習慣、他們行事與思想的方式，去驅散那些熟悉和已被接受下來的東西，去重新檢驗那些規則和體制，在這一重新質疑的基礎上（他在其中完成作為知識份子的特殊任務），去參與政治意志的形成過程（他在其中扮演公民的角色）。」薩特說：「當一個科學家在實驗室裏進行核子試驗研究時他不是一個知識份子，而當他在反對核戰爭的請願書上簽名時就是一個知識份子。」……哎呀，聽得人頭暈。聽來聽去，不就是要求知識份子必須具有批判精神和終極關懷精神，以維護人類的基本價值（如自由、平等、博愛）為天職嗎？好，我們就以此為標準，來衡量中國的士君子群體吧。

上面那位評論家有言，「孔子的命運也是後來歷代隱士的命運」。那麼，我們不妨就從「隱士」說起。林鵬先生對隱士也是情有獨鍾，他說：「隱士是一個龐大的群體」，「隱士是士君子群體的主體。所有耕讀傳家的自耕農們都可以看作是隱士。甚至上古的『日出而作，日入而息，耕田而食，鑿井而飲，帝力于我何有哉』的人們，都可以看作是隱士。」當然，也有另外的看法，比如殷偉先生就認為：隱士必須是士，而且必須是名士，所謂賢者，有學問、有才能、能夠做官而不去做官的並且不作此種努力的著名文人，依據是《易》曰：「天地閉，賢人隱。」各有各的理解嘛。

在此，先得給這位大評論家糾正一個常識性錯誤：隱士出現的時間要早得多，並非是孔子之後才有了「歷代隱士」。有人認為隱士「簡直與中華民族的文明史同源」，筆者以為「簡直」得也沒大錯。「自肇有書契，綿曆百王，雖時有盛衰，未嘗無隱逸之士。」（《隋書・隱逸傳》）林鵬先生說：「大舜就是一個自耕農，一個士人，起初就是隱士。」似乎還應提到大舜之前的許由和巢父。史載先秦著名隱士很多，可以開出很長一串名錄：許由、巢父、大舜、方回、伯夷、叔齊、長沮、桀溺、接輿、橫議、楊朱、翟墨、柳下惠、虞仲、朱張、少連、老子、莊子……還有林鵬先生最為讚賞的式夷和魯仲連。

巢父、許由不僅創作了「日出而作，日入而息。鑿井而飲，耕田而食。帝力與我何有哉！」的《擊壤歌》，還共同創造了一樁千古佳話：許由洗耳的故事。《史記》注引皇甫謐《高士傳》時，記述了許由洗耳的情景：「時有巢父牽犢欲飲之，見許由洗耳，問其故。對曰，『堯欲召我為九州長，惡聞其聲，是故洗耳。』巢父曰，『子若處高岸深谷，人道不，誰能見子？子故浮游，盛欲求其名，汙吾犢口，牽犢上流飲之。』」灑脫得多麼有趣。

唐堯未得許由，四方人士皆推薦另一位隱士——舜，舜於二十歲以孝聞名天下。《洪洞縣誌》載，堯於訪賢途中，在洪洞曆山下遇到躬耕壟畝的舜，見舜用的犁轅上拴有簸箕，便問其由。舜說，牛走得慢了，需要鞭策，但牛拉犁已經夠辛苦，再鞭抽於心不忍，所以拴個簸箕，不管哪個牛走得慢了，就敲敲簸箕，這樣黃牛誤認為打黑牛，黑牛錯覺是抽黃牛，兩個牛都走快了，何必鞭打呢。堯帝聽後，不勝感佩：舜對牲畜尚能如此愛體恤，讓其承以帝業，定會愛民如子。

司馬遷把《伯夷列傳》放在七十列傳之首，那是大有深意的。這兩位孤竹君的兒子，為了不作權位繼承人，先後逃到周國，追隨文王。文王逝世後，武王伐紂，二人叩馬諫阻，反對以暴易暴。武王滅商後，他們仍堅守自己的思想，以食用周朝的糧食為恥，隱居首陽山，采薇而食，寧肯餓死。《伯夷列傳》其辭曰：「登彼西山兮，采其薇矣。以暴易暴兮，不知其非矣。神農、虞、夏忽焉沒兮，我安適歸矣？於嗟徂兮，命之衰矣。」《孟子》贊伯夷曰：「伯夷，目不視惡色，耳不聽惡聲，非其君不事，非其民不使；治則進，亂則退；橫政之所出，橫民之所止，不忍居也；思與鄉人處，如以朝衣朝冠坐於塗炭也。當紂之時，居北海之濱，以待天下之清也。故聞伯夷之風者，頑夫廉，懦夫有立志。」

式夷的故事，就少有人傳了，筆者僅見林鵬先生設專文《式夷之義》以張揚之。《呂氏春秋‧長利》中是這樣記載這個故事的：

式夷違齊適魯，天寒後門，與弟子一人宿於郊外。寒愈甚，謂其弟子曰：「子與我衣，我活也；我與子衣，子活也。我國士也，為天下惜死。子不肖人也，不足愛也。子與我子之衣。」弟子曰：「夫不肖人也，又焉能與國士之衣哉！」式夷歎曰：「嗟呼！道其不濟夫！」解衣與弟子，夜半而死，弟子遂活。

高誘評價說：「式夷，齊之仁人也。」但式夷把衣服給了弟子，卻是不義之義。呂不韋在《呂氏春秋》中，給式夷的評價高得多，它把式夷和伯成子高、周公旦平列著。林鵬先生對式夷的評價就更高了，有段話筆者在前文書中引用過，這裏不妨重複。

此種有覺悟的士，已經變成了全新的士，全新的人。他們可以毫不遲疑地為別人的利益去死。過去是為統治者的利益去死，現在是為普通人（即使是不肖人）的利益去死。這不是簡單事情。一個有學問、有抱負的人，本來可以大有作為，卻毫不遲疑地為一個普通人獻出自己的生命。這種自我犧牲的精神，是前所未聞的，是嶄新的。孔子的弟子們，都是有覺悟的積極進取的，而且絕不苟且的人。但是，他們似乎還沒有達到式夷這樣徹底的程度。

式夷的死，像黑夜的一道閃電，突然照亮了，充分地顯示了先進的獨特的士們的精神面貌。沒有這種精神的飛躍，後來的諸子蜂起百家爭鳴是不可能的。當然，這僅僅是一個開端。就像長江大河一樣，在發源的地方，並沒有驚濤駭浪，有的只是涓涓細流，只是一些普通的沒有地位的書生們凍餓而死的小故事。但是它卻孕育著無邊的波濤，為普通人、為不肖人、為匹夫匹婦、為人民大眾的利益而獻身的偉大精神的波濤。「聖人之愛人也，終無已者，亦乃取於是者也。」（《莊子・知北遊》）

魯仲連就更了不起啦。面對「虎狼之國」的強秦，他寧肯蹈海而死，也絕不承認虎狼稱帝。傳說魯仲連暗中鑄了一個鐵椎留給後世，就是張良博浪沙大椎一擊的那個椎。清人王曇《留侯祠》詩曰：「魯連不忍秦始皇，密鑄亡秦一柄椎」。

林鵬先生對魯仲連偏愛之極，簡直有一種揮之不去的「魯仲連情結」，其詩、文、書、印中均有呼應，尤其一本《平旦札》，論及魯仲連者多到三十多處（篇），甚至以魯仲連自勵自期。這裏有個小插曲。二〇一〇年元月某日，林鵬先生忽然興之所至，自刻兩枚閒章，一曰「魯連去後」；一曰「小子歸來」，且附刻邊款各一。一曰：「魯連去後，帝王思想沖天而起；小子歸來，帝王思想撲地而滅。此乃一長時段、大時代也。小子者，孔子所說『吾黨之小子狂簡』者也，狼牙山之小八路也。西元二〇一〇年一月治此印以為遣興——蒙」；一曰：「當戰國之時，霸道甚囂塵上之際，做魯仲連，反對帝制，主張平等甚難。而在蘇聯解體，冷戰結束之後，做林鵬則甚易。此不可不知，不可不察也。——蒙附言。二〇一〇年三月二十四日記。」第二天他將印文及邊款釋文另紙贈筆者時，附有短簡一則講「緣起」曰：「周宗奇先生：因詩句『小子狂簡歸來晚，尚有餘力綴殘篇』而刻『小子歸來』之閒章。後來，忽一日想起，魯連去後帝王思想風行海內，又刻『魯連去後』之閒章，最後終於產生了邊款中的想法……蒙注。謹供參考。林鵬。二〇一〇年三月二十五日。又及：楊建中答應把邊款拓下來，如此則更好。」「蒙」者，林鵬先生自號書齋為「蒙齋」，本人即齋主蒙者也。張頷先生有言：「吾友命其齋曰『蒙』，蓋有深意也。《易．蒙》之象，上山下水，仁者智者，其樂和同，林子陶然，樂在其中，靜可養正，動可啟功，亨利二德在焉。五台話自稱曰蒙，漢賦中『蒙竊惑焉』，《文選》注曰：『謙詞也。』君子謙謙，非徒自損也。況『蒙』中寓『復』，亦近於仁而遠於咎，可以禦寇，可以克家。蒙之義大矣哉！」哈哈，筆者不禁隨贊曰：張頷老的學問大矣哉！林鵬先生則自解「蒙齋」曰：「許多年前，正是『文革』後期，經常同張頷先生做徹夜談。先生治學嚴謹，相比之下，我則粗疏之甚。我發表一個觀點，先生就問：『出處何在？』先生主張『言必有出處，下筆必有出處』。

我有時候記得出處，有時候就記不清了，說是瞎蒙。我經常瞎蒙，當然也有時候難免蒙對了，不過也經常蒙不對。於是就起個別名叫蒙齋。」

一段小插曲放過，再說高士魯仲連。林鵬先生對魯仲連的思想是做過認真研究的。他多次言道：魯仲連義不帝秦，這個義字當什麼講？一般人不注意。義者，主義也。這是一種思想、一種思潮、一種理論……在當時傳播甚廣，普遍而深入。一個「虎狼之國」的秦，有什麼資格稱帝呢？他認為：魯仲連的思想來源於三代以前的上古。魯仲連是偶爾露崢嶸，他想來就來，想走就走，獨來獨往，特立獨行，他就是一個《周易》所說，「高尚其事，不事王侯」的人，他就是一個《禮記・儒行》所說，「不臣天子，不友諸侯」的人。

林鵬先生認為：真正闡述魯仲連思想的書是《呂氏春秋》。《呂氏春秋》的出現，晚了三十年，而秦始皇（當時叫秦王政）手疾眼快，對《呂氏春秋》的鎮壓，又早又狠又快。以致使真正的士君子思想尚未站穩腳跟，就被鎮壓下去了。不過，值得慶幸的是《呂氏春秋》這部偉大的書，卻完整的被保存並且流傳下來，這是一個奇跡。士君子是不可小覷的。他們來自平民，他們是自耕農，他們頑強得很，他們是隱士，他們柔弱而剛強。治世不媚進，濁世不易方，至死不變，強哉矯！《呂氏春秋》甚至認為，將來的天子，很可能出在山林岩穴之中……就像上古的大舜一樣，「匹夫而為天子」。匹夫而為天子，可不是小事情。人人都是匹夫。《孟子》曰「堯舜亦人，我亦人也」。嗚呼，這可不是鬧著玩兒的。正是在魯仲連身上充分的體現著這種可怕的思想。魯仲連是先秦時代一隻相當厲害的「思想老虎」。

現在回頭看，從許由巢父——伯夷叔齊——式夷，一直到魯仲連，以他們為代表的這一龐大隱士群體，你能說他們沒有獨立的人格和地位嗎？是一種「寄生蟲」嗎？「在討不得主人歡心的時候，就只有沒落鄉野，清貧度日」嗎？「皇帝需要什麼類型的人，他們便會極力讓自己變成那種類型」嗎？他們是「軟弱無能和自私變態的」嗎？「很是女性化」嗎？，都是「知識太監」嗎？他們的批判精神和對人類終極關懷的精神，維護自由、平等、博愛等普世價值的熱情與擔當，比西方知識份子差嗎？生活在伯夷叔齊與魯仲連之間的希臘聖哲蘇格拉底，在雅典的「民主法庭」上審判雅典民主：「必須給我討論所有問題的充分自由。必須徹底廢除官方干涉。」最後為了自己的思想而殉道。這位西方智慧老人果然非常偉大！反觀我們的伯夷叔齊呢，當周朝如「雅典民主」一樣如日方升之時，他們卻高揚反對「以暴易暴」的思想旗幟，逆潮流而動，大行反動（「反動」一解，後文還要論及——筆者），不惜以死抗爭，這比蘇格拉底差在哪裏？當虎狼之秦大行其道，「帝王思想沖天而起」之際，我們的魯仲連卻「義不帝秦」，甘當反革命（「反革命」一解，後文亦要論及——筆者），不僅充滿了大無畏的批判精神，而且敢想敢幹，將思想訴諸一連串的反秦義舉，這比蘇格拉底又差在哪裏？林鵬先生說「隱士是士君子的主體」，沒有一點道理嗎？「天下無隱士，無遺善。」（《荀子・正論》）中國這些追求個人尊嚴與自由的隱士們，即與現代西方知識份子的人文品質相比，你說能差到哪兒去？

再說隱士之外，還有更廣泛的士群體。林鵬先生是這樣排列中國士的群體陣容的：

一、隱士，山林岩穴之士。「孔子死原憲亡在草澤」，他們不事王侯，高尚其事，不臣天子，不友諸侯；

二、處士，不為官，不主事，卻敢於橫議（橫者逆也）；

三、為了養家糊口，出為小吏，即使提拔起來，隨時都準備掛冠而去；

四、平生抱負非凡，想有所建樹，這些人都是想以自己的理想影響朝廷，使社會生活走上正道，也就是實行仁政，以仁為己任，就是王道，實現天下太平；

五、最後是法家之徒，追求個人前途，統治者好什麼，他就來什麼，多半是急功近利，好大喜功，嚴刑峻法，立竿見影之類。

這第五類是士人中的極少數，但是卻是極容易得勢的一類。歷史上的所謂儒法鬥爭，就發生在這第四類士人和第五類士人之間。儒法鬥爭就是君子儒與小人儒的鬥爭。（《平旦札》）

這裏還有一個中國「士」的來源問題，一向眾說紛紜，莫衷一是。對此，林鵬先生自有一說。

當你談論中國古代史和中國古代文化的時候，便永遠離不開這個問題：士是什麼？古代有四民：士、農、工、商，士是四民之首。但是，問題一具體，情況就模糊起來了。中國人喜歡咬文嚼字。大都是從《說文》入手：「士者，事也。數始於一，終於十，從十一。孔子曰：『推十合一為士。凡士之屬皆從士。』」段玉裁注：「引申之，凡能事其事者稱士。《白虎通》曰：『士者事也，任事之稱也。』故傳曰：『通古今，辨然否，謂之士。』」又曰：「男子之稱。」這種解釋，寬泛之極。事其事者，就夠寬了，又來個男子之稱。如此說來，天下除了女人都是士。這又同四民之說衝突起來。現代學者，傾向於把士解釋為農民，因為甲骨文的「士」字之形是「丄」，好像地上發了芽一樣。又嫌農民或農人不確切，提出士是自耕農的說法來。又提出士就是武士的說法。也有不同意見，說「通古今辨然否」，肯定是文士，士不包括武士。又有人提出，士即國人，他們都是自耕農。又有人強調士是「知書識禮」的人，說士就是知識份子。於是就推定，知識份子就是貴族階級，就是統治者。他們是土地的擁有者。等等，等等。轉了一圈又回來了，依然不知道士之為物，究竟為何。在眾說紛紜的情況下，事情最難辦。其實，也可以說最好辦，我們就按眾說紛紜的情況辦。也就是說，士者，事也，其人則芸芸眾生，其事則紛紜無限。士們什麼都幹，什麼都能幹，什麼都會幹，不幹沒飯吃。什麼都幹，自然是自由民；不幹沒飯吃，就是沒遺產，不是貴族，至多是貴族的庶孽，就是平民，庶民，或叫做國人。

先弄清他們的來路，再弄清他們的去向，如此這般，庶幾差不多了。其來源有二：一是戰爭，二是庶孽。先說戰爭。「當禹之時，天下萬國，至於湯而三千餘國。」（《呂氏春秋・用民》）周初還號稱千八百國。孟津之會不期而至者八百諸侯。春秋尚有三十餘國，戰國就剩十來國了，大國只有七雄。那些國到哪裏去了？被消滅了。上古的戰爭，都發生在氏族之間，部族之間，諸侯之間。大魚吃小魚，幾乎不要什麼理由。

古代的戰爭也未必都是政治的繼續。簡單說就是生存的需要。較強的小國，吃掉別人，壯大自己，生存才更有保障。以強凌弱，以眾暴寡，民族漸漸融合，統一的語言文化漸漸形成。較弱的小國，為了不失去廬墓而主動併入較強的鄰國，此類事例也在可以想像之中。此點甚為重要，不能只考慮戰爭（暴力），自古即有非暴力之存在。凡此類主動併入者之平民和首領自然會受到極高的並且是永久的優待。我以為非暴力政策就是古代的所謂「仁」。它是古人建國的精神支柱。並且由此引申出古代的民主制度和五畝之宅。這是古代士人自由和尊嚴的基礎。因為我們接受的「暴力至上」的理論太多了，所以對非暴力的做法極端的缺乏理解。古書中常見的「干戚之舞」、「野骨之葬」、「俫十四國」……等等，等等，簡直是屢見不鮮，卻一直是不以為然。

後來所強調的仁義道德，在早期雖無明文，卻也有些不成文的做法。這就是：武裝抵抗者，被俘後大多淪為奴隸，或者犧牲，對未曾抵抗的則予以優待。如武王伐紂，勝利之後，優待殷商未曾武裝抵抗的臣民。接收過來的這些大小臣工和王族子孫以及庶人便都變成了士。

第二就是本國統治者王公侯伯們的庶孽。夏啟氏以後家天下，就有了傳子傳嫡的繼承問題。至周初，周公制禮，規定了傳嫡傳子之制。傳嫡以長不以賢，傳子以貴不以長。這一切都是為了避免爭端。總之是只傳一個。有繼承權而未能繼承的子孫，就成了諸公子，才學出眾者盡可為官，有功者亦可受封，其他便都成了庶民，這就是士。（《平旦札》）

看來，一早的士群體成份雜蕪，品性多色，屬於士的「原生態」階段，自然的「士處燕然」者夥，自覺的「士志於道」者稀，還構不成一個「高尚其事」的士君子群體。正如林鵬先生所說，也許真從式夷這「一道黑夜的閃電」過後，春秋末期，士君子們脫穎而出，顯示了自身的價值，也認識了自身的價值，很快形成一種「士志於道」的新人類。

那麼，「士志於道」的這個道，是什麼東西呢？是道家的道嗎？不是。林鵬先生認為：士們耕餘而讀，其所研究既不是僵死的教條，也不是空洞的說教，而是經世致用的知識和技能。即使那些給官不做的隱士們，他們所研究的也是入世的學問。給官不做，是因為「邦有道穀，邦無道穀，恥也。」（《論語・憲問》）「隱居以求其志，行義以達其道。」（《論語・季氏》）雖然後來的道家老莊列們，喜歡說些激烈的話，也只是「遁世無悶」、「卷而藏之」而已，他們沒有來世的觀念，也沒有徹底的出世的思想。也有人認為，士既然是「知書識禮」的人，他們就應該是文士，而不包括武士。其實，古代士們大都是帶劍行走的丈夫，雖各有側重，卻是不分文武的。說各有側重，一則身體有強有弱，再則所遇老師，有側重文者，有側重武者，再次則「窮文富武」，也有物質條件的限制，不過如此而已。很難說孔子的學生們都是文士，或者都是武士，不可一概而論。以子路為例，他勇敢善戰，卻未必不能文；再以樂毅來說，他是著名將帥，而他的《報燕王書》也是少有的奇文。

也許可以這樣說，到春秋末期，士君子群體已然整齊地排成戰陣，張揚王道，為天下蒼生考慮，為社會、歷史的走向考慮，不獨為一家一姓一國一地考慮了。這種「士以天下為己任」，「天下興亡，匹夫有責」的精神，已經成為他們所代表的士君子文化的核心價值。他們的社會人格已明確定型，其特色大致就是：信守個人尊嚴與自由，獨立思考，大膽批判，安貧樂道，重義輕利，要做「貧賤不能移，富貴不能淫，威武不能屈」的大丈夫；嚮往立功、立德、立言而作不朽之人，指點江山、著書立說、「腰無半文，心憂天下」，「大人以國士待我，我必以國士報之」，丈夫行事，論是非不論利害，論順逆不論成敗，論萬世不論一生」；重友情，重然諾，「士為知己者死」，不惜以性命相許等等。這種成型的士君子文化是很強大的，強大到足可戰勝「前帝王文化」。林鵬先生舉過一個例子：曾發生過秦昭王稱西帝，齊湣王稱東帝的事情，但不久都又去掉帝號，偃旗息鼓。這是為什麼呢？這就是因為遭到了普遍的非議，首先是士君子群體，認為秦昭王和齊湣王根本就沒有資格稱帝。什麼樣的人才有資格？當時的孟子曰，「得丘民者為天子」（朱熹注曰，「得民心也」）。秦昭王和齊湣王你們說說得了什麼民心？秦昭王實行商鞅的政策，棄禮義，尚首功，「權使其士，虜使其民」，怎麼能得民心？齊湣王更不值得一提，最後被抽筋而死。可以說在相當長的一段歷史歲月裏，新生的士君子文化不可小覷，不容挑戰。一直到出了個秦始皇，士人的日子才變得不好過起來，士君子文化才遇到了強硬的對手——成型的帝王文化。從秦始皇到秦始皇，即從古代秦始皇到馬克思加秦始皇，中國歷史陷進一個悲劇性大旋渦，無論如何不能自拔……不過即便如此，照林鵬先生的說法：士君子文化和帝王文化也是「強烈的對立著，對抗著，僵持著，時好時壞，時起時伏，有時相讓，有時不讓，該殺頭時儘管殺，該頂的時候盡力頂。所謂立殿陛之下與天子爭是非，所謂廷爭面折。從《呂氏春秋》開始，到黃宗羲，到近世，『天下者非一人之天下，天下人之天下也』。」（《平旦札》）

林鵬先生說：「漢朝是一個平民政權，自耕農的政權。」對此筆者一直未能理解透徹。照筆者的理解看，漢代是士君子文化與心甘情願打著儒家旗號的帝王文化，經過討價還價，雙方形成「共謀關係」，從而「和諧」相處的朝代。由此所產生的所謂漢代經學，就是二者在政治上終於形成聯盟關係的話語表徵。不論是古文經學，不論是今文經學，不論兩家學派爭論得無休無止，但士君子文化在有漢一代，應該說不傷元氣。可惜至東漢末期，一些以經術起家的官僚，逐漸演變成累世公卿，加之東漢政權是在豪強地主支持下建立起來的，其在政治上經濟上形成特權階層，這兩種人結成聯盟，政治上把持中央和地方政權，經濟上兼併土地，經營莊園，成為名門大族，為門閥士族制度的確立提供了階級、經濟基礎。其後曹魏政權實行的九品中正制，是門閥政治形成的重要標誌。這些掌控主流話語權的士族，褪去了士君子文化的民間色彩，變得非常自私和狹隘，不僅特別強調「家學傳承」，還講求門閥世系源流，大興譜學文化，以為享有特權的憑證，譜學專著成為吏部選官、維持士族特權地位的工具。這種門閥士族文化對士君子文化的傷害，一直延續到「侯景之亂」以後，隨著隋滅陳等巨大變化而終止。隋唐兩代，廢止九品中正制，實行科舉制，「取士不問家世，婚姻不問閥閱」，終於使產生於魏，盛行於晉的門閥士族制度在政治、法律制度層面上最終消亡。士君子文化掙脫桎梏，重現自身活力，尤其是在進入宋代以後。

陳寅恪認為：「華夏民族之文化，歷數千載之演進，造極於趙宋之世」。筆者以為：科舉制度作為一種最新式的「選種機」，至宋正在成為幾乎除皇室以外的所有士人躋身國家主流階層的唯一渠道，「滿朝朱紫貴，儘是讀書人」。這對強壯並昇華士君子群體的整體素質，具有劃時代的意義。范仲淹、歐陽修、王安石、司馬光、蘇軾、朱熹等一大批標竿式傑出人物，不僅書寫出士君子文化新篇章，開發出對抗帝王文化的新能源、新方式，而且垂範千年。「為天地立心，為生民立道，為去聖繼絕學，為萬世開太平」，這樣一種責任感和自信心，雖孔孟亦未曾道出，而「內聖外王」的士君子理想，於此有了可靠的肉身載體。所謂宋太祖立碑發願「不殺士大夫及言官」的「趙宋家法」，所謂「宋政寬柔」、「主柔臣強」、「言官張橫」種種，那是士君子文化特別強勢所致，你以為是趙家皇帝天生慈悲嗎？重提「內聖外王」，新創「道統」一說，是宋儒兩大貢獻，成為士君子文化獨立精神的最新、最高體現，影響深遠。別看朱元璋殺氣騰騰地說：「寰中士夫不為吾用者當殺身滅家」，父子倆也確實心狠手辣，刪《孟子》，興「廷杖」，成心要削弱士君子的權力意識，但有明一代，卻是道統最盛時期，儘管程朱陸王的門派之爭相當激烈，但誰都特別重視「聖賢踐履之學」，好講學，興結社，朝野議政，砥勵志節，將理學所體現的獨立精神張揚到極致。

前文提過，有清一代，大致是「有經無儒」。康雍乾祖孫三代強勢皇帝，巧妙地「借力打力」，用林鵬先生的話說就是：「把儒家的學說拿過來，拼命的裝飾自己，尤其是三綱五常，所謂禮教，包括那些老掉牙的繁文縟節都拿來，用以維持帝王的威嚴，帝王的天命，帝王的事業。他們說起話來，仁義道德，振振有詞，天理良心，頭頭是道，老百姓自然也得聽。越是盛世，越是黑暗。」（《平旦札》）

從晚清至民初，乘著皇權式微以至倒臺，天下大亂，長久被打壓的士君子文化有所抬頭，但又旋即幻滅。有人以義甯陳氏祖孫三代為例。陳寶箴出身江西義寧陳氏望族，《清史稿》稱其「少負志節，詩文皆有法度」。成年後，寶箴交遊四方，為人英毅果敢，胸富謀略，治事幹練，鎮壓太平軍，為地方官，治盜、治河、救災、辦學，皆卓有成績。曾國藩對寶箴頗為賞識，稱之為「海內奇士」；郭嵩燾年長寶箴十幾歲，自視甚高，對寶箴也不吝推崇，稱其「倜儻多才略」，「見解高出時流萬萬」。陳寶箴位列晚清名臣，其文采風儀、韜略事功，皆大有可觀，堪為士大夫之典範。其子陳三立，光緒十二年（一八八六）進士，才識通敏，為近代詩文名家，晚清同光體詩派代表人物。梁啟超《飲冰室詩話》贊之：「吾謂於唐宋人集中，罕見其匹」。三立多年隨侍其父，襄助謀劃，參與政事，與譚嗣同等並稱「維新四公子」。戊戌功敗後，以詩文終老。一九三七年，三立居北平，日軍入城，「憂憤不食而死」。觀其一生行狀，不脫傳統士大夫之本位。三立之子陳寅恪，一生是純粹學人。標榜「獨立之精神，自由之思想」，安居自守，不降志，不辱身，卓然為史學一代宗師，民國學人之楷模。一門三代，雖時當晚近，於中仍可看到傳統士君子精神的流風餘韻。有論者悲歎陳三代曰：「及至四九鼎革，舉國皆狂，數十年間，人亡學廢，寅恪失明臏足而死，陳寶箴墓毀廬傾，士大夫終成絕響。」

真是「絕響」嗎？值得一說。

是得承認，後封建社會這位「馬克思加秦始皇」，果然厲害得史無前例。林鵬先生說：「歷朝歷代的皇帝，總還想方設法利用儒家這塊招牌，搞一些外儒內道的所謂詐道，雖則搞不成，都露了餡。」（《平旦札》）而我們這位「共產主義幽靈」則乾脆不要遮羞布，直接把帝王文化推向「革命高潮」，不但把「皮毛」之說唱出新調，且「我們共產黨人最講認真」，從士君子文化這張皮上，把知識份子這種毛，要統統地拔下來，連根拔下，一根不留。若從共產主義幽靈叩門進來算起是九十一年，若從延安整風算起是七十年，若從「四九鼎革，舉國皆狂」算起是五十三年，滅了多少像陳寅恪這樣名重一時的文化精英？又滅了多少不像陳寅恪這樣有名的讀書人，最可怕處在於靈魂戕害，又把多少根毛經過「革命」處理，安插在自己的皮上說，給朕看清楚了，這才是真正的知識份子！若要從帝王文化的角度看，還真可以得意洋洋地宣佈：士君子文化從此「終成絕響」。

不過，可別忘了一句俗語：人算不如天算。雖然您老人家貴為「四個偉大」，想成神，可畢竟還是人。你算不過天。「天生我材必有用」。天生士君子文化就沒用嗎？林鵬先生不是說過：士君子「是不可小覷的。他們來自平民，他們是自耕農，他們頑強得很，他們是隱士，他們柔弱而剛強，治世不媚進，濁世不易方，至死不變，強哉矯！」（《平旦札》）多少事實證明了它呀！就說建國以後，縱然你發動一次次慘無人道的政治運動，文網撒得前無古人，讓思想都穿上「毛制服」，國安局橫行，冤獄遍國中，士君子被殺無算，可你能消滅士君子那不死的靈魂嗎？你能撲滅士君子文化那不絕的火種嗎？這裏只舉兩個小例子。

就說陳寅恪先生。從「延安整風」到「反右」到「文化大革命」，無數的王實味、羅隆基、林昭們被砍殺倒地，無數的郭沫若們被驚嚇得匍匐於地。這又怎麼樣？沒人再挺起腰桿嗎？一九五三年年底，汪籛（清華大學歷史系畢業，一九四七年曾任陳寅恪助手，時為北京大學歷史系副教授）攜帶著郭沫若、李四光的信，離開北京赴廣州，勸說陳寅恪擔任中國科學院中古史研究所所長。陳寅恪先生對此作了公開書面回應《對科學院的答覆》，其中說：「沒有自由思想，沒有獨立精神，即不能發揚真理，即不能研究學術。……獨立精神和自由思想是必須爭的，且須以生死力爭。……一切都是小事，唯此是大事……我認為不能先存馬列主義的見解，再研究學術。我要請的人，要帶的徒弟都要有自由思想、獨立精神。不是這樣，即不是我的學生。你以前的看法是否和我相同我不知道，但現在不同了，你已不是我的學生了。所以周一良也好，王永興也好，從我之說即是我的學生，否則即不是。將來我要帶徒弟也是如此。因此，我要提出第一條：『允許中古史研究所不宗奉馬列主義，並不學習政治』……。」哇噻！「不宗奉馬列主義」，「並不學習政治」，在整個新中國都歸皈了「馬克思加秦始皇」之際，你說這種話，你說你多反動啊！你這不就是現代的伯夷、叔齊嗎？蘇格拉底被稱為西方第一個「反動」人物，你這不就是中國的蘇格拉底嗎？

然而，陳寅恪先生甘願「反動」。有一天，他突然問他的助手黃萱：「反動」二字何解？黃萱後來對人說，她追不上先生的思路，當時「無言以對」。一九五八年，陳寅恪先生被打成「中山大學最大的一面白旗」，一個「反動學術權威」，他當然會對「反動」二字作深入思考。這個倔強的現代士君子，是如何思考「反動」的？無人知曉，只知道十年之後的一九六九年，老先生在即將向這個世界謝幕時，從容坦然地向校方承認：我就是「反動學術權威」！甘願「反動」就是他的謝幕詞。

「反者道之動，弱者道之用。」這是老子在《道德經》裏說的話。博古通今的陳先生，不會不想到老子。反有兩意，一是「相反」，二是「返歸」，二意相通。反，就是逆向思維，而返歸，並不是一種回到起點的簡單重複，而是從一個更高的層面鳥瞰，帶動傳統和定型事物及其正反因素進入新一輪思考。這不就是那個著名的「正反合」理論嗎？說什麼「正反合」理論是由黑格爾在康德的理論上發展而來的，說什麼正題、反題和合題的「三段式」，是古希臘哲學家普羅克洛首先提出的，先於他們多多的老子智慧，早就滋補著中國的士君子文化。讓陳寅恪先生面對「從西方刮來的（這股共產主義）黑風」（索爾仁尼琴語）而巋然不動，面對「馬克思加秦始皇」舉起的血腥屠刀和招安蜜酒而一笑置之，達到這種極高精神境界的定力，自然淵源有自，便是那燒不盡、殺不死、代代相傳、不絕如縷的士君子文化。

最典型的「正反合」舉例，合適再莫過林鵬先生自己了。比起魯仲連的「反革命」來，曾被譽為「狼牙山小八路」的林鵬先生的「反革命」，那才最富有「中國特色」呢。他是怎樣由「革命」（正題）走向「反革命」（反題），再走向士君子文化的思想境界（合題）的？不妨先聽聽他本人的內心獨白。有點長，耐心看。

我出生在狼牙山鎮南管頭村，北頭，張姓。

南管頭在狼牙山南，山南向陽，民性剛，山北向陰，民性柔。以恒山山脈東端而論，戰國末，山南出了荊軻和高漸離，山北出了個王次仲，他是創造今隸書法的人，也是反秦的英雄。（《平旦札・一四五》）

（筆者附評：地域山川形勝影響人的性格？信然。在此強調王次仲「也是反秦的英雄」，有深意焉。）

日本人對中國古代文化以及學術，不可謂不用功也。經史子集均有涉獵，如《左傳》有會箋，《史記》有會注，不可謂不勤也。然而，不知為什麼，總覺得不能深入，就像鉛筆刀從玻璃板上劃過一樣。我年輕時也曾經信奉馬列，也曾經崇拜毛、魯，我也有過思想上的苦惱，也就是有過鉛筆刀在玻璃上劃過的感覺。我沒有用四十年，三十年就行了，我終於看清了自己，看清了自己的文化。（《平旦札・二八》）

（筆者附評：三十年識破騙局，雖說付出代價沉重，亦頗值得，當屬識時務之俊傑也。可歎這樣的智者勇者還少，多有至今愚鈍昏聵，為騙子數錢者。）

一九五六年我開始讀黑格爾的《歷史哲學》、《小邏輯》和《哲學史講演錄》等等，我拼命的鑽研，但是不知為什麼，我不喜歡黑格爾。總覺得他艱深晦澀，非常難懂，充滿了文字遊戲，簡直就是概念魔方。我之努力鑽研，完全是因為蘇聯，把黑格爾捧上了天，中國人也跟著吶喊，一陣風，身不由己……後來才知道美國現代學者威爾・杜蘭，早在一九二六年已出版一部《哲學史話》，其中對黑格爾多有指斥。威爾・杜蘭寫道：「認識這辯證的過程和這紛歧的統一，『心』是一種頂要緊的機關。心的作用以及哲學的任務，即是在紛歧的狀態之中，發現其潛在的統一性，倫理學的任務是使人的個性和他的社會行為一致，政治學的任務是使個人和國家一致。宗教的任務是使人體會到宇宙的絕對，所謂絕對就是一切對立的統一，就是一切存在的總和。」黑格爾卻寫道，「現狀是神聖的」。又說「凡是存在的都是合理的」。

對現狀的永遠的不滿，是社會發展的精神上的動力，這在中國古代的士人們身上和現代知識份子身上，表現得最為明顯。從這種意義上說，往往存在著的都是不合理的，或說不盡合理的。黑格爾忽然宣佈，是合理的，並且是神聖的。這對統治者、剝削者、富人和既得利益者來說是太及時、太乾脆、太棒了！所以當時就有人稱黑格爾是「御用哲學家」，想來這是很自然的。（《平旦札・五七》）

（筆者附評：從「身不由己」到身心由己，這是「革命」人格轉變為自由人格的生命標誌。對現狀永遠不滿並批判之顛覆之，不但是社會發展的精神動力，也是士君子文化不斷發展壯大的內驅力。）

從太行山到呂梁山，在這一片廣大的山間村落裏，這種吃糠咽菜的地主富農多得很。正是他們，苦巴苦業的供自己的子弟們出外求學，當然都是洋學堂。正是這些洋學生們，發動並領導了國民革命（辛亥革命）和共產革命（一九四九），土改中卻抄了他們的家，掃地出門，家破人亡，這等於斷了他們的後路。革命發展很快，他們也只好忍痛向前，可以說是一往無前。

新中國成立後，公開的階級敵人是地富反壞右，對他們肆意壓榨，甚至鎮壓，這裏面卻沒有資產階級。按理說，沒有資產階級哪來的無產階級，然而卻有一個龐大的無產階級政黨。毋庸諱言，黨內成分百分之九十以上是農民，而建國後卻對農民肆意剝削，剝奪和壓制……在人為製造的城鄉差別和工農差別中，百般歧視農民……把他們看作另類，等等，等等。可見在理論和政策中充滿了悖論。

這些悖論被老革命們充分諒解了，他們認為很快就可以「過渡」到共產主義，到了共產主義，「大道之行，天下為公」，一切都擺平了，也就沒得說了。他們把這看作是「犧牲小我」。這其實是一個迷夢。這些悖論在從前誰也不敢說，說了就是右派言論，階級敵人。（《平旦札・一四五》）

（筆者附評：名為「老革命」，實為老糊塗，有些則堪稱老渾蛋，好多事情都壞在他們手裏，比如，替「馬克思加秦始皇」發死力狠整知識份子等。）

我自參加革命之後，所受到的政治教育，無非就是階級，此所謂階級者，無產階級也。我的老戰友張學義早就告訴我，中國沒有無產階級。我背誦那些蘇聯的教條，有關無產階級專政的教條，背誦了許多年，到解放後，我才真正瞭解了這種無產階級專政的真實面目，才看清了它的本質。正是毛澤東思想教導我，透過現象看本質，我才知道了無產階級專政的本質。雖然這麼說，在革命的過程中，從戰爭到和平，我經歷了戰爭與和平，我的真正的階級意識卻是在革命的大風大浪之下，在它的底層，在深深的潛流中，在深夜的讀書中，隱隱的形成，並且實實在在的覺醒了。這個階級意識及其覺醒，在很久以後，才找到合適的表述形式。（《平旦札・一一〇》）

（筆者附評：「底層」與「讀書」很關鍵。這是林鵬先生成功轉型的經驗，有著巨大的示範效應。）

我正是在文化大革命之前，鑽研先秦諸子之後，才知道了什麼是「階級意識」，什麼是「階級之覺醒」。這個階級就是士君子階級，自耕農階級，或叫做農民階級。恰好我家是中農，毛主席說，中國農村階級狀況是兩頭小中間大。我家正好在中間，正是這個很大的中間體，耕讀傳家的這個龐大的群體。我的這種覺悟，不敢公諸他人，但卻是根深蒂固。比如，我認為，大躍進，若是中農掌權，這種瘋狂運動根本是不可能的。再往前，例如土改，若是中農掌權，把所謂地富分子拉到河灘裏砸了「核桃仁」，這是不可能的。

在抗戰勝利以後，新中國成立前，戰爭年代，邊區的農民有許多說法，許多怪話，例如「擁護八路軍，反對共產黨」，當時大家一笑了之。等等這些，當時概括為小資產階級意識。這就奠定了我的內心世界的真正覺悟。文革前曾號召「在靈魂深處鬧革命」，這就是我在自己靈魂深處的真正革命。我革命的結果是看清了世界，看清了極左路線的本質，看清了流氓土匪的劣根性，同時也看清了我的本質，中農的本質，自耕農的本質，小資產階級士人（知識份子）的本質。

有人私下談論說，林鵬是真正的知識份子。這話傳給我，是警告我，讓我言行注意。我內心中卻很高興。從前我害怕別人把我當知識份子，我甚至當眾解釋，我不是知識份子，我沒有學歷……等等。到這時，我很高興有人明確我的身份。不過，我很明確，我雖是知識份子，我卻用不著你們團結改造我。正是憑藉這點覺悟，在文革開始，被抓了反黨集團，奪權後平反，我才能毅然決然的把我此前的書稿、文稿等等當眾付之一炬。我的朋友，我的家人，都覺得我太狠了，我卻泰然處之。文化大革命確實是一場史無前例的大革命，正是在這一大革命的狂風暴雨中，我向我的歷史，我的過去，做了最後的告別。不管當時我究竟覺悟到何種程度，這確實是一個重要的界線，燒掉書稿，也就是燒掉了我的一切幻想。

幻滅是一個非常痛苦的過程，但是幻滅的結果卻令我非常愉快。（《平旦札・一一〇》）

（筆者附評：林鵬先生之焚書，與秦始皇焚書有著相反的偉大意義。秦始皇焚書是想讓士人與士君子文化徹底割裂，都變成他的酷吏。而林鵬先生焚書，是要與「馬克思加秦始皇」徹底割裂，從此把生命壯歌唱給士君子文化。所以他說「革命」的幻滅「令我非常愉快」，雖然有點「非常痛苦」。）

有一天夜裏，我忽然想起，曾經對我殘酷鬥爭無情打擊的那些「同志們」，我自問，我算什麼？一個老百姓而已，一個狼牙山裏出來的農村青年而已。不過，我又是一個參加過三個戰爭（抗日戰爭、解放戰爭、抗美援朝）的農民的兒子，一個挨了三十年整，讀了三十年書的革命青年。三十年前，我敢於蔑視他們，三十年後，我就是再謙虛，又能怎麼樣。我應該長嘯一聲，或者狂歌一曲，我想哭，又想笑，後來又一想，我用不著裝瘋賣傻。我對周圍的事物，是一層一層的逐漸認識的。歷史對我是如此的優厚，使我有充分的時間一次再一次的，一層又一層的仔仔細細的體味它，認識它。我感謝中國歷史的遲緩和滯後，我是一步一步的走過來，又一步一步的思考過去。誰像我。劉紹先政委曾經當眾對我說：「最近看了你的書，我覺得，你應該感謝你挨的那些整。你挨了整，受了委屈，但是你讀了書，並且寫了書。林鵬啊，誰像你。」我回答說：「是，我一直都是很感謝的。如果他們那時候槍斃了我，就沒有後面這些事了……」（《平旦札・八九》）

（筆者附評：讀了三十年聖賢書的林鵬先生，早已不是狂熱盲從的「革命青年」了，準確點說，已然是一隻真正的「思想老虎」了。是得感謝那些愚蠢的整人者啊！）

人生在世，經常有無言以對的時候。

前不久，某一天，老戰友王河山來寒舍閑坐，閒談中談到一些重大歷史問題。他對我哈哈大笑起來，他說，「你就像個小孩子，天真的要命……你呀，你呀，如果不鎮壓（指「六四風波」——筆者）就完啦！不鎮壓能有後來的太平日子……咱們老了，就希望太太平平的就好。」他的話是如此真誠，如此在理，叫我無言以對。

我雖然無言以對，但我心裏很不舒服，好幾天不舒服。我忽然想起一些歷史傳說，說殺二十萬人，得到二十年太平日子，值得！這些傳說，可信度如何，不得而知。不過，我還想起一些歷史上曾經有過的語言，說，「殺一無幸而得天下，不為也」。這話是誰說的，好像是《孟子》。接著我又想起一些歷史事實，比如殺人越貨，只要不案發，不殲滅之，不是也一樣兒過上「幸福太平」的日子嗎？一張嘴就是殺二十萬，這比一般的殺人越貨嚴重多了。不管怎麼說，孟子的話白說了，可能連孟軻這個人都值得懷疑吧……《孟子》居然編進《十三經》，這不對吧。中國竟然如此糊塗，朱元璋竟然如此無能，未能把《孟子》幹掉。或者，我又想，孟子是站著說話不腰痛吧，說說而已……或者，我又想到，或者一切都錯了，整個歷史，古代史，現代史，都錯了。於是我想到自己，一個人否定了自己，一個老革命否定了革命，這對嗎？不過，這至少證明他不是假革命。然而，真革命又怎麼樣？不同與殺人越貨嗎？尊法反儒不就是為了「殺人以逞」嗎？兩千多年的老傳統了。我輩黎民，亦復何言。（《平旦札・九一》）

（筆者附記：「六四風波」期間，年過花甲的林鵬先生急得上了大火，牙疼得讓拔掉三顆。後來談及一位著名作家的非作家言行，林鵬先生正色曰：這是個不可容忍的原則問題。）

認識自己，是向別人學習的基礎。認識自己非常難，許多人一輩子也不認識自己，不是妄自尊大，就是妄自菲薄，兩個極端，永遠沒有恰當的時候。認識自己，就是我是誰？我從哪來，誰生的？誰養的？祖宗是誰？祖宗幹過什麼？祖宗留下了什麼？這就是經與史。知道嗎？聽說過嗎？自己看過這些經史沒有？看過一部或一篇嗎？懂嗎？懂多少？有筆記嗎？有所得嗎？和外國人的各種理論著作比較過嗎？懂外文的可以翻翻原著，不懂外文，沒關係，可以翻翻中文譯本也行。這種學習或說研究，不是為了吃飯，不是為了名利，只是為了豐富自身。

孔子說，「古之學者為己，今之學者為人」。聽說過嗎？會為己嗎？知道先為己，後為人的道理嗎？（《平旦札・一〇四》）

（筆者附評：認識自己，多麼古老而又年輕的問題？多麼簡單而又深刻的問題？對於當今中國知識份子來說，這又是一個多麼難為情的問題！是的，「知道先為己、後為人的道理嗎。」）

南管頭在抗日戰爭中，出了一位有名的烈士，他叫李君玉，易縣至今有一個村子以他的大名命名，「君玉村」，在紫荊關附近。這位英雄出生在南管頭的唯一的一家地主家裏。烈士的遺孀和一個女兒，土改以後，頭上頂著地主婆和地主子女的帽子，受了不少窩囊氣。階級鬥爭嘛，能有什麼辦法？李君玉的一個戰友姓杜，後來做了保定地委書記，經他三令五申，文革前才給李君玉的遺孀摘了地主分子的帽子。種種往事，說來話長，一言難盡。

改革開放以後，村裏的有識之士們就商量著給李君玉立個碑。李和平大聲疾呼「這是撥亂反正的大事！」雖有張林鴻，李和平，李慶宇等人的呼籲，可就是二十年不見動靜。沒有人明確反對，可是就是幹不成。文革的「以階級鬥爭為綱」的包袱，壓得人們喘不過氣來。近幾年，人們的生活好了，村裏是一派興旺的景象，領導班子也是一換再換，村民們看到這件事應該辦了。村支部和村委會決定要辦此事，新支書李占軍上臺，毅然決然著手辦理。他請我撰寫碑文，我的碑文是這樣的……（碑文見本章附件）

揭幕式上來了很多人，縣委宣傳部長講了話，鎮黨委書記講了話，最後歡迎我說兩句，下面就是我的即興發言。

「我是南管頭人，並且曾經是狼牙山小八路。今天南管頭給李君玉立個民族英雄紀念碑，這是件好事，我躬奉盛事，倍感欣慰。我們面前站著一個強大的日本，所以我們永遠不要忘記抗日戰爭。六十年前的抗日戰爭，是一場真正的人民戰爭，並且是全世界人民反法西斯戰爭的一部分。這就是第二次世界大戰。二戰的勝利，奠定了持久的世界和平。在這一個時期，人類各方面都得到了飛速的發展。這一發展變化使全人類進入了一個全新的新時代。過去的一切都過去了，都結束了。階級鬥爭結束了，革命運動結束了，它們永遠的結束了。這就是建立李君玉民族英雄紀氙碑的偉大歷史意義。這件事情非常偉大，這要謝謝狼牙山，謝謝南管頭，謝謝大家。」

我以我們狼牙山鎮南管頭村的人，又是李君玉的本村鄉親而倍感自豪。此前我有一首小詩，一併抄在這裏：

兒時戲耍地，山頂有棋盤。

老來一張望，辛酸不可言。

（《平旦札・一四五》）

我自幼參加革命，是為了自由、民主、獨立、富強。當時的文件和書刊上都是這麼說的，這不是我發明的。我至少不完全是為了自己。我不可能為了受窮受罪，為了挨整受迫害，才參加革命吧，沒有這種人。所以，我有資格說話，我為什麼不說，於是就寫了這些短文。在十年浩劫中，我非常苦悶，無所事事，才去讀書。經過一番苦讀之後，我終於看清中國古代史，也看清了中國現代史；看清了自己，也看清了周圍的世界。（《讀書記・再版後記》）

這就是林鵬先生的「正反合」歷程。在這裏，「正反合」不是一種理論，是一個活生生的人，是一個火辣辣的人，一個自我救贖成功的當代士君子，一個甘願放棄廟堂身份、堅守民間立場的當代中國知識份子。你倒說說，這種魯仲連式的「反革命」不比「革命」好嗎？不更有政治學、社會學和人類學的偉大意義嗎？雷蒙・阿隆的一句話說得好：當黨「充當著集體救世主的角色」時，那些「夢想著總體解放的革命者們，卻在加速向專制主義的陳舊事物回歸」。丁帆先生解釋說：「這就是二十世紀革命的知識份子吞食鴉片的後果。難道我們還要鼓勵大家仍然不斷地吸食這樣的鴉片嗎？倘若理想主義和浪漫主義的革命，最後導致的是一種歷史的倒退，讓它回到的是一個新的專制體制之中，那麼，這樣的革命還有意義嗎？」

法國人雷蒙・阿隆的《知識份子的鴉片》，是林鵬先生精讀過的一本書。他為此寫了多少讀書筆記？筆者不知道，但見過他讀過的那本書，一本二十多萬字的書，上面批註多達五萬多字，可以說頁頁有批註，密密麻麻的蠅頭小字，看得你感慨繫之。也許他看出筆者也喜讀此書，還專門買了一本贈之。筆者最後想說的是，橫行於二十世紀的共產主義幽靈牌鴉片，雖然深深毒害了中國的士君子文化，且遺毒不輕，但是，畢竟擋不住歷史車輪滾滾向前。

最近一期的《南方周末》上，有一篇大塊文章叫作《制約精英潰敗》，說的是當代中國有一個精英階層，這樣那樣，這般那般。我讀後首先生出一個大疑問：當代中國有精英階層嗎？

先看作者所定標準：「在當前中國，精英品質首先在於對公共利益的維護，更進一步的是堅持底層立場，把爭取大眾特別是弱勢群體的利益作為實現自身價值的重要表現。」

這個非常好。這就是說，不管你是「政治精英」、「經濟精英」還是「知識精英」（這是作者對當代中國精英的分類），都得具備這樣一種相同的人文資質和社會個性，胸懷這樣一種相同的社會理想和獻身目標。用這樣的標準來衡量，能達到的，就算精英階層；達不到的，就不能算精英階層。

下面就來做衡量。

還是看作者自己，他這樣界定當代中國精英階層的組成：「在目前的中國，狹義的精英階層包括掌握實際權力的官員、國企高管、和資產豐厚的私營企業主等新富階層、有很強社會影響力的知識份子；廣義的精英階層也包括一部分位置靠上的中產階級。」

精華在「狹義」是吧，那就只看這「精華」。

請問當代中國這些「掌握實際權力的官員」，是一種什麼實際狀態呢？老百姓說得生動準確：「挨個拉出去槍斃有冤枉的，隔一個槍斃有漏網的。」在在多是貪官啊！這是一個貪腐階層，正忙著瘋狂地擴大權勢，聚斂錢財，包養二奶，送妻子兒女出國……哪裏有一點社會精英的味道？

請問當代中國這些「國企高管」、「新富階層」，又是一種什麼實際狀態呢？真正「挖社會主義牆角」的正是他們，官商勾結禍害百姓的正是他們，不計成本、不擇手段地塗紅頂子往人大政協鑽的正是他們……哪裏又有一點社會精英的味道？

請問當代中國這些「有很強社會影響力的知識份子」是否好點？他們又是一種什麼實際狀態呢？學術腐敗，科研腐敗，教育腐敗，文學藝術腐敗，體育腐敗，以及他們所共有的評獎、評職稱腐敗……不都創造出前無古人的紀錄嗎？哪裏又有一點社會精英的味道？

這就是由當代中國「政治精英」、「經濟精英」和「知識精英」所組成的「精英階層」嗎？不妨做個網上民調看，老百姓認這個帳嗎？我相信：不認帳！

我以為：當代中國確實活躍著一個個社會精英，尤其是吃思想飯的知識精英為數還真不少，但他們都還受各種條件的制約，目前只能單兵作戰，頂多形成一條拉得很松很長的散兵線，遠遠稱不上一個具有先進價值觀系統的、其能量足以影響社會發展方向的精英階層。

士不可以不弘毅，任重而道遠啊！

【附記】

民族英雄紀念碑（碑額）

抗戰先烈李君玉（原名德潤）乃南管頭鄉紳李鳳閣之子，李德鑫之弟也。君玉生於一九一五年，一九三二年出外求學，加入中國共產黨。抗戰軍興奔赴前線，一九三九年任龍華縣抗日政府民政科科長，為開闢敵後抗日根據地做出諸多貢獻。一九四二年三月六日與日本鬼子遭遇，在激戰中壯烈犧牲，時年二十八歲。邊區政府為表彰君玉的功績，決定命名其犧牲地為君玉村（在紫荊關附近）永為紀念。此乃南管頭之光榮也。當此紀念抗戰勝利六十周年之際，南管頭村民特建此碑，並邀張林鵬撰寫碑文，用為緬懷先烈激勵後人。西元二零零五年八月十五日日本投降日立石。

碑料用滿城的青石，並請保定高手汪雙喜鐫刻。狼牙山鎮黨委非常支持此舉，黨委出錢建了一個漂亮的碑亭。碑亭就建在南管頭後坡高處。南管頭的老革命、李君玉的堂弟、原黑龍江省文化廳廳長利化（原名李德明）題寫楹聯，文曰，「天地有情留正氣，江山無恙慰忠魂」。利化是著名書法家，曾經任黑龍江省書協主席。這副楹聯寫得非常優美，為碑亭增色多多。《平旦札・三四八》

第十七章 進出之間

據說西方有一種學者玩的高雅遊戲——「羞辱遊戲」。規則是：每個人說出一部自己沒有讀過的名著，其他參加人誰先說自己讀過此書並簡述其內容，即得一分。這個遊戲的目的，就是讓參加者主動暴露自己學養方面的缺陷，以「羞辱」自己求自勵。不過，筆者以為，這個學者遊戲還停留在「初級階段」，學者味還不深長，它應該要求得分者說出自己對該書的評價，能提出異見者加一分。在筆者看來，博覽群書，博聞強記，固然好，若然讀而不思，思而不用，用而不銳，讀書再多有什麼用？什麼《人生中一定要讀的幾本書》、《一生的讀書計畫》、《一生必讀的六十本書》等等之類，全不是多有價值的書。

又據說，徐復觀初見熊十力，問：「該讀什麼書？」熊答：「王夫之《讀通鑒論》。」徐說：「已讀。」熊說：「你沒讀懂，再讀。」徐復觀再見熊十力，說：「已讀完《讀通鑒論》。」熊問：「有何心得？」徐答：「好多地方寫得不好。」熊斥曰：「任何書都有好的地方，也有壞的地方。你為何不看好的地方，卻專門去挑不好的？這樣讀書不會收到什麼益處。」筆者卻以為，熊老師好沒道理。不知其好，焉知其不好，能從好書中看出不好來，學生這種挑刺兒精神理應得到表揚才是。

培根說讀書可供消遣，可供裝飾，可也說了，讀書主要在於對事物的判斷和處理。「知識就是力量」，這知識力量就在於去認知，去批判，去創新。我們中國也有賽培根、超培根的話，早出兩千多年的孟老先生就說：「盡信《書》，則不如無《書》。吾於《武成》，取二三策而已矣。仁者無敵於天下，以至仁伐至不仁，而何其血之流杵也。」（《孟子・

盡心下》）這裏的《書》，可是《尚書》，孔子整理過的經典著作，孟子對它尚且不可盡信，且把不可盡信之處直通通端出來，何況其他？後來還有一位士君子，把讀書的要義說得更絕：「學一半，撇一半」，「十分學七要拋三，各自靈苗各自探。」這是「揚州八怪」的鄭板橋。當代山西學者張頷先生說得通俗，讀書要進得去出得來，出不來就是「泥牛入海」（這話不是筆者當面聽的，不知確否？且信其有吧）。所以，在筆者看來，這「進得去出得來」，便是最精闢透脫的讀書法，要求的是獨立思考，大膽批判，有所創新。進出之間才生出一個真正的讀書種子。至於其他的讀書法，什麼朱熹的「讀書六法」，愛因斯坦的「總－分－合三步法」，魯迅的「跳讀法」，傑克・倫敦的「餓狼法」，老舍的「印象法」，毛姆的「樂趣法」，華羅庚的「厚薄法」，楊振寧的「滲透法」，余秋雨的「畏友法」……都盡可忽略不計。

開頭說了這麼多，其實就想說，林鵬先生讀書，走的就是這種最精闢透脫的，「不盡信書」而「靈苗自探」的，進得去出得來的路子。他對「仁者無敵」、「井田制」、「晉作爰田」、「私有制」、「呂不韋和《呂氏春秋》」、「帝王文化和士君子文化」等等古今學術大題的獨立思考與不同見解，足可為證。現在，為了令人信服起見，更為了使林鵬先生的思想成果和讀書做學問的「林式路徑」廣為人知，筆者不妨再舉八例，以為存照。

其一，關於「報仇之制」

想來，讀過《周禮・地官》和《禮記・曲禮上》、《禮記・檀弓上》的人多到無數，但留心其中說到的「報仇之制」者不多，專門寫成長文加以深入探討者，大概可以說屈指可數吧？林鵬先生於此則拳拳留意，獨有心得，寫成萬言壯文《報仇之制》，結實道出前人所未敢道、未盡道之處夥矣。

比如：當法律與道德相矛盾的時候，要求法律讓步行不行？很少有人順著這個思路往深處想，因為幾乎無解，至少在西方法律學上沒有解決這個問題，所以法律實踐上也從來沒有這樣的事情。然而，林鵬先生卻有這個思路，他認為：中國不僅有這種理論，而且有這種實踐，這就是儒家經典中的「報仇之制」。

比如：《史記》有《遊俠列傳》和《刺客列傳》，而《漢書》有《遊俠列傳》，卻無《刺客列傳》，以後的所謂正史之上，則兩種列傳都沒了，且罵《史記》為『謗書』。為什麼？有人回答過嗎？林鵬先生則認真回答說：「原因就是《史記》繼承了春秋戰國的以儒家為代表的先進思想，而這一思想體系中的許多東西，對秦漢以後的統治者是非常不利的。」所以，《史記》就是「謗書」，「難道如此編撰歷史，不正是對秦漢以後的統治者的誹謗嗎！想一想秦始皇為什麼要焚書坑儒，這一切就都清楚了。」「當我們談論《刺客》、《遊俠》列傳的時候，好像距離《周禮》、《禮記》的意旨很遠很遠了，其實不遠，尤其距離『報仇之制』最近。」

比如：一直以來，人們把俠者歸入墨家。林鵬先生認為不對，這是地道的儒家。因為北宮黝強調個人尊嚴，以牙還牙，以眼還眼，絕不含糊。而個人尊嚴，正是儒家有關禮的核心。「夫禮者，自卑而尊人，雖負販者必有尊也，而況富貴乎！」（《禮記‧曲禮上》）「負販者」，用現在的話說就是最低層的弱勢群體了。儒家從他們說起，此點不容忽視。報仇之制的基礎就是人人平等，它的核心價值就是個人的尊嚴。

比如在「以德報怨」問題上，林鵬先生毫不遊移地抑老揚孔。他說：「老子主張『以德報怨』，這當然還是坤卦在前，一切都以柔弱為原則的思想。孔子則不同了。孔子是乾卦在前的思想，也就是一切以剛毅為原則的思想。在《論語‧憲問》的這兩句話中，孔子回答得非常好：何以報德？……以德報德，以直報怨。直是什麼？直者值也，殺人償命，欠債還錢，此之謂直也。」林鵬先生接下來還有一段話，富於新意且十分生動：

> 也許有人會引援什麼人的名言，胡亂反駁我們。他們會說，古語有言：大德不報，大仇不報。對，是有這話。不過要搞清它所說的究竟是什麼。大德就是最大的恩惠，比如風調雨順，這怎麼報答？用不著報答，也無法報答。大仇是最大的仇恨，只好等待其亡國。這不是不報，是不敢報，是沒法報，但是自有天理等著它，這就是亡國。秦

始皇作惡多端，焚書坑儒之外，偶語棄市誹謗者族。秦朝曇花一現，很快就亡了。等到秦亡時，稀裏嘩拉，一眨眼就煙消雲散。前線的將領，沒有戰死的，全都投降了；朝中的大臣們，沒有一個殉國的，都投降了。堂堂的秦朝竟然沒有一個忠臣。難道這不是對它的暴政的報答嗎？大德不報，大仇不報是說的這。同時也請不要忘記，秦始皇一生遭到四次刺客的襲擊：一、荊軻，二、博浪沙，三、蘭池遇盜，四、高漸離。更不要忘記，這些刺客都是戰國人。至於後世那些有名有姓、有時間、有地點、有情節的犯罪行為，難道能引援「大仇不報」的原則企圖逃脫嗎？常言說，好漢報仇，十年不晚。第二次世界大戰已經過去五十多年了，當年在集中營裏迫害猶太人的納粹分子，全世界的猶太人都在追查他們，其中沒有一個得到赦免。誰說大仇不報？大量的作惡，罪惡滔天，無法報復的時候，大自然就報復整個的民族，報復整個的國家，使他們日益腐化，日益退化，最後土崩瓦解，魚爛而亡。多少個民族，多少個國家，多少個文明，已經衰亡，已經無影無蹤。報仇是為了國家民族的根本生存大計，所以說，「報者，天下之利也」。

其二，關於「量而後入」

《禮記・少儀》上有這麼一段話：「事君者量而後入，不入而後量。凡乞假于人，為人從事者亦然。然，故上無怨而下遠罪也。」歷來注疏家們看不到這段話背後的深意，只在字面上打轉轉，於是就越解釋越糊塗，以至不可思議。

孔安國注曰：「凡臣之事君，欲請為其事，先商量事意堪合與否，而後入而請之。不先入請，然後始商量成否。非但事君如此，凡乞貸假借，求請事人，亦須先商量事意成否，故曰亦然。」「量」當作了「商量」。王夢鷗譯曰：「臣子事君，要先衡量自己的才能，然後接受任命，不要接受任命之後才考慮自己的能力。凡是對人有所要求或假借，及替別人做事，也要這樣。能夠這樣，則對上無所怨，在下亦免得罪。」（《禮記今注今譯》，「量」又當作了「衡量」，而且是衡量自己的才能。裴澤仁注曰：「量，思考，考慮。」譯曰：「有事求見國君，要考慮好再進見，不能進見以後再考慮。凡向人求借，為別人做事，也是這樣。這樣做了，就可以上無怨言，下也不會得罪。」「事君者」明明說的是為人臣者的事君之道，怎麼會是「有事求見國君」呢？……這都是因為對《禮記・少儀》的這段話的深意沒弄清，只在字面上尋求解釋，結果是驢唇不對馬嘴。

林鵬先生引用《抱樸子・知止》中的「為臣不易……決在擇主」，再引用《大戴禮・魏將軍文子篇》中的「君雖不量於臣，臣不可不量於君，是故君擇臣而使，臣擇君而事」，又引用陳澔《禮記集說》注中的「先度其君之可事而後事之，則道可行而身不辱。入而後量，則有不勝輕進之悔者。」澄清所謂「量者，度量也。度量誰？「先度其君」，視其可事不可事。這就是擇君而事的意思。這意思是再清楚不過了。」

他說：「在春秋戰國的時候，……諸侯並立，權門洞開，自然士人們頗有選擇之餘地。……不肯含糊認賬，不肯輕入仕途。不輕仕則難免挨餓。這就聯繫到下一句說的，乞假於權門，也就是為君王以外的權貴們做事的事情了。」他以莊周拒相、閔子騫拒費、聶政拒金和北郭騷的故事為例，指出：「這裏說的不是親朋之間的一般借貸，也不是什麼『為別人做事』，這是一種投靠。這裏有兩層意思：第一是主動的求助，即所謂『乞假』；第二是被動的，被別人邀請的，被請求的。」所以，《禮記・少儀》的這一段話，實際上「反映出先秦士人在政治上是自由的，在人格上是獨立的。他們在經濟上肯定也是具備維持最低生活水平的。他們都有五畝之宅，耕餘而讀，研究各種政治軍事問題，所以他們能夠擇君而事，絕不馬虎，也就是絕不俯就。如果生活遇到極大困難，非投靠什麼人不可，他們也非常慎重，絕不貿然輕進，以至後悔不及。

特別值得一提的是，林鵬先生對北郭騷的故事不僅興趣濃烈，而且評價得獨具深意。他先全文引用原故事如下：

齊有北郭騷者，結罘芒，捆蒲葦，織芭屨，以養其母，猶不足。踵門求見晏子，曰：「願乞所以養母。」晏子之仆謂晏子曰：「此齊國之賢者也。其義不臣乎天子，不友乎諸侯。于利不苟取，于害不苟免。今乞所以養母，是說夫子之義也，必與之。」晏子使人分倉粟，分府金而遺之。辭金而受粟。有間，晏子見疑於齊君，出奔。過北郭騷之門而辭。北郭騷沐浴而出見晏子，曰：「夫子將焉適？」晏子曰：「見疑於齊君，將出奔。」北郭子曰：「夫子勉之矣。」晏子上車太息而歎曰：「嬰之亡豈不宜哉，亦不知士甚矣！」晏子行，北郭子召其友而告之曰：「悅晏子之義，而嘗乞所以養母焉。吾聞之曰，養及親者，身伉其難。今晏子見疑，吾將以身死白之。」著衣冠，令其友操劍奉笥而從，造於君庭。求複者曰：「晏子天下之賢者也，去則齊國必侵矣。必見國之侵也，不若先死，請以頭托白晏子也。」因謂友曰：「盛吾頭於笥中，奉以托。」退而自刎也。其友因奉以托。其友謂觀者曰：「北郭子為國故死，吾將為北郭子死也。」又退而自刎。齊君聞之大駭，乘馹而自追晏子，及之國郊，請而反之。晏子不得已而反，聞北郭騷之以死白己也，曰：「嬰之亡豈不宜哉！亦愈不知士甚矣！」（見《呂氏春秋・士節》）

隨後，林鵬先生發議論如下：

北郭騷的故事，《晏子春秋》和《說苑》都有。《說苑》文字比較簡略。《晏子春秋》肯定是照抄《呂氏春秋》，卻丟掉了兩句最重要的話：「其義不臣乎天子，不友乎諸侯。于利不苟取，于害不苟免。」如果說是《呂氏春秋》照抄《晏子春秋》，則多出來的這兩句話，則應該看作是《呂氏春秋》獨有的思想。此點是十分重要的，是值得注意的。這個故事生動深刻自不待細說，文字也非常講究。晏子的兩次歎息，話是一樣的，含義卻迥然不同，反覆讀來愈覺意味深長。「嬰之亡豈不宜哉，亦不知士甚矣！」「嬰之亡豈不宜哉，亦不知士甚矣！」

士在中國古代政治生活中竟有如此重要之地位，它成了最重要的問題並且是最根本的問題。此篇短文，不僅故事生動文章精到，而且寓意深長。如此精彩的古代佳作，文學史、小說史竟一字不提。編輯古文選、古小說選的選家們竟至不屑一顧。世上怪事頗多，百思不解者尤多，未有如此令人困惑者也。

其三，關於「聽訟與無訟」

《論語·顏淵》曰：「聽訟，吾猶人也。必也使無訟乎。」孔子的這段話，在《大學》中較為詳細：「子曰：聽訟，吾猶人也。必也使無訟乎。無情者，不得盡其詞。大畏民志。此謂知本。此謂知本，此謂知之至也。」

這段話什麼意思？鄭玄注曰：「情猶實也。無實者多虛誕之詞。聖人之聽訟與人同耳，必使民無實者不敢盡其詞，大畏其心志，使誠其意不敢訟。」

林鵬先生認為，鄭玄此注又出了大問題。

這位東漢末年的經學大師，弟子達數千人，以古文經學為主，兼采今文經學，遍注儒家經典，以畢生精力整理古代文化遺產，使經學進入了一個「小統一時代」，世稱「鄭學」。

所以，前賢大儒註定，誰還敢多嘴？於是一千八百多年來，就這麼糊塗著往下說，就中最有名的附和者有二，一是朱熹，一是王夫之。

朱熹《四書章句集注》在《大學》「聽訟」條下注曰：「猶人，不異於人也。情，實也。引夫子之言，而言聖人能使不實之人，不敢盡其虛誕之詞。」王夫之《禮記章句·大學》：「天下之大，民事之眾，非可盡如訟之可無也；傳亦言本末相因之理而已。」「必使無情者有詞而不得盡，則詞窮，則情之有無不待辯而自為伸屈，斯無訟矣。」近十多年來，《四書譯注》出了好幾種，都是沿著鄭玄、朱熹、王夫之這種說法一路走下來的。

那麼，它錯在何處？

林鵬先生以為：孔老夫子聽訟一節，「是講要以聽訟為手段，以無訟為目的，通過聽訟達到無訟。這就是《尚書・大禹謨》『刑期於無刑』的意思。雖然只是聽訟的具體事，而心中卻抱有遠大的政治理想——『使無訟』，『必也使無訟乎』。孔子是個奮不顧身，『知不可為而為之』的人，是一個有遠大政治理想的人。在社會改革方面，他有一整套的理想。『使無訟』就是其中的一部分。」

如果像鄭玄說的「必使民無實者不敢盡其詞，大畏其心志，使誠其意不敢訟。」像朱熹說的，「自然有以畏服民之心志」，使「不敢盡其虛誕之詞」，像王夫之說的「必先服其妄志」，「自震動於無言之表」……這麼做去，怎麼能夠「使無訟」呢？這種壓服、誣服，只能使天下大亂，絕對不能「使無訟」。這與孔聖人的遠大理想可就差之千里了。

接下來，林鵬先生引用《漢書》的一段話做進一步闡釋：

《漢書・王嘉傳》：「聖王斷獄，必先原心定罪，探意立情。」古人說原心定罪，今人說原情定罪。心就是意、動機、目的。這就是「探意立情。」情者，情節也。古文中所說「情實」或「實情」，是指當時非常具體的包括動機、目的在內的情節和情況，不是指「不實之人」。聽訟就是原情定罪，因為有律條可循，所以孔子說「吾猶人也」。而聖人的最高理想是使天下無訟，也就是沒有犯罪的事情。「無情者」的「情」字，就是「探意立情」的「情」。「無情者」用現代話說就是無情可原者。無情可原者是指重大罪行，諸如殺人放火、犯上作亂、大逆不道等等。「無情者」，絕不是三瓜兩棗的民事糾紛，如王夫之所謂的「爭端」。道學先生們總是煞有介事。「原」即原宥，原其情而寬赦之。犯有重大罪行，自然無情可原。既已拿獲歸案，心中縱有冤憤，抬頭一看，上面都是貪官污吏，也就是虎而冠者，即孟子所謂率獸食人者，於是把心一橫，一言不發，有死而已。聖人所感到畏懼的，正是這種事情。最大的畏懼是不得民志。民志也就是民心，注家所謂「心志」。在這裏就是指罪犯「不得盡其詞」，從而不得「民志」。搞不清當時包括動機、目的在內的真實情節，不得已而然的那點原因，怎麼能做到「原心定罪，探意立情」呢？犯罪的原因搞不清，它仍然存在著，今後還會有人重蹈覆轍以身試法，怎麼能達到「無訟」呢？雖然法律條文中規定著各種殘忍的懲罰辦法：殺頭、腰斬、車裂、夷族、夷三族、夷九族……然民不畏死奈何以死懼之。雖有條文可以治罪卻不能「使無訟」。

欲「使無訟」，必先瞭解犯罪的社會根源，並從而杜絕之。這就是聖人所謂的根本。「此謂知本，此謂知（智慧）之至（最高的境界）也。」古來一遇謀反大罪，法官們就簡單化了。一殺再殺，殺百儆萬，以至於渭水為赤，在所不惜，不但不能「使無訟」，而且惡性循環。此所謂殷周之道，不勝其敝。譚嗣同在《仁學》中有一段話，可供參考：「民而謀反，其政治之不善可知，為之君者尤當自反。藉曰重刑之，則請自君始。」

其四，關於「孔子閒居」

林鵬先生寫過一篇短文《孔子閒居》，一開頭就拿腐儒打趣：「《孔子閒居》，多麼輕鬆的題目啊。好像是一篇散記，記的是一次閒談。後世循循然規規焉的小儒們，搖頭晃腦地吟誦著，不關痛癢地指畫著，兩千多年來卻沒有看出在這個非常輕鬆的題目下是在說什麼。」這些個「小儒」們都是誰呢？別的沒提，就端出個王夫之。王夫子可不是一個小儒呀！

那麼，對《孔子閒居》的理解誰對，林鵬還是王夫之？亮出來比比。先把不長的原文引出如下：

孔子閒居，子夏侍。子夏曰：「敢問《詩》云：『凱弟君子，民之父母』，何如斯可謂民之父母矣？」孔子曰：「夫民之父母乎，必達于禮樂之原，以致五至，而行三無，以橫於天下。四方有敗，必先知之。此之謂民之父母矣。」子夏曰：「民之父母，既得而聞之矣；敢問何謂『五至』？」孔子曰：「志之所至，詩亦至焉。詩之所至，禮亦至焉。禮之所至，樂亦至焉。樂之所至，哀亦至焉。哀樂相生。是故，正明目而視之，不可得而見也；傾耳而聽之，不可得而聞也；志氣塞乎天地，此之謂五至。」子夏曰：「五至既得而聞之矣，敢問何謂三無？」孔子曰：「無聲之樂，無體之禮，無服之喪，此之謂三無。」子夏曰：「三無既得略而聞之矣，敢問何詩近之？」孔子曰：「『夙夜其命宥密』，無聲之樂也。『威儀逮逮，不可選也』，無體之禮也。『凡民有喪，匍匐救之』，無服之喪也。」子夏曰：「言則大矣！美矣！盛矣！言盡於此而已乎？」孔子曰：「何為其然也！君子之服之也，猶有五起焉。」子夏曰：「何如？」子曰：「無聲之樂，氣志不違；無體之禮，威儀遲遲；無服之喪，內恕孔悲。無聲之樂，氣志既得；無體之禮，威儀翼翼；無服之喪，施及四國。無聲之樂，氣志既從；無體之禮，上下和同；無服之喪，以畜萬邦。無聲之樂，日聞四方；無體之禮，日就月將；無服之喪，純德孔明。無聲之樂，氣志既起；無體之禮，施及四海；無服之喪，施于孫子。」子夏曰：「三王之德，參於天地，敢問：何如斯可謂參於天地矣？」孔子曰：「奉三無私以勞天下。」子夏曰：「敢問何謂三無私？」孔子曰：「天無私覆，地無私載，日月無私照。奉斯三者以勞天下，此之謂三無私。其在《詩》曰：『帝命不違，至於湯齊。湯降不遲，聖敬日齊。昭假遲遲，上帝是祗。帝命式於九圍。』是湯之德也。天有四時，春秋冬夏，風雨霜露，無非教也。地載神氣，神氣風霆，風霆流形，庶物露生，無非教也。清明在躬，氣志如神，嗜欲將至，有開必先。天降時雨，山川出雲。其在《詩》曰：『嵩高惟嶽，峻極於天。惟嶽降神，生甫及申。惟申及甫，惟周之翰。四國於蕃，四方於宣。』此文武之德也。三代之王也，必先令聞，《詩》云：『明明天子，令聞不已。』三代之德也。『弛其文德，協此四國。』大王之德也。」子夏蹶然而起，負牆而立曰：「弟子敢不承乎！」

先看王夫子。他在「無服之喪也」之後注曰：「君子心極惻怛，遇死斯哀，雖然在五服之外，禮制有窮而哀遽不全，不待衰麻而始為喪也。」（《禮記章句》第一二〇六頁）首先想到的是「五服之外」，而且提出「不待衰麻」。林鵬先生說這是「給個棒棰認做了針，一副迂夫子的架式」。於是，後來的王夢鷗，在《禮記今注今譯》中緊跟著注譯說：「再如人民遭遇死喪之事，便惶急的趕去協助料理，這就是無服之喪了。」

林鵬先生認為，這真錯的離譜。孔子這裏說的明白，都是天子，或說人主，不是一般士人和官吏。就算說的是士人和官吏，哪家有喪事，都跑去協助料理，主家有那麼多客飯款待他們嗎？後邊說：「無服之喪，施及四國」，「無服之喪，以畜萬邦」。一般士人和官吏們，誰有責任「施及四國」？誰有膽量「以畜萬邦」？他們「畜」得起嗎？這依然是說的人主或天子。可見這「凡民有喪，匍匐救之」的喪，不是指一般人家的喪事，而是指國家突然遭受的天災，如風災、水災、火災、地震及瘟疫等等。不論何時何地何國，即使是敵國，也要匍匐而救之。這就是政治，這就叫無私，這就是仁政或說王道。由「三無私」引出了「三至」、「三無」的政治，這就是《孔子閒居》的深意。

林鵬先生接著寫道：「《孔子閒居》，給禮者們定了這麼一個輕鬆而平淡的題目，並且把它排在《禮記》的後半部，大概是怕嚇著統治者們吧？也是用心良苦。然而這裏充分地表述著孔子的政治思想，孔子對天子或人主的要求，這是無庸置疑的。孔子的要求，就是孔子的理想。對於這些難題，先秦的人主以及後世的帝王們，誰也沒有交出勉強可以及格的答卷。嗚呼！此所以世界歷史上不斷有焚書坑儒的事情發生也。但是也不怕，儒家的經典依然健在，漢語還在通行，漢字還在使用，借用楚狂接輿的話：『往者不可諫，來者猶可追。』」

確實「也不怕」，因為總有像林鵬先生這樣的清醒者和明白人，不但有才能而且有勇氣維護道統，光大道統。

其五，關於「鳥獸不可與同群」

《論語・微子》：「長沮桀溺耦而耕，孔子過之，使子路問津焉。長沮曰：『夫執輿者為誰？』子路曰：『為孔丘。』曰：『是魯孔丘與？』曰：『是也。』曰：『是知津矣。』問於桀溺，桀溺曰：『子為誰？』曰：『為仲由。』曰：『是魯孔丘之徒與？』對曰：『然。』曰：『滔滔者天下皆是也，而誰以易之。且而與其從辟人之士也，豈若從辟世之士哉。』耦而不輟。子路行以告。夫子憮然曰：『鳥獸不可與同群。吾非斯人之徒與而誰與？天下有道，丘不與易也。』」

如何解釋這段著名的話，歷來多有歧異。

網上有一條「滿意答案」是：「人是不能與飛禽走獸合群共處的，如果不同世上的人群打交道還與誰打交道呢？如果天下太平，我就不會與你們一道來從事改革了。」你聽了滿意嗎？

那麼來看名家注釋。先看博士孔安國的。這位孔子的十一代孫，漢武帝的博士，奉詔作書傳，定為五十八篇，謂之《古文尚書》的孔門嫡裔，他下注曰：所謂「鳥獸不可與同群」，說的是隱士，其「隱居於山林，是與鳥獸同群也。吾自當與此天下人同群，安能去人從鳥獸乎？」這是最早給《論語》作注者孔權威的專利注釋。

這個專利行銷千年而不衰。北宋的山東老鄉邢昺，又一代經學名家，在自己的《經籍纂詁》中繼續使用：「『孔子言其不可隱居避世之意也。山林多鳥獸，不可與同群，若隱于山林是同群也。』這意思很清楚，鳥獸或『與鳥獸同群』的是隱士，『斯人』則指『此天下之人』。斯，此也。」

更大的名家朱熹也按這個意思往下說，在《四書章句集注》中：「言所當與同群者，斯人而已，豈可絕人逃世以為潔哉。」

當代著名語言學家楊伯峻，在自己的《論語譯注》中寫道：「我們既然不可以同飛禽走獸合群共處，若不同人打交道，又同什麼打交道呢？」他依然認為鳥獸指隱士，斯人指人世或人群，真是一脈相承。林鵬先生說：「只是越說越糊塗。」

那麼，林鵬先生認為「鳥獸不可與同群」是指誰呢？是指「今之從政者」！

> 鳥獸指今之從政者，即他（孔子）所躲避的人。他們都是鷙鳥猛獸，故而急忙躲避之，這不是很清楚的嗎？難道當時那些掌權的大臣們，不是鷙鳥猛獸嗎？孔子是因他們的仁義道德才躲避他們嗎？注釋家們以及理學家們，如果把鳥獸比做隱士，隱士們如何能奈何他們？反之，若把「鳥獸」比做官僚階級，他們敢嗎？細想起來，這正是他們的聰明之處，難道不是嗎？
>
> 「吾非斯人之徒與而誰與？」斯者，此也，斯人即此人，這人，這些人。硬把「斯人」說為「此天下人」，天下人在哪裏？何用斯為。斯人就是指楚狂接輿、長沮、桀溺等人。孔子是說明，我原本跟這些人是一樣的人。這是孔子真誠的表白。但是，孔子主張入世，同隱士們相比究竟有所不同。他是個「知不可為而為之」的人，「道之不行已知之矣」。孔子說：「天下有道，丘不與易也。」孔子知道目前天下無道，正因為天下無道，孔子才想改造它，這正是聖人之所以為聖人的關鍵所在。

其六，關於「明堂之制」

林鵬先生寫過一篇《明堂之制》，開頭即引用王國維的一個推斷說：「古制中之聚論不決者，未有如明堂之甚者也。」

確實如此。

從東漢開始至今，明堂之爭沒完沒了。「古禮」明堂（指《周禮・考工記》所載之五室明堂之制——筆者）乎？「今禮」明堂（指東漢的明堂制度——筆者）乎？爭議得老不消停。

所謂明堂，風水學中是指陽宅大門前面或陰宅前方的空間，乃地氣聚合的處所。案山內為大明堂，或稱外明堂，龍虎心裏是中明堂，穴前為小明堂，或稱內明堂。古明堂以潔淨、寬廣、藏風、聚氣為佳。相地就是要選好明堂。然後點穴，達到趨吉避凶之目的。然而我們這裏說的明堂，是中國先秦時代帝王會見諸侯、進行祭祀活動、宣明政教的地方。林鵬先生說得通俗：「古之所謂明堂，不過就是一個放大了的四合院而已。」「當周公踐天子之位，在朝廷議政的時候，給各種級別的諸侯和公卿大夫們確定了應該站立的位置。這就是『明堂位』」。

《禮記》中有一篇「明堂位」，記載明堂的樣式和禮儀。《史記・天官書》雲：「心為明堂，大星天王。」把心宿看作天上的明堂。《漢書・藝文志》提到兩部相關明堂的著作，即《明堂陰陽》（三十三篇）和《明堂陰陽說》（五篇）。漢朝、唐朝都曾想重修明堂，但關於明堂的式樣卻說法不一，都沒有建成，只把爭議留下。東周以後，明堂制度約有三端，一為一室，二為五室，三為九室，以後二者為大端，近二千年來關於明堂制度的爭論，均徘徊於二者之間，即五室乎九室乎？對於兩種明堂制度的來歷，許慎認為「無明文以知之」。鄭玄卻加以反駁，他說：「《戴禮》所云，雖出《盛德》篇，云九室三十六戶七十二牖，以秦相呂不韋作《春秋》時說者所益，非古制也。『四堂十二室』，字誤，本書云『九堂十二室』。淳于登之言，取義於《孝經援神契》說宗祀文王於明堂以配上帝，曰明堂者，上圓下方，八窗四闥，布政之宮，在國之陽。帝者諦也，像上可承五精之神，五精之神實在太微，在辰為巳，是以登雲然。今漢立明堂於丙巳，由此為之。周人明堂五室，是帝各有一室也，合於五行之數，《周禮》依數以為之室，德行於今。雖有不同，時說炳然，本制著存，而言無明文，欲復何責？」（陳壽祺《五經異義疏證》，皇清經解本）。按照鄭玄的說法，五室是周人的明堂制度，九室是秦人的明堂制度，五室顯然早於九室。這個看法對後世的影響很大。阮諶的《三禮圖》，袁翻的《明堂議》，直至近人王國維的《明堂廟寢通考》，仍以五室為是，九室為非。

對於鄭玄的以九室明堂為秦制的說法，也有學者表示不同意見，比如牛弘曾。他條列古代有關明堂的文獻，在談到記載著「九室十二堂」的《明堂月令》時，他說：「今《明堂月令》者，鄭玄云是呂不韋著《春秋十二紀》之首章，禮家抄合為記，蔡邕王肅云周公所作，《周書》內有《月令》第五十三，即此也，各有證明，文多不載。束晳以為夏時之書。劉瓛雲：『不韋鳩集儒者，尋于聖王月令之事而記之，不韋安能獨為此記？』今案不得全稱周書，亦未即可為秦典，其內雜有虞夏商周之法，不韋安能獨為此記也。」（《隋書・牛弘曾傳》）

現在看來，儘管前人對明堂制度的討論已很多，但要判定上古明堂是五室抑或九室還很困難，記載兩種明堂制度的文獻都是春秋戰國以後的，不足以說明西周或更早時期的明堂制度。考古學所得的古代建築遺跡也沒有五室或九室的樣式。先秦文獻中唯一的明堂實例見於《孟子》，顧頡剛先生已指出，這個明堂實際上就是太室，也就是王國維先生的文章中大量引用的銅器中的大室。《孝經援神契》云：「明堂之制，東西九筵，筵長九尺也。明堂東西八十一尺，南北六十三尺，故謂之太室。」是明堂即是太室，本只一室。西漢武帝時，欲造明堂，但無人知道具體的明堂制度，齊人公玉帶獻黃帝明堂圖，所繪為一室明堂。直至唐代，仍有人認為明堂只有一室……既然徹底弄清三代明堂問題的時機遠未成熟，何必愣打筆墨官司口水仗？

林鵬先生就不鑽這種「學究牛角尖」，只把眼光盯向要害處：討論明堂之制的真正意義何在？他仍拿王夫之開說，因為「唯物主義者」王老先生，直斥明堂為「非法之屋」。又因《禮記・月令》抄自《呂氏春秋》，故而他又罵呂不韋是「駔儈奸詭，亦不能依附正道」。還說：「易曰，天地設位，聖人成能。設位者天，成能者人，仰於其位而自替其能，固已殊異乎君子之道，而後世變複之邪說，混為讖緯以惑世誣民，皆自此興焉。」他還寫道：「顧其明堂十二室，王者隨月居之以出政，立說舛異，與五經不合。而後公玉帶之類創為欹側靈星非法之屋，謂之明堂。蔡邕祖而為之說，施及拓跋宏、武曌，緣飾猥媟，蓋自此始。其為戰國游士設立虛名以驚聽睹，既無足疑。若夫先王敬授之義，止以為民農桑開斂之計，未嘗屑屑然師天之寒暑陰陽，襲取以為道法。」

林鵬先生反駁說：

其實，事實同「唯物主義者」王夫之所想像的正好相反。既然是「為民農桑開斂」，就必需「屑屑然師天之寒暑陰陽」。既然明堂有十二室，天子（王夫之改為王者）就未嘗不可以「隨月居之」。既然孔子說「吾得夏時焉」，這所謂「夏時」就未嘗一定不是《夏小正》。既然孔子主張「行夏之時」，《月令》所言就不一定都是戰國遊士的「邪說」。既然從孔子到武則天都屑屑然於夏時、夏政、月令、明堂，就不敢武斷他們都是「緣飾猥媟」。既然《月令》所言節令物候都是說的黃河流域，自己不到黃河流域測之，怎麼敢說它是「惑世誣民」的「邪說」呢？

……

我們想像當時周公佈政的宮室，也已經不是上古的堯舜禹時候的茅茨不翦土階三等的情形了。不管周公時候的宮室與上古有什麼不同，周公所繼承的卻是上古曾經存在過的平等的民主的理智的文化精神。所以孔子說：「吾從周。」然而孔子及其以後的戰國時代，宮室之狀況已經又有所不同了。此時諸侯們的宮室已經是非常之宏大而豪華了，但是戰國時候還有明堂存在。齊宣王問孟子可否毀明堂，孟子說：「夫明堂者王者之堂也。王欲行王政則勿毀明堂。」（《孟子・梁惠王下》）可見明堂是存在的，雖然後人對其形制已經不甚了了。戰國諸侯的宮室日漸龐雜而廣大。秦始皇建築阿房宮，其規模之宏偉超乎一般人的想像，然而秦滅六國，折其宮室，按圖仿建於咸陽北阪。

這就可以想見當時六國宮室之壯麗比秦國建築更有甚者。漢武帝貴幸尹夫人和邢夫人，「有詔不得相見」（見《史記‧外戚列傳》）。當時帝王宮室之宏大廣闊非草民所能想見一二。在這種情況下，儒家懷念上古的異常簡陋的宮室之制，這是很自然的，應該說是意義深遠的。儒家別著這股勁兒，一味的「祖述堯舜，憲章文武」。他們認死理，撞在南牆上不回頭。儒家的記禮者們完全是有深意的，只是未能被人充分理解罷了。後世儒家硬去想像五帝三王時代的茅茨不翦土階三等的古代宮室之制，以及與之相關的三代禮制，所以他們遇到了數之不盡的困難。雖然如此，儒家的後學們，包括呂不韋、蔡邕們在內，竟至喋喋不休了兩千多年。

……

人們之所以喋喋不休地談論明堂之制，正是因為在金殿之禮產生前，中國曾經有過不同於金殿之禮的較為平等、較為民主、較為合乎人情自然的、較為合乎人性尊嚴的所謂明堂之禮。這種對古禮的眷戀，正是士人之良知尚未泯滅的一個證據。所以他們堅信有過這種古禮，雖然說不清，事實上確實有過，於是喋喋不休了兩千多年。若說這是一筆糊塗賬，乾脆不要算了。然而賬可以不算，理不可不明。蒙文通特別指出：「變通之道，繫於明堂，制雖晦，理愈明」，「孟子曰民為貴，無明堂則民貴徒虛說也。」（《儒家政治思想之發展》）聽說蒙文通在「文革」中被他的學生們打死了。思想如此敏銳，如此明確，怎麼能不被打死呢。

是的，這才是我們談論明堂之制的真正意義：通過懷念上古確實存在過的，體現著平等與民主文化精神的，「異常簡陋」的宮室之制，通過「祖述堯舜，憲章文武」，認清此後大行其道而污染嚴重的「金殿之禮」的罪惡本質，呼喚一種「較為平等、較為民主、較為合乎人情自然的、較為合乎人性尊嚴」的「明堂之禮」的回歸，並努力使其發揚光大。

林鵬先生在此提到的蒙文通先生，字爾達，名文通，四川鹽亭人，我國現代傑出的歷史學家。從上世紀二〇年代起連續執教於成都大學、成都師範大學、成都國學院、中央大學、北京大學等高校。建國後，任華西大學、四川大學教授，兼任中國科學院歷史研究所一所研究員、學術委員等職。主要著作有：《古史甄微》、《輯校李榮老子注》、《輯校成玄英老子義疏》、《周秦少數民族研究》、《經學抉原》等。蒙文通先生真是「士人之良知尚未泯滅的一個證據」，據傳相當「牛」氣，在北大期間，他居然一次也沒去胡適家拜訪過，連錢穆先生也驚呼道「此亦稀有之事也」。

一九六八年，老先生在撰完《越史叢考》的初稿後，「遽爾」與世長辭，享年七十四歲，長眠於山清水秀的長松寺公墓。所謂「遽爾」，乃死於偉大「文革」也！林鵬先生油然發感慨曰：「如果認為，蒙文通所說的民為貴的事情，只是一種古代的政治理想主義。那麼，對於一個偉大的民族來說，有過這種理想，和壓根兒就沒有理想，這是絕對不同的。」

其七，關於「足食足兵釋義」

《論語・顏淵》：「子貢問政。子曰：『足食、足兵，民信之矣。』子貢曰：『必不得已而去，於斯三者何先？』曰：『去兵。』子貢曰：『必不得已而去，于斯二者何先？』曰：『去食。自古皆有死，民無信不立。』」

應該怎樣解釋孔夫子的「足食足兵」？歷來也是個「羊毛蛋」。「羊毛蛋」是我們家鄉的口頭語，是說凡事亂得理不清，猶如解不開的一堆羊毛線團兒。那麼，「足食足兵」怎麼個理不清？林鵬先生說：「經師雖眾，注家雖多，一個跟著一個說，越說越不著邊際。」

那個孔子十一世孫孔安國注曰：「死者古今常道，人皆有之。治邦不可失信。」

宋代邢昺疏曰：「正義曰：此章貴信也。足食則人知禮節，足兵則不軌畏威，民信之則服命從化。去兵者，以兵者兇器，民之殘也，財用之蠹也，故先去之。……去食。夫食者，人命所須，去之則人死，而去食不去信者，言死者古今常道，人皆有之，治國不可失信，失信則國不立也。」（詳見《十三經注疏》）《十三經注疏》綜合了漢魏至宋的經師們的傳授。僅看這一章，他們只注意了「自古皆有死，民無信不立」的話，至於足食足兵、去食去兵是什麼意思，他們就不管了。

朱熹最為權威。他在此章注曰：「民無食必死，然死者人之所必不免，無信則雖生而無以自立，不若死之為安。故寧死而不失信於民，使民亦寧死而不失信於我也。」（詳見《四書章句集注》）

從孔安國起，著眼點就放在「死」字上。過了一千多年，朱熹還在「死」字上糾纏，竟然說到「不如死之為安」。讀書讀到這種地方，常常使人忍俊不禁。餓殍遍野，倒是「為安」了。朱子的後學們甚至把那句有名的話抄在這裏：「餓死事小，失節事大。」（程樹德《論語集釋》）讀者該說些什麼呢？

林鵬先生接著寫道：

> 孔子說了「民信矣」與「民無信不立」。於是朱熹就把這一章的內容落實在民的頭上。他說：「民無食必死。」什麼人無食能夠不死呢？沒有這種人。其實，這一章的主體不是民。民用不著「足食」、「足兵」，民沒有權力「去兵」、「去食」，而且民也不敢失信於什麼人。所以也用不著指出「民無食必死」的偉大真理。這一章的主體是有國有家並且有民可立者。他們需要足食足兵，他們有權去兵去食，他們需要取信於民，他們應該明確「民無信不立」的意思。如果主體搞不清，不知道是在說誰，當然也不知道是在說什麼。正是在這一點上不明確，所以經解家們咬文嚼字，望文生義，越說越遠，越不著邊際。

沒出個明白人？出過，清代嘉慶年間出了個劉寶楠。此人字楚楨，號念樓，寶應人，是「揚州學派」的傑出代表。著有《論語正義》、《釋穀》、《殉揚錄》、《寶應圖經》等二十餘種。對於「足食足兵」，他是這樣解釋的：「去兵，謂去力役之徵。《周書・糴匡解》：年饑則兵備不制。又云男守疆，戎禁不出，是凶歲去兵。其時雖輕徭薄賦，然食政猶未去，所謂凶年則寡取之者也。去兵而有食與信，與民固守，自足立國也。去食者，謂去兵之後，勢猶難已，凡賦稅皆蠲除。《周官・均人》：所謂凶札，則無力徵，無財賦，不收地守地職，又發倉廩以賑貧窮。《周書・大匡解》：農令分鄉，鄉令受糧，成年不償，信誠匡助，以輔殖財，是凶荒去食也。若信則終不可去。故曰，自古皆有死，是自古人皆有死，死而君德無所可譏，民心終未能忘，雖死之日，猶生之年。」

劉寶楠之後一百年，還出了個楊樹達。他於一九五五年出版了專著《論語疏證》，完全按照劉寶楠的正確思路，並且增加了一些疏解的證據，不無建樹。

讓人不可思議的是，時代又前進了二十五年，一九八〇年，中華書局卻出版了一部完全走回頭路的《論語譯注》，作者楊伯峻。他是這樣譯注「足食足兵」的：「子貢問怎樣去治理政事。孔子道：『充足糧食，充足軍備，百姓對政府就有信心了。』子貢道：『如果迫於不得已，在糧食、軍備和人民的信心三者之中一定要去掉一項，先去掉哪一項？』孔子道：『去掉軍備。』子貢道：『如果迫於不得已，在糧食和人民的信心兩者之中一定要去掉一項，先去掉哪一項？』孔子道：『去掉糧食。』（沒有糧食，不過死亡，但）自古以來誰都免不了死亡。如果人民對政府缺乏信心，國家是站不起來的。」

楊伯峻可不是沒有影響力的人物，這位出身於北京大學的大學者，此書一出，，三年間八次印刷，總印數達十六萬冊之多，可見其影響之深廣。從此以後，至九十年代各地出版的《論語今譯》、《論語淺解》、《論語新解》、《論語名句賞析》、《四書全譯》、《四書譯注》……毫無例外地都是根據他的說法，把「去兵」譯為「去掉軍備」、「去掉武備」、「去掉兵員儲備」；把「去食」譯作「去掉糧食」、「去掉糧食儲備」。而且，他還說：「國家是站不起來的」，大家都跟著說：「國家是站不住腳的」、「國家就站不住了」、「國家就站不起來」。

林鵬先生在這裏特別指出：

> 孔子的原話是「民無信不立」，楊伯峻譯為「如果人民對政府沒有信心，國家是站不起來的」。楊伯峻喜歡套用現代的概念，人民、政府、國家，其實此處說的就是立民。「人君國滅身死」之後，還談什麼政府和國家？自己總是念念不忘政府和國家，以至偷換立民為立國家。再者，把「民無信不立」的「信」，譯為「信心」，有的譯為「信念」，也是很不妥的。《論語・學而》：「信近於義。」「義者天理之公」。一廂情願的所謂「信心」，主觀主義的所謂「信念」，同信義之「信」有什麼關係？
>
> 人們剛剛走出舊時代經師們的死胡同，現在又跟著楊伯峻走進了另一個死胡同，以至孔子這段話的意思是什麼，又一次徹底地迷失了。子貢說的「不得已」，就是指災荒。這一點劉寶楠已經明白無誤的指出了。如果是戰爭，孔子怎麼能首先說「去兵」呢？劉寶楠的「凶札」、「凶年」、「凶荒」，都是說的災荒和大災荒。如果按照楊伯峻的譯法「去掉軍備」，這是什麼意思呢？莫非是銷毀武器、解散軍隊（如果有常備兵的話）？不可思議。更有不可思議之甚者：「去掉糧食」。「糧食」怎麼能「去掉」？莫非是火燒倉庫、查封糧店、不准種莊稼？我不知道究竟採取什麼手段，能夠把「糧食」「去掉」。如此講解經典，經典是在說什麼？一般正常人的頭腦能夠理解嗎？

不過，林鵬先生認為，劉寶楠的思路是對的，但是結論依然不明確。他說：「我們沿著他的思路探索下去，這個問題是不難搞清的。」下面就是他的最後論斷：

《漢書・刑法志》說：「周以兵定天下……因井田而制軍賦……有稅有賦。稅以足食，賦以足兵。」「此先王治國足兵之義也……」，「有賦有稅」（《食貨志》）這就是孔子所說的「足食」、「足兵」的實際內容，同時也是孔子所說的「去兵」、「去食」實際內容。「去兵」不是「去掉軍備」，而是蠲除當年的「軍賦」。如此還不足以緩解災情，進一步則「去食」，即免除當年的田稅。儒家主張取於民有制。制也者，制度限制，不能貪得無厭，不顧人民死活。災荒之下減免田稅和軍賦，也是制度之中的內容，《周禮》裏面有具體規定。這些規定就是制，就是法，不執行就是不講信義。孔子主張一遇災荒，統治者首先勒緊褲帶。他把話說得很絕，無非就是餓死，「自古皆有死」。如果遇到的是較小的災荒，還可以開倉賑濟；如果是一連三年的大災荒，官倉中也早已空虛，饑民流離，餓殍遍野。這種情況下，統治者依然花天酒地，不厭粱肉。這在儒家看來就是「率獸而食人」。孔子認為這就是無信無義，民人將無以自立，國將不國，民將不民。

其八，關於《呂氏春秋・淫詞》解

林鵬先生不僅執意為呂不韋和《呂氏春秋》翻案叫好，還特別寫了一篇文章，為《呂氏春秋》中的「淫詞」篇正解正名，叫個《〈呂氏春秋・淫詞〉解》。

哈，一沾「淫」字，不大雅訓，淫詞豔語，淫詞爛調，反正都是些浮誇不實、淫穢下流的言詞。林鵬先生說：「『淫詞』一詞，古已有之，見在《孟子》。《孟子・公孫丑上》：『何謂知言？』『淫詞知其所陷。』」

那麼，《呂氏春秋》的「淫詞」篇是講什麼呢？看來從古至今也沒人搞懂過，直到林鵬出現。不信嗎？打開所有網路文庫看看，所選對《呂氏春秋・淫詞》作解的正經文章，唯林氏一篇。

清代乾隆朝出了個靈岩山人畢沅先生，狀元及第，累官至河南巡撫、湖廣總督。學從沈德潛，經史小學金石地理之學，無所不通，大著有《續資治通鑑》、《傳經表》、《經典辨正》、《靈岩山人詩文集》等，可他看罷有關《呂氏春秋・淫詞》的傳世文章，卻說：「正文與注皆難曉。」

接下來出了個孫鏘鳴，就是那位首先引進邱熺《引痘略》，推廣種牛痘的道光翰林郎，說他看是看懂了，但覺得《呂氏春秋・淫詞》篇「皆所答非所問也。」

再下來就是被譽為「有清三百年樸學之殿」的大經學家孫詒讓了。他做官不得勁，便專攻學術，精研古學垂四十年，融通舊說，校注古籍，著書三十餘種，其中《周禮正義》為一生心力所瘁，為清代群經新疏中傑出之作。《墨子閒詁》亦為注墨的權威之作。《契文舉例》為考釋甲骨文開山之作。可他在讀了《呂氏春秋・淫詞》後說什麼呢？曰：「此章皆言詞意相左之弊。」

三個浙江籍清朝人沒說清的事兒，交到當代廣東人陳奇猷先生手上。他的恩師孫蜀丞告訴他：「治學莫若注釋古籍。注釋古籍最宜於促使學業增進。經、子二部，注經者多，注子者少。若選注若干種諸子，既可增進學業，又有益於文壇。」他領教後，即選定《韓非子》《呂氏春秋》《莊子》《淮南子》四部子書為之注釋。其中一部《呂氏春秋校釋》，就花去他二十多年功夫。他的另一位老師孫楷第得意地評價說：「今又為《呂覽》校釋，徵引書至百二十餘家，較五十年前許維遹《集釋》引書多近一倍，搜羅宏富，對前人釋事釋義之作，可謂網羅無遺。而又參伍考稽，誤者正之，晦者顯之。識斷之精，校勘之勤，足以抗衡前哲，為《呂氏春秋》功臣。實是五十年來第一流著作。弟謂史此書出版，意味著乾嘉以來中國校勘學之復興。不但為中國學術界、中華民族增光，亦可為近世學者之典範。」那麼「奇老」又是如何解釋《呂氏春秋・淫詞》的呢？他說：「淫詞即前篇所謂橋言，淫佚欺詐之言也。……本篇極詆詭辯，以詭辯為言心相離，正是此派家法。」「鄭衛之聲，世謂之淫聲。此以惠子之法況之鄭衛之聲，蓋以惠子之法為淫詞也，故列於此《淫詞》之中。」其《校釋》第十五條釋莊伯之事，長達兩千餘字，「此四事，皆譏莊伯詞義不明，致生誤會。」奇老還改父為巫，引《陳勝傳》「為項燕軍視日」，釋莊伯令父視日，「意謂視時日之吉凶如何」……說來說去，依然是前述孫氏所謂「答非所問之意」，等於沒說。

還有一位今人劉元彥，寫過一篇《呂氏春秋是先秦各家思想最大的綜合者》，文中說：「《呂氏春秋》的態度是鮮明的，其傾向是同《荀子》、《墨辯》一致，反對公孫龍等的詭辯的，《淫詞》篇說：『孔穿、公孫龍相與論于平原君所。……』《呂氏春秋》雖然同意孔穿的意見，認為公孫龍的詭辯幾乎能使羊真的三隻耳了，但畢竟不行。它主張『從易而是』，是樸素的唯物論態度，是正確的。但是它不從邏輯理論上去分析，指出公孫龍的謬誤所在，則是其缺點。」林鵬先生認為：「此解粗粗一讀，覺得彷彿頗為公允，仔細想來又覺得同《呂氏春秋》的原意尚有隔膜。」

再就是，還有一位比三個清代浙江學者要早得多的古人趙岐，東漢著名經學家，與張衡、劉褒、蔡邕（文姬之父）同為東漢四大家，《後漢書》上有列傳。他撰有《孟子章句》一書，認為「儒家惟有《孟子》，閎遠微妙，縕奧難見，宜在條理之科。於是乃述己所聞，證以經傳，為之章句，具載本文，章別其指，分為上、下，凡十四卷」。（《孟子章句・題辭》）《孟子章句》是目前僅存最早的一部兩漢章句之學的著作，清儒焦循認為：「趙氏子《孟子》，既分其章，又依句敷衍而發明之，所謂『章句』也。章有其指，則總括於每章之末，是為『章指』也。疊詁訓於語句之中，繪本義於錯綜之內，於當時諸家，實為精密而條暢。」在《孟子章句》裏，趙岐注《呂氏春秋・淫詞》曰：「有淫美不信之言，若驪姬勸晉獻公與申生之事，能知其欲，以陷害之也。」林鵬先生覺得：「趙岐之注稍近情理，卻未盡然。」

好，從古至今誰也說不清爽的事兒，且看你林鵬先生如何說。開宗明義，林鵬先生就來了這麼一句：「《呂氏春秋・淫詞》一篇，就是專講聽言之道的。」接著再說：「戰國時期諸子蜂起，說客遍天下，對於談說之道頗為講究。韓非強調說之之難，且有《說林》、《儲說》之備。然而諸子對於聽言之道，或略而不述，或述焉不詳。」言外之意就是，呂不韋在《呂氏春秋・淫詞》中，彌補了這一歷史性缺憾。林鵬先生不客氣地指出：「把『淫詞』釋為『橋言』（謠言），說不通，釋為『詭辯』，也不合適。」正確意思是什麼？《說文解字》裏有答案：「淫，浸淫隨理也。」「隨，從也。」「從，相聽也。」這就是不思不想聽而從之，於是經常鬧出許多笑話，大者政治、外交，小則生活瑣事，一言難盡。林鵬先生說：「《呂氏春秋・淫詞》篇頭一句就說：『非詞無以相期，從詞則亂。』從詞就是盲目的聽從，也就是浸淫詞面而不思事理，即不能真正『知言』，這就要出亂子。《呂氏春秋》要求注意『詞中之詞』，也就是言外之意，不要只在字面上打轉轉。有些話聽著不對，其實很對；有些話聽著很對，其實不對。《呂氏春秋》在這裏說了幾個小笑話，就是說明這個意思。」可惜畢沅們因為對「淫詞」理解錯了，所以連這幾個「小笑話」也就「皆難曉」了。

這裏，我們不妨只拿出一個「小笑話」，用林鵬先生的解釋去理解，看看是否真的「皆難曉」。這個「小笑話」在《呂氏春秋・淫詞》篇中原文如下：

> 荊柱國莊伯令其父視日，曰「在天」；視其奚如，曰「正圓」；視其時，曰「當今」。令謁者駕，曰「無馬」。令涓人取冠，「進上」。問馬齒，圉人曰「齒十二與牙三十」。

譯成白話：楚國的柱國莊伯問他的父親，老爸，現在幾點啦？老爸說，讓我看看日頭到哪兒啦。莊伯問，到哪兒啦？老爸說，日當午啦。莊伯就讓近侍備馬。近侍說，咱家沒馬呀。莊伯又讓另一個近侍取帽子，帽子取來了。後來，家裏買回馬了，莊伯就問，幾歲口的？馬夫回答說，門牙十二，嚼牙十八，都是剛剛長齊的。

這段話很自然，就是一段很有生活氣息的家常對話。可是秦國人死腦筋，理解不了這段對話，覺得楚國人十分可笑：莊伯怎麼可以隨意支使老爸？家裏沒馬怎麼還讓備馬？堂堂柱國怎麼家裏沒有馬呢？既然沒有馬怎麼又忽然問起馬齒來？……這不是太可笑了嗎？《呂氏春秋》則教訓秦人說，你們以不怪為怪，大驚小怪，問題就出在不瞭解楚人的習慣用語，僅僅浸淫於詞面造成的。順便說一下，秦人至今還是死腦筋，永遠理解不了實質問題。比如，他們不喜歡《咸陽宮》，偏愛《大秦帝國》，因為前者說皇上沒穿衣服是光屁股，他們則依然堅信後者，我們皇上的衣服多麼漂亮啊！

林鵬先生在文章的最後，是這樣一段話：

在《淫詞》篇的最後又講了一個更加深刻更加耐人尋味的故事。「惠子為魏王為法，法成示諸民人，民人皆善之。」然而魏王卻要徵求各方面的意見。魏王問一個叫翟翦的貴族老爺，翟翦說：「好是好，只是不能實行。」魏王問為什麼，他說：「今舉大木者，前呼與謣，後亦應之，此其於舉大木者宜矣。豈無鄭衛之聲哉，然不若此其宜也。夫國，亦木之大者矣。」惠施定的新法肯定是侵犯了翟翦們的利益，所以他反對新法，說「不若此其宜也」。這翟翦竟是如此的善於詞令而工於取譬。他說的真是再不能更好了，魏王肯定是會聽從的，那麼，「民人皆善之」自然也就不予考慮了。這就是在優美深刻簡直無懈可擊的詞令面前自行解除武裝的一例。在這《淫詞》篇中，毫無否定惠施的意思。它所否定的只是魏王的不能「知言」，只是浸淫於翟翦的美麗而雄辯的詞面而不能「知其所陷」。對於那些低水平的如澄子一類的言詞，還比較容易識破，對於高水準的如唐鞅一類的言詞，則比較不容易識破。而對於更高一級的有如翟翦一類經過深思熟慮的非常精闢以至於不容置辯的言詞，則簡直就無法識破了。

莫非沒有辦法了嗎？不然。《淫詞》篇已經把這個辦法告訴了讀者：你只要思索，就能明瞭一切。《淫詞》篇一開始就說了：「凡言者以喻心也，言心相離，而上無以參之……言行相詭，不祥莫大焉。」……所以說聽言之難，更難於說之之難。這就是《淫詞》一篇的主旨。這一主旨同《孟子》所謂「淫詞知其所陷」的思想是完全一致的。

從以上八例不難看出，林鵬先生這叫真會讀書，讀得進去，讀得出來，這進出之間，於人於己，都大有一方新天地。

第十八章 大聲之氣

本章想寫寫作為書法家的林鵬。試了又試老不好寫，為何？當下號稱著名書法家者忒多，多如貪官和妓女。正應了毛老人家的英明論斷：「遍地英雄下夕煙」！你光看那些書法評論，個個都是二王轉世，顏柳重生；再看這個頭銜那個頭銜，好傢伙，高帽子漫天飛，流光溢彩，不把你看成青光眼算你眼睛二點五。這煌煌書壇之上，哪裏就能找到林鵬先生的位置呢？

忽地有一天，得了寫作靈感。它來自兩位職業女性，具體講，來自她們作為女性所特有的天然直感和有感即發。

李文子是北京一位年輕的執行主編，所主編的《領導者》特樹一幟，聲譽日隆。她讀過林鵬先生的幾部書和書法作品後，這天給筆者打來電話，說：我感覺……這位老先生有一肚子的不平之氣，一早也許是怨氣、怒氣，不服氣，要爭一口氣，後來就變成了大氣，大家之氣，士君子之氣，孟老夫子說的浩然之氣，可謂氣沖斗牛！他多大年紀了？筆者告以八十五高齡。她慨然歎曰：老而有真氣如此，乃稀世大聱也！她建議本傳就該取名《大聱林鵬》。聱者為何？曰：聱字形聲，從耳，從敖，敖亦聲。「敖」意為「抬高」、「抬升」之意，與「耳」聯合起來表示「把耳朵對準天空」。這是本義。引申出去的意義可就鋒芒畢露了：不聽俗音，不苟同別人意見，不隨波逐流……傲傲然挺立於世。

當代有個性、不隨俗的女書法家不多，以草書見長者尤稀。李慧英躍出太行，是位已獲全國聲譽的女草書家，在北京兩次舉辦書法個展與聯展。其鮮明特點是，書作內容大多取自自作詩詞，我筆寫我心，力求把二王、米芾、王鐸和傅山等大家書風化作深閨新夢。她鍾愛林鵬草書，說：林老筆下線條奇絕，不僅有書卷氣，更有一股奇氣，烈士暮年，老驥伏櫪，勝於青壯的雄風豪氣，氣貫長虹……

兩位傑出女性相隔千里卻同出一「氣」，同「氣」相投，都不約而同地指向林鵬之「氣」，那種一生憤憤不平、騰騰不息、老而彌烈、日見其昇華的君子浩氣。不禁令筆者頓然一悟：抓住林鵬先生這一真元氣海，不就抓住本篇文章的寫作「眼」了嗎？

說到「氣」，不新鮮，中國歷來講究氣學理論，講究氣勢和氣韻。曹丕說，「文章以氣為主。」筆者理解，曹氏所說的氣，還是以氣勢為主。文章好比一男兒身，那「勢」便是男根，割掉它叫作「去勢」，就成了太監之類，文章書畫去了勢，也就不算上品啦。可惜到了南齊謝赫，論畫之六法中把氣韻列為「第一」，傻乎乎的去了勢，氣勢這一美學形態受到冷落與排擠，陰柔的氣韻成了畫面情調的總體把握，而且每況愈下，到明清時，氣韻變成了極為狹隘的筆墨標準。唐岱乾脆就說：「氣韻由筆墨而生。」張庚則和稀泥說：「氣韻有發於墨者，有發於筆者，有發於意者，有發於無意者。」至於發於氣勢一格，則少有觸及。或偶有論說，比如明代的唐志契，在《繪事微言》中提到了氣勢，卻把氣勢作為氣韻之附庸。他說：「氣韻生動與煙潤不同，世人妄指煙潤為生動，殊為可笑，蓋氣者有筆氣，有墨氣，有色氣；而又有氣勢，有氣度，有氣機，此間謂之韻。」清代的王原祁更甚，以「龍脈」稱許書畫中氣勢時，實際上已滑落為章法之意，氣勢成了一種章法，從理論本原上並未脫出東晉顧愷之的「置陳佈勢」。而沈宗騫的《芥舟畫學編》中的「取勢」一節，乾脆就把氣勢一格，變成簡單的畫面佈局技術了。想一想，從氣勢中抽掉書法家的血性元氣、品德情操、生活閱歷、文化修養以及思想追求等，中國的氣學理論還有什麼？難怪當下的名家大腕，據說都「氣韻生動」！

一直以來，林鵬先生以書法家名世，也不是很著名、很走紅的那種。曾有南林林散之、北林林鵬的當代草壇「二林」之說，可一些廟堂「名家」則不屑地表示：沒聽說過。至於林鵬先生其實是一個志趣高潔、以閉門讀書、寫作、思考為主要人生追求的草根學者，只怕那就更是「沒聽說過」了。原因：沒人誇他「氣韻生動」；他的獨特在氣勢，在「大聲之氣」。就憑著這種大聲氣勢，他潛心民間，默默地、扎實地耕耘著，做著一樁樁尋常書法家難以企及的貢獻。筆者以為，林氏巨大而獨特的貢獻，書法創作成就以外，至少有如下三端：

其一，正本清源，以身作則，詮釋學習書法為什麼；

其二，讀書論道著文章，力挽書壇淺陋無學之風氣；

其三，打假求實，還傅山行草《丹鳳閣記》以千古真容。

先說偉大的顛覆。筆者曾在自己十五年前出版的一部書中寫過這麼一段話：

> 在一部漫長的中國文學史上，還從來沒有出現過這種現象：一個政黨（或一個政治派別、一股政治勢力）能夠清醒地、竭盡全力地、不惜代價地搜求、吸引、培育、訓練一批文藝英才，以規範化的寫作信條和方法，去為實現自己的政治綱領而奮鬥不息。但中國共產黨做到了！它以一部《講話》為指南，在延安及其各個抗日根據地那樣一種極為艱難困苦的環境中，居然造就出一大批才華各異而忠心不二的新型作家、藝術家，叫他們「深入生活」，他們就「深入生活」，叫他們「為工農兵服務」，他們就「為工農兵服務」，叫他們不寫「雜文」，他們就不寫「雜文」，叫他們要用「大眾化語言」，他們就用「大眾化語言」，叫他們「不要暴露黑暗」，他們就「不暴露黑暗」……那麼步調一致，那麼自覺自願，那麼勝任愉快，那麼毫不懷疑地認定搞文藝創作就只能這樣搞，當作家藝術家就只能這樣當，最後終於建立起無愧於自己的黨、無愧於自己所處時代的煌煌業績，並一直延續到現在，始終佔據著中國大陸主流文化地位。這真是一個空前絕後的文化奇跡！且成為現當代文學史上永遠無法劃掉、無法替代的篇章。

在這個「講話派」文藝團隊中，當然包括那些革命的書畫家。筆者於此想補充的是：這個團隊在自己的政黨成為執政黨以後，其中心工作也隨之改變。如果說，打江山時期主要突出連隊文化色彩，強調以戰地鼓動員的身份衝鋒陷陣的話，那麼「解放後」，則需要它突出廟堂文化色彩，充當最得力的宮廷吹鼓手。這又得分兩個階段：改革開放前那三十來年，主要是配合各大政治運動發揮效能，以博取黨和政府獎勵的名譽地位；改革開放後這三十來年，則多以配合中央和地方各大慶典活動為主，眼睛除了要盯緊諸如「國務院特殊貢獻專家津貼」等政府獎項外，還要將一切豐厚的社會「紅包」盡收眼底。在這方面，書畫家以其得天獨厚的「短平快」作風，像個雜耍班子一樣在全國各地到處走穴，當場書寫作畫，當場點錢入囊。至於何為藝術、藝術家？藝術、藝術家為何？則一點不講求，也就從來沒有搞懂過。這就是「講話派」的「革命傳統」。

按說，作為小八路出身的林鵬先生，一旦成了書法家，理應成為實踐這一老傳統的先鋒戰士。出人意料、令人吃驚的是，他不但不聽毛主席的話，還與「講話」對著幹。學書法居然不為「政治」服務，不要「兩為」，為人民服務和為社會主義服務；而是要為自己學習古文服務。這不大大的離經叛道麼？你好大的膽子！這方面的具體情況，筆者曾在一篇小文中說過，前回書中也曾提及，現不妨再引述如下：

眼下書法家海啦！為什麼寫字？……唯這林鵬先生大不同。那一年，三十歲的他轉業來山西，想學古文，求教於「大右派」孫功炎老先生。孫先生說：「你若決心學習古文，必須從《說文解字》入手，先認字，字形、字音、字義。把它攻下來，直接就是攻讀十三經、先秦諸子。」可是，《說文解字》是篆字，怎麼能記住它們呢？林鵬先生想了一個辦法，學刻圖章，一個字一個字刻上心頭。為此他就上門求教，拜山西大學藝術系教授王紹尊為師，磨石頭，調印泥，練刀功，一點一滴地學。有一天，他看到傅抱石先生在報上說「書法是篆刻藝術的基礎」，就去問王教授。王教授說，這是真的，必須學習書法。從此，林鵬先生就開始廢寢忘食苦練書藝，終獲大成，且把古文學得爛熟於胸，博古通今。看來，真要變得能寫字，成為書法家而非寫字匠，林鵬先生堪為典範。

何為典範？好說，是可以作為學習、仿效標準的人或事物。林鵬先生堪稱典範嗎？不好說，得看誰說。你背叛「講話」精神，既不好好當戰地鼓動員和宮廷吹鼓手，也不參與四處走穴的雜耍班子，卻為自個兒學習古文練書法，你算什麼革命書法家？你這走的是一條什麼道兒？這要成了典範，不是「誤人子弟」嗎？當然，也有人認定：林鵬先生不聽「講話」，不為官家，不為名利，特立獨行，傲骨錚錚，絕對堪稱書法家典範。

對於是否典範，林鵬先生本人漠然不感興趣，不過對於大聲之氣，士子傲骨，卻是十分在意。他在《蒙齋治印》中說過一段這樣的話：

> 平庸是個大敵，無論如何不敢對它讓步。這裏最需要的是個性。張揚個性，是驅逐平庸的唯一辦法。我們需要的是鮮明的個性，獨特的個性，豪邁不羈的個性。……要有氣勢。有氣勢和沒有氣勢，差多了。……元結（次山）晚號「聱叟」，傲吏也。人可缺衣少食，不可缺了傲骨。同人交往不敢驕傲，但在內心中，還得有點傲骨。孟子曰「說大人而蔑之」。不然，挺立不起來。……中國古代的士君子們，大都傲骨凜然。西方歷史上沒有士人這個群體。近代以來，中國人只說外國人曾經說過的話，所以害得我們無法認識中國歷史上的士人，以及士人在歷史上的重要作用。他們居官，敢於犯顏直諫，不怕殺頭。他們為民，甘貧樂道，不怕餓死。我的閒章，「聱叟」，「大聱」，「聱叟糊塗」等等，都是這個意思。糊塗不是思想糊塗，是胡亂塗抹的意思。沈尹默說，「東塗西抹信偶然。」

再說讀書論道。提到學習古文，提到讀書，不間斷地天天用功，七十多年如一日，做批註，做筆記，記感想體會，八十多歲了依然樂此不疲，當今書法界像林鵬先生這樣的讀書人，筆者眼淺，能有幾位？肯定還有，但肯定不會多，鳳毛麟角而已。關於這方面的具體情況，筆者也有一段記載：

喜愛書的林鵬。三個層次：愛讀書，愛買書，愛寫書。林鵬先生一生讀書成癖，終日手不釋卷，尤其酷愛夜讀，不惜晨昏顛倒；而且喜歡邊讀邊批註，每頁的天地左右，密密麻麻，多有黑紅筆文字，不夠時則加貼另紙，揮灑盡興。筆者統計過一本他讀過的外國書《知識份子的鴉片》，註解文字超過五萬個，那本書也不過二十三萬字。我見過林鵬先生的讀書筆記，可惜不是全部，其字數估計要大大超過發表了的篇幅。手頭有一份《〈平旦札〉涉及典籍、資料一覽》，是《名作欣賞》雜誌社朝軍先生整理的，為寫一部二十萬字的《平旦札》，林鵬先生一共過手古今中外書籍一百二十六種（均有讀書筆記），其中最時髦的外國書籍三十一種。花甲之年以後，他老驥伏櫪，發奮著作，二十多年來出版長篇小說、散文集、學術文章選集、書法作品與書論集、隨筆集等各類著作十多種，有的發行海內外，有的一版再版，廣為傳播。至於他的愛買書，只要看看他太原居室和故鄉老宅的藏書情況，不言自明。

會讀書的林鵬。皓首窮經，百無一成，這是古今多少飽學腐儒的悲劇？要害是不會動腦子，不懂得學以致用、學有專攻的道理。林鵬先生雖無「三高」——高學歷、高職稱、高職位，可他獨具慧心豪膽，清楚好勁道應該往哪兒使。試舉二例。其一：當下「國學大師」滿天飛，口水四濺，卻不懂去探討中國古代的經濟制度，包括土地制度、田稅制度、軍賦制度等，只在孔孟的政治思想上打轉轉湊熱鬧，捨本求末，取皮毛之譽。林鵬先生則反其道而行，專攻先秦經濟思想與經濟制度，得國學真諦。其二：當代學者多是號稱書生而心繫廟堂，所學只為邀功謀，對害國害民的帝王文化諱莫如深，少有涉及，一切學術活動只在頌聖樂曲中展開，不越雷池半步。林鵬先生則不然，他的歷史長篇小說《咸陽宮》也罷，學術論文《蒙齋讀書記》也罷，隨筆《平旦札》也罷，鋒芒所向，無不刺向專制主義的七寸、帝王文化的軟肋，壯懷激烈，憂國憂民，不計寵辱毀譽，坦露國士胸襟，大有古士子風。

試看當今書壇，如林鵬先生這樣的讀書論道者有多少？聞風而動，鑽營權門，頭上小紅帽一頂又一頂的「高能」書畫家，多見了；胸無點墨，或者半瓶子水瞎晃蕩，一支筆卻能日進斗金的「高產」書畫家，多見了；體制養著，老資格擺著，老本吃著，永久牌榮譽占著，官字型大小粉絲們捧著的「高端」書畫家，多見了；就是少見潛心守性地讀書問道，力求將書藝推向更高人文層次的有心人。不亦悲夫！

至於林鵬先生打假求實，還傅山傳世之作《丹楓閣記》以真跡真容，這件事與他得到東巡碑一樣神奇，頗具異曲同工之妙，皆屬人生奇遇奇緣。

傅山先生生於西元一六〇七年，也就是明萬曆三十五年。算到西元二〇〇七年，整整四百歲。當然老先生沒能享此陽壽，「憂患中」（此傅老先生多處自況句——作者）活到七十八歲，雖然不在幸運的「八四」之列，在那個時代也該山呼「萬壽無疆」了。

紀念傅山先生誕辰四百周年，國內外學人關注，是山西省文化界一件大事。

於是，自有壯舉驚人，山西出版集團旗下之山西人民出版社，隆重推出一部《傅山書法全集》，請當時的中國書法協會主席沈鵬先生作序，洋洋灑灑六千餘言，精裝本八大冊，掂一掂足有五十多斤好份量，設計裝潢印製極盡自家水平，擺在人前很有威懾效果。有外省學者著文驚呼曰：「在至今可見的傅山書法出版物中規格最高，規模最大的」，就它啦！

萬事總難十全十美。其中一處「硬傷」大煞風景，就是據遼寧省博物館藏本收入的《丹楓閣記》（下文統稱「遼博本」），是個贗品，非真跡也！

更驚人的是，這處「硬傷」，十九年前就紅腫發炎，遺害無窮。一九八八年，國家級出版社的文物出版社，推出一種《清傅山書丹楓閣記》，並特別注明原件藏於遼寧省博物館，在《說明》中對此贗品大加讚賞曰：「傅氏此冊書法用筆雄常飛動，氣勢奪人，挺拔剛健而又連綿不絕。挺拔處有如長槍大戟，巨石騰空；連綿處則如綿裹裹鐵，剛柔相濟。草書本難於設險取勢，更難於化險為夷，且易於飄浮，流於輕滑，而傅氏筆沈著，無往不收，停當有致。此冊筆墨縱橫，力透紙背，實屬不易，可以窺知作者功力之所在。」哇噻，把李鬼誇得跟李逵似的。

《丹楓閣記》是何等身價？它是傅山書法精品中的精品，代表作中的代表作。海內外眾多方家將其與王羲之的《蘭亭序》、顏真卿的《祭侄文稿》相提並論，呼為「天下第三行書」。誰能想到，多少年來招搖過市的是個假玩意兒，你說這紕漏多上檔次！

問了：以山西之大，以中國之大，事先就沒有一雙法眼識真嗎？

答了：非也！

早在一九八四年，林鵬先生經過多年精心研讀傅山先賢，自然包括他的代表作《霜紅龕集》和書法精品《丹楓閣記》，於這年年底，厚積薄發，寫了一篇《傅山行草精品〈丹楓閣記〉》。文章所據的《丹楓閣記》，是民國二十三年即一九三四年，由商務印書館出版的《傅青主征君墨蹟》中的《丹楓閣記》（下文統稱「商務本」）。

文章開頭一段寫道：

> 在王羲之的《蘭亭序》和顏真卿的《祭侄文稿》之後，傅山的《丹楓閣記》算得上是行草藝術的精品。傅山的書法作品傳播不廣，評介不多，雖有趙秋谷等人讚揚為「國初第一」（清初第一），但是因為傅山是個道士，既沒有高官顯爵足以榮身，又沒有如雲弟子用為游揚，外地人徒聞青主之名，其作品卻不得一見，所以名氣就小得多了。解放以後出了兩本《傅山書畫選》，唯獨沒有這《丹楓閣記》。現在能見到的是民國二十三年商務印書館出版的《傅青主征君墨蹟》中的《丹楓閣記》。

傅山「名氣小」與出名晚有關。與同時代的顧炎武相比，傅山的經濟狀況十分惡劣，刻書談何容易。一直延宕到康熙元年，傅山五十六歲時，好友戴楓仲才說服傅山，由他出資為其刊刻詩集。這個詩集還是個「四人詩集」，為《晉四人詩》，包括傅山子傅眉、學生胡季子和好友白居實。傅山的文集刊刻問世，更晚，到了乾隆時期，才被邑人張耀先整理為十二卷本《霜紅龕集》，後不斷增補，咸豐時有劉雪崖所刊《霜紅龕集備存》四十卷。宣統年間，山西巡撫丁寶銓請羅振玉編校重刊《霜紅龕集》四十卷，這才算官版印行。所以，傅山的學術成果被人瞭解是很晚的。

林鵬先生的法眼很毒，短短小文一把抓住要害。且聽他對《丹楓閣記》的評介：

> 王羲之在棄官歸隱之後，只有這一次的蘭亭禊會時心情最好，所以才有千古行書《蘭亭序》。顏真卿在平定安史之亂後，前去搬取作戰犧牲的侄兒顏季明的屍首時，滿腔悲憤，無可言喻，於是寫下了《祭侄文稿》。傅山在經歷了甲申之變、甲午朱衣案之後，大難不死，流竄山林，「資生無策，依養故舊」，老來一事無成，只能窮愁著書，這時遇到了平生好友，重溫舊夢，往事如煙，斟酒刪詩，老淚頻彈，於是寫下了《丹楓閣記》這不可多得的行草藝術的精品。那雄偉的丹楓閣也許就是為他建造的，他見到摯友，住在新建的丹楓閣上，他心中的喜悅不亞於王羲之，而他心中的悲憤，也不減於顏真卿。自明亡以後，傅山因為厭惡屈膝投降的無骨文人，仰慕顏真卿的為人和骨氣，在書法上遂一洗趙董之柔媚，直學顏書。這《丹楓閣記》就完全是顏體的地道風格，筆法結構，直追平原。因為傅山晚年擅長草書，所以這《丹楓閣記》前面是行書，後面越寫越草。正因為後面非常隨便，所以最見功力，最見性情，尤為難得。

這裏又得說到「氣」。不朽的文學藝術作品，是作者用手寫成的嗎？不如說是用自己的藝術生命寫成。這個藝術生命的原創能量有二：一是天賦，二是後天經歷。其中變數最大者是後天經歷。王羲之寫出《蘭亭序》，充盈著灑脫清邁之氣，或許天賦能量多有揮發；但顏真卿寫出的《祭侄文稿》，漫溢著思親傷國的悲憤之氣，則主要取決於後天經歷的痛痛情、斑斑血、聲聲淚。那麼傅山呢？在他動用天賦才能書寫《丹楓閣記》之前，風刀霜劍，漫漫人生，故國存亡，胸中塊壘，都有過怎樣不同凡響的經歷呢？

青年傅山入太原三立書院深造，得恩師六柳堂主袁繼咸栽培有成。隨後恩師遭奸黨誣陷打入詔獄，其冤誰伸？青年傅山挺身而起，與同窗好友薛宗周「變賣家產籌得萬金」，要為恩師「伏闕訟冤」，用今天的話講就是進京上訪去。押著袁老師的刑部囚車用馬拉著，而傅山率領的由百多名同學組成的上訪團，則以步代車，長途跋涉，千里煙塵，硬生生跟進北京城。官場黑暗，奸黨勢大，其冤難伸。傅山們就大量散發傳單，遊行示威，並當街堵住「溫總理」（首輔大臣溫體仁）的坐駕不依不饒，直到驚動皇上，案情逆轉，傅山兩次上得刑部大堂抵死質證，終使恩師一洗清白，奸人自己反倒「入甕」。此案轟動全國，傅山之名遠播。有當朝太史公馬世奇者，即作《山右二義士記》刊刻傳世。

甲申之變起，陡然故國覆亡。傅山悲吟「哭國書難著，依親母苟逃。」，為了反抗新朝的「易服剃髮」令，他不惜一頭撞進五峰山出家當道士，自號「朱衣道人」、「石道人」，寄託反清復明的志士情愫。

清順治二年（一六四五年），恩師袁繼咸抗清失敗，被友人之子左夢庚出賣給清軍。北解途中有詩曰：「袁年袁二老，一死酬至尊。從容文山節，誰召燕市魂。」

傅山見詩大慟，抗清之志益堅。第二年六月，恩師在北京三忠祠前從容就義。他聞說恩師獄中多有著述，遂隻身「密潛入京，收袁繼鹹遺稿」。袁繼咸在獄中著有《經觀》、《史觀》二種，並仿文天祥《正氣歌》作有《正性歌》：

天地治亂，理數循環。
湛茲正性，鼎鼎兩間。

有懷鄉哲，炳耀丹青。
維唐中葉，秀聳二顏。
越在宋季，文山疊山。
成仁取義，大德是閒。
哀我遜國，方黃臭蘭。
名成族圮，剛中良難。
淑慎以往，學問攸關。
我心耿耿，我氣閒閒。
從容慷慨，塗殊道班。
居易俟之，敢幸生還。

傅山讀詩思人，萬千感佩，鐵骨熱血，反清復明。遂有「朱衣道人」案起。順治十年，傅山以朱衣道人身份四海串連，與南明桂王密派的「山西總兵官」宋謙接上關係，相約第二年三月十五日在河南武安縣五汲鎮舉兵起義。可憐做事不密，宋謙旋即被捕，重刑之下供出了傅山。獄中傅山以恩師袁繼咸為榜樣，抱定成仁取義必死之心，詩文述懷。九月作行書《太原三先生傳》，十月作《講游夏問孝二章》並書《三官真經》，十二月作《獄祠樹》、《松居實獄詞》、《秋夜》、《載賡大雪是吾天四首》並書小楷《金剛經》，除夕作《甲午獄除夕夜同難諸子有詩覽之作此》、《除夕夜獄中和同難諸子詩》，次年二月書《妙法蓮華經》，夏書小楷《千字文》等。此時，更奇特悖謬的人生遭際開始了：諸多朋友設方營救成功，傅山居然死裏逃生，平安出獄。然而，刑獄雖平，心獄頓起，心獄更酷！原來救他不死的友人中，多有自己恥與為伍的新朝官員，如龔鼎孳、邊大綬、曹溶、魏一鼇、孫茂蘭、孫川父子等。自己誓死不做清朝官兒，卻是清朝官兒救自己不死，這對一位自視奇高的仁人志士來說，是多麼大的一種諷刺？內心不平，面子上還得回報人家這份友情，甚至不惜派兒子傅眉進京面謝，自己也不得不詩文酬答，這又是一種多麼痛苦的精神折磨？想一想恩師的「從容文山節，誰召燕市魂」，「我心耿耿」，「敢幸生還」……更是羞愧難當恨不獄中死啊！全祖望於此說得中肯：「然先生深自吒恨，以為不如速死之為愈。而其仰視天俯畫地者，並未嘗一日止，凡如是者二十年。」傅山自己有詩曰：「病還山寺可，生出獄門羞。有頭朝老母，無面對神州。」正是剛強節義人一種泣血心語也。設想一下，那個「來歷奇，行事奇，詩文書畫奇」的「三奇」老人，攬袖欲書《丹楓閣記》時，那是一種怎樣的怨憤而又自責的心胸？顏骨王風，筆底風雷，生死感悟，天地塊壘，把靈感發揮到極致，生成的只能是一種不朽，一種絕難更改摹仿、造假頂替的不朽。

此時林鵬先生一定沒有想到，他對傅山《丹楓閣記》一番直抵藝術真諦的鏗鏘語，是後來識別真假《丹楓閣記》的首席鐵證也是終極鐵證。

四年後的一九八八年，林鵬先生一見文物出版社的贗品「遼博本」，分外眼紅，隨即揮筆寫出《讀〈清傅山書丹楓閣記〉》，文雖不滿三千，卻刀刀見紅，直刺李鬼三寸。開篇一段即直言宣告曰：

> 愚意以為，尚未認清此本《丹楓閣記》！

林先生說，把兩件影印品放在一起比比吧，看不出它們的精神面貌大不相同嗎？「大相徑庭，簡直有天淵之別」！他除了簡略重申從內在精神層面宏觀把握真偽藝術品的根本區別之外，著重對贗品的「五大破綻」一一剖示如下。

其一：

文中「而文人之筆即極幽眇幻霍不能形容萬一，然文章妙境亦若夢，則不可思議矣」句中沒有「然」字，又覺得沒有「然」字不成語氣，於是便在「萬一文章」四字的右旁中間又添一個小字：「然」。商務印書館出版的這個「然」字雖不甚清晰，卻沒有寫錯。而文物出版社出版的，這個「然」字也挎在旁邊，卻不成字形。

其二：

文中「兩人（）（），隨復醒而忘之」，「（）（）」二字丟掉了，後來挎在「人」字旁邊。抄者也照原樣寫下來，也挎在旁邊。試想，如果是傅山自己重寫自己的作品，絕不會依樣葫蘆以至於此。傅山是書法家，他為什麼要照貓畫虎地重複自己的錯誤呢？這是不可能的。

其三：

有兩個「而」字，值得一提。「俄而風水合注，塊然偃臥。」文物出版社出版的，這個「而」字是在臨寫過程中，一邊寫一邊看，學得一點也不像，可以說是寫壞了。「幸而楓仲忘之」的「而」字，傅山原來並沒有寫錯，只是寫到後面越寫越草，以至使臨寫的人不認識這個字，竟寫成了一個清清楚楚的「為」字。他大概以為此處文義是「幸而被楓仲忘掉」的意思。殊不知「幸而」既順口又現成，若改成「幸為」則彷彿是故意忘掉的，很不自然。由此可見，臨寫的人連《霜紅龕集》也沒看過，集中是「幸而楓仲忘之」。

其四：

整個《丹楓閣記》和傅山的《跋文》從始至終說的都是夢，所以文中之「夢」字竟有三十個之多。「夢」字的俗體有「夢」的寫法。宋蔡襄有此寫法，見《中國書法大字典》，明徐渭有此寫法，見《草字編》，餘不多見。傅山把俗體的「夢」字寫成草書，形體很是獨特。這位臨寫者極力模仿傅山的寫法，卻沒有一個模仿得像。這位臨寫者倒很老實，傅山在什麼地方醮墨，他也在什麼地方醮墨。如果是傅山重寫，是不可這樣的。

其五：

「商務本」所據者，上面有戴廷栻的印，而遼寧博物館這一件在戴廷栻名下卻沒有圖章。試想戴廷栻不給原件蓋印，卻給後來的抄件蓋印，這是不可能的。

這篇文章收在林先生第二年也就是一九八九年出版的書法專論文集《丹崖書論》中，全國發行，廣為人知。到一九九四年這五年中，既未見「遼博本」擁有者提出異議，也未見文物出版社方面出頭爭論，更未見書法界方家大佬口吐蓮花；倒是有不少的認同者歡呼雀躍一體合聲，倒是有山西古籍出版社把「商務本」的《丹楓閣記》拿來重印，並特別將林鵬先生的文章附在後面，向海內外發行。不過，你要說一個「持不同政見者」都沒有，也不是事實，有位持懷疑態度者不是別個，卻正是林鵬先生本人。他說：

> 我沒有見過遼博的藏品，只是根據印刷品說話，這是很危險的。你說某件是假的，你就有責任把真的拿出來。我怎麼能拿出來呢？所以心中一直不踏實。如今真跡在哪裏，毫無影響，也許早已毀壞，或者流失海外，也未可知。

你別說，對一個責任心和道義感很強的人來講，你看到的「商務本」也不過是印刷品，何以證明它之所據，必為真跡呢？這是一個問題。

天下有些難題真無解，唯有交給老天爺。這一回，老天爺又難得的睜眼啦。

有一天，一位很老很老的老翁，在老兒子的攙扶下，摸進省城太原林鵬家。說明來意之後，林鵬先生首先驚呆了，以為在作夢。你道來者為誰？《丹楓閣記》真跡收藏家也！

這位老翁不願透露姓名，卻是山右名門之後。他當面親口說明以下事實和情況：

戴氏或為抵債，將此真跡傳入我家，三百年來未出昭余一步；

六十多年前，上海商務印書館為真跡拍照時，我就在場。事後對方給我一幅同原作一般大的照片，我也帶來了。

從前有一中共高官求索真跡，我深知有去無回，婉言謝絕；

從前還有兩位名家說此為膺品，卻執意要我低價轉手給他們，小商小販者流，我端茶謝客。

八年前山西古籍出版社推出單行本《丹楓閣記》，內附林君您大作《讀〈清傅山書丹楓閣記〉》。我展讀反復，思忖有年，又多方探問您的來歷人品，這才送貨識家，做此人生無憾之事也；

拜託林君您再著高文，並望能在真跡後面題寫跋語，為《丹楓閣記》真跡正名祛邪，以告慰傅、戴先賢在天之靈，以矯正視聽為後世學人樹榜樣。在下耄耋之人何所求？有此，死亦瞑目矣。

林鵬先生自是感動莫名。只對題跋一事堅辭不受：別說我，誰也不敢，這是佛頭著糞，不敢不敢。您老送我一份真跡複印品，讓我為真跡拍照，已然喜出望外，何敢再行掠美。而著文一節，我責無旁貸。

筆者無緣現場，想來當時這一種高義亮節肝膽相照，古今能有幾圖畫？

現在讓我們細瞻《丹楓閣記》真跡風采。

其高三十四公分，寬二十七公分，絹本，微黃，冊頁裝，織錦封皮，共蓋有六枚小印。總體看來，墨氣生動，筆法自然，雖隔過三百多年光陰，其精魂靈光如昨。

看罷真跡，林鵬先生說了這樣一段話：

清道光間壽陽劉霏雪崖將《丹楓閣記》刻石，除保留中間署名處的「戴廷栻」和「傅山」二名印外，其起首處上下共四印皆不保留，最後「既為書之復識此於後」處，二印與墨蹟重疊，也不保留，又在左下加「真山」紅文小印一枚。此件刻石十分精良。老人也將拓本帶來讓我看。以此推測，遼博藏品的造假者，沒見過真跡，沒讀過《霜紅龕集》，很有可能是根據這個拓片造假的。……真跡每頁七行，刻石每頁五行，遼博藏品每頁只有四行，精神氣味，迥然不同。

這是二〇〇二年的事。當年九月三日，林鵬先生即著文記其事，篇名曰《〈丹楓閣記〉真跡發見始末》。從二〇〇二年到二〇〇七年，又是五年。這其間，同樣的，既未見「遼博本」擁有者提出異議，也未見文物出版社方面出頭爭論，更未見書法界方家大佬口吐蓮花；倒是認同者愈來愈夥，其中不乏名家名論。可是偏偏就在這種情況下，以假充真、以假亂真的《丹楓閣記》出世了，赫赫然挺立於《傅山書法全集》之中，煌煌然無視人間正道。這可就奇了天下之大怪了！

《傅山書法全集》，前面列有《編輯凡例》十條。起首第一條即云：

本書作品來自我國各博物館（院）、文物收藏單位及個人藏品。所收作品我們會同有關專家進行了再次鑒定，確認非傅山的作品，本書未予收錄。對個別有懷疑但一時不能確定的，本書將其收入，供專家和讀者進一步研究鑒別。

這段編者的話，令筆者好奇心大增。因為這部「巨無霸」豪華大書的顧問只有兩名，頭名沈鵬，二名林鵬。此林鵬不是別人，正是上述三篇去偽存真大作的作者林鵬。人們不禁要責問，你林鵬身為顧問之一，必定是參與「再次鑒定」的專家之一，因何要為贗品《丹楓閣記》放行？這不等於自己否定自己嗎？採訪之後這才明白，此林鵬不過是空名徒掛，並沒有參與什麼專家們的「再次鑒定」；到底是哪些專家恭逢其盛，他也聞所未聞；贗品《丹楓閣記》是作為「確認」的傅山原作入選，還是作為「個別有懷疑，但一時不能確定」的作品，也沒有人向他打個招呼。瞧他這顧問當的，分明一個聾子耳朵。

他們真小看了這個「聾子耳朵」。

可以說，傅山研究者遍國中，山西省尤多。林鵬以「外省人」身份，從一九八二年至二〇〇二年的二十年間，獨步「傅山學」，僅書法層面就寫作論文近四十篇，被人收集起來，出版為《丹崖書論》，至今三版發行不絕，是此類不暢銷書中之大暢銷者。其價值幾何，一般人說了不算，得聽方家大佬的。

中國著名古文字學家、書法家張頷先生說：

傅山之著述甚為豐富，其中有關書法之讜論亦多，惟支離零散未抽端緒，從來無人注釋和專門論述。有之，當從《丹崖書論》為始，故此書可為試飛舉步，開闢草萊之作。……文思宏恢，天海不羈，浩漫之中多有發明。

中國著名學者行書法大家衛俊秀先生說：

傅山他那狂草的書體，高古的詩文，常常使人陷入難識難解的困境，這就需要有研究、分析一類指引的著作了。好友林鵬同志這本《丹崖書論》，正是這種論著。……其中有注解，有釋文，有分析，有主見。例如他那篇《五峰山草書碑注釋》，廣征博引，纖細靡遺，並指出碑文的意義所在，藝術的價值，以及藝術創作的道路。……回想拙作《傅山論書法》一書，其中有些不安的地方，今讀《丹崖書論》書稿，正可以糾正其中之不妥，引以為快。

中國著名教授、書法大家姚奠中先生說：

讀了林鵬同志的《丹崖書論》，受益非淺。書中對傅青主的生平、為人——特別是為人，傅青主的書法藝術和傅青主的書法理論，都作了廣泛的探討和闡述。……深感他（傅山）的草書圓轉之中富於頓挫節奏，筆力蒼勁，氣勢逼人。以為自趙松雪、董玄宰、王夢樓一派的名家，以嫵媚風流稱者，皆難以望其項背。以鄧石如之專攻，鄭板橋之奇趣，被書法界推為佼佼者，比之傅青主，真不啻瞠乎其後。我以為宋元以來，堪與比肩者，唯有王鐸而已。林鵬同志，先得我心。……現在看來，傅青主首先強調的是作人，是人的品質，其次才是書法。書法需要有骨氣，而反對奴氣、俗氣，重視天機、率真、自然而反對嘩眾取寵、做作、軟媚。他要求博學多練，但又要忘形求神……凡此，都和他的書法實踐相一致。……以上這些，林鵬同志在書中都作了充分的分析和論述。其餘對《蘭亭》和草書的探討，可以作為兩篇獨立的論文來讀。而《穿椎一得錄》，討論了十個問題，更是林鵬同志的書法理論。……而其總的精神則和傅青主的立論是一致的。

所以，不難看出，林鵬先生能為《丹楓閣記》連寫三篇真偽之辨的好文章，絕對不是偶然的，是以洋洋二十餘萬言的學術專著《丹崖書論》為後盾的，是以幾十年鑽研「傅山學」的深厚功力和獨特心得為基礎的。稱他是這方面的一流專家之一，當不為過。這樣的專家近在咫尺，不請他參與「再次鑒定」，令人不可思議。也許是「遠處和尚會念經」的傳統思維作怪？也許因為一個民間林鵬無廟堂之身？也許因為《丹楓閣記》的真跡必得有「紅頭文件」的「欽定」？也許覺得真跡不真，屬於「一時不能確定的」「懷疑」，還在誠心等待反方文章的出現？……

到今天，又近五年過去了，結果如何呢？

結果是：等來了一組非常有意思的文章。

二〇一一年的第一期《書法》雜誌，專門闢出二十多個頁碼，開了一個學術專欄——「傅山專欄」。欄目主持人是中國書法協會學術委員姚國瑾教授。他在「主持人語」中旗幟鮮明地指出：

近年來，研究傅山及其書法者日見其廣，各種讀物也層出不窮。但魯魚豕亥者，也屢見不鮮。更有甚者，於傅山真跡視而不見，以假充真，別有所圖，以致遺害後世。故此次《書法》雜誌闢作傅山專題，對於傅山書法的多方位研究將會起到有益的作用。

專欄共收有六位資深傅山研究者的文章，依次是：

林鵬先生的《讀〈清傅山書法丹楓閣記〉》

大江先生的《真假傅山〈丹楓閣記〉辨》

白謙慎先生的《關於傅山研究文獻整理的一些問題》

姚國瑾先生的《關於傅山書法中的偽作問題》

吳高歌先生的《傅山奇字與遺民情結》

渠榮籙先生的《傅山先生獄中之作》

林文已見上述。姚文放眼全局，對傅山書法中的偽作問題，作了總體估量與評介，指出由於「傅山學」日漸成為顯學，其書法身價也與日俱增，隨之而來的則是贋品日多，加之他生前身後的各種代筆、臨摹、抄錄作品情況複雜，魯魚豕亥，真假難辨，致使一些重大出版物和拍賣市場也難免以假亂真的尷尬，顯示出對學術的漠視與戕害。

具體到《丹楓閣記》的真假之辨，大江的文章值得特別關注。

大江先生以實證法，即以圖版實例為主、文字為輔的方法，對《丹楓閣記》的「遼博本」和「商務本」的本質差異，進行了全面而客觀的辨析。此公尚不知何方神聖，當真下了大功夫，為了讓讀者明白比較，他先把林鵬先生的見解，製成四塊圖版，寫出六段比較文字，在此基礎上詳細闡明了自己的五種辨析結果。第五種足足占去一半篇幅，他說：

> 重點還要看作品的筆法與結構，這是書法鑒定中最為關鍵、最為重要、最具有普遍意義的內容。本節為拙文最重要之部分，也是筆者倡導的實證法之體現，亦是筆者深入書法作品內部，針對書法本體語言所進行的探索。對於藝術品的鑒別而言，觀察細節比觀察整體更為重要。……筆者相信，真偽之間的本質差異，只要真實、客觀地存在著，觀者便一定能夠感知、理解……這也是實證法的最大優點。

接下來，他從結構角度對十九個字進行了對比辨析。比如三個「吾」字，他認為「商務本」非常穩定一致，無一不佳，尤其是最後收筆，不作過度延伸，體現其法度嚴謹；而「遼博本」則隨意延長。再比如七個「閣」字，他說「遼博本」把「各」部都寫到「門」的外面去了，這樣的結構並不美觀；而「商務本」卻無一寫出「門」外。書法結構美的形式是無限的，可以變化萬千，沒有死的標準，但一定要符合美的法則，一定要變得有根據。

隨後，他又從筆法角度對十七個字進行了對比辨析。他認為比結構更重要、更微妙的是筆法。比如「夢」字，從整體看，「商務本」有一股清氣、俊氣，點劃乾淨俐落，而「遼博本」則無；把它拆開，可知整體的不同，實際上與局部密切相關，草字頭，「四」部，「夕」部，「遼博本」都比不上「商務本」。再比如「若稍」二字，「遼博本」「稍」字的

「禾」部起筆處少一曲，這作為一般文字書寫，不必苛求，但在書法中則非講究不可，如同音樂中的快奏，不能因為快而任意省略節拍。作為書法大家的傅山，不會這樣隨便馬虎的。

難能可貴的是，大江先生不僅下了一番精到有據的辨析功夫，還將贗品《丹楓閣記》的危害性提到了一個相當的文化高度。他說：

> 真跡是一件非常珍貴的書法作品。……只要認真對待，仔細比較，完全可以辨明兩者的真偽。從目前的情況看，如果不能正確鑒別，此案將成為文物考古界一個很大的錯案、假案。一旦真偽顛倒，以假為真，以真為假，最嚴重的後果還在於將造成書法審美標準的混亂，從而誤導大眾，使他們不能得到正確的審美教育。

據說，真跡收藏者曾派一兄弟前往遼博探秘，想親眼見識一下他們的《丹楓閣記》真面目。被婉拒了。一工作人員私下告之曰：我們這是贗品。

筆者想，即使沒有這樣一個「據說」，事到如今，哪一個《丹楓閣記》是真跡，難道還不明白嗎？真的還要等「紅頭文件」下發嗎？

誰還想等？等去！

林鵬先生是個急性子，等不得，心急火燎的事非他，想將真跡《丹楓閣記》重新出版，附上它出身高貴卻飽經憂患的「履歷」，比「三四商務版」和「九四古籍版」都要做大做強做體面。在「真跡」上下功夫，那才叫個值！

可慶幸的是，林鵬先生這一願望今年實現了。年初，西泠印社隆重推出林鵬先生編著的《丹楓閣記研究》。《出版說明》這樣寫道：

若研究傅山的《丹楓閣記》，有關的資料都在這裏了。本書題為《丹楓閣記研究》，是恰如其分的。不可否認，林鵬先生三十年來對《丹楓閣記》的研究，成績斐然，有目共睹。無論高度評價，還是辯偽存真，都已經得到普遍認同，並且又將深藏多年的《丹楓閣記》真跡發見出來，這是一件了不起的大好事。它不僅是書法史上的大事，而且也應該是文化史上的大事。但是，出乎人們的預料，竟然受到某些人的冷落，受到「裏邊的外人」（傅山語）無端歧視。這很不公正，令人失望，無論如何說不過去。我們相信，看完此書，所有行內行外的國人都會有千里同風的看法。希望廣大讀者批評指正。西泠印社出版社。

西泠印社《丹楓閣記研究》正文末篇「第九」，收錄該書編著者《林鵬的感歎》，有作跋的意思。一如林氏一貫文風，文章短小精幹。全文如下：

傅山的書法精品《丹楓閣記》，堪稱國寶。三百年來十幾代人精心呵護，真跡竟然未出昭余一步。這本身就是一個奇跡，一個偉大的非常感人的奇跡。

多年來省外流傳的膺品，又經辨偽存真，得到普遍認同，從而真跡又被發現出來，這是多麼令人高興的事情啊。這故事本身不僅非常生動，非常完整，而且可以說非常之美好。

山西的人傅山，山西的事，《丹楓閣記》，山西的國寶，山西的驕傲。待到山西出書時，《傅山書法全集》硬是不用山西的真跡，偏偏用了外面流傳的膺品，這對得起山西嗎？天下有這麼辦事的嗎？這不是欺侮人嗎！欺侮天下無人，欺侮山西無人。《漢書》曰：「狗不吠，雞不鳴……固知國中之無人。」三年過去了，鴉雀無聲，看來真的是無人。《孟子》曰：「然而無有乎爾，則亦無有乎爾。」無可奈何之下，我決定將我的三篇舊文附在圖版之後，再次公之於眾，以便於大家思考。我能做的，也就只能是這些了。有人寫過這麼兩句詩：「八十年來種種事，一沉一默一沉淪。」敬祈賢達，有以教我。

說到跋，林鵬先生還真為《丹楓閣記》寫過一篇，《傅山書丹楓閣記跋》，全文如下：

清初祁縣戴廷栻，字楓仲，修建四層木構高樓，命曰丹楓閣，用以接待當時文化名流。並作《丹楓閣記》，請傅山，字青主書之。此乃傅山行書妙品，士林重之。文極詼詭，字極老辣，誠不朽之傑作也。文中從始至終說一夢字，自己之夢，眾人之夢，民族文化之夢，充分反映出志士仁人的真實懷抱，令人肅然起敬。而三百年來，真跡竟未出昭余一步，此更信紙人驚歎不已。藏主渠公命余跋尾，謝不敢，謹以另紙書此數語，以記拜觀之幸及崇敬之誠耳。

這篇小跋，林鵬先生親筆寫在三頁紙上，未章節附註明「西元二千零二年中秋節，林鵬於太原東花園宿舍」。一派老年化境書風，亦或可稱「字極老辣」。

具體說到林鵬先生書法作品的藝術水準和藝術成就，似乎應該以書法界對其兩次書法個展的評價為依歸。這裏有必要簡略介紹一下兩次書展：二〇〇五年五月十八日至五月二十三日，在北京中國美術館舉辦了《林鵬草書展》；二〇〇八年四月三十日至五月十八日，在杭州西湖美術館舉辦了《三氣氤氳——林鵬草書藝術展》。當時向海內外發佈的新聞消息稱：首都「書畫藝術界名家、新聞界人士和書法愛好者等數百人出席了展覽開幕式，書法界名家、書法愛好者等百餘人參加了稍後舉行的「林鵬草書展研討會」，研討會由著名書法家于曙光先生主持。」「此次展覽共展出林鵬先生草書作品五十六件，其中多為八尺以上巨作，尤其是丈二匹十二條屏杜甫《秋興八首》更是豪邁不羈，氣勢恢弘，是林鵬先生的晚年力作，也是當代草書領域的經典之作。」「林鵬先生是我國當代草書大家，山西書法界德高望重的領軍前輩。其筆下遒勁豪邁、氣勢磅礴的連綿大草，在中國書壇有著廣泛的影響和極高的聲譽。」

又稱：《三氣氤氳——林鵬草書藝術展》「共展出林鵬書法精品一百餘件，集中展示了林鵬先生的藝術歷程和藝術成就。其中大幅草書氣勢恢弘，震憾人心，體現了林鵬先生身為我國當代草書大家的深厚功底與書學修養。」「他的草書作品，沒有在筆法中迷失自我，猶如一泓清泉洗滌塵埃，讓人豁然開朗。林氏用其特有的對中國傳統書法的認知方式、研習方法打開了屬於林氏自己的書法天地。從其齋名『蒙齋』可以看出，林氏是講究獨立醒悟的人。久察林氏草書，給筆者『性靈源於心、筆意寓於境』的感覺。林氏草書作品的成功，點畫線條的表達方式是一個方面，而其書品的高尚，更是一個主要方面。他曾說：『把握草字的字形，必須有摹的功夫。不然，位置都沒找見，何形似之有？做人要做個規矩人，草書最講究規矩繩墨。』由此可見林氏是十分講究做人的品行的。」

比較深入系統地研討林鵬先生的草書藝術成就，那在「林鵬草書展研討會」。詳細可見後來出版的《林鵬草書展作品集》之多種附件，篇幅所限，這裏不能一一披露了。

不過，筆者在閱盡各類書評之後發現，尚未有人對那款極有標誌意義的丈二匹十二條屏杜甫《秋興八首》，作深入而中肯的評價，尤其未能與作者何以要大書《秋興八首》的心胸懷抱相勾掛，也就是未能與林鵬先生那股大聲之氣相溝通。筆者覺得是個遺憾，不妨彌補之。

為了便於進入評論，先想做個鋪墊，先看看這幅大草傑作是怎麼樣寫出來的。著名書法家賈起家和任泉溪，專門寫過一篇文章，題目可長，《丹崖古墨奔眼底，碧梧棲老鳳凰枝——著名書法家林鵬先生巨幅狂草作品杜甫〈秋興八首〉十二條屏創作側記》；內文也不短，主要部分如下：

翌日（二〇〇五年——筆者）正月十八，陽曆二月二十六日，是個週六。先生（指林鵬先生——筆者）安排下午三時入室。等我們準時來到會議室（指北京海軍第一招待所一間近百平米的會議室，臨時作為林鵬先生的創作室——筆者）時，先生早已坐在那裏流覽著明高棅編的《唐詩品彙》，確定以杜甫《秋興八首》為創作內容，並寫出樣稿。片刻後，先生命裁紙、拉紙，筆墨伺候。丈二匹整張對裁的宣紙，在毛氈上一鋪開，先生就脫去身上的皮筋克，把筆在水缸裏蘸過之後，放到墨池中調試，然後把筆置於第二個盤內，再調水，再加墨，一邊舔著筆，一邊開始把目光轉向臺面上宣紙的右上角部分。隨著一聲洪亮的「摁紙」號令之後，飽蘸墨汁的斗筆開始著紙，其勢宛如鷹鵲搏擊，風檣陣馬，「玉露凋傷楓樹林，巫山巫峽氣蕭森……」只見那斗筆在林先生手中騰挪翻轉，電閃雷鳴。忽而如雙蛇爭鬥，忽而如枯藤倒懸，忽兒如珠落玉盤，忽而如雲騰霧翻，忽而左右搖曳，錯落有致，忽而連綿不絕，氣貫如虹。隨著書寫的延續，先生的創作激情也在不斷昇華，更加熱情奔放。在書寫前二屏時平心靜氣，一任自然；寫到第三屏，忽然發出吼聲，筆勢的轉換跳蕩與吼聲相合，猶如音樂輕重快慢、高低相間的節奏，隨著樂律的變化而加強，進入到一種「大弦嘈嘈如急雨，小弦切切如私語。嘈嘈切切錯雜彈，大珠小珠落玉盤」之境。有時一筆連寫數字，如激電奔流，筆斷意連處，也是脈絡分明，氣勢通暢，飛動之極。如第四屏第一行從第一字「信」字始，到「故飛飛」止，一筆寫十四字，在寫到「清」字時，由於筆勢造險，已使「清」字整個處於搖搖欲墜的險絕之狀，只見先生筆頭稍一左轉右頓，空筆順勢飛速奔「秋」，將「秋」字「禾」字旁左傾，「火」字草勢正極一托，使「清」字化險為夷，從此變化中即留出氣口，又使筆斷意連達到極致。第二屏第二行中「望京華聽猿」五字，在剛勁挺拔的大筆觸中，融入少許宛轉線條，柔和的旋律跳動，氣象萬千。尤其「華」字最後一筆，則如鐵劃銀鉤，剛勁無比，與下面「聽」字體勢相生，點劃剛柔相濟，布白疏密有度，臨風搖曳，顧盼生姿。第九屏第一行之「江湖滿地」四字以及第一屏第二行第一字的「開」字，筆劃輕快俐落，清淨空靈，猶如驚蛇入草。如此等等，不一而舉。這種章法照應，接上遞下，達到一氣呵成、氣足神完的境界，功力、學養、氣質、秉賦、藝術素質缺一者不可為也。就這樣，杜詩那優美動人的詩韻旋律，在林先生抑揚頓挫的肆意揮灑下，如同演奏著一首千古絕倫的協奏曲，令人感歎，令人陶醉。

丈二匹對裁的紙張，寬度為七十二釐米，每屏寫首行時還可將紙卷起置於案頭，邊寫邊拉。等到寫第二行時，由於水墨沉浸的原因，不能折卷，林先生必須平鋪於身後，作者跨於其上，騎馬蹲襠式地去完成它。每屏三行下來，別說八旬老人，就是青年人也夠滋味。兩屏之後先生已汗珠如豆，鶴髮蒸騰，面煥童顏，遂脫去毛衣，又寫兩屏，再脫去襯衫，只穿背心，赤膊揮毫，已然進入了自由王國，徜徉於他的藝術境界當中了。六屏下來，先生已騎馬蹲襠作書近一小時。筆者勸先生可否略作小憩。先生只在案頭呷了口茶水，點燃一支香煙，猛吸幾口繼續創作……八、九、十、十一，到第十二屏寫完詩之後，先生略加思索，附記、落款、署名，到「鵬」字最後一筆的收筆，伴著先生「嘿」地一聲響亮的尾聲，完成了這部協奏曲的全部樂章。在我們發自內心的叫好聲中，先生非常興奮而自信地說：「怎麼樣？就它啦！」宣告了這一長篇巨製的順利完成。此時是下午五時四十分，從落筆開始到十二屏創作結束，用時一小時四十五分。四百五十餘字的丈二匹十二條屏的巨作，在不足兩小時內完成，非筆者親臨現場是難以致信的，就連林先生自己也大感意外！

不可多得的書法傑作問世，能夠臨場觀摩，也是一種緣份。筆者未能恭逢其盛，至為遺憾，總想找補。前年，與山西電視臺的朋友牛高華總監起意合謀，請出林鵬先生，在他的學生姚國謹教授的工作室，再創大幅作品。不過，大家顧念八三老人的健康，不敢再貪丈二匹十二條屏的規模，只求作了八尺六條屏一幅草書精品。轟然大開眼界，親睹林鵬先生的書寫風采，尤其書寫中那別具一格的發自心性的無遮無攔的「嘿」、「嗨」之聲，令人如沐時雨春風，如聽天籟妙音，渾身三萬六千個毛孔無一處不舒坦。且加上現場採訪，錄音錄影，製作成一台節目，頗有時空深意。這一段小插曲，也就擱過不提，現在只說林鵬先生何以會選寫杜工部的《秋興八首》。

這事筆者沒問過林鵬先生。筆者想：問也白問，因為或許他自己一時也說不清原由，這種選擇大約就生發在一刹那間，由深心直覺造成，已然與理性思考與選擇無關。這一種深心直覺，可就大有文章了。

杜甫作出《秋興八首》時，年已五十五歲，距離自己的生命終點只有三年時光了。他雖然不知死之將至，但老境蹉跎，家國不幸，壯志難酬，一生心事誰訴，這一份生命不能承受之重，流溢出來的詩句便由心血鑄就。你就讀這《秋興八首》吧，八首蟬聯，一氣呵成，你想拆開它們，你想顛倒它們，你倒來試試，它「總是一篇文字」（王嗣奭語）啊！全詩以憂思國家興衰的愛國情懷為主題，以夔府的秋日蕭瑟和詩人的暮年顛沛孤寂為基調，若按一般寫法，總要多用一些清、淒、殘、苦的字眼兒。然而杜甫不是一般胸懷，在這裏卻大量使用絢麗而華美的詞句，去書寫那天大的哀愁。再加上強烈的對比手法，尤其是反覆運用循環往復的抒情方式，把翻騰起伏的胸中鬱勃不平之氣，揮灑到不好言傳只可意會的深邃境界，巧奪劉勰所說的「理殊趣合」之妙。這裏，且不論才華如何，若果沒有一副久曆人生磨難與非凡體悟的「百鍊身」，誰也甭想寫出來。

難道說，不是這一點吸引了書法家林鵬先生嗎？看看他的一生經歷，千般生命磨難，萬種家國情懷，卻不甘沉淪，總要穿椎而出，一展胸襟……他的這種大聲之氣可通漢唐士君子之心，能不理解杜甫、走近杜甫並喜歡杜甫嗎？選擇也許隨意，背後卻是天命使然。筆者可以斷言：唐詩《秋興八首》連同它的作者杜甫，必將永久彪炳詩史；同樣，當代草書作品《秋興八首》連同它的作者林鵬，必將永久彪炳書法史。

現在來小結一下。林鵬先生在以丈二匹十二條屏杜甫《秋興八首》為代表的書法成就之外，還為中國書法界乃至整個中國文化界，做出了三大特殊貢獻：

其一，正本清源，以身作則，詮釋學習書法為什麼；

其二，讀書論道著文章，力挽書壇淺陋無學之風氣；

其三，打假求實，還傅山行草《丹鳳閣記》以千古真容。

這樣的成就，只要能擄有其中一項者，都可稱為書法界之佼佼者而其名不廢。那麼，擄其所有者林鵬先生該如何評價？就交給讀者與後代吧。

第十九章 東巡碑之戀

有一件稀世珍寶，堪稱國寶。它於西元四三七年問世之後不久，即在人世間消失蹤影，將近一千五百年以後，又突然現身，驚鴻一瞥，轉眼又一次突然消失，等到三現身時，近七十年光陰又過去了，似乎在專門與世人開玩笑。待它不開玩笑時，與林鵬先生訂了君子交情。

說的是東巡碑，正稱《皇帝東巡之碑》，習慣呼為御射碑。

天下共有幾通御射碑？一般都說只有兩通，都出在北魏時代：一通是太武皇帝拓拔燾的御射碑，即東巡碑；一通是他孫子文成皇帝拓拔浚的御射碑，正稱《皇帝南巡之頌》，簡稱南巡碑。爺孫倆或東巡或南巡，都是從國都平城（今山西省大同市——筆者）到鄴城，從恒代到河北。對北魏朝廷來說，以冀州和定州為中心的河北數州，是「國之基本」，所謂「國之資儲，唯藉河北」，其中鄴城尤為重要。政治重心與經濟、文化重心的分離，使北魏諸帝對河北地區的定期巡視具有重要的政治意義。「御射」之事，都發生在結束巡視從鄴城返回平城的路上，路徑大都一致，即先後經由五回道和靈丘道，回到平城。有史家論說，即使拓跋浚南巡碑創立這一次出巡路線不是走五回道和靈丘道，他此前一定多次走過爺爺走過的道兒，多次經過徐水河畔爺爺的東巡碑。孫兒的「御射」，其實就是對爺爺「御射」的模仿。只是因為東巡碑之名在先，為區分計，則冠以南巡碑之名。

筆者在這裏多嘴的是，歷史上稱為御射碑的，其實還有一通，也創立在北魏時代。景明三年，西元五〇二年十月，北魏的第八代皇帝——宣武帝元恪，從鄴城返回洛陽，路經河內，也有一次射術表演。《魏書》卷八《宣武帝紀》：「冬十月庚子，帝親射，遠及一里五十步，群臣勒銘於射所。」所勒之銘，即御射碑。趙明誠《金石錄》卷二十一有「後魏御射碑」條，稱：「在今懷州」；並引碑文「惟魏定鼎遷中之十載」、「皇上春秋一十有七」云云。

閒言少敘，這裏只說北魏太武帝的《皇帝東巡之碑》。

且說西元四三五年臘月天，北魏皇帝拓跋燾正在急急趕路，東巡歸來，他要返回京城大同過新年。這天，來在徐水邊一個喚作貓兒崖的地方，忽然就「山窮水盡疑無路」了。這位馬上皇帝可不含糊，剛生下就「體貌瑰異」，高興得他老子拓跋嗣一語斷定「成吾業者，必此子也」。果然，長大後他親率北魏鐵騎，滅亡了夏國、北燕、北涼等諸多政權，一舉統一北方；然後向北馬踏漠北，橫掃佔據蒙古大漠的柔然汗國，向南屢次挫敗南朝，並佔據了劉宋的河南之地，成為南北朝時期最傑出的騎兵統帥。那麼，眼前這個小坎兒算什麼！說時遲，那時快，只見他「援弓而射之，飛矢踰於岩山」，登時柳暗花明，就此開出一條溝通晉冀間的五迴嶺古道。一箭射出一條古道，這當然是馬屁話，其實人家五迴嶺古道早在戰國未期就開通了。但那些拍馬屁的官員們卻相當認真，當即樹碑立傳，「用贊元功」。於是，便有了御射碑。傅振倫先生評價說，「此碑高六尺，廣二尺三寸餘，書法是魏碑中上乘之作」。據說其價值不在《龍門十二品》、《張猛龍碑》之下。若問這「一箭開古道」的貓兒崖位於何處，可就牽出了狼牙山下的南管頭。南管頭，南管頭，村子不大有來頭。林鵬先生就出生在這南管頭。

酈道元《水經注》第十一卷記載說：

> 徐水「西出廣昌縣東南大嶺下。世謂之廣昌嶺，嶺高四十餘里，二十里中委折五回，方得達其上嶺，故嶺有五回之名，下望層山，盛若蟻蛭，實兼孤山之稱，亦峻竦也。徐水三源奇發，齊瀉一澗，東流北轉徑東山下，水西有御射碑。徐水又北流西屈徑南崖下，水陰又有一碑。徐水又隨山南轉徑東崖下，水際又有一碑。凡此三銘，

皆翼對層巒，岩障深高，壁立霞峙。石文云：皇帝乙太延元年十二月，車駕東巡，徑五回之險邃，覽崇岸之竦峙，乃停駕路側，援弓而射之，飛矢逾於岩山，刊石用贊元功。夾碑並有層台二所，即御射處也。碑陰皆列樹碑官名。」

酈道元所記之碑，就是拓拔燾在南管頭「一箭開古道」的紀念碑——御射碑，即東巡碑。這裏有個問題：酈氏所記凡三碑，都是一模一樣的御射碑嗎？若是，方寸之地同立三碑，有悖常情；如若不是，另外二碑是為何碑？林鵬先生對此便長期存疑：「太武帝拓跋燾從易縣只經過一次，他走一路射一路，沒完沒了，像羊拉屎一樣大立其碑，這是不可能的。」但吳占良先生說，他親眼見過另外二碑之一的碑座，當地山川形勝與第一碑極為相似。東巡碑創立於太延三年即西元四三七年，下距酈氏作《水經注》不過六七十年，三碑究竟何等面目，按說當時是應該看得分明的。而留下這筆糊塗帳的原因，筆者懷疑酈氏為桑欽《水經》作注，或許在這一條上未能作實地考察，而是套用已有的書面記載。此後五百三十多年間，這筆糊塗帳無人清算，連御射碑也不見史載了。直到宋太宗趙炅一朝，有人名叫樂史者，撰寫《太平寰宇記》，方才提到此碑，且有溢出《水經注》的記載曰：

「後鎮東將軍、定州刺史樂良公乞文於斯所立碑，中山安喜賈聰書。」

出「溢出」之語的，是清朝學者趙一清，他在校注《水經注》時引用上面的話，並考證說立碑人當為一位西部鮮卑乞伏氏官員，惜與書丹者賈聰一樣皆不見於史傳。惟「續贊其事」並最終刊石立碑的繼任者張掖公寶周，《魏書》、《北史》皆載其行狀。他是南涼國王鮮卑禿發傉檀之子禿發保周，延和元年（四三二年）入魏後，先封張掖公，後封張掖王，太延五年（四三九年）即因反叛失敗而自殺。因此太延三年的立石時間是可靠的。然而，「三碑之疑」，他卻也未曾稍涉，糊塗帳照掛史冊。

朝代更迭，歲月穿梭，多少風流人物生生滅滅，又是近千年雲煙過眼。御射碑連同它的糊塗帳，居然再也不見記載，消失得無影無蹤，就像沒有過這回事似的。世稱：「北魏太武帝東巡碑，雖早見稱於文獻……現在原碑已毀，遂成絕響。」不料，「絕響」不絕，西元一九三六年，石破天驚，出了個幸運者徐鴻寶。此人生於西元一八八一年，表字森玉，浙江金華人，畢業於山西大學堂，曾任北京大學圖書館館長，後任京師圖書館主任、北京圖書館採訪部主任、故宮博物院古物館館長。解放後，任上海博物館館長、全國第二中心圖書館主任委員。一生致力於文化、圖書事業。辛亥革命後，曾與魯迅同在教育部供職，和魯迅一起，對京師圖書館建設有關事宜，經常協商處理，並一起至書肆購書。在京師圖書館任職間，購回許多流落在書肆的孤本秘笈充實該館。精於版本學。胡適等學者常向他求解古籍版本疑難。一九四〇年，由蔣複璁提議成立「文獻保存同志會」，他為五人委員之一。曾兩度去香港、上海及內地協助收購古籍善本。次年，曾把淪陷後的上海古籍，秘密運往香港保藏，又收購各地私藏，共得四點八萬餘冊古籍精品。後被蔣介石運抵臺灣。徐森玉（鴻寶）先生在河北易縣覓得原碑，把二十份拓本帶回北平，次年傅增湘、周肇祥也前往摹拓，東巡碑才重新現身，為藝林所重。羅振玉、壽鵬飛、傅振倫等，都曾先後據拓錄文。但是拓本都僅拓碑陽文字，不及碑陰，而酈道元稱『碑陰皆列樹碑官名』，文字之繁多，當逾於碑陽。可能當時石碑已風化嚴重，碑陰文字漫漶難識，無法拓取。」

無名氏尋訪東巡碑筆記之一：

中午一點多，在管頭東北進入漕河幹流，很快進入壯麗的峽谷。到一個村莊，打聽到這個地名是南畫貓，北距貓兒岩還有五華里。南畫貓村莊東傍徐水，河東岸就是高逾百米的懸崖峭壁，景色極佳。我們停車方便，順便來到河邊。在西岸階地注目對岸的岩壁，猛然想起酈道元「岩障深高，壁立霞峙」的話，覺得就是寫這個地方的，而且「覽崇岸之竦峙」的確符合我們此刻的感受。這種景象令人胸中頓生豪氣。

但是我們的目的地是貓兒岩。經過北畫貓，再走幾分鐘，就到了貓兒岩。令人失望的是，貓兒岩這裏是一片相當開闊的河谷盆地，東西山地都比較舒緩，沒有懸崖峭壁，自然也就沒有《水經注》所描寫的那種景象。和村裏人攀談，他們對大石碑之類的東西，全無所知……我們卻沒有輕易絕望。首先，貓兒窪未必就是指的貓兒岩。貓兒岩是如何得名的？綜合當地人的各種說法，南畫貓東山的那片懸崖，有一大塊峭壁上，有石頭隱起若貓狀，就像是畫上去一般，由此得畫貓之名。而「貓兒岩」一詞，本來也是指這一塊石壁的。這一片懸崖，恰恰是貓兒岩這個河谷小盆地的南端。至此，我們認為，不能把舊時所說的貓兒岩地名，固執地理解為貓兒岩村，而應當包括南北畫貓兩個村莊在內。這麼考慮之後，我們感覺，剛才經過的那個南畫貓，就是太武帝「御射」之所，也應當就是立碑之所。以前的調查者，可能是從北路而來，未能注意南邊南畫貓的特別景觀，所以未曾有機會到真正的「貓兒岩」下面看一看。南畫貓的村民對我們這一群外來者很感興趣，這樣我們就有機會和他們談話。我問：這一帶是不是曾經有一個大碑？你們記得老人提起過這裏有個大碑嗎？肯定的回答立刻就出現了。是的，有一個大碑，就在河邊，六〇年代送到南管頭做石磨了；剩下一個大大的碑座，後來平整農田給崩掉了。他們所指的原來立碑的地方，在河西岸階地上。我們走過去，只見麥苗青青，下臨河床，對面就是壁立如削的懸崖。

無名氏尋訪東巡碑筆記之二：

太行山深處風景極好，天藍得徹底，群山在陽光裏峻拔層疊。北大歷史系的幾位教授、中華書局的總編輯以及社科院的幾位研究員分兩輛車來。他們到達之前我剛剛吃過農家飯，打算陪著村長探山洞。村長是山溝溝裏最有文化的人，能寫幾筆書法，幾句詩詞。他在進山的崖壁上寫「山重水複已無路」，唔，已無路。兩邊崖壁夾立，轉過去是一大片楊樹在谷裏，新修的柏油路明晃晃地鑽進去了。進山後車還要行很久，行到狼牙山利齒般的峰巒和主峰高處白色的紀念塔消失在山坡後，五百年的老柿子樹枝幹烏黑道勁……石碑的殘塊分散在水邊，找到的碑座上雕著四足，又有一塊，雕著一隻眼睛。千年前的石頭睜著秀逸的眸子，注視金色的白楊樹。柏油馬路從高處蜿蜒而過，我們正低低地走在北魏古道上，在白楊荒草之前的久遠年代，這裏是商旅兵馬絡繹往來的定州大道，而白石子和深潭承載著古代漕河的歷史，那時候飄落在水面的是槳聲燈影，而不是金色、橙色、紅色的樹葉。拓跋燾行軍至此，張弓而射的過去早已經消失，他和他的兵馬留下了成把的箭支，被山民拾去壓在炕下，而他的偉業被刻石、被打破、再被風化成薄薄的一張紙，藏在一個瘋子焦黑的夢裏。殘石是御射碑，基本確定無疑。我們在山谷中合影，背後是太行的秋色……。

尋訪東巡碑者，絡繹在道，前赴後繼，不可勝數。其中最癡心不改、最下功夫、最花血本、最幸運成功的尋訪者，不是別個，就得數林鵬先生了。他的尋訪之旅，是一個必將永久流傳下去的美麗傳奇。筆者本想乘興大書一回，可惜事主已有專文問世，其精彩程度，筆者唯有全文照錄。

《尋訪御射碑記》

我的家在易縣南管頭村。它為什麼叫管頭，不知道。隔河有個北管頭村，老人們告訴我：北管頭從前叫郎山莊，南管頭從前叫什麼，打聽不著。後來讀《水經注》，「徐水三源奇發，齊泄一澗」。三源即野剎一源，七峪一源，甘河一源，它們在管頭匯合，這一「澗」就是南管頭。南管頭村南的西坡頭，至今還叫「澗頭」。可見「一澗」就是南管頭。南管頭原本就叫澗頭。寫起來圖省事，寫作間頭。間與官草書相似，久而久之，以訛傳訛，將錯就錯，成了官頭，最後成了管頭。這種事情，一旦見諸公文，就變為既成事實，有沒有道理，倒在其次了。

南管頭現在是個鎮，從前是個小山莊。《古今圖書集成・職方典》中，有周莊社，沒有南北管頭。南管頭的耕地都叫台，南台、北台、東台，可見從前耕地的位置很高。村子也在臺上，有個地名叫八畝台。我也是少小離家老大回，據我看，我家門前的河床，五十年來增高了兩公尺。《水經注》的作者酈道元是西元五世紀的人。以五十年兩公尺計算，退回一千五百五十年去，我們村前是個六十公尺深的山澗，所以說酈道元的描寫是非常正確的。楊守敬、熊會貞的《水經注疏》說三源齊泄的地方叫「雷溪」。這附近沒有叫雷溪的地方，這雷溪也許是我們村南山澗的名稱，不過早已迷失罷了。我既然敢於確定《水經注》的「一澗」就是南管頭，這離御射碑就不遠了。《水經注》的話是這麼說的，「徐水三源奇發，齊瀉一澗，東流北轉，東山下，水西有御射碑」。

近二十年來經常回老家探視，前山後山，東遊遊西轉轉。故鄉雖然窮苦，卻是山清水秀、景物宜人。抗日戰爭期間出了狼牙山五壯士。狼牙山是個小山，全國地圖上還特意把它標出來，大概是沾了五壯士的光吧。這地方歷史悠久。既然北管頭原名叫郎山莊，那就是漢武帝時，戾太子之子，史皇孫之弟，叫某郎的隱居的地方了。從北管頭沿河往北走，一里路，就到了畫貓兒。山岩上畫著五隻小貓，還有一個紡線的老太太。六十年前清晰可見，現在已經模糊不清了。這裏從前只有幾戶人家，行政上屬北管頭村，這裏地名叫王子墳。據壽鵬飛《易縣誌稿》說，這是代王嘉的墓。《史記》載，秦始皇十八年滅趙，趙公子嘉自立為代王。代在蔚縣。二年後，荊軻刺秦之年，王翦伐代，代王嘉奔燕，兵出此路，戰敗自殺。他就被埋在他自殺的地方。這一段河有個單獨的名字：亂營河。後人可以想見當時的情況。

我家門前的大道，就是五迴嶺的古道。乾隆年間，把原屬河北的平定州劃歸山西，把原屬山西的蔚州劃歸河北。此後每年陰曆五月二十三，蔚州（包括淶源、陽原二縣）的錢糧騾隊，從我家門口過，送往省城保定。直至民國期間依然如此。雖然淶源、蔚縣早就歸了河北，但是河北人至今依然叫他們「老西兒」。想來令人不禁失笑。

從這條五迴嶺古道走過的人很多。北魏太武帝東巡（到山東），回來的路就是走的這條古道。當時的北魏首都在大同。抗日時期還有許多外國人從這裏走過。他們是白求恩、柯棣華，還有燕京大學的教授，英國人林邁克。林邁克有一張亂河營的照片留下來，照片發表在他的書中，《八路軍抗日根據地見聞錄，一個英國人的不平凡經歷的記述》，中文版由國際文化出版公司一九八七年出版。照片標題是「狼牙山風光，一九四二年」。我認為這張照片無比珍貴，遠景中圖的是蓮花瓣山峰，方的是寬鞍，俗名鞍子陀。

亂河營的地形非常奇妙，當年河床很低的時候，路過這裏簡直令人絕望。山重水複疑無路，走到跟前，窄窄的山口向左拐，二百公尺再向右拐，柳暗花明又一村，這就是貓兒崖（讀音：涅）。我散步經常到這裏來。我揣想，這就是北魏太武帝拓跋燾援弓而射的地方。別的小山包不值得一射，而較大的山峰，箭又射不過去。亂營河的山，非常險要，卻並不高。《水經注》說，「飛矢逾於山岩」。《太平寰宇記》說，「飛矢逾於山岩三百余步」。拓跋燾是個馬上皇帝，開疆拓土，武功赫赫。當年車駕行至這種地方，山窮水盡疑無路，經他一射，射出一條小路，然後柳暗花明又一村。自然是群臣高呼萬歲，於是「刊石用贊玄功」。（《水經注》）二十年前我散步到亂營河，心想，他既然走的是五迴嶺古道，必然經過這裏，這一箭必是在這裏射出，別的地方沒有這種景致。我曾經想在河水拐彎處的山窩裏蓋兩間房子，退休以後住到那裏去，一定把御射碑找出來，哪怕是一塊殘石也罷。萬一找不出來，我想找來御射碑的拓片，照原樣複製一座，修個碑亭，立在路邊，也算故鄉的一景，五百年後，人們就會認可。文人只要不餓肚子，他們多半都是好事者，想來好笑。

九十年代以來，見到的有關的出版物多起來。據傅振倫說，御射碑於一九三六年，由當時的故宮博物院古物研究館館長徐鴻寶發現（見傅振倫著《七十年所見所聞》一九七頁，一九九七年華東師範大學出版社出版）。一九九九年四月，我同吳占良先生一同去拜訪傅振倫先生，知道傅先生當時是燕下都考古隊的成員，上述書中對易縣文物古跡敘述頗詳。我覺得傅先生的說法最為可信。（在此之前，傅先生曾說於是一九三五年發現，見《文物天地》一九八八年。還有中華書局一九八四年出版的《善本碑帖錄》六十一頁，說於民國十年發現的御射碑，不足據。）近蒙河大（河北大學——筆者）教授呂志毅先生贈我一部壽鵬飛編的《易縣誌》。吳占良先生專程來太原送此書。如此隆重，令人感動。壽鵬飛是魯迅的老師，浙江紹興人。壽鵬飛是方志專家，著有《方志通義》。他主持撰修的《易縣誌》，是民國期間河北省所修百部方志中的上乘佳作之一。他說，「金石古物在易縣特多，足現古代文化，錄其有關考古及足徵掌故者，餘不勝記也。」（見《易縣誌稿·敘例》）該書第八七〇頁至八七六頁，對御射碑有詳細考證。此書《敘例》之末注明時間是民國二十六年三月，正是發現御射碑之後，七七盧溝橋事變之前。沒想到歷史竟是如此緊湊，足以令人驚歎不已。《水經注》的記載是這樣的：

「徐水出廣昌縣東南大嶺下，世謂之廣昌嶺。嶺高四十餘里，二十里中，委折五回，方得達其嶺上，故嶺有五回之名。下望層山，威若蟻垤，實兼孤山之稱，亦踈也。徐水三源齊發，齊瀉一澗。東流北轉，逕東山下，水西有御射碑。徐水又北流西屈，逕南崖下，水陰又一碑。徐水又隨山南轉，逕東崖下，水際又有一碑。凡此三銘，皆翼對層巒，岩障高深，壁立霞峙。石文曰：『皇帝乙太延元年十二月車駕東巡，逕五回之險邃，覽嶺岸之踈峙，乃停駕路側，援弓而射之，飛矢逾於岩山，刊石用贊玄功』。夾碑並有層台二所，即御射處也。碑陰皆列樹碑官名……」（《水經注》第十一卷）

一九八七年天津古籍出版社出版了施蟄存的《水經注碑錄》，我至一九九七年才見到此書。書中附有御射碑拓片圖版，右上有羅振玉的題跋（據傅振倫先生說，是周肇祥的題跋）。碑文十四行，第一行不可辨認，第二行只有四個字可辨。施先生說，「余至今猶未得到此碑拓本，故據羅振玉所錄記之」。書中只有第三行到第九行的釋文。僅以此七行而論，羅振玉釋文比《易縣誌稿》多辨出三個字，少辨出七個字。羅振玉大約只見了拓片而未見碑石，所以不如當時在易縣的壽鵬飛和徐鴻寶等認出的字多。《易縣誌稿》說，「可辨者尚二百四十餘字。」施書說，碑文十四行，行二十六字。縣誌說，十五行，行二十六字。傅振倫的文章，《隱而復顯的一千五百五十年前的魏碑》（《文物天地》一九八八年第三期）說是十三行，行二十六字。傅振倫先生當時居在易縣，卻沒有去過南管頭，自然未見碑石。姑以縣誌說，十五行，行二十六字，「乃作頌曰」下空六字，則碑文字數當在三百八十字左右。其中有不可辨認者約一百四十字。傅先生說，「這是易縣最古的石刻，在河北亦頗少見。」（見《七十年所見所聞》第一九七頁）傅先生說，御射碑石高六尺，廣二尺三寸餘。書法是魏碑中上乘之作，似嘗龍顏。

現據《易縣誌稿》將當時可辨認之文字列出：

第一行，（不可辨認）

第二行，澤曆定冀……

第三行，恒山北行而歸，十有二月……之……崇……之……峙……

第四行，駕路隅，援弓而射之，矢踰於……山三百餘……於是復令左右將士善

第五行，射者射之，若武衛將軍昌黎西元丘，前軍將軍……陽億阿齊，中堅將

第六行，軍藍田侯代田，精射將軍曲陽侯……射聲校尉安武子麟，元興次

第七行，飛督安熹子李茂等，數百人，皆天下……也，射之，莫有過……者，或至

第八行，峰旁或及岩側，於是群臣內外，始知上命中之……代無……鹹嗟
第九行，歎聖藝之神明，雖古有窮蓬蒙之……方之於今……
第十行，遇鎮東將軍定州刺史樂良公乞……及……立錄
第十一行，廣美德，垂之來世，三年丁醜功訖，會樂良公去官……刺史……東……
第十二行，張掖寶周初臨，續讚其事，遂刊……立文，乃作頌曰
第十三行，思皇神武，應期挺生，含弘寬大，下……光明……不……不……肅
第十四行，四海遠至，邇平蕩蕩，聖域……能……下咸寧
第十五行，（立碑年月全蝕）
碑陰全蝕。（見壽鵬飛《易縣誌稿》八七〇～八七六頁）
碑額六字，二行，「皇帝東巡之碑」。

這就是《水經注》說的「御射碑」。羅振玉或周肇祥題為「魏太武帝東巡御射第二碑」。傅振倫先生說，「酈道元《水經注》卷十一載北魏太武帝御射三碑。」（《七十年所見所聞》一九七頁）施蟄存《水經注碑錄》一〇三頁，「六八，後魏御射碑，三石」。還有一些學者，認為御射碑有三石。如果他們的根據只是《水經注》所說，「水陰又一碑……水際又一碑，凡此三銘」，就認定御射碑有三石，這就錯了。根據酈道元這幾句話，不能證明另外兩碑也是御射碑。再者太武帝拓跋燾從易縣只經過一次，他走一路射一路，沒完沒了，像羊拉屎一樣大立其碑，這是不可能的。這在情理之外。我認為，御射碑只此一石，在易縣沒有第二個御射碑。如果他們是根據《水經注》「滱水」條，所說在靈丘南邊，現在的覺山寺附近，有御射台，「台南有御射碑」，因此定御射碑有三石，似乎有

道理，但依然不正確。我沒有見過靈丘的御射碑及其拓本。但據記載，靈丘的御射碑是北魏文成帝和平二年，西元四六一年，南巡時所立。（請參見《太平寰宇記》和施蟄存《水經注碑錄》）算上此碑，御射碑也只有二碑，而沒有三碑。再者，易縣的御射碑，立於太延三年，西元四三七年，比靈丘的御射碑早二十四年，只能稱第一碑，而不能稱第二碑。

廣西師範大學出版社出版的《碑帖鑒定》一四三頁，說「御射碑現存易縣南管頭村」。它既然在南管頭，我就是南管頭人，我何必在畫貓兒蓋房子？說起來我也是抗日時期出來的老革命了，鎮裏和村裏的幹部支持我，又有我二弟林鴻幫助，於是我就在南管頭北頭村邊蓋了幾間房。原想退休以後可能要清閒的多，誰知也未見得清閒多少。這是真正的「無事忙」，忙的厲害。自然也經常回去，與親友們閒坐時，總要談到一塊古碑。人們說，海底撈針，何處尋訪。我說，它若是一張餎餅，我就不必尋訪了。它究竟不是一張餎餅，沒人吃掉它。我對侄子們說，發現此碑是六十多年前的事，七十歲以下的人不用問，專問七十多八十多的人。我的侄子們很能幹，用了幾年時間，終於打聽到了。說此碑已斷為兩截，較小的一塊，砌在一個井沿裏。此井是個廢棄井，左邊蓋房，右邊蓋房，把這井擠到一個小夾道角裏。我二弟林鴻在電話上告訴說，這石頭髮白色，在井口處，眼看得到，手也摸得到……怎麼樣，把它弄出來嗎？我想，地上地下的文物都屬國家，私人怎好動得？再一想，它這個位置十分奇妙！既不在地下，也不在地上。如此一想，高興異常，真是天助我也。我告訴林鴻，把它弄出來。我急忙把御射碑的圖版，在影印機上放大幾份，寄給林鴻，告他看上面有字沒字，如果有字，看是不是這個東西。

經過同主家協商，主家慨然應允。扒開一看，石頭巨大，一、兩個人弄不動，夾道裏又容不得許多人。侄子們焊了一個鐵架，按上滑車，才把它弄出來。抬上三輪摩托車鬥，運到我的院內。他們忙了一整天，晚上打來電話，說上面沒字。我說，對照複印件，仔細查看。我守在電話旁，深夜十二點，侄子打來電話，說，大伯，有字，沒錯，就是它！我當時那種激動，無法形容。人若高興了，簡直不知如何是好。我急忙回到南管頭。我的學生閻瑞峰，手拓數紙。我們仔細端詳，這是御射碑的下半部，「乃作頌曰」，清晰可見。家人告訴，碑斷開以後，這較小的一塊，被接到井邊，做了井沿。從前鄉民們打水的桶是鐵桶，腳上穿的是釘鞋。天哪，它竟遭受如此磨難。不過又一想，時間是歷史表現。一九三七年的拓本，還是整石。它斷開必在一九三八年。一九三九年發大水，就把它淤住了。如此說來，它做井沿，只有一年時間，依然還有字跡，真是老天保佑。我相信，高級文物是有神靈佑護的。

晚上，在淡淡的月光下，我一個人站在這御射碑的殘碑前，我覺得我應該向它焚香叩首才對。我怕村民們說我瘋顛。我覺得這御射碑，有說不出的靈異。天下大亂，它能夠及時的藏了起來。不然，抗日戰爭和解放戰爭的戰火以及階級鬥爭、經濟建設的戰火，會使它粉身碎骨。若不是及時藏起來，恐怕早就打碎，修了水庫了。我在這殘碑前，默默地祈禱著。我的禱詞很長，很亂。第二天我把它寫出來，成了這樣幾句：

太武張狂，羽矢鷹揚。
當年勝跡，貞珸文章。
郎山腳下，順水之旁。
寶刻有神，戰亂知藏。
殘石重光，太平永康。
賜福吾家，賜福吾鄉。
——御射碑殘石祝詞

我想給它蓋個碑亭。我問文物所所長楊衛東，要在我這後坡上，蓋個古式的八角亭，有三萬元行不行？他說，三個三萬元也不行。我到那裏去弄這麼多錢，想一想也就罷了。我侄子對我說，大伯，那另一塊比較大，字也多，它在哪裏，我已經知道了，也是發大水淤泥蓋住的，不深，你想要，我明天就給你挖出來。我說，地下文物屬於國家，私人無權挖掘，讓它在那地方待著吧，那裏很安全。

我多年來的目的就是找到它。我的目的已經達到了。我的快樂無可比擬。人做事要適可而止。

二〇〇一年六月十五日於蒙齋燈下

多少人夢寐以求的千古東巡碑，就這樣在又一次消失了近七十年之後，讓林鵬先生得到了，雖說還是殘碑，還不是全碑，但這份得天獨厚的造化，已然遠在幸運兒徐鴻寶之上，因為後者不過是見到過此碑並拓了二十份拓片而已，何曾真正擁有？成全林鵬先生者，天時地利人和也！大凡世上成就一樁功業，除過當事者癡心不改之外，真個就是「天時地利與人和，三才斷定命盡握」也。

林鵬先生與東巡碑的緣份，還有後續。徐鴻寶先生當年那二十份拓片，經過半個多世紀的兵荒馬亂和紅色風暴，大多已灰飛煙滅，據說存世只有四份，流落誰家亦云遮霧罩難知其詳。但林鵬先生不死心，銳意搜求，不計功夫與血本。還真奇了妙了，於二〇一〇年元月，果然得償所願。由吳占良先生求得一份，親自送來太原林宅。林鵬先生大喜過望，立馬將早就預備停當的一大摞人民幣扔了過去，只怕有誰反悔似的。元月十三日上午，筆者聞訊趕赴林宅，老先生當下予以展示，並讓我盡情拍照存念。

這就滿足了嗎？不是還有那大半通東巡碑沒有挖出來嗎？不是已經知道它藏身何處了嗎？依筆者對林鵬先生性格的瞭解，他會「善幹甘休」嗎？不過礙於「地下文物屬於國家，私人無權挖掘」罷了。

不過，筆者與林鵬先生的想法有點不同，特希望能經他手，讓東巡碑完璧歸一，建不世奇功。為此，當面不斷囉嗦之外，曾鄭重致書一封，直陳鄙見。全信如下：

林先生您好！

在下昨晚第三遍拜讀大作《尋訪御射碑記》，感慨愈烈，如擊如搗，夜不能寐。諸多思緒先不說，只就另一半碑是否搶救一事，在下另有看法，特茲奉商請教。

林先生說，高級文物是有靈性的。誠如斯言！既然如此，它一半有幸得見天日，另一半卻繼續蒙塵地下，靈性十足如御射碑，陰陽兩界，縱然感激先生，能無一絲哀怨嗎？

更為嚴峻的是，尊作將一切大白於天下，另一半殘碑其運危矣！國家出面掘之尚可，萬一淪落歹徒之手，在銅臭氣中輾轉受苦，甚或流落域外惡境，怎能保證「讓它在那地方待著吧，那裏很安全」？如此，能讓先生良心得安嗎？豈不落個事與願違？

在下看來，以先生一生行事之胸襟、膽魄與手筆，似應一鼓作氣，搶救出另一半國寶御射碑，好事做到底。天上地下，璧合為一，還其原貌，竟其全功，功在當代，蔭其子孫。誠如此，先生功德無量也。此或為上天特別眷顧先生之意也。

至於御射歸屬，國乎家乎，倒在其次。自家宅中立一通仿真古碑，背面銘記全事之來龍去脈，不也別具深意嗎？再者說，身外之物，到終了誰又能帶得走？比起沖天義舉、湛湛清譽，抱殘守缺何堪論！

行筆至此，也有打油數句，收束於下：

天生林公，必有大用。

成全御射，或為首功。
念茲在茲，平生之夢。
今得其半，尚難消停。
抱殘守缺，非公心性。
玉成全碑，堪稱大公。
國乎家乎，其實相通。
放眼著力，青史垂名。
以上言語失度，還望先生海涵。一孔之見，僅供參考也。

周宗奇二〇〇九年十一月二十六日淩晨三時於學灑脫齋

前不久，我再去南管頭采風攬勝，重新目睹已見天日的東巡殘碑，感慨叢生。林鵬先生的長子林原先生，回到老家已經多時，謹遵父命，督造新的林家鄉村庭院，內中為東巡碑修建一座華貴碑亭，乃題中原有之意。圍繞著這小半通東巡碑，我們談了很久。當時在場的還有林鵬先生的鄉村弟子李和平先生，話題自然要涉及那大半通殘碑的命運問題。林原先生說，它的方位已經確定，只是壓在別人的院房之下，挖掘時機尚需等待。不過，村委會等各個方面都表示全力支持，一旦時機成熟，不論費多大功夫與成本，都要讓它安全出土，全碑面世。這下我相當放心了，不但在於相信林原先生的這番話，更在於相信他的為人品德和做事風格。作為長子，林原先生穩健沉靜，多年來擔任省城一家著名大型飯店的總經理，業務精通，世事練達，出版有專著《一個酒店從業者的修煉》，為業內之佼佼者；同時，自小在嚴父訓誨下熟讀四書五經，滿腹經綸，頗有見識，更難得低調作人，不事張揚，長期兼任乃父「文秘」一職，成功策劃、承辦了老父親許多文化

「大工程」。所以，我絕對相信東巡碑璧合問世之不朽工程，必定能夠勝利完成。說到這裏，不妨把林鵬先生另外兩個孩子也順便簡介一下。次子林明，多學多才，尤多反向思維，論人論事多有「謬論」妙出，防不勝防；行事風格恰如天馬行空，神龍不見首尾，連父兄們都常不知他在幹什麼。筆者看得清楚的唯有一條，他手抄一種《金剛經》，工筆小楷，頗見功力，可誰又見他苦練過書法呢！女兒林曼最小，只接受過筆者一次訪談，堪稱驚鴻一瞥，也就不敢捕風捉影了。總之，他們以及他們的後代，唯有兩大特色大家共有：其一，都是孝子賢孫；其二，永遠學不會「我爸是李剛」！

還回到東巡碑。它為什麼堪稱國寶呢？就因為它是為雄主拓跋燾唱著千古讚歌嗎？當然不是。那是因為它是一通魏碑，其「書法是魏碑中上乘之作」也！

二〇〇四年，內蒙和林縣出土了一方鎮墓石，縱四十六釐米，橫三十八點五釐米，厚五十四釐米。石上刻有正書九行，前八行各有十四字，第九行九字，計一百二十一字，最後一行刻三星及符咒。字體為北魏早期正書，結構方正，隸楷相傍。經考證，係北魏延和二年即西元四三三年產物，是國內現存北魏年代最早的石刻孤品，比太武帝東巡碑、嘎仙洞鮮卑祝文刻辭和嵩高靈廟碑這三種碑刻，要早上四至十三年。當然，就書法藝術水平講，這得另說。

吊一下書袋子。魏碑，是南北朝時期（西元四二〇～五八八年）北朝文字刻石的通稱，大體為碑刻、墓誌、造像題記和摩崖刻石四種。據說北魏書法是一種承前啟後、繼往開來的過渡性書法體系，對後世影響至巨，歷代書家在創新變革中也多從其中汲取有益內核。真是這樣嗎？也有別的說法。說是歷代書家都未重視，直至清中葉，阮元首倡「南帖北碑」，才受到關注，而後又有包世臣、康有為等人的淋油加醋，遂取代帖學。康有為在《廣藝舟雙楫》中有「十美」之譽：「古今之中，唯南碑與魏為可宗。可宗為何？曰有十美：一曰魄力雄強。二曰氣象渾穆。三曰筆法跳越。四曰點畫峻厚。五曰意態奇逸。六曰精神飛動。七曰興趣酣足。八曰骨法洞達。九曰結構天成。十曰血肉豐美。是十美者，唯魏碑南碑有之。」

細考之，北朝承趙、燕之後，書體則出於崔悅及盧諶二家，這兩個人皆傳鍾繇、衛瓘、索靖的遺法。因為沒有禁碑之令，又民風純樸，而演變出北碑特有的書體，與南朝的風流蘊藉大異其趣，加上佛教盛行，流行造像題記與摩崖刻經，所以傳世書跡特多。這種書體是介於分隸和楷書之間的過渡書體，居漢分至唐楷的樞紐。代表作嘛，碑刻中說曲阜孔廟的《張猛龍碑》為魏碑第一。清金石家楊守敬評為：「整煉方折，碑陰流宕奇特。」「書法古淡，奇正相生，六代所以高出唐人者以此。」造像題記以《龍門十二品》為最，捧為「魏碑書法的精華」。墓誌銘中無出大名者，因為它是要埋入壙內，碑石較小，字體精緻，蘊藉妍華，僅有少數趨於方峻。它們一直深埋底下，不易毀損，出土時還像新的一樣，顯得彌足珍貴。有代表性的如元羽墓誌、司馬景和妻孟氏墓誌銘、張玄黑女墓誌，刁惠公墓誌銘等。摩崖刻石可就特色獨具且驚心動魄了，以石門銘最早，再下來就分成了二支：一是山東掖縣、平度縣的寒同山、雲峰山一路，一是山東泰安縣北，由泰山至半山之經石峪、南徂徠山，郡縣近郊之崗山、尖山一路。有人用「觸目驚心，心驚膽顫」八個字形容泰山經石峪金剛經、徂徠山佛號、鄒縣四山摩崖刻經，那它們就算代表作吧。應該如何評價魏碑的書法成就？筆者作為門外漢，比較認同下面這樣一種說法。

魏碑是隸書向楷書發展的過渡，是用楷法書寫而滲有隸書筆法的書體。風格總體上說是俊秀方正。名帖層出，「淳化閣帖」之外，還有《平復帖》、《出師表》、《月儀帖》、《歸田賦》和《真草千字文》等等，形成了一個時代特有的書學氛圍，是書法史的重要文獻資料。同時，魏晉南北朝也是名家輩出的時代。三國時期有魏國的鍾繇、吳國的皇象；晉代有晉武帝、晉元帝、張華、桓溫、王敦、庾元亮、庾翼、謝安、衛瓘、杜預、沈嘉、郗愔、王復、山濤、陸雲；南北朝時，有宋代的宋明帝、羊欣、孔琳，齊朝的齊高帝、齊武帝等。其中，最著名的是王羲之、王獻之父子，書法成就最高最大。從這裏可以看出，這一時期書法已成為朝野上下全社會重視的藝術；書法已形成了家族、地域和階層等群體氛圍，這種書法藝術團體化、專業化現象極大地推動了整體書法藝術的蓬勃發展；書法已成為一門學說和科目，在發展中逐漸滲透了哲學和藝術等其他門類的因素，諸如佛、老、儒等各家的思想意識；另外，建築藝術、繪畫藝術的重新滲透，也使書法藝術更富有變化空間和字體式樣。總之，書法由漢代發展到南北朝，已經徹底成為一門獨立於文化之林的藝術門類。

還應該看到，這個時期除了大量石刻書法之外，紙、絹等法帖、書簡、信函也已普遍。書法滲透到社會生活的各個層面，在普及程度上與後代乃至當代已沒有太大差別。魏碑作為一種獨立於這樣藝術氛圍的特殊書法，自然大放異彩並因之成為這個時代的標誌性書法。而且，從這個特定歷史時期看，魏碑滋養了同時興盛的行書、楷書、草書等各體書法的發展孕育。依託魏碑，楷書得以從石刻上走下，在紙、筆等書寫工具的進化完善中長足發展，日趨形成；同樣，行書和草書也因此形成流派，因為書寫團體和書寫者的個性而體現出異彩紛呈的個性特色來。如蔡邕創「飛白」，正是得益於漢末至三國時期的書法興盛氛圍；更別說「二王書法」的多種多樣、齊備完善，則無論怎樣說都是魏晉南北朝書法繁榮的結果。這也是魏碑和魏碑時期社會文化的主要成就之一。

從以上這一大格局估算，儘管當下還沒人對東巡碑的藝術價值作過整體深切評價，但就憑它「書法是魏碑中上乘之作」這一索引，斷定它是國之瑰寶，當毫不為過。

第二十章 拳拳師友情

有時你想想，一個人一生的歷史，不就是與人打交道的歷史？一早是與父母、兄弟、家人、親戚們；上學以後與同學、老師們；就業以後與同事、工友、農友、戰友、上下級們；社會上則與男男女女各類朋友、熟人、偶遇者們打交道……期間充盈著數不清的陰差陽錯，恩怨情仇，酸甜苦辣，剪不斷理還亂地就過了一輩子。

林鵬先生想必也有這種體察，要不他怎麼會相當比較學地說：「在交友中生活的道路，是比較健康，比較正常的路，它不僅是書畫圖章的路，而且也是做學問的路，也是做人的路。古來如此，不可忽視。」

林鵬先生天生豪爽，性喜結交，各大生命期都不乏多類朋友，其中有些朋友則成了終生至交。尤其退休之後漸漸進入老境，一般人是朋友越來越少，走動越來越少，聚會越來越少，交情越來越淡，一個人枯坐家中，以回憶打發剩餘的日月。可林鵬先生不，他似乎是越老朋友越多，走動越來越多，聚會越來越多，交情越來越粘乎。這幾年筆者跑林宅比較多，一進門，嘿，十有八九，座中常有客，談笑皆高朋。特別是林鵬先生自己，你就聽吧，總在其中高談闊論，意氣風發，笑起來像個得意的大男孩。他自己也說：我現在是人來瘋，老來瘋哈。筆者還發現林鵬先生一個大本事：心知非友，也能應酬。只要你登我門，我必以禮相待，熱情無異，至於你是幾等幾品，我是啞巴吃餃子——心裏有數。對於一個自視極高，大聲咄咄，眼中存不得幾個知己的林鵬先生來說，能做到這一點忒不容易。

筆者估摸了一下，林鵬先生這輩子的朋友，大致可以分成以下三個大圈子。第一個，戰友圈子，由老首長和老戰友組成。如楊成武、陳亞夫、史進前、李旭閣、耿素墨、王奐、羅丹、王錦書、逯鼎藝等。這個圈子熾熱而真誠，一直引燃且呵護著林鵬先生的生命之火。第二個，同事圈子，由老領導和老同事組成。如李文亮、韓希信、王運良、王孝先等。這個圈子似乎平凡又狹小，卻實實在在地承載過林鵬先生那顆傷痕累累的心，是他生命鏈條中不可缺少的一個大環節。第三個，同道圈子，主要由文化界的朋友組成。這第三個圈子最大，並且在繼續擴大著，正是本章要記述的主體內容。

這個大圈子裏的人物，已經記述過的一組是林鵬先生的「右派朋友」，主要就是孫功炎、王瑩、李玉滋等諸位先生，前文已有專章，這裏不再重複。還提到過的一組是「知心社」的諸位先生，張頷、李炳璜、林凡、李之光、王朝瑞等。現在不妨就從這幾位林鵬先生的老朋友說起。

張頷先生要比林鵬先生大上八歲。按說，他倆也屬同代人，平輩朋友，但是，在張老面前或者背後，至少筆者感覺得到，林鵬先生總是執弟子禮甚恭。師友之間偏重於師。

二〇〇九年十一月二十三日，是張頷先生九十華誕。這天上午，在山西交通大廈一間會議室，八十二歲的林鵬先生給九十歲的張頷先生主辦壽筵，真可謂「螺杯獻酒逢華誕，鶴發同筵敘舊情。」林鵬先生在發言中回憶說，一九六四年，他在「四清」政治部工作時，經郝思恭先生介紹，認識了張頷先生，初識不久即甚為欽敬，有疑難即求教。一日，文物商店有一方銅印待售。王紹尊先生對林鵬先生說，這個，你可以買下。林鵬先生就花二點七元將其買下，有點不放心，便跑去請教張頷先生。張先生說，假的。此時張頷先生幽默地插話說，現在看，也許不是假的了。惹得一陣哄堂大笑。就在這次短短十二分鐘發言中，林鵬先生說到張頷先生對他一生的重大影響，是自己完成「正反合」命運交響曲的關鍵人物之一，說到激動處，不禁潸然淚下……男兒有淚不輕彈，這是筆者頭一次看見老年林鵬當眾揮淚。

張頷先生是當代中國著名的考古學家、古文字學家、歷史學家和書法家。一生做學問嚴謹求精，學術成果燦然不菲，尤其對《侯馬盟書》的發現、釋讀和研究，貢獻特殊，在國內外學界享有很高威望。老先生做人更是守正執信，卓爾不群，行事低調，大智若愚，寵辱不驚，內存清高。兩幅自作自書聯句，或可以為寫照，其一曰：「把酒時看劍，焚香夜讀書。」其二曰：「但有詩書娛小我，殊無興趣見大人。」沛然一種古士君子情懷也。他自從認識林鵬先生後，引為同道，惺惺相惜，近五十年中過從不斷，已成知交，每在關鍵時刻，總會給林鵬先生以兄長般的溫暖與愛，總能以自己最珍貴的人生感悟，給生性激烈的林鵬先生以頓然之啟迪。

一九七七年，林鵬先生身陷最後一場精神煉獄——輕工廳「清查學習班」時，敢於前來探班者極少。有一天晚上，張頷先生卻來了。他看見林鵬先生在忙著刻圖章，用以打發孤寂，弄得桌上地下到處都是白石頭面子，說：「總刻章子幹什麼？還是寫點正經文章吧。」此前的「文革」歲月中，張頷先生曾贈林鵬先生以「括囊」二字，當時他說過，「君子贈人以言，我送你兩個字：『括囊』。《易》曰，『括囊無咎』」。那是他怕林鵬先生說話了無遮攔，禍從口出，招來不測。現在則變了說法。林鵬先生便問：「不是括囊無咎嗎，寫文章幹什麼？」他說：「括囊是口袋，一種兩頭開口的口袋。過去講這，是要謹言慎行，明哲保身。現在四人幫也倒了，你可以解開口袋往外倒了。」林鵬先生對這位「老師和益友」一向言聽計從，第二天，就託看守的工人去辦公室領稿紙，說自己要寫交代材料。這一寫，厚積乍發，一口氣寫出十五萬字的學術文稿《井田述略》，把自己這些年來對先秦經濟制度的研究成果展示出來，而且目標明確，就是要反駁梁效、羅思鼎之類御用文人們的胡說八道。可惜的是，這部書稿在中科院歷史所梁寒冰先生手裏放了多年，後來據說是找不到了，再後來梁寒冰、聶元素夫婦相繼辭世，原稿就算徹底丟失了。所幸林鵬先生還存有一點複印件，其中兩章，稍加改寫，成了後來頗有顛覆意義的《徹法論稿》和《晉作爰田考略》，收在《蒙齋讀書記》和多種文本中。如果沒有張頷先生的再解「括囊」，也許就不會有這兩篇重要論文的問世。一九八四年深秋時節，林鵬先生要出版自己的第一本大著《丹崖書論》，是他二十多年來研讀傅山思想和書法的嘔心瀝血之作。為之寫序者，當然非張頷公莫屬。其序精短深雋，全文如下：

吾友翮風（翮風為林鵬先生表字——筆者）以《丹崖書論》稿命序。通讀一過，躊躇畏怯，不敢落筆。因為書稿列篇通為對傅山書法之論說，而我對傅山之學素乏深究，未能窺其涯涘，至於對書法一道雖亦愛好，偶為而已，淺嘗小試，不及樊籬。水平如此，何敢言序。

傅山遠澹而翮風幸近。我對傅山知之雖微，但對吾友翮風為人為學卻知之深多，故尚可泛言所感，發抒膚見。

傅山之著述甚為豐富，其中有關書法之讜論亦多，唯支離零散，未抽端緒，從來無人注釋和專門論述。有之，當從《丹崖書論》為始，故此書可為試飛舉步，開闢草萊之作。

一事開始，有難有易。所謂難，即前人未有型熔，無從參考，非有精到之見難以立言而昭人以信；所謂易，即可以淺言粗析，橫拋引玉之磚。有精到之見者，貴在論據確鑿，磐石難移，足以自信信人；淺言粗析者，即虛谷以待，能容可大。吾友翮風治學之方兩而兼之。偶有偏頗亦大能自正，而對拂意之說亦能虛心擇善從之，故能學業日新，精進不已。

《丹崖書論》文思宏恢，天海不羈，浩漫之中多有發明。此亦吾友翮風治學特有之標格。世人有勤勉讀書，一生不懈，如溺於深淵，沒身無一創見者，此即所謂有學無識。吾友翮風則不然，每讀一書多有領悟，凡有心得必在友朋中暢情議論，而其思緒往往如新發於硎，使人有燦燦之感。《丹崖書論》即其讀傅山書後之領悟議論之作。其中我或有以為不然者，但因我既昧於傅氏之學，復疏於書法之道，固不敢固執。

著作必求立說堅實，當銳不摧；刊書必求流藻垂芬，傳世久遠。吾以兩求之意與翮風吾友相勉。一九八四年十月半於太原作廬。

一九九七年冬，林鵬先生出版《蒙齋讀書記》（收在「當代學者文史叢談」系列中）時，張頷先生又一次慨然首序，小巧精萃，不可多得，雖然其中一段文字，前文書中引用過，但在這裏何妨全文托出：

蒙齋林鵬，吾之摯友也。以古稀之年，又將出版新作《蒙齋讀書記》，可喜、可賀。章太炎先生有云：「輕易著書是妄，重於著書是吝，妄者不智，吝者不仁。」吾友林鵬，不妄不吝，得其中焉。林鵬為人處世，修養，文章，吾所深知。他善狂草，行雲流水，天馬不羈。生於燕下都，自製閒章曰「燕市狗屠」，意氣風發，旁若無人，大有慷慨悲歌之概。平生好讀書，手不釋卷，數十年如一日。常有奇想，發為高論，令人有忽然柳暗花明之感。平日與我切磋文字，或少舉隅，即能豁然開悟。其讀書之廣，探求之深，穎悟之徹，著作之精，皆吾所罕見，亦吾所深服。這本讀書記中，於經學、史學，多所創見，其精微獨到之處，讀者一讀便知，無須贅言。吾友命其齋曰「蒙」，蓋有深意焉。《易・蒙》之象，上山下水，仁者智者，其樂和同，林子陶然，樂在其中，靜可養正，動可啟功，亨利二德在焉。五台話自稱曰蒙，漢賦中「蒙竊惑焉」，《文選》注曰：「謙詞也。」君子謙謙，非徒自損也。況「蒙」中寓「複」，亦近於仁而遠於咎，可以禦寇，可以克家。蒙之義大矣哉！敢言序。一九九七年十一月二十六日。

大約十年後，當林鵬先生六十萬言鴻篇巨制之長篇歷史小說《咸陽宮》問世時，張頷先生已是望九老翁了。雖則沒能再次揮筆作序，卻是親情動乎中，專門題七律詩一首，並援管書就，一筆一劃，心念鑄成，以「並門僧父頷」落款。詩曰：

林子清才文史通，簪筆直入咸陽宮。
燃犀鉤沉有發現，立論堂皇氣若虹。

敢為呂氏平積謗，逆於舊典不苟同。
文章曠古無憑據，創例貴在開新風。

二〇〇〇年春天，林鵬先生一時興起，寫了一首打油詩，有點總結自己一生的意思：

調皃浪當小八路，自由散漫一書生。
命中註定三不死，胡說八道老來風。

這裏說的「三不死」，是指戰爭中沒打死，困難時期沒餓死，運動中沒整死。有個門生攛掇他，將這首詩寫了個條幅，裝裱出來後，拿去請人題跋。不料，幾位老師友雅趣盎然，都有題墨。年紀最大的姚奠中先生是一首詩：

吊兒浪當損之損，自由散漫乃率真。
書如其人實倜儻，得漁忘筌可通神。
（世紀之交歲次庚辰樗廬老人奠中題）

衛俊秀先生題道：「乍讀林鵬老友手筆詩作，才氣橫溢，所謂卮言日出，以和天倪，別有天地者也。蓋先生飽讀百家奇文經史，固今時罕有之通人，縱通橫通慣通直至精通，至矣，盡矣。而又是位達人，久仰慕六朝高潔之氣度，大天而思，民胞物與，蕭然物外，高矣，遠矣。謂之狂人，有何不可。太白見皇帝，如見常人，乃成得個狂者。鵬君老來風，胡說八道，其真胡說耶？但願能惠我此風，足以風人何如。二千年七月衛俊秀題」。

知林鵬先生秉性者，還是張頷先生，他題道：「蒙齋友生大手筆，其揮毫向若天馬馳突不可牽挽，書如其人，蓋秉性使然。今見此作，頓覺帖意濃郁，豐神近古，竊以為虎豹文章之變或示有兆徵，余不揣敢謏言。二千年三月二十六日作廬頷題」。

去年，二〇一一年，林鵬先生又推出新作《東園公記》。九二高齡的張頷先生依然讀過新著，即發感想，特別揮筆抒情如下：

東園之公，茂林有鵬。
健於談論，勤於著文。
思維虎躍，筆底龍騰。
唯吾高友，直諒多聞。

落款是：「老朽張頷辛卯冬日」。年事已高或可戲說老朽，可人間純真美好的友情呢，其能朽乎？「行色秋將晚，交情老更親。」一讀杜甫老翁此詩，你還能怎麼說？

張頷先生有一自擬聯，「筆墨難為搢紳喜，聲名不求狗監通。」（此聯見《著墨周秦：張頷先生九十生辰文字集錦》——筆者）他特將此聯題贈他的蹁風老友，文字略有更改，為「文章不為搢紳喜，名聲不為狗監知。」（筆者未見贈聯真跡，只聽口頭轉述，似覺有誤，一聯兩「不為」，絕非張老水準）。獲贈此聯，林鵬先生視為座右銘，嘗對人言：「夜深人靜，讀書疲憊之時，抬頭看見張頷先生的字跡，不禁心存溫暖，淚流滿面……」

那年有次聚會，一位名流大發權威之論，大意說：若論山西當代書壇大腕，林鵬的文化素養最差點吧。筆者不禁大跌眼鏡，問：林鵬諸多著作，不知尊駕讀過哪一部？曰沒讀過。筆者隨即啞然失笑。不過再一想，此名流一說也不無憑據，你林鵬一無學歷，二無家學，三無師承，怎麼能有文化素養？這也是世俗人等慣常閱人之陋習，何必為之失笑。筆者為什麼現在要提起這一段細事，因為與張頷先生又搭上點關係。張頷老貴為國內學界名宿，可他也與林鵬先生一樣「沒來頭」，三無：無學歷、無家學、無師承。張頷先生可能也知道自己的「短處」，所以有一次鼓勵林鵬大約也是鼓勵自己吧，說：「我們沒有師承，這是我們的缺陷，也是我們的優勢，我們沒有框框」。林鵬先生果然「穎悟之徹」，「或少舉隅，即能豁然開悟。」回應說：「反省自身，因為知識少，所以框框也不多；因為理解力差，所以沒有什麼包袱……後來我才理解孔子的話，他說，『我則異於是，無可無不可。』再後來，我甚至以為孔子的話，不僅是一種品格，而且是一種境界。」這段趣事可在林鵬長文《蒙齋印話》中找到。

有張頷師友如此，林鵬先生慶幸感奮之餘，更多的則是尊敬、愛護與孜孜求教。這半個多世紀中的種種事例，得另寫別文。為與前文書中一條小線索呼應，這裏只講林鵬先生罵人事。曾說過，有人舉例林鵬一罵戰友王奐，二罵書壇權威人物×，不講交情，不講人情，故不知其可。現在就補上罵×的事。確實，×是山西書壇一位老資格顯赫人物，且對林鵬先生一向不錯。那麼，林鵬先生何以要撕破面皮，當眾罵之？就因為張頷先生。原來彼時，正值文革歲月，張頷先生就在×的管轄之下。眼看又一場整人風波將至，林鵬先生特意找見×，請他高抬貴手，一定要極盡所能，保護張頷先生別受衝擊。結果呢，恰恰相反，×為了減輕對自己的整肅，巧妙轉移目標，把個毫無自保能力的老書生張頷推將出去，整了個正著。林鵬先生是何等個性，氣得發瘋，就在一次業內高層小型會議（據說有二十多人——筆者）上，將×罵了個狗血淋頭，從此交往一落千丈。筆者想，假如×跑來說，林鵬，要不你來替張先生挨這回整吧？林鵬先生一定會慨然應允，並且決不會唱那齣現代版的《擊鼓罵曹》。

對於張頷先生的名聲，林鵬先生更是極力維護，決不讓有半點傷害。有過這樣一件事。二〇〇五年前後，有幾個好事之徒，不知出於何種目的，想把張頷先生推上西泠印社的頭把交椅，為此上竄下跳，大造輿論，居然見諸報端。對此，張頷先生居然一無所知，某日讀報，方知自己正被架在一股邪火上燒烤，八五老翁不禁大驚失色。即刻寫出短柬《讀報有感》，急示林鵬訴說，曰：「讀後，甚為驚詫，使人汗背。余老朽餘年，正當遠避塵囂，閉戶遯匿之時，有二三熱忱之士，對余著意吹噓，但騰雲駕霧，超乎實際，熱心爆炒，而不控焦傷，大有井蛙夜郎之嫌。如此，足致識者譏笑而傳為話柄。悲乎！張頷西元二〇〇五年七月十六日於太原宿舍。」

事涉師友名聲，林鵬先生氣憤之餘，立馬給大弟子姚國謹教授寫去一信：「國謹：最近以來，山西出現了一些怪現象，自吹自擂，自打自唱，說什麼張頷先生應該出任西泠印社社長，不但這麼說，還在報紙上登出來，不知羞恥為何物！張先生絕不會說此類的話，甚至也絕不會有此類的想法，張先生能夠默認嗎？還不至於吧！這不是肆意糟蹋山西人嗎？山西居然沒有人站出來說句正經話，可歎！一點感想，供參考。祝好。林鵬。」

很明顯，林鵬先生寫信的目的，絕不是只談自己的一點感想，一定是想讓姚教授出面，把這件事搞搞清楚，叫好事者就此罷手，別再傷害張頷先生了。姚國謹教授正當精壯之年，人脈旺盛，在圈內有能力撥亂反正，給兩位老師以滿意交代。故事結尾如何不重要，重要的是，這件事再次證明，林鵬先生對張頷先生那真是一往情深，此情不移。所以，一提到這兩位老先生的世紀之交，筆者眼前就會出現一片蒼茫原野，日月雙照之下，是一對參天古松相結相扶，頂天立地，四下裏聽不到一丁點廟堂之樂，只有悠遠深沉的民間古樂轟然奏響，那是發自先秦，穿越幾千年時空，至今餘音不絕如縷的士君子交響曲。

知心社主要成員中，與張頷先生年紀相仿的是李炳璜、李之光和林凡。限於篇幅，這裏只記每人一段與林鵬先生的有趣往事。

先說依然健在的林凡先生吧。中國有個工筆畫學會，會址在北京，學會會長就是林凡。場面上一般這樣介紹林凡先生：一九三一年生（小林鵬先生三歲——筆者）。字翊宇。湖南益陽人。擅工筆繪畫亦擅美術評論、詩詞及書法。大學學歷。一九四九年參加解放軍。先後在湖南軍區、中南軍區、總政治部、山西省文化廳和解放軍藝術學院工作。歷任中南軍區政治部和總政治部美術編輯、記者，山西晉劇院舞美設計師，解放軍藝術學院教師、研究員，中國國際文化傳播中心副理事長，中國工筆劃學會會長，藝術研究員、南開大學教授。現為中國美術家協會會員。中國書法家協會會員。東方美術交流協會理事。曾任全軍書法比賽評委會委員兼秘書長。作品《微雨引飛泉》獲全國工筆畫展一等獎，《谷音》獲全國工筆山水畫一等獎。《張騫回京》、《春喧》、《送飯》為中國美術館等收藏。並多次在國內外舉辦個人畫展。為《文藝賞析大觀》主要撰稿人之一。其主要貢獻是：一九四九年參軍後在湘、粵、晉、京等地部隊任記者，創作員、藝術研究員等職。作畫三千餘幅，發表千餘幅。創作書法近萬幅，創作詩文八十餘萬字。曾百餘次參加省市、全國和國際重要美展並多次獲獎，其中全國性一等獎三次，美國頒發的中美文化交流特別獎一次。一九八七年創建當代工筆畫學會，任常務副會長，對中國工筆畫推進甚力。曾在臺北、日本東京、名古屋等七城市、國內的北京、深圳、香港、濟南、上海和美國三藩市等十餘大城市舉辦個展和巡迴個展。有精品五十餘件被天安門、中南海紫光閣、中央軍委新辦公大樓、中國美術館、歷史博物館、德國巴登巴登藝術博物館、墨西哥等多國大使館、美國ＩＢＭ公司、香港新鴻基集團等單位和個人收藏。出版出版有《林凡畫集》、《林凡書畫集》、《林凡風景畫選》、《林凡藝術》、《林凡現代山水畫》、《軍旅畫家十人集——林凡卷》、《人與梅花一樣清》等大型畫集和個人專著十一種。主編巨型文獻《中國歷代僧詩全集》及多種大畫冊。二〇〇五年負責主編出版大型美術雜誌《丹青》。一九九六、一九九八年被美國加州大學、天津南開大學聘為兼職教授。個人專業辭條被中外四十多種名人傳記、辭典、年鑒收錄……哈，如此精彩的人生經歷中，提到山西一段居然點到為止，似乎無足輕重。其實不然，山右十多年，刻骨銘心，國遇「文革」，他遭磨難，是知心社溫暖著他的心，方才得以譜寫後來那炫目的藝術華章。且說這天夜裏，右派林凡偷著跑進山西省輕工廳「清查學習班」，要來看望難兄難弟林鵬先生。只見林鵬先生正在苦苦臨帖。他說，「嗨，你快不要寫字了。人家把你的字拿去剪裁裝裱出來，變成一張反動標語，一拍照，你敢說不是你寫的？」林鵬先生一聽，還真愣住了，說：「閒著沒事幹什麼？」他說：「你給我刻圖章，怎麼樣？」林鵬先生說：「你的名字很簡單，刻幾個？」他說：「刻閒章。」說著就寫了許多可以用做閒章的成詞成語，諸如，「大塊文章」，「消受青山」，「藏我大荒中」，「我馬玄黃」，「倒楣鬼」等等。並說：「我不讓你白刻，你給我一方圖章，我給你一張畫。如何？」林鵬先生說：「行，不要你大張的，就要《參考消息》那麼大的，小品，小景，將來我裝成冊頁。」得，拍板成交。據林鵬先生後來對筆者講「當時買不著好石頭，好在玻璃廠有熟人，看守我的兩個工人，代我朝廠裏要石頭（做坩堝用的青田石）。回來他們倆幫我鋸石頭，磨石頭。僅只那一次，我給林凡刻了一提兜圖章。多半是閒章，包括他的名章，大的有拳頭大，小的有指頭大。究竟是多少方，我說四十方，他後來說三十方，大概總有三四十方吧。」筆者問，那你也得著他三四十幅畫了？林鵬先生哈哈大笑說：「他後來落實政策回了北京。每次見面，他總說，『我欠你的債，我欠你的債』。朋友之間，一說一笑完事，這種債，如何討得？這是我給別人刻閒章的開始。」彼林之畫，此林雖則沒有得到，但危難時期結下的友情永存，比什麼都珍貴。去年林凡先生來太原，記者專訪他，問：你最懷念山西什麼？白頭老翁脫口就是，這裏有我最要好的朋友林鵬先生。

李炳璜和李之光兩位老先生已然作古西遊，如果健在也都是九十開外的大壽星了。李之光係軍旅書法家，享官至兵團級待遇，去世前為山西省軍區顧問之職。場面上是這樣蓋棺論定的：李之光（一九一二～一九九二），男，山東臨淄人。一九三七年七月投身革命，抗日戰爭時期，為了中華民族的獨立和解放，出生入死，英勇作戰，多次冒著生命危險打入敵人內部收集情報，營救戰友。一九三八年一月入伍，歷任李人鳳領導的八路軍三支隊十團政治部宣傳員、山西省軍分區司令部參謀長、山西省軍區顧問等職。他離職休養後，積極參加山西省文聯組織的各項社會活動。他作為山西省著名書法家最先被推舉擔任中國書法家協會理事。以高深的書法藝術直接參與山西省書法家協會和山西省軍區書法協會的組建工作，曾任山西省書法家協會第一、二、三屆副主席。他的作品多次被選送參加國內外的大型書展，並獲得大獎。其作品和傳略先後入編《中國書法家大辭典》《當代中國書法藝術大成》等大型專著，並有一部分作品被軍事博物館等館院收藏。當然啦，李之光何以會參加知心社，何以能與右派林凡、思想老虎林鵬、挨批對象張頷、李炳璜等等之類「問題人物」一拍即可，這就不可見之於「正史」、「正傳」了，但憑人們去大膽想像了。現在只說他與林鵬先生的一段趣事。俗話說，情人眼裏出西施。套著說也對：朋友眼裏出伯牙子期。這位李老兄，怎麼看小弟林鵬怎麼順眼，一高興就對人說：以林鵬之才，不論做省委組織部長還是省委宣傳部長，都是最好的！那是在「文革」時期，這話一經派性利用，可給林鵬先生惹下大麻煩。好呀，你林鵬野心勃勃呀，不整你整誰！如今林鵬先生一提這一段，也是不禁失笑，說：我這位老兄呀，真是個好人！

李炳璜先生要比林鵬先生大十六歲，簡直可算長輩了。其簡歷如下：北京市人。一九三七年畢業於交通大學北平鐵路管理學院，後在鐵路系統及北方交通大學任職及任教，一九七一年從北方交通大學離休。曾任山西省文史館特邀館員，山西省陶瓷學會會員，山西省政協文體組組員，民盟山西省委文化委員會委員，山西美術院院外畫師，山西省百花中國畫學會顧問。一九八六年人民美術出版社曾出版其作品集《李炳璜先生畫集》，共收錄他的中國畫作品七十幅。此翁可沒有一點官面習氣，說話直爽，直來直去。這天，他批評林鵬先生說：「你是子路未見夫子，有點行行之概呀。」此語一出，對林鵬先生觸動很大。子曰：「由之瑟，奚為於丘之門？」門人不敬子路。子曰：「由也升堂矣，未入於室也。」

夫子這話也許有點半開玩笑，不過在夫子心目中，子路的學問「未入於室」是肯定的。敏感多悟的林鵬先生遂下定決心，「缺了課就必須補」。他說：

傅山說，「作字先做人。」做人的一課，不敢馬虎。種莊稼還講究追肥，灌溉……缺什麼補什麼吧。當時，我只是個三十多歲、四十多歲的人，不怕，來得及。古人講，朝聞道，夕死可也。當時我覺得和周圍的文化程度高的人相比，我身上最感到討厭的就是自己的低級趣味。在言談中，在筆墨中，自己的各種各樣的低級趣味實在是刺眼，實在不能忍受。如果具體說，這就多得很了。我進而感到，古代那些非常著名非常有影響的書法家們，各人也都有自己的各種習氣。習氣就是毛病，就是低級趣味，很刺眼，很不舒服。沒有習氣的就只有一個王羲之。後來感到，做人是很難的，尤其身處逆境之中，黑暗如磐，動輒獲罪……難矣哉。當然，若要把做人的一課完成了，再來寫字刻圖章，也不行。做人的一課，沒有終結。藝術也一樣，永無止境。

世有「一字師」之贊。李炳璜者，寧非林鵬先生之「一句師」乎？林鵬先生每與筆者談及諸位老師友，從來都落不下李炳璜先生的「行行之概」，受益終生之感溢於言表。曾作專文《荷花的品格》，謹記李炳璜先生。全文如下：

老年人們在一起總是談論過去，特別是學有所長的老者，因為他們有一個「過去」，一個豐富多彩的令人回味不盡的「過去」。

老畫家李炳璜先生家裏保存著一塊調色板，這塊調色板跟隨他已經五十多年了。當年日軍轟炸南寧，炳璜先生奔波於戰火之中的時候，懷中一無所有，只有這麼一塊德國造的油畫調色板。我認為這是李家最珍貴的文物，它凝聚著五十年前一個青年人對藝術的偉大理想。我甚至認為，將來的人們未必知道作為財務處長的李炳璜，卻肯定會以極其珍重的態度研究和評論作為國畫家的炳璜先生。

炳璜先生早年畢業於鐵道學院，一生都在鐵路工作，離休後依然住在鐵路宿舍。他是一個業餘的國畫家。我主張業餘，這不僅是因為我是一個業餘的文藝愛好者。從前恩格斯在曼徹斯特的時候，白天因為業務關係和商人們周旋，夜晚寫作他的異常高深的革命理論。這證明業餘是可能的，並且對於文藝來說，我以為業餘是應該的。

文革後期我插隊回來，我們幾個人形成一個小圈子。炳璜先生和張頷先生是我們這個小圈子的首領。無庸諱言，那時人們的情緒非常低沉，感到說不出的壓抑。只有在這個小圈子裏，我們才具有真實的自我。說得誇張一點，我們像燕市狗屠，歌哭無常，旁若無人。只是絕口不談眼前的政治。

炳璜先生的外文非常好，他喜歡談論印象派前期的畫家們。我在這個小圈子裏，聆聽到許多高深的哲理，就中炳璜先生關於藝術的談論，使我受到深深的啟迪。在他的影響下，我也學了一點世界史和歐洲美術史。以後我才知道，早期印象派的大師們都非常的窮困潦倒，終生處在饑寒交迫之中，其中一些人一輩子沒有一個知己。他們在世時社會不承認他們，不關心他們，只有在他們死後他們才紅起來。相比之下，我們感到幸福多了。我們的物質生活躍然低下，卻有保障，工作之餘還可以鑽研業餘愛好的各種課題。在書畫創作上我們主張：二、三好友，茶餘飯後，高談闊論，乘興揮毫。

炳璜先生善長畫各種花卉。他的花卉功力深厚，格調高雅，有筆、有墨、有情、有致。我經常有幸觀看先生作畫。他的畫法完全是傳統的畫法，但是畫出來的東西卻絲毫沒有模仿他人的痕跡。他是獨特的，絕不肯依傍任何人。這使我想起兩句古詩：「北方有佳人，絕世而獨立」。炳璜先生常說的一句箴言是：「走自己的路」。先生曾命我書寫傅山的一句話：「幽獨始有美人，淡泊乃見豪傑，熱鬧人畢竟俗氣」。

炳璜先生喜歡畫荷花，然而，他卻沒有「留得殘荷聽雨聲」的閒情逸致。我曾經反復思考過，先生從來不畫頹唐的殘荷敗柳，也不畫嬌媚的出水芙蓉。他的荷花筆力雄強，色彩濃重，彷彿正在狂風暴雨中掙扎，簡直是一種即將粉身碎骨的樣子。不過，她們終於挺過來了。她們遭受了數不盡的磨難，然而出乎意料的在磨難中得到了鍛煉和成長。我曾經擔心這種風格將來的人們也許很不容易理解，因為那種不可言喻的苦惱萬狀的時代，已經一去不復返了。再一想，寧肯讓他們感到「不容易理解」，卻不能沒有這種風格。我認為這正是業餘畫家的優越之處：他們沒有宣教的責任，卻在無意中表現了真正的時代風格，一種頑強的進取的不折不撓的品格。

張頷先生說荷花是君子之花。他給炳璜先生的荷花的題詞是：「君子風度」。我想，這種出污泥而不染的清高之士，確實是存在的。只有他們，才是中華民族傳統文化的骨幹，所謂中流砥柱。炳璜先生從舊社會過來，同反動的政治沒有任何瓜葛，後來生活在極左的政治氣氛中，卻從來不肯稍事遷就。先生受到書畫界的普遍敬仰，被尊為師長，引為摯友，這是理所當然的。

《美術耕耘》決定介紹炳璜先生的作品，主編趙荊同志讓我寫幾句話，我很高興借這個機會向炳璜先生致以崇高的敬意，並祝願先生健康長壽！

上面提到姚奠中先生，他雖然不是知心社成員，但也是林鵬先生多少年來的良師益友。姚老先生如今被譽為「山右三賢」之首（另兩位是張頷先生和林鵬先生——筆者），早已名滿天下，這裏也用不著細表。前文書中寫過，他在林鵬先生歷史長篇小說《咸陽宮》討論會上，曾是首席發言者，作過熱烈而誠摯的長篇發言；在對林鵬先生《丹崖書論》的評價上，有專文《寫在書的前面》，作過獨到深切的肯定；可以說，林鵬先生每有新作問世，都會得到姚老先生的祝賀與好評。同樣，林鵬先生對姚奠中先生，也一直是充滿敬意，求教之心恭恭然。姚、張、林三位先生同時出席一些聚會，已成三晉文化界一道亮麗的風景。有人以給「三賢聚會」拍照為主要業務，竟然也大有「奇貨可居」了。

下來就得說到知心社最年輕的成員王朝瑞先生了。他雖年紀最小，卻也過早地於二〇〇八年五月一日駕鶴飛升了。天妒英才，一至於此，這讓他的眾師友特別是林鵬先生痛哉惜哉！

制式簡介曰：王朝瑞，筆名王屋山，齋號瓢廬，山西文水人。國家一級美術師，山西畫院原院長、書記、《美術耕耘》主編、中國美協會員、山西美協副主席、山西山水畫學會會長，中國書協會員、中國書協書法培訓中心教授、中國國際文化交流中心山西分會理事、山西省書法家協會副主席、山西省文聯委員等。一九九六年六月，中央電視臺在其《書壇畫苑》欄目中，以「蒙養三昧悟精深」為題，為其作過專題節目。專業點的簡介則說：王朝瑞先生書畫兼長，相得益彰，是「書畫雙翳」的人物。在繪畫天地裏，他的山水畫以其清新典雅的獨特風貌躋身於中國畫壇；在書法領域中，他的隸書，獨闢蹊徑，自成一家，以「古雅清靜的書風，體味其動感和力度」而稱著。然而就是這樣一位全國著名的書畫家，在林鵬先生面前，從來都執弟子禮甚恭，聚會中只要林鵬先生發言，王朝瑞先生都要提筆記下，猶如書記員或是小學生。有次開會，林鵬先生照樣高談闊論，滔滔不絕，王朝瑞先生則照樣抽筆理紙，埋頭苦記。林鵬先生見狀，笑道：「王朝瑞，你又記我的講話了？『文革』幸虧過去了，要是哪天翻案，就是王朝瑞。」眾人哄堂大笑。這種玩笑只能在他倆之間開，那有近五十年交情墊底呀，要是換了別人，必定大失分寸。說起來挺有意思，林鵬雖然大王朝瑞十一歲，或可稱「師出同門」，是「師兄弟」呢。這怎麼講？原來當年林鵬先生半路投師，向山西大學王紹尊教授學習篆刻（王紹尊是齊白石先生的高足，對篆刻頗有研究，特別對白石先生篆刻心領神會，篆刻招式盡顯白石老人風骨——筆者）。當此之時，在校大學生王朝瑞深得王紹尊教授的賞識，喜歡得常以「朝瑞老弟」相稱。經王紹尊先生熱情介紹，林、王二「同學」方才得以結識，訂好了一世情緣。林鵬先生性格外向，口無遮攔，豪爽激烈。王朝瑞先生性格內向，訥於言詞，敦厚舒緩。但這並不妨礙他們的友誼，恰恰相反，剛柔相濟，相輔相成，倒顯得分外投契，多少年來可以說無話不談，心心相印。隔些時日不見，兩個人還會彼此思念，急得用書信溝通。有一封林鵬先生致王朝瑞先生的信，裏面這樣說：

王朝瑞同志：多日不見，突然而來，又突然而去，有如飄風，無可捉影。案頭留下大命，言寫此條幅之釋文，然不知何用，亦不知怎樣寫法。歸來立即寫之，不知可否應命。釋文根據一九六三年文物出版社之《傅山書畫選》，基本上是可靠的。我自上班以後，終日忙於瑣事，就像一頭驢子，被拴在橛子上，十步之外芳草青青，可望而不可及，奈何！唯望有暇時光臨寒舍，以慰懷思。

其實，王朝瑞先生極有主見，並不是一個輕易就聽命於人的藝術家。不過對林鵬先生的學識和人格，懷有獨特的眷戀與敬重，不敢說他唯林鵬之語是聽，但只要是林鵬先生向他推薦的書目，無不找來捧讀。在王朝瑞眼中，連林鵬先生刻的圖章，簡直也是天下最好的。逗得林鵬先生大發戲言，說過這樣一段話：

刻圖章好隱藏，幾乎沒人知道我會刻圖章。從前，我只給林凡刻，後來就只給王朝瑞刻。王朝瑞也是好朋友，書畫家，後來做了山西畫院的院長。他什麼都好，就一樣不好，愛吹，著了急就在人前顯擺我給他刻的圖章。如此二十多年下來，我便無處躲藏了。近年來，在刻圖章上也有一些應酬之作。應酬一多，俗氣就見長了。本來俗氣就不少，再一應酬，就俗不可耐了。山西前輩先生們，如姚奠中先生，張頷先生，圖章刻得都非常好，大雅，不俗。我想，可能就是因為他們不應酬，或說很少應酬。我就差多了，俗心俗念過多，勉強應酬，非常被動，以至沒有精品，沒有滿意的東西。也有人當面誇獎我的圖章，弄得我挺不好意思，甚至聽了半天竟不知道是在說自己。

林鵬先生頭一年喪妻（夫人李忠葆於二〇〇七年仙逝——筆者），第二年喪友，王朝瑞先生遽然而歿。這接連的兩次打擊，讓八旬林鵬身心蒙受巨創，那些日子過得頗為痛苦艱難，至今餘哀不絕，常驚夜心。王朝瑞去世時，可巧林鵬先生不在太原，但有不祥之預兆。姚國謹教授寫有專文可徵，特錄如下。

二〇〇八年四月底，應趙雁君兄舉薦，由浙江省委宣傳部、浙江省文化廳、浙江省博物館聯合舉辦「林鵬草書展」，展覽在杭州西湖美術館舉行。我是牽線搭橋者，理當前往。展覽後的某一天，我和一起來為林先生書展幫忙的社英、高原、震南、祖榮諸兄弟，以及林明兄、小曼姐一起游蘭亭。王先生的學生韓少輝打來電話，說王先生病重已經住進醫院，可能不好。我說你隨時來電話，這邊的事情一了，我們馬上回太原。次日，我們陪林先生遊西湖，傍晚，馬世曉先生及夫人做東，請山西來的同道們在西湖旁邊天香樓小聚，雁君兄作陪。天臺上，西湖吹來的風，涼爽而愜意。兩位老人談笑風生，暢敘友情。忽然間，林先生的手杖墜地，攔腰折斷。我懵了一下，預感有不祥之兆。這時，我的手機響了，來電者說王先生去世了。後來回想此事，隱隱覺得好朋友之間是有一種感應。我悄悄地把小曼姐叫道一旁，告訴此事，但不希望把這事現在告訴先生。我知道林先生和王先生的關係，那是非常親密的。如果告訴，林先生會受不了。當晚，我們買了飛機票，第二天下午全部飛回太原。下了飛機，我和高原、社英兄直接到王先生家。看到王先生的遺像，我不禁悲淚流出……

王朝瑞先生去世以後，林鵬先生痛定思痛，寫了《紀念王朝瑞》一文。全文如下：

王朝瑞是美術界的一頭牛，一頭老黃牛，任勞任怨，孜孜不倦的老黃牛。我曾給他作過一首小詩：

漫荒野地一頭牛，清泉野草不用愁，
風風雨雨隨他去，自由自在度春秋。

可惜他只有七十歲就去世了，正是他藝術創作的高峰期。我正等待他創作出光輝業績的時候，他飄然仙逝了，這令我無限哀傷，無限思念，心中說不出的一片茫然。

王朝瑞是我最知心的朋友。不論什麼時間，也不管什麼事情，說出來的想法是一個樣的，甚至於語言也幾乎是一樣的。有時好長時間沒見面，有的人有問題去請教王朝瑞，然後又再訪問我，他們發現我們說得一樣，一點不錯。他們說，這就是英雄所見略同吧。我說，這不奇怪，人同此心，心同此理，不期而遇，不約而同。此之謂略同。有一次，我甚至揚言，此之謂世界大同。

我進入晚年，喜歡胡說八道，「命中註定三不死，胡說八道老來瘋」。不管我怎麼說，至少有一個人同意，他就是王朝瑞。王朝瑞喜歡鼓吹「二三友好，茶餘飯後，高談闊論，乘興揮毫」。他以為這是產生書畫藝術精品的條件。有人就跑來問我，王朝瑞說，這是你說的，是嗎？我說這是我和王朝瑞共同的認識，共同的說法。另外，我喜歡冷鍋裏冒熱氣，說一些熱烈的涼話。我說過先結果後開花的話，是希望年輕人先做出一點成果，先入選，最好能得獎，然後再看書深入……王朝瑞認為對，見人就吹，彷彿我們都是反自然規律的胡鬧人。回想起來，非常可笑。

王朝瑞說，「時代變了，變得誰都不認識了。寫字的人，寫出來的不是字，但是仍然叫書法作品，莫名其妙。畫國畫的人可以不講筆墨，甚至不要形象，說是意象，你怎麼想像都行，想到哪兒去都行，實際上都是胡思亂想。把幾件農具，鋤頭之類，隨便扔到地上，這就是一張畫兒，一張美術作品。今後的繪畫也就不用畫了。不但消滅了美術，同時也消滅了美術家。這就是現代化。突飛猛進到了這種程度，真的不好理解了」。我也有此同感，我只是沒有王朝瑞那樣深的體會罷了。

說到進入老年，王朝瑞有一次問我，什麼叫衰年變法，為什麼要衰年變法？這是在一次筆會上，我們坐在一起閒聊時，他說的。我說，這問題太大，三言兩語說不清。你現在已經進入老年，我告訴你一點，衰年必須變法，不然沒有前途。現在我倒是八十多了，至於什麼叫衰年變法，它的內容，它的方法，它的目標，其實我也不知道，我只是瞎嚷嚷。我瞎嚷嚷，別人不聽，只有王朝瑞好忽悠，所以我非常想念他。有深夜想起他來，難過之極……沒有辦法，我只好起來看電視，一直到天明。

王朝瑞喜歡笑。他從來不大笑，只是低聲的深情的嘿嘿笑著。一個人，在一邊嘿嘿的樂。他的這種樂法，特別具有感染力，有時候能引得人們重新掀起一場大笑。王朝瑞還有一項特長，學牛叫，一種低沉的深情的，老牛的叫聲。他的學牛叫，有時能引得小牛兒跑過來，追他，頂他。引得在場的人們驚奇的笑著。我再也叫不到王朝瑞那低沉的深情的牛叫聲了。他永遠的離開我們了，那老黃牛，那孜孜不倦的偉大的藝術家，安息吧。二〇一一年三月二十五日下午東花園蒙齋。

還有一位北京的文化老人，時空所限，未能成為知心社正式成員，但若論年齡、經歷、思想個性、處世風格……總之一句話，若論整體人文素質，怎麼算也得是知心社一黨。他的大名叫柯文輝。一家著名出版社在推出柯先生大著《曠世匹夫：弘一大傳》時，這樣簡介作者：「柯文輝，中國藝術研究院研究員。曾借鑒無韻小賦及禪宗思維，改造舶來散文詩，成《禪師與少女》；現代散文詩敘述，戲曲對話，莎劇內心獨白，構成史詩悲劇小說《司馬遷》；頂禮古畫論，原創寫意詩境劇二十八齣，總稱《大師之戀》，題材包羅古今中外聖哲藝術家與普通人對生死愛的選擇，得曹禺、俞振飛、吳祖光、黃宗江佳評；另有散文《釣夢》、《碧虹》、《潛流》、《陪畫散步》、《石上逍遙》；傳記《劉海粟傳》、《印光傳》、《孤獨中的狂熱：衛天霖傳》、《關良》等。」其實，柯老的創作領域與成就遠不止以上所列，筆者親眼拜讀過他八部電影劇本，題材範圍也是古今中外、歷史科幻，包羅萬象。黃宗江在評他這位「我友、老友、好友、奇友」時說得好：「其學問不打一處來，也不打一處去，論詩如畫，論畫如詩，寫小說如史傳，寫戲劇如詩歌，卻從不圖出版，每置高閣幾經秋春。」更為可貴的是，這位老先生敏感多思，超脫世俗，特立獨行，敢言人所不敢言，極有鋒芒，多有殊識，風格與林鵬先生大有異曲同工之妙。這裏何妨試舉幾例：「美容院最多的地方沒有美女，大師滿天飛的時代沒有大師。當今藝術界只有名人，沒有大師。」「大師必須具備下面這些條件：提供前無古人的審美方式和審美內容；有獨立創造價值並經得起歷史考驗的藝術作品；形成學派，取得世界影響和公認。最近二十年來的名人中沒有大師，也許民間潛在的藝術家中有大師，目前還沒挖掘出來。」「現在的藝術教育方式是用培養技工的方法來造就學者型藝術家。民族的教育方式包括師傅帶徒、書院式的教育不能完全拋棄。」「只能模仿不會創作，這好比是龍袍改成西裝，龍袍沒了，西裝也不像個樣子。黃賓虹的『明一而現萬千』理論對西方的印象派做了東方式的改造和吸收，完全消化在筆墨裏，一點看不出來西方的影響。他們不是跪著學，都有改造的胸襟，用東方的腸胃來消化，不生搬硬套、不克隆。」「學古要找到源頭，不要老在下游游泳，追蹤時髦的東西，學得新腔是舊調。學古人首先要學他突破前人的勇氣、人文意識等等。打個比喻說，技是人體，藝是呼吸，道就是思想。」「要使藝術家保持略高於大眾的物質生活，不要脫離太遠。畫家可以賣畫，但不能出賣藝術個性和美好的靈魂，遠離奢侈，用心靈的自豪來代替聲色的刺激。最好把欲望請到道德的療養院去住，允許散步，不允許亂跑。」「不要急於炒作，炒作只能產生名人，永遠產生不了名作。我見過的號稱『大師』的人多了，說自己的畫能值成百上千萬，既然畫價這麼高，為什麼還跟在企業家屁股後頭給人家畫像？大師不是吹出來的，是文化的長期積澱『推出』的。」……你品品，與林鵬先生的味道何其相似乃爾。

二人相識結緣晚了點，大約在上世紀八〇年代中期吧。那還是一九八五年元月五日，已然五十八歲的林鵬先生，白天交出二十一萬字的《丹崖書論》書稿，一咬牙一跺腳，當夜開寫六十多萬字的《咸陽宮》，一年中熬過兩百多個通宵，瀟灑收筆。可接下來就瀟灑不起來了，那叫失意楊志賣寶刀——無人識得，一部書稿壓了五六年無法出頭。嘿，這就出了個柯文輝！一個偶然的機會，他讀到了《咸陽宮》書稿，不禁拍案驚奇，挺身而出，擔綱出版事宜，聯絡他北京出版社的好朋友邢延生「共襄大舉」，並親為此書寫出五千言長序，幾經折騰，終於義舉告成，不僅書出得漂亮，而且立即進入有全國影響的「精品文庫」，並以多種版本一版再版，皆大歡喜。林鵬先生與筆者每談及此，無不深表肺腑！你說這個柯老頭兒多有意思，自己的諸多書稿，沉積於箱底不事出版，竟有長達四十多年者，別人想幫他出版還不急，自道曰：拙作「均淺陋少風華，賴咀嚼自己渺小，享受淘汰，活得心平氣和。」其人種種高蹈行狀，筆者寫有長文《揣夢行者》以記，這裏不再重複。

從《咸陽宮》結緣算起，林、柯交情也歷經二十大幾年風雨滄桑了。北京、太原相隔千里，歡聚多在夢裏。一旦重逢，便是一段佳話。就以最近一次會面為例。已是去年的事情了，柯文輝先生偕邢延生先生，應邀去汾陽市看唐碑。事畢，要來太原拜會張頷和林鵬二位先生。行前一晚，在清雅堂主溫學鵬家作客。溫先生（時任汾陽市書協副主席、汾陽市美協副主席、汾浮水印社副社長——筆者）記述道：柯先生「在看了我的拙作後，還為我寫了一幅字，並為我列了一些書目讓我閱讀。我送給柯老的小禮物是，我用小楷抄錄柯老為《吳頤人漢簡書法》作的序。老人家看了很是喜歡，遂留個念想。臨出門時，先給張頷老打了個電話，說第二天上門拜望，因張老身體欠佳，只在電話裏問候祝福。接著又給林鵬老去了一個電話，約好第二天見面。柯老還特意把鬍子剪短一些，說是見林老夫子，鬍子長了為不敬，須懷敬畏之心。」柯文輝先生是公認的美髯公，一部蓬鬆鬆的大白鬍子燦爛輝煌。當年黃宗江先生活著時，曾有趣言論及：「柯公天生美髯，鼠須我輩不勝豔羨，熟人昵稱柯鬍子。鬍美且長，其著作雖尚未等身，可稱等須了，然出版寥寥。偶得密友贊助出書，絕不暢銷，讀者寥寥。當今之世，賣文燕市，淡薄名利如斯者稀矣哉！」那承想，京都如此稀有之美髯，為著一見林鵬先生，居然情願付之一剪。當為朋海佳話，必須的！

此次林、柯太原之會，筆者有幸再次受邀參與，親聞二老之深度交流。這是太原市汾酒大廈——一家不知道有無星級的賓館的標準間，兩張床之外，空間極為局促。所以，林鵬先生坐在一把木椅上，這邊柯文輝先生就只好上床說話了。筆者進去略晚些，看見柯先生穿著大褲衩子，光著兩隻透著嬰兒肥的腳丫子，亮出一部精心修飾過的雪白的大鬍子，盤腿而坐，用一副安徽味京腔在高談闊論。一時，筆者極為感慨：只有心性高潔、自由灑脫的民間士君子，才會如此身居陋室而如在仙境，適然暢談。見過那些蟒袍玉帶的廟堂大人，食則上九品，居則五星級，人卻僵直如木偶，談則制式應對，正所謂「語言乏味，面目可憎」也。他們談資豐沛，話題恰如一隻自由飛竄的小鳥兒，一會兒這兒，一會兒那兒。不過聽得出來，說到魯仲連時，興味兒最濃。筆者清楚，「義不帝秦」的魯仲連，是他們心中共同的偶像，是一對鐵杆「魯粉絲」，並且，為魯仲連寫點東西，是他們長久以來共同心願。直到前不久，柯老先生還在電話裏多次催筆者，讓筆者勸林鵬先生快動筆。筆者笑著說，你比林先生小七八歲，你寫呀。柯老說：我說說可以，要寫這大東西，林先生最合適。並且很快給筆者寄詩一首，再次衷心推崇林鵬先生，如下：

二千年乏嗣宗眼，獨拜真人魯仲連。
肝膽懸空黯日月，言行動地薄雲天。
古風漸墜三無阱，世態頻傷八德遷。
若得先生揮彩筆，咸陽宮外織新篇。

何為「三無」？柯老先生在詩後注曰：「林老鄙薄貪官為無知、無能、無恥的「三無分子」。筆者將詩和柯老高意轉致林鵬先生時，林老哈哈大笑說，這個老柯，他怎麼不寫呀，我八十五了，怎麼寫呀。說到柯文輝先生的「奇」氣，筆者知道他給劉海粟大師當過十年秘書，居然一幅字畫也沒有討要過，連劉大師都極為讚歎。去年京中一家拍賣行為了促銷，聲稱一幅劉海粟畫兒為柯文輝先生收藏。柯先生聽了大為惱火，即刻通過媒體予以澄清：本人從未收藏過劉海粟先生作品，敬告眾位藏家切勿上當，云云。一時成為京都美談。柯文輝先生一生風骨於此可以管窺。

要從認識時間比較長久說，林先生還有一位朋友，名叫降大任。哈，天將降大任於斯人也。他是山西省社科院的研究員，做過《晉陽學刊》主編，博聞強記，古詩古文寫得不錯。林鵬先生《蒙齋讀書記》出版時，他寫過序。林鵬先生提到他的文字裏，印象深的是：

> 《禮記》裏有《儒行》一篇，好文章。降大任曾說，你把《儒行》用楷書寫出來，並加以注釋，然後出版，很有意義。我死抱著「古之學者為己，今之學者為人」的教條不放。我想，有意義也只是「對人」的意義。所以我遲遲未動。《儒行》曰，「難得而易祿也，易祿而難畜也。」畜就是豢養。吾刻「難畜」二字閒章，拒絕做馴服工具也。古今中外只有儒家有此一義。它和「逆命」，「不使之臣」「君命有所不受」「不可使為非」「處士橫議」（橫者逆也）是同一個主義。儒家的此一重要主義，不僅是法家的先生和後學們根本不瞭解，就是儒家的鄉願和冬烘們也不瞭解，這是一種全新的先進的主義。它同性格上的倔強，不羈、狂狷等等不是一回事。

林鵬先生自覺「三無」（此「三無」非彼「三無」，乃所謂無學歷、無師承、無家學也——筆者），不願誤人子弟，一直以來堅不開門授徒，直至被姚國謹教授攻破壁壘，收為大弟子。用林鵬先生的話說：哈，真沒辦法。此等趣事，姚教授親自為筆者講了又講。

姚國謹教授是什麼檔次？官面上簡介說：「姚國瑾，字玉衡，號簞廬、檻上人、南沙居士等。一九五八年出生，山西萬榮人。現為中國書法家協會學術委員會委員，山西省書法家協會副主席，太原師範學院文學院書法系教授。」其實，要細論起來，他的出身來歷有點說頭。姚教授曾言：「余之高祖立言公，有子四。長名道，次名奇，次名福，幼名魁。名魁，余曾祖也。字經五。光緒廩生。曾任《晉陽日報》編輯。老家傳染副傷寒，三位兄長前後病故，留有侄兒七人及家中老小，無人照料，故辭職歸里，一夜白頭。後辦『挹芹香書院』，培養後學。抗戰時期，憂憤病亡。祖以俠，字義生，民國七年畢業於保定軍官學校。曾任西北軍炮兵營長、同州城防司令。抗戰後，住閒。二伯祖以價（名道第二子，由叔父名魁養大），字維藩。入日本士官學校。歸國，任山西新軍管帶。山西舉義，推舉為起義軍總司令。民國後，封晉威將軍，任將軍府上將參議。伯父，第濛，字高山。抗戰時期受進步思想影響，曾秘走延安，入延安大學學習。解放後任西安檢察院副檢察長，後轉商業局。文革中，受迫害病故。父第潤，字德吾，先後任高小、初中語文教師，文革中屢遭磨難。文革後任高中語文教師，直至退休。是我家自曾祖至予，四代中三代從事教學也。此亦吾家之文脈者。」父系如此，母系呢？也非尋常門第。姚教授續有言曰：「『文革』結束後，一九七七年冬恢復高考，各省出題，余報文科之歷史地理，雖中未錄。究其原因，無怪乎出身也。七八年，改為全國統考，遵父願，余考理科，被錄至太原重型機械學院。同年中式者，有姨表弟澹台偉亞、澹台宏亞，母親之舅表弟女阮青麗。鄉人曰：此解元之文脈也。解元者，阮汝浚也，母親之外曾祖父，字茗生，同治八年生，山西河津西梁人，光緒二十三年丁酉科解元。曾任清威安宮教習、學部主事。辛亥革命後，任山西大學教授等職。民國二十二年辭世。有子五、女二。長子晉橋，生兩女一男。長女彥芙，余及偉亞、宏亞之外祖母也。男春凡，青麗之祖父也。余母生三月，外祖母病故，由其姑母撫養，改姓蘭。故余小時只知外家為蘭家。蘭家亦為大家，外祖弟兄四人。長錫魁，字梅五。畢業於山西大學西學專齋，獲『舉人』學銜。光緒二十三年，赴英國格拉斯各工學院，攻土木工程學。留英八年，獲碩士學位。民國三年回國，先後任山西大學工科土木工程系教授、主任，曾任天津市政府工務局長兼港務局局長。解放後，任蘭州大學教授兼水利系主任。次子萬魁，料理家事，抗戰時，病亡。又次錫榮，余之外祖也，曾任太原兵工廠工程師，四八年病亡。又次錫純，畢業於齊魯大學，獲博士學位。後留學英國，攻醫學，長於心外科。曾任上海第二醫科大學教授、校長。」真可謂家學有自，文脈久遠。

還是回到姚國謹拜林鵬為師上來。話說一九八二年，太原市工人文化宮舉辦了一期書法班，其間請林鵬先生前來授課。大學剛畢業的青年姚國謹，從小酷愛書法藝術，便慕名趕來聽課，頭一次見到了心儀已久的林鵬先生。不過，此時他想也不敢想，自己日後會成為林門大弟子。事情往往在無心處出奇。一九八九年那場偉大的風波前夕，姚國謹目睹書法界種種不良現象，而立之年銳氣十足，寫了一篇批評文章登在太原日報上，題目是《對山西書壇現狀的思考》，下轄三大觀點：創作的困境；理論的沈默；批評的悲哀。七千多字的長文問世，不料正中林鵬先生法眼，打聽作者出處。於是，就有天龍印社李冠平者，將姚國謹帶去面見林先生。林鵬先生博學且健談，而姚青年亦博覽中西書籍甚多，居然應答之間，頗為投契，什麼貢布里希之屬，也都談得起勁。姚國謹教授後來回憶說：「對那場風波的認識一致，也是我們走到一起的原因。」可巧姚國謹當時住在北司街，距林宅所在的東花園不過舉步之勞，從此成為林宅常客，而立人與花甲人，遂結忘年交。當然，在姚國謹心中，林鵬先生只是煌煌師尊，並提出要做入門弟子。正如前面說的，林鵬先生自覺難以為師而立即婉拒，並向他推薦了姚奠中和張頷二位先生，說要投師最好就找他們二老。轉眼到了一九九一年秋天，運城市召開全國「衛家書法」研討會。林鵬先生本不想去，他對這些活動始終不大熱衷。姚國謹教授則力勸之，說您身為省書協主席，不去不合適，我陪你去。會議結束後，姚國謹再勸林先生別急著回去，河東自古乃人文薈萃之地，當代書法家如賈起家諸位，皆非等閒之輩，大可借機歡會，切磋書藝，交流感情，也是平生不可多得之幸事。林許之。說話間到了一九九三年，此時的姚國謹雖然還沒有當上教授，但書藝大進，更有諸種學術功底做支撐，在圈內已然名聲鵲起，連大他四歲的趙社英們，都想拜他為師。可他不敢造次，忙說：堪為你師者，非林鵬先生莫屬。於是，他帶著趙社英叩響了林宅大門。有趙作話題，他說服起來得力又得體，多經唇舌用功，林鵬先生終於抵擋不住了，答應收趙為徒。就在趙社英要依禮拜師之時，姚國謹已然搶先跪下磕頭，口稱是我在先云云，就不容分說完成了拜師禮。據說，林鵬先生甚為感動，連眼圈都紅了……師門一開，想堵都堵不住了，陸續又有吳高歌、劉剛、石躍峰等人，一體投在林鵬先生門下。關於這一段往事，林鵬先生後來記述得頗有意味：

受人竄掇，這幾年收了幾個學生。說是學生，很少見面。我想我收的學生，有一個好處，不累人兒。學生們都是拜師前就已參加過全國書展，甚至有的還得過獎。寫的刻的都很好，認真說來，我能拿什麼教他們呢？他們也很少拿張字來，讓我點評，指導。這種情況極少。有一次一個學生拿了他的字來讓我看。我看後無話可說，其實比我寫得好。我也是見了丈母娘叫大嫂，沒話找話。我說，昨天一個鐘頭之內來了兩位客人，第一個進門就說，呀，你瘦啦！第二個說，呀，你胖啦！其實，我還是我。你拿上一張字，讓人批評。張三說，這裏應該靈動活潑一點，讓它飛騰起來……李四說，這裏應該凝重莊嚴一些，入木三分，力透紙背……還怕找不到話說嗎？其實沒用。這種意思，古人早就說的不待說了，你們也讀過多少遍了。這就是龍跳天門虎臥鳳閣的意思，不過如此而已。所以，我同學生們見了面，閑坐，閑扯，一般扯不到書法篆刻上來。回想起來，扯的最多的是讀書。我問他們最近讀了什麼書？哈耶克，給我講講哈耶克的意思。說到冰心，《無士則如何》……說到林語堂，《魯迅之死》。經常談論的是《四書》。子曰，「道之以德，齊之以禮」。「君子中庸，小人反中庸」「中庸之為德其至矣乎，民鮮久矣。」也有人問我，「你以足球為例，說中庸就是不偏不正，剛好進球，講的極好，這有出處嗎？」我說，「不偏不頗，『頗者偏也』，這種注值得考慮。頗就是過分、過於、過甚……只怕不是過偏，而是過正，過於板滯，過於教條，過於守舊。古人講，讀書有間，心知其意。間者間隙也，也有時候是，意在言外……聊備一說而已，不敢強人同我也。」傅山說，「文章亦有李廣，程不識兩種，看才之大小耳。」師生之間，認真說來就是朋友之間。老師教給學生的往往很少，學生啟發老師的卻是很多。這種事情，沒法記賬，要記賬老師欠學生的就太多了。有一次同我的學生們閒談，談到我的字和圖章，他們感到尚有不足，或說尚有缺陷，或者客氣點說，尚有潛力，需待進一步發揮。我聽了非常高興，真的是激動不已。聽了對自己的批評，為什麼高興？我高興的是，學生看到了老師的缺陷，或說不足之處。這是最讓人高興的事情。還有什麼比這更讓人高興的呢？這才是有發展的學生，有出息的學生。最後我說，我的缺陷和不足之處，我未必能糾正了，即使糾正也未必能糾正好，說不定治聾反而治成啞。這就有待於你們努力了。……那是一次非常愉快的談話，令我難忘。

這一段「閒話」，琢磨去吧，真是藏足了師道三昧也。參不透古人意嗎？什麼「教學相長」，「記問之學，不足以為人師」，「既知教之所由興，又知教之所由廢，然後可以為人師也」（《禮記・學記》）；什麼「告我以吾過者，吾之師也」（韓愈《答馮宿書》），「弟子不必不如師，師不必賢於弟子」，「無貴無賤，無長無少，道之所存，師之所存也」（韓愈《師說》）；什麼「君子之學，入乎耳，著乎心」（《荀子・勸學》），「不知義理，生於不學」（《呂氏春秋・孟夏紀・勸學》）……你就從「師生之間，認真說來就是朋友之間」去好好想吧，真諦昭然若揭。《北齊書・盧誕傳》說：「經師易求，人師難得。」姚國謹們算有大幸，所遇林鵬，這是真正的人師也！

姚國謹教授也無愧於林門大弟子，對其師其學頗有研判與尊揚。在筆者所有的採訪對象中，他是談得時間最長、內容最多、見地最深入的一位。他早在評論林鵬先生第一本著作《丹崖書論》時，就有過這樣的話：

> 《丹崖書論》是一本研究傅山的學術專著。傅山不僅是清初的一位遺民，而且是明末清初頗具思想的學問家和書法家。林先生透過那個時代不僅揭示出傅山的義士品格，更讚揚了他的堅貞氣節。同時還闡述了傅山藝術風格的來源、演變和主要特徵。林先生不僅是一位書法史論研究者，而且是書法藝術的實踐者。他擅大草，從《閣帖》入手，旁參張旭、懷素，觀乎王鐸、傅山，形成了氣勢連綿之大草風格，他的草書筆法折轉自如，結體縱橫捭闔，章法自然流暢，獨樹一幟。

儘管如此，林先生還是主張功夫在書外。《丹崖書論・蒙齋書話》中先生有這麼一段陳述：「雖然書法中也包括著一些技術、技法、技巧一類的東西，但是它們在書法藝術創作中所占的比重是微乎其微的。有法以入，無法以出。法是從有到無，有法至無法。大家和小家相比，他們的差別不在技法上。固守技法，賣弄技法甚至不厭其煩地鼓吹技法的人，永遠都是小家。它們除了技法再沒有任何別的東西。最終連他們所謂的技法，也是僵死的、陳腐的、令人不能忍受的。」所以，林先生說：「你如果想成為一個真正的書法家，你就要首先成為一個文化人。你如果想成為一個真正的文化人，除了讀書再也沒有別的辦法。」

或可說：知師者，姚國謹也。

順便想說的是，在姚教授看來，所有傅山研究者中，佼佼者除林鵬先生外，衛俊秀先生也算一個。當然，這是早年間的評斷，若要他現在重論的話，還得加上一個白謙慎。白謙慎長姚教授三歲，現為美國波士頓大學藝術史系教授，主要從事中國書法研究工作。他從傅山入手，研討中國書法的嬗變，從重慶鄉野一個理髮店的招牌，引出對有關書法經典問題的獨特思考。除了研究和著述工作，二十年來白謙慎還積極致力在西方向一般民眾介紹中國書法篆刻藝術。他先後在四所美國高校教授中國書法，並多次在大中小學和博物館演講示範中國書法篆刻。曾在一九九〇年與人合作，在羅格斯大學畫廊舉辦第一個當代中國書法展，一九九二年在耶魯大學美術館舉辦西方第一個中國篆刻展。他還和滄浪書社的友人於一九九四年在常熟成功地舉辦了「常熟中國書法史國際學術研討會」，一九九九年在蘇州成功舉辦了「《蘭亭序》國際學術研討會」。

那天，筆者正與姚教授在「第二空間」邊喝邊聊，由林鵬說到傅山，此時，白先生忽然從波士頓打來越洋電話，他倆已成好朋友，常通音問。姚教授告訴筆者，白先生對林鵬先生崇敬有加，如今已是忘年交，每次歸國來太原的話，拜訪林鵬先生乃首要選擇。這就又聊到白先生的代表作《傅山的世界》。不同於以往治書法史的學者，作者並不孤立地探討傅山的書法，而是將之置於整個時代的文化架構中，從學術思想、物質文化、印刷文化發展史的角度，從經歷了明清易代之痛的遺民情結的角度，來觀察、詮釋傅山的生活，以及由之生發的學術觀念與藝術創作。在試圖重新勾勒傅山的生活經驗之際，作者不僅對中國書法史的這個轉折，也對十七世紀的中國文化世界，提供了全新的觀照。白謙慎先生本人的書法也很漂亮，我在姚教授的婚禮上見過他的賀聯：「華堂來紫燕，喬木倚青雲。」字如其人，高雅、嚴謹、大氣。筆者就此與姚教授約好，一旦白先生再來太原拜會林鵬先生，勿忘筆者參與。

在林鵬先生故鄉，還有一批執弟子禮甚恭的中青年文化人，雖然沒有行什麼拜師禮，但其學習精神之強烈，交往交流之頻繁，亦師亦友情誼之誠篤，足可令人感動。前文書中提過的李和平、李慶宇、吳占良之外，還應該加上魯漢等人。這一批老少燕趙哥們，還真有點慷慨悲歌的風骨。筆者有幸接觸並瞭解了他們，要說盡他們與林鵬先生的各種故事，那得另寫一本大書。

筆者估計，青少年時期的林鵬，大約就有一個作家夢。這從他早期對蕭三、巴金們的敬重，和晚年寫給幾位老戰友的信中，可以得到佐證。也許是這個原因，林鵬來到太原以後，對於和周圍作家的交往十分認真在意。他最早認識的山西作家有韓石山、謝泳，筆者也算上一個。你只要去登他的門，他必定優禮有加，誠懇得彷彿他比大家年輕似的。他曾多次向筆者打聽山西作家的情況，認真用筆記下每一位的名字，問是哪兒人，什麼經歷，那場風波中什麼表現，有什麼作品，能否買來看看，有機會大家聚聚，我請客……望著他那一臉孩子般的熱烈期待，實在令人動容。筆者先後為他要來李銳、成一、趙瑜、張石山、陳為人、畢星星、楊新雨、玄武、魯順民、黃風等人的代表著作，他得之欣喜異常。聽說趙瑜寫了一本記述「文革」的大著，難以出版，自印成書，他急著想看。筆者告之曰，這得花銀子買，一本要兩百元。他當即說：定了，買十本！果然就買了十本，不過最後錢是姚教授付的，他說，怎麼能讓林老師花錢。從互相交流自己著作開始，林鵬先生慢慢瞭解了山西作家，作家們也瞭解了林鵬先生，交往日漸增多，關係日漸密切，感情日漸升溫，形成了林鵬先生一個新的朋友圈子。只要聚會，你就看林鵬先生的臉，那真叫興高采烈，神采弈弈。筆者想這麼說，繼知心社之後，最能認知並欽敬林鵬黃金身價者，就這個作家圈子。突出的證明之一是，以《名作欣賞》社長趙學文、執行主編續小強挑頭擔綱發起的「林鵬作品讀書會」，已經成功舉辦過四次。每次開會，總有省城幾十位作家、編輯、學者聞風而至，帶著自己寫好的讀後感參加交流，研討評論，教學相長。這已然成為省城文化界一道亮麗的新的人文景觀。目前，林鵬先生的這個新友圈還在不斷發展擴大，其交流前景與成果能達到什麼程度，尚不好預計，也就不去妄猜了吧。

最後，筆者一定要奉上一支特別的友誼花朵，它是老樹新花，彌足珍貴。還記得那位林鵬先生的女戰友耿素墨，就是親見林鵬先生被打成「思想老虎」的那位軍報女同事，就是丈夫李旭閣身為二炮司令的那位貴夫人？說起來她比林鵬先生大兩歲，如今已是八七老人了，但半個多世紀以來，一直以大姐般的真誠與溫暖，呵護著林鵬先生夫婦，現在林鵬先生已失偶孤身五年，仍然一如既往地傾注關愛，奉獻友情，如火般明亮美麗。常通電話不說，最近不顧年高體弱眼神不濟，硬是為林鵬先生織起一款毛背心，說：你必須給我穿上！林鵬先生每給筆者說及此事，總是心潮不平，感動得眼圈兒必紅。有這樣一封回信：

耿素墨大姐：

寄來的東西收到了，謝謝您和旭閣對我的關心照顧。尤其在忠葆病重時，多得你們的救助，非常感激不盡……您的懷念忠葆的文章，簡潔流暢，依然是您往日的風格。拜讀之後，淚如雨下……謝謝您，再謝謝！

我近況尚好。忠葆病故後，我才真的感到進入了老年。老年人倍感孤寂，是難免的。我的辦法就是看書寫字會朋友，所以感覺尚可。不多談了。問旭閣司令好！祝全家平安！林鵬。

後記

有一陣子，我真要愁死了，心想：何時能夠做成這個攬下的瓷器活——《大聲林鵬》，有輕鬆寫寫《後記》之類的一天啊！如今，這美妙的時刻終於到來，我感到很幸福。幸福是什麼？幹了想幹的事。

假如接受世俗裁判，我大約屬於有違師道的一個叛逆。上中學時，特別崇敬化學老師「右派分子」周彭安，過後就丟了來往；上高中時，特別崇敬俄語老師右派分子李寧，過後又丟了來往；大學歲月不堪回首，在那個年代，社會是大左爐，學校是小左爐，要熔鑄的是奴才和奴才總管，用不著好老師。你想崇敬呀，崇敬誰去？後來大學校長逝世，副校長派人找我寫懷念文章。校長本人是個好人，可一聯想到逼得我賣掉棉被、衣物，去湊伙食費（家庭成份不好，再窮也不給助學金）的校園生活，我寫什麼寫！副校長氣得親筆寫來專涵罵我，你忘掉母校忘掉師長你忘本啊周宗奇！我也抱怨：你這大學裏有值得我崇敬與懷念的師長嗎？我中學有周彭安，高中有李寧，之後我有什麼啊副校長大人！……所以，我半生以來是一個目無師長的人。

許多年前有一天，我四樓的大門被人敲響。是個花甲老人。他說：我是林鵬。聽說你出了一部寫文字獄的書，我想買一套。我就這樣認識了書法家林鵬。隨著過從加密，瞭解加深，哇噻！這哪裏是個書法家呀，其實更是學問家、思想家，而且是那種堅守民間立場，聱聱然一個草根問道者。待我好生讀罷他的經歷，讀罷他的著作，讀罷他的思考與思想，讀罷他的靈魂……我忽然覺得，這不就是我嚮往已久的、情願一生追隨的那種師長嗎？哈哈，原來他不在學校，不在作家協會，不在頭上廟堂光環亂晃的學者教授群，他遠在天邊，近在眼前呀！林鵬，是我今生第一位心悅誠服的師長，也許是唯一一位說不定。

說到此次為他作傳，原非傳主自願。他說：有什麼可寫的？沒有什麼可寫的。是我覺得，既然公認當代山西有學林「三賢」，有人為姚奠中先生作傳，有人為張頷先生作傳，也就應該有人為林鵬先生作傳。守望多時，四下裏看看無人出頭，我這才不揣愚陋，跳出來毛遂自薦。哈，攬下方知事撓頭，以我之學養功力，如何能啃動林鵬大佬？人家最著力的先秦史那一段，我整個一個一知半解。沒有金剛鑽，攬下瓷器活，你這不是自個兒找抽嗎？可是，能打退堂鼓嗎？似乎也不是自個兒的脾氣。這就只好硬著頭皮往前拱，打腫臉充胖子，不然怎麼著？好在傳主的事兒硬，只要你肯下死功夫就塌不了架。終於歷經四度春秋，艱難敷衍成篇，搞出個三十萬字的《大聲林鵬》來。好歹沒有空許諾，真幸福啊！

有一種說法：為人作傳者，解讀傳主，也解讀自己；七個解讀者就有七個傳主。信不虛也。所以，本解讀者在此特別聲明：文責自負。拙著問世後，不論觸了多大忌諱，均與步入耄耋之年的林鵬老人無涉，有事只管找解讀者說話哈！

拙著從初稿至一校稿，多虧北京老友雷偉先生審閱校對，盡心盡力，在此深致謝忱！

周宗奇二〇一二年九月九日完稿於太原學灑脫齋

新銳文叢36　PC0370

新銳文創
INDEPENDENT & UNIQUE

大聲林鵬
——一個革命者的反思

作　者	周宗奇
主　編	蔡登山
責任編輯	廖妘甄
圖文排版	楊家齊
封面設計	秦禎翊

出版策劃	新銳文創
發 行 人	宋政坤
法律顧問	毛國樑　律師
製作發行	秀威資訊科技股份有限公司 114 台北市內湖區瑞光路76巷65號1樓 電話：+886-2-2796-3638　傳真：+886-2-2796-1377 服務信箱：service@showwe.com.tw http://www.showwe.com.tw
郵政劃撥	19563868　戶名：秀威資訊科技股份有限公司
展售門市	國家書店【松江門市】 104 台北市中山區松江路209號1樓 電話：+886-2-2518-0207　傳真：+886-2-2518-0778
網路訂購	秀威網路書店：http://www.bodbooks.com.tw 國家網路書店：http://www.govbooks.com.tw

出版日期	2014年2月　BOD一版
定　價	570元

國家圖書館出版品預行編目

大聲林鵬：一個革命者的反思 / 周宗奇著. -- 一版. -- 臺北市：新銳文創, 2014.02
面；　公分. -- (新銳文叢)
BOD版
ISBN 978-986-5716-02-8(平裝)

1. 林鵬 2. 傳記

782.887　　103000362

讀者回函卡

感謝您購買本書，為提升服務品質，請填妥以下資料，將讀者回函卡直接寄回或傳真本公司，收到您的寶貴意見後，我們會收藏記錄及檢討，謝謝！

如您需要了解本公司最新出版書目、購書優惠或企劃活動，歡迎您上網查詢或下載相關資料：http:// www.showwe.com.tw

您購買的書名：______________________________

出生日期：________年________月________日

學歷：□高中(含)以下　□大專　□研究所(含)以上

職業：□製造業　□金融業　□資訊業　□軍警　□傳播業　□自由業

□服務業　□公務員　□教職　□學生　□家管　□其它_____

購書地點：□網路書店　□實體書店　□書展　□郵購　□贈閱　□其他

您從何得知本書的消息？

□網路書店　□實體書店　□網路搜尋　□電子報　□書訊　□雜誌

□傳播媒體　□親友推薦　□網站推薦　□部落格　□其他__________

您對本書的評價：(請填代號　1.非常滿意　2.滿意　3.尚可　4.再改進)

封面設計____　版面編排____　內容____　文／譯筆____　價格____

讀完書後您覺得：

□很有收穫　□有收穫　□收穫不多　□沒收穫

對我們的建議：______________________________

____

____

____

請貼
郵票

11466
台北市內湖區瑞光路 76 巷 65 號 1 樓
秀威資訊科技股份有限公司 收
BOD 數位出版事業部

（請沿線對折寄回，謝謝！）

姓　　名：____________ 年齡：________ 性別：□女　□男

郵遞區號：□□□□□

地　　址：____________________________

聯絡電話：(日) ______________ (夜) ______________

E-mail：____________________________